성공적인 설교자를 위한
길잡이

An Introduction to Contemporary Preaching
by J. Daniel Baumann
copyright ⓒ 1972 by Baker Book House Company
All right reserved.
Korean translation copyright ⓒ 2003 by Worship & Preaching Academy
through the arrangement of KCBS

본 저작물의 한국어판 저작권은 KCBS, INC.를 통해 Baker Publishing Group과
독점계약한 예배와 설교 아카데미에 있습니다.
저작권법에 의해 한국 내에서 보호를 받는 저작물이므로
무단 전재와 복제를 금합니다.

성공적인 설교자를 위한 길잡이

초판 1쇄 | 1983년 10월 20일
개 정 판 | 2008년 5월 10일
    2쇄 | 2012년 3월 10일
지 은 이 | 제이 다니엘 바우만
옮 긴 이 | 정 장 복
펴 낸 이 | 김 현 애
펴 낸 곳 | 예배와 설교 아카데미
주   소 | 서울특별시 광진구 광장동 272-12
전   화 | 02-457-9756
HOMEPAGE | www.wpa.or.kr
등록번호 | 제18-19호(1998. 12.3)

디 자 인 | 디자인집 02-521-1474
총 판 처 | 비전북
전   화 | 031-907-3927
팩   스 | 031-905-3927
I S B N | 978-89-88675-35-5

값 17,000 원
- 잘못 만들어진 책은 교환해 드립니다.

현대 설교학 입문

성공적인 설교자를 위한 길잡이

An Introduction to Contemporary Preaching

▪제이 다니엘 바우만 지음
▪정장복 옮김

목차

그리스도 안에서 형제자매 된 여러분에게 · 7
역자로부터 · 9
독자에게 드리는 글 · 13
본서를 새롭게 내놓으면서 · 15
서설 · 17

1부 커뮤니케이션

제1장 과정 · 25
제2장 설교자 · 45
제3장 청중 · 67
제4장 환경 · 87
제5장 방편들 · 105

2부　성경의 진리

제6장　말씀을 선포하는 설교 · 131
제7장　결실을 위한 준비 · 159
제8장　주제와 명제, 그리고 제목 · 177
제9장　서론과 결론 · 195
제10장　내용의 전개 · 217
제11장　예화 · 251
제12장　설교의 전달 · 271

3부　삶의 변화

제13장　설교의 목적 · 299
제14장　변화의 역학 · 327
제15장　적용 · 359
제16장　대화 설교 · 383
제17장　성령님의 역할 · 409

후기 · 435
찾아보기 · 445

그리스도 안에서 형제자매 된 여러분에게
_ 본서의 한국어 번역판에 즈음하여

　　본인의 저서 「성공적인 설교자를 위한 길잡이」(An Introduction to Contemporary Preaching)가 한국어로 번역된다는 소식은 나에게 더없는 기쁨이다. 본서에서 다룬 내용들이 특히 한국교회의 설교 현장에서 좋은 반응을 불러일으키고, 또 올바르게 실천될 수 있기를 기대한다. 나아가서 필자는 성령님께서 이 책을 사용하셔서, 오직 '말씀의 종들'로서 충실히 준비해 가는 여러분을 크게 도우신다는 소식을 듣고 또다시 기뻐할 날이 오기를 기다릴 뿐이다.

　　특별히 필자는 본 한국어판 번역 출판에 즈음하여, 나의 동역자로 설교학에 함께 몸담고 있는 정장복 박사님에게 고마움을 보낸다. 본서의 번역 출판을 위해 그가 쏟은 사랑의 수고가 더할 나위 없이 큰 것이었기 때문이다.

　　끝으로, 하나님께서 본서를 통하여 여러분 가운데 한 분이라도 더욱 유용한 말씀의 선포자로 삼으신다면, 이 책에 담은 필자의 수고는 충분한 보상을 받게 될 것이다.

그리스도 안에서 하나님의 충만한 복을 빌면서
J. 다니엘 바우만으로부터

역자로부터

교회가 교회로서 바른 위치를 정립해 가는 데는 하나님의 말씀이 바르게 선포(proclamation)되고, 해석(interpretation)되고, 그리고 효율적으로 적용(application)되는 것이 선결의 문제이다. 그렇지 못할 때 교회는 언제나 위기에 직면하게 되었고 그 터전마저 흔들려 교회의 암흑기를 달리게 되었던 것을 교회의 역사에서 보게 된다.

한국교회는 "말씀과 함께 살고, 말씀과 함께 죽는다."고 믿었던 청교도 후예들의 땀 속에서 그 터전이 굳어 왔다. 그들은 지칠 줄 모르는 선교의 혼을 붙들고 강인한 말씀의 불씨를 이 땅에 뿌렸고 이 불씨는 지난 백 년 동안 한국교회의 활력을 재촉해 왔다. 이 말씀의 사역 속에서 그토록 견딜 수 없는 핍박과 갖은 시련도 모두 극복하여 우리의 교회는 오늘의 경이적인 발전을 거듭해 왔다.

그러나 이제 선교 2세기의 궤도에 진입하고 있는 우리가 경청해야 할 소중한 경고가 우리 앞에 예상보다 빨리 다가왔다. 그것은 바로 설교의 전성기가 몰락되어 가고 있다는 사실이다. 이 위기의 경고는 "현대인들은 이제 설교에 대해 부정적인 감정에 싸여 있고, 설교자가 설교를 시작하기도 전에 이미 회중은 설교를 들을 귀를 막아 버리는 현실"이라는 지적 앞에 더욱 실감하게 된다. 우리의 설교가 날이 가면 갈수록 반복을 일삼으면서 영적인 감화력이 없어지고, 회중의 삶의 현장과 무관해지고, 설교의 근본 의도가 충분히 커뮤니케이션이 되지 못하는 현실임을 직시할 때, 한국교회 강단의 위기가 심각한 단계에 접어들었음을 누구도 부정할 수 없다.

역자는 설교학 교수로서 우리에게 다가오는 설교의 위기 의식을 누구보다 심각하게 느껴왔다. 그리고 언제나 나의 마음을 떠나지 않는 질문은 다음과 같은 것들이었다.

어떻게 해야 강단과 회중 사이의 점점 더 깊어지는 괴리감을 좁힐 수 있을까? 설교자의 기본 자세를 비롯한 설교 내용의 빈곤과 그 자료의 고갈 상태를 면할 길은 없을까? 어떻게 해야 현대 커뮤니케이션에 대한 기본적인 문제와 그 해결점들을 설교자들에게 효과적으로 줄 수 있을까?

이상과 같은 심각한 질문들의 대답의 일부를 위해 역자는 다니엘 바우만의 「성공적인 설교자를 위한 길잡이」(An Introduction to Contemporary Preaching)를 번역하기로 결심했다. 역자가 본서를 처음 접하게 된 것은 콜럼비아 신학교에서 1972년 가을 설교학을 위하여 신학석사 과정을 진행 중이었을 때였다. 설교학 교수가 그때 바로 출판된 바우만의 책이 미국 각 신학교의 설교학 교재로 각광을 받게 되었다는 소개와 함께 필독을 권했다. 역자는 즉시 본서를 구입하여 시간가는 줄 모르고 탐독을 했다. 지금 생각하면 이 새로운 설교의 신학과 이론의 정립에 거의 심취했다 해도 과장이 아니다. 그 후로 나는 박사 과정에까지 이 책을 언제나 가방에 넣고 다니면서 기본적인 설교의 신학과 이론의 도움을 받을 때가 적지 않았다. 그 이유는 본서가 첫째로, 설교학의 신학과 이론을 현대 커뮤니케이션의 차원에서 다루었다는 것과 둘째로, 설교학 이론을 종합적으로 충실히 정립시켜 주고 있다는 점, 셋째로, 설교학의 방대한 자료를 그의 해박한 지식과 함께 유용하게 제시해 주고 있다는 점, 끝으로, 저자가 막연한 이상적 이론의 제시보다는 실천적 안목으로 학적인 이론을 정립했다는 사실들 때문이었다. 바우만이 베델 신학교에서 무명의 젊은 교수로서 설교학을 가르치면서 이러한 야심작을 내놓자마자 그는 북미 설교학회의 인정을 받게 되었고 각 신학교의 설교학도들의 각광을 받게 되었다. 그는 심지어 가까운 일본에서 초청 강연을 하기까지 많은 신학교의 부름을 받게 되었다. 현재 캘리포니아 남부의 샌디에고에서 큰 교회를 목회하면서 신학 교육을 담당하고 있는 저자는 현장을 떠나지 않고 설교의 발전에 심혈을 기울이고 있다.

역자가 그와 대화를 나누는 동안 그의 차분하면서도 뜨거운 경험적 신앙을 볼 수 있었고, 특별히 그의 복음적인 신앙의 순수성에 깊은 감화를 받은 바가 크다. 독자들도 본서를 읽는 동안 역자가 느꼈던 저자의 깊은 신앙과 성실한 인간성을 느끼게 될 것이다.

우리의 설교학도들에게 본서를 설교학의 텍스트로 내놓게 되는 역자의 기쁨은 끝이 없다. 바라기는 정성이 모아진 이 책을 읽고 활용하는 설교학도들 위에 성령님의 손길이 구체적으로 함께하시길 바란다. 그리고 오늘의 '설교의 위기'를 거뜬히 극복하여 설교의 사역(preaching ministry)에 성공적인 주역들이 되길 바라는 마음뿐이다.

주후 1983년 초가을
광나루 선지동산에서
정장복

독자에게 드리는 글

 이 책은 사실상 한 권의 입문서이다. 따라서 다루어지고 있는 모든 개념을 충분할 만큼 끝까지 발전시키고 있진 않다. 또한 이 책은 한 권의 개관서(槪觀書)이기 때문에 나는 의도적으로 여러 설교가들의 글과 설교학을 가르치는 교수들, 커뮤니케이션 이론가들, 그리고 또 다른 강단 동역자들의 글들을 사용했다. 이미 많은 가치 있는 글들이 나왔기 때문에 만약 이 책의 글을 독창적인 것이라고 말한다면 그것은 현명한 일도 아니고, 정당하지도 않을 것이다. 나는 오히려 많은 동료들에게 빚을 지고 있는 셈이다. 만일 어떤 개념에 매력을 느끼거나 흥미를 가지게 되면 주(註)에 소개된 원저를 찾아 독자 스스로 깊은 연구를 할 수 있기를 바란다.
 이 책이 나오기까지 많은 사람들의 은혜를 입었다. 교수회의 간사인 아일린 보트(Eileen Voth) 부인은 과중한 업무 가운데서도 '외적인 일'을 마다하지 않았고, 원고를 타자해 주었다. 시카고 평신도회의 간사인 버나드 존슨(Bernard Johnson) 씨는 책의 내용과 체제에 관하여 아주 호의적인 충고를 해 주었다. 그리고 언제나처럼 아내 낸시(Nancy)가 중요한 역할을 해 주었는데, 그녀는 초고를 타자해 주었고 이 책이 나오기까지 끊임없는 격려를 해 주었다. 이 세 사람은 정말 신실하고 훌륭하게 봉사해 주었다. 만약 이 책에 좋은 점들이 있다면 그 칭찬은 그들이 받아야 마땅하고, 약점이 있다면 그것은 순전히 나의 책임이다.

J. 다니엘 바우만

본서를 새롭게 내놓으면서

한국 신학계에 최초의 한국인 설교학 교수로 강의를 시작하면서 나는 이 책을 의지하여 이 땅에 맞는 설교 이론을 정립하기 시작하였다. 당시는 설교학 용어마저 제대로 정립되지 못하였던 시절이었기에 책의 내용은 매우 우수하였으나 그 번역은 원본의 수준에 제대로 미치지 못하였음을 늘 아쉽게 생각하였다. 그 동안 미숙한 부분들을 새롭게 손질할 여유를 갖지 못하면서 본서를 그대로 활용해 오면서 더 좋은 설교학의 종합적인 이론의 책들이 나오기를 기다리고 있었다. 그리고 역자는 「한국교회의 설교학 개론」을 집필하여 저서로 내놓고 본서와 졸저를 대표적인 교재로 사용하여 왔다.

그러나 본서를 능가할 만한 종합 이론의 책이 지금껏 눈에 띄지 않고 있는 현실이다. 미국 신학계에서도 본서를 다시 출판하여 보급을 하면서 본서의 진가를 재평가하기에 이르렀다. 역자 역시 본서는 한국 신학 교육의 장에서 현대 설교학의 입문서로서 내놓을 수 있는 아주 우수한 책임을 다시 실감하기에 이르렀다. 결코 품절되어야 할 책이 아님을 새삼 느끼면서 새롭게 번역하는 수준에서 손질을 하기 시작하였다. 이제 그렇게도 본서의 재출판을 독촉하던 수많은 설교학도들의 요구에 응답하게 되어 역자에게는 그 기쁨이 실로 크다.

새롭게 본서를 한국교회에 소개하는 데 나의 곁에서 함께 노력을 기울여 준 나의 사랑하는 조교이며 현재 미국에서 박사 과정을 이수하고 있는 최영현 목사와 출판을 하기 위해 갖은 노력을 다 기울인 '예배와 설교 아카데미' 김현애 대표에게 고마움의 머리를 숙인다.

새롭게 우리의 말로 시원하게 펼쳐진 본서를 손에 들고 설교의 발전을 희망하는 독자들마다 튼튼한 말씀의 도구로 하나님의 손에 크게 쓰임받기를 진심으로 원하는 바이다.

주후 2008년 4월

정장복 (장신대 명예교수 · 한일장신대 총장)

서 설

　예수님께서는 "온 천하에 다니며 만민에게 복음을 전파하라."고 말씀하셨다. 20세기에 걸친 교회의 역사는 주님의 이 명령에 응답했던 하나님의 백성들의 이야기를 기록하고 있다. 한때 설교는 삶을 변화시켰고, 나라를 뒤흔들기도 하였다. 그러나 이러한 변화의 원인이면서 동시에 결과이기도 한 설교단은 교회를 그저 유지하거나 그저 그런 수준까지만 성공하도록 할 정도로 별다른 특징이 없었다.

　오늘날 교회 안팎에 많이 나타난 자칭 선지자들은 교회와 설교가 죽었고 역사의 뒤안길로 사라져야 할 운명에 처해 있다고 아주 강력하게 주장하고 있다. 다시 말해 그들은 교회와 설교가 아직 존재하기는 하지만 생명이 없는 상태라고 주장하고 있다.

　교회는 "믿을 수 없고"(incredible)[1], "갱신될 수 없으며"(unrenewable)[2], "죽은"(dead)[3] 것으로 묘사된다. 또 설교는 지루하고 무기력하며 흥미가 없고 적절하지도 못하며 용기를 결여하고 있고 이해할 수도 없는 것이라는 등의 혹독한 비판 속에 있다.[4] 거기에 덧붙여 오늘날의 설교는 그 안에 너무 많은 관념들을 포함하고 있다고 인식되고 있다. 또한 분석에 중점을 두기 때문에 종합하여 처방을 내리는 데(prescription)는 약하다고 한다. 오늘날의 설교를 형식적이고 비인격적이며 의도적인 것이라고 규정짓기도 한다.[5] 그리고 그것은 실천과 행동을 위한 지침을 전혀 주지 못한다는 비난을 받는다. 설교자들이 설교단에서 받게 되는 그 호된 비난의 고통을 달래기 위해 종종 일요판 신문의 '구인광고' 란을 살펴보게 되는 유혹을 받는다는 것은 별로 놀라운 일이 아니다. 누가 그들을 비난하겠는가?

"그래도 당신은 또 한 권의 설교학 책을 감히 쓰려고 하느냐?"고 여러분은 물을 것이다. 이러한 모험이 어떤 사람에게는 건방진 것으로 보일지 모르며, 또 어떤 사람에게는 매우 불쾌한 것으로 보일지도 모른다. 또한 "출판이냐, 목회냐?"(publish or parish)라는 재미있는 말이 보여 주는 바와 같은 학문성을 추구하고자 하는 동기에서 비롯된 것이거나 습관적으로 성직자를 괴롭히는 눈가리고 아웅하는 식의 정신 상태에 대한 또 다른 한 예인 것처럼 보일 수도 있다. 그러나 이에 대한 나의 응답은 설교를 깊이 신뢰한다는 나의 고백에 근거한다.

나는 성경도 이러한 나의 생각을 지지하고 있다고 믿는다. 왜냐하면 설교는 선지자들의 방법이었고(이사야, 예레미야, 요나, 아모스 등), 그리스도의 제자들도 복음을 선포하도록 보냄을 받았으며 가르침을 받았기 때문이다(마 10:7; 눅 9:2). 바울 또한 디모데에게 "말씀을 전파하라."(딤후 4:2)고 하였다. 이제 성경학자들도 점차 그리스도의 사역에서 가르침과 설교(teaching and preaching)의 차이를 구분하는 것이 어렵다는 것을 깨닫고 있다. 도드(C. H. Dodd)도 이를 부인하지 않는다.[6] 예일 대학의 어느 한 강좌에는 "예수님께서 설교하러 오셨다"(Jesus Came Preaching)라는 제목이 붙여졌다. 어느 설교학 교수는 다음과 같은 결론을 맺고 있다.

예수님께서 설교하신 이유는 사람들이 일상생활에서 일어나는 일들의 의미를 분별하고 그 시대의 징조를 해석하는 것을 필요로 하였기 때문이다. 그는 사람들을 격려하여 봉사할 수 있도록 하기 위해서 설교하였다. 그는 언제나 사람들의 필요에 따라 설교하였다. …… 왜 설교하는가? 예수님께서 하셨기 때문인가? 반드시 그렇지는 않다. 그러나 예수님께서 설교하신 이유와 같은 이유 때문에 설교를 한다. 우리의 생활과 우리의 시대는 전망(perspective)을 가질 필요가 있다. 우리는 하나님께서 주시는 빛을 필요로 한다.7)

성경은 여러 예들과 훈계를 통해 설교의 방법을 보여 주고 있다. 나는 교회사가 설교에 대한 나의 이러한 신앙이 옳다는 것을 확증해 준다고 믿는다. 만약 누군가가 눈에 보이는 것만 믿는 수사학자를 만족시킬 수 있는 경험적 증거를 제시하라는 심한 압력을 받는다고 하더라도, 교회의 강단이 건전하면 그 교회도 건전하다는 사실이 일반적으로 인정되고 있다. 물론 이런 것이 역사가 빚어낸 우연한 사건이거나 동시에 반복적으로 이루어진 기묘한 예일 수도 있다. 그러나 필자는 다음과 같은 견해를 받아들이는 입장을 취한다.

기독교가 본질적 발전을 이루었을 때는 언제나 위대한 설교가 그 길을 열어 왔다. 기독교 역사상 성장과 발전이 크게 이루어졌던 다섯 세기의 시대가 있었다. 바로 이 다섯 세기는 위대한 설교가 있었던 시대이기도 했다. 사도 시대가 그 첫째요, 크리소스톰(Chrysostom)과 어거스틴(Augustine)이 활약했던 4세기, 아시시의 프란시스(Francis of Assisi)의 시대인 13세기, 루터(Luther)와 칼빈(Calvin)이 활동했던 16세기, 그리고 스펄전(Spurgeon)과 맥라렌(Maclaren)의 시대였던 19세기가 그것이다. 반대로 설교가 쇠퇴해 가던 때는 언제나 교회도 정체되어 갔다. 암흑 시대인 14~15세기, 그리고 17~18세기에는 대부분의 나라에서 설교가 약화되어 영향을 미치지 못하였다.8)

이 빈틈없는 분석의 결과는 교회 안에서의 영적인 삶, 그리고 활동이 설교단에서 서로 견줄 수 있는 상태가 되었음을 보여 준다. 하나가 건전하면 다른 하나도 건전하고, 역으로 하나가 쇠퇴하면 다른 하나도 병폐가 생긴다.[9] 양자 중 어느 쪽에 원인이 있는가를 논하는 것은 분명한 결론을 얻기 어려운 흥미로운 게임이 될 것이다. 그러나 우리가 어떠한 평가를 내리든지 간에 그 현상만큼은 현재에도 존재하고 있고 항상 우리를 따라다닌다.

현대 설교를 폭로하는 글을 읽고 전형적인 미국 강단에서 들려오는 대표적인 설교에 귀를 기울이고 난 후에야 다음과 같은 비판을 받아들이기가 상대적으로 쉬워진다. 즉, "사람들은 설교 자체에 질려 버린 것이 아니라, 너무나 많은 곳에서 설교로 포장되어 잘못 전해지고 있는 시대 착오적이며 부적절한 허튼 소리에 지쳐 버렸다. 그것은 판단할 만한 참다운 설교가 없기 때문이다."[10]

"설교를 타락시키는 사람들은 대체로 설교를 잘할 수 없는 사람이다."[11]라는 말이 옳기는 하지만 우리는 우리 시대에 있어서 설교에 대한 이 숱한 비난의 밑바닥에 숨어 있는 설교에 대한 관심에 눈을 돌리지 않으면 안 된다. 사람들은 참다운 설교를 원하고 있다. 그러므로 우리는 교회를 치유할 수 있는 방도를 찾아야 한다. 우리는 새로운 형식의 설교를 필요로 하는 것이 아니라 새로운 실재(reality)가 있는 설교를 필요로 한다. 설교는 실현되지 않은 상태로 있는 잠재적인 가능성과 융통성을 가진 특권이다.

> 비록 군중을 쉽게 모이게 하는 시대는 끝났다고 하지만 적어도 현재로서는 삶의 가장 중요한 문제들에 대하여 명확하고 확신에 찬 어떤 것을 들을 수 있다고 믿을 만한 이유가 있는 곳에는 사람들이 모여들게 될 것이다.[12]

만일 성령님의 주권적 역사에 의해 지배되는 변화에 설교자가 민감하게 응하기만 한다면, 우리가 사는 이 전자 시대에도 설교는 중요한 영향을 끼칠 수 있는 잠재력을 가진다는 것이 나의 신념이다. 물론 하나님께서는 우리가 계획하는 바에 순응하시거나 제한을 받으실 수 없으며, 그 설교를 하는 방법도 한정될 수 있다. 충분히 준비되고 성실하게 행해진 설교가 하나님께서 그리스도의 복음을 선포하시기 위하여 택하신 가장 원초적 수단임을 부정할 만한 증거 또한 충분치 않다.

대부분의 책에는 그 책이 그런 체제를 가져야 하는 이유가 있는 법이다. 이 책도 예외는 아니다. 물론 이 책은 내가 내린 설교의 정의, 곧 **"설교는 행위의 변화를 일으키려는 명백한 목표를 가지고 한 사람이 다른 사람에게 성경적 진리를 전달하는 것이다."** 라는 정의에 대한 해설로 전개된다. 여러분은 이 정의가 필립스 브룩스(Phillips Brooks)가 내린 좀 더 짧은 정의[13]를 구체화한 것임을 알 수 있을 것이다. 그의 정의는 경험주의적 수사학자들 간에 인기가 높은 하나의 구절[14]에다 개인적 관찰과 경험에서 얻은 몇 가지 요소를 더한 것이다. 내가 내린 정의에서 세 가지 본질적 요소는 우리가 특별히 주의를 기울일 만한 가치가 있다. 이 책은 바로 이 세 가지 요소를 중심으로 구성되어 있다. 그 세 가지 요소는, (1) 커뮤니케이션(communication), (2) 성경의 진리(biblical truth), (3) 삶의 변화(behavioral change)이다.

무의식적인 표절 행위는 언제나 글을 쓰는 사람에게는 하나의 위험이 된다. 수많은 개인적인 경험들과 집회들, 그리고 책들에서 나는 지워 버릴 수 없는 인상들을 받아 왔기에 어떤 것을 누구의 공으로 돌려야 할지는 확실하지 않지만, 여하튼 나는 그들에게 큰 빚을 졌다. 이에 대해 가능한 만큼 모든 노력을 기울여 그 자료가 언제 알려진 것인지를 확실히 하려고 한다.

신학도들과 목회자들이 모두 설교의 길을 밝히는 어떤 진리를 발견하게 되기를 소망하며, 사람들이 '즐겁게 설교를 듣고' 그 삶이 하나님께 영광을 돌리게 되기를 기도한다.

주〉

1) Harvey Cox, 1970년 1월 19일 UCLA에서 행한 강연에서
2) N. Gordon Cosby, Christian Advocate, Ⅶ, No. 19(September 12, 1963), pp. 7-9.
3) Words on button at University of California, Berkeley.
4) Clyde Reid, The Empty Pulpit(New York : Harper & Row Publisher, 1967), pp. 25-33.
5) Reuel L. Howe, Partners in Preaching : Clergy and Laity in Dialogue(New York : The Seabury Press, 1967), p. 32.
6) Cf. Robert Mounce, The Essential Nature of New Testament Preaching(Grand Rapids : Wm. B. Eerdmans Publishing Company, 1960).
7) William L. Malcomson, The Preaching Event(Philadelphia : The Westminster Press, 1968), p. 25.
8) H. C. Brown, Jr., H. Gordon Clinard, and Jesse J. Northcutt, Steps to the Sermon (Nashville : Broadman Press, 1963), pp. 28-29.
9) Edwin Charles Dargan, A History of Preaching(Grand Rapids : Barker Book House, 1954), I. pp. 12-13.
10) John Killinger, The Centrality of Preaching in Total Task of the Ministry (Waco, Tex. : Word Books, 1969), p. 21.
11) Elton Trueblood, The Incendiary Fellowship(New York: Harper & Row Publishers, 1967), p. 48.
12) Ibid.
13) Lectures on Preaching, Reprint.(Grand Rapids : Baker Book House, 1969), p. 5.
14) Cf. Gray Cronkhite, Persuasion : Speech and Behavioral Change(Indianapolis : The Bobbs-Merrill Company, Inc., 1969), pp. 3-15.

1부

커뮤니케이션

■ 제1장 · **과정**　■ 제2장 · **설교자**　■ 제3장 · **청중**　■ 제4장 · **환경**　■ 제5장 · **방편들**

1장
과정

완전한 커뮤니케이션이란 없다. 얼마나 주의 깊게 설교를 준비했느냐에 관계없이 어떠한 설교자도 자기가 '외치는'(send) 메시지가 의도한 그대로 정확히 '받아들여'(received)진다고 기대할 수는 없다. 그럼에도 불구하고 의미 있고 적절한 커뮤니케이션은 가능하며, 설교할 때에는 그것을 목표로 삼아야 한다. 여기에는 수없이 많은 복잡한 인자들이 있다. 두 사람 사이의 커뮤니케이션만 해도 매우 어렵다. 한 사람씩 더 참여할 때마다 그 과정은 점점 더 복잡해지기 마련이다. 레이몬드 맥래플린(Raymond W. McLaughlin)은 "인간관계란 산술급수적으로 발전하는 것이 아니라 기하급수적으로 발전하는 것"이라고 했다. 즉, 어떤 그룹에 새로운 회원을 한 사람 가입시키는 것은 그 그룹 내에서의 관계에 하나의 관계를 **더하기**(adds)**보다는 오히려 배가한다**(multiplies)**는 것이다**.[1]
이러한 공식을 평범한 교회의 회중에게 적용해서 살펴보면 그 안에 있는 커뮤니케이션 문제에 놀라게 될 것이다. 그러나 이때 조금만 노력을 기울여 커뮤니케이션 과정의 역학을 이해하기만 하면 설교자가 진정한

'전달자'(communicator)가 되리라는 희망을 가질 수 있다.

커뮤니케이션에 대한 정의를 내리기는 어렵지 않다. 모든 이론가나 저술가는 자기 나름대로 커뮤니케이션을 정의하는 방법을 가지고 있는 것처럼 보이기 때문이다. 프랭크 댄스(Frank Dance)는 커뮤니케이션에 대하여 총체적인 이론을 제시했다.

> 커뮤니케이션은 단순히 반응을 유도하는 것이다. 커뮤니케이션에 대한 이런 종류의 정의는 인간에게와 마찬가지로 인간과 관계를 맺고 있는 생물들에게도 적용된다. 커뮤니케이션이란 우리가 전체 생명계와 공유하고 있는 어떤 것이기 때문이다. 개나 돌고래도 반응을 유도함으로써 의사소통을 한다. 심지어 인간 대 기계, 기계 대 인간의 커뮤니케이션에 이르기까지 모든 커뮤니케이션은 '반응 유도'라는 일반적인 정의 안에 포괄된다.[2]

로버트 고이어(Robert S. Goyer)는 커뮤니케이션에 대한 어떤 포괄적 이론도 다섯 가지 본질적인 요소를 반드시 갖추고 있어야 한다고 제안했다. 그것은 정보 발생자(generator), 자극(stimuli), 투사(projection), 정보 감지자(perceiver), 그리고 식별하여 응답함(discriminative response)을 말한다. 커뮤니케이션이란 본질적으로 이중적이고 의도적이며, 의미의 공통성을 그 목표로 삼고 있다고 그는 주장하고 있다. 그는 $\frac{P.R.M.}{G.R.I.}=1$ 이라는 방정식을 통하여 이것을 예증한다. 즉, '정보 발생자가 의도하는 반응'과 '정보 감지자가 나타내 보이는 반응'이 동일할 때 그 지수를 1로 보는 것이다. '1' 또는 양자가 일치되는 지수는 발생자의 의도와 감지자의 반응 사이에 완전한 상관관계가 이루어지기만 하면 언제라도 얻어진다. 그러나 그는 곧 커뮤니케이션은 보통 단편적으로만 이루어진다고 덧붙이고 있다. 분명히 사람들 사이에 이루어지는 커뮤니케이션은 항상 단편적이다. 그러나 사람과 기계 사이나 기계와 기계 사이에서

의 커뮤니케이션은 반드시 그렇지는 않다.[3]

호블랜드(Hovland)와 제니스(Janis), 켈리(Kelley)가 내린 정의도 설교자에게 도움이 되는데, 커뮤니케이션이 개인과 개인의 사이에서 일어나는 것을 보여 주기 때문이다. 이 학자들은 커뮤니케이션을 "한 개인(전달자)이 다른 개인들(청중)의 행동을 수정하려고 자극(보통은 언어적인)을 전달하는 과정"이라고 생각한다.[4] 루엘 하우(Reuel Howe)는 '의미의 만남'(meeting of meanings)이 이루어질 때 언제라도 커뮤니케이션이 일어난다고 한다. 의미의 만남이 이루어지면 의견이 일치할 수도 있고, 비록 의견의 일치가 이루어지지 않더라도 커뮤니케이션은 이루어지게 된다.[5]

수년 동안 커뮤니케이션은 도식으로 나타낼 때 선으로 묘사되어 왔으나, 최근에 와서는 원으로 묘사되는 경우가 더 많다. 그러나 이 두 가지 묘사 중 어느 것도 적당하지는 않다. 왜냐하면 인간의 커뮤니케이션이 너무나 복잡하기 때문이다. 그래서 커뮤니케이션을 나타내는 상징을 나선형이나 코일형으로 표현하는 것이 현재의 커뮤니케이션 과정에 대한 이해와 조금 더 부합되는 듯하다. 프랭크 댄스가 말한 바와 같이 "샤르댕(Chardin)은 삶의 발전 과정을 하나의 나선형이라고 한다. 이와 같이 우리는 하나의 나선형인 DNA의 표본에서 인간의 커뮤니케이션 이론을 표시하는 더 적절한 모델을 발견하게 된다. 나선이 삼차원적이기 때문에 선으로 이루어진 원보다 훨씬 적합하다."[6] 커뮤니케이션은 메시지를 보내고 받는 것을 포함하고 있으며, 이 과정은 과거의 이론가들이 믿었던 것보다 더 복잡하다는 사실을 기억해 두는 것이 중요하다. 나선형의 견해를 가지는 사람들은 커뮤니케이션이 결코 완전한 원형(full circle)으로 되돌아오지 않는다는 것을 인정한다. 거기에는 항상 전진하는 방향으로 움직이는 운동이 일어나고 있기 때문이다.

고전 커뮤니케이션 이론의 유산

고전 수사학은 기술적인 세 가지 양식을 명확히 구분했다. 아리스토텔레스는 그것을 에토스(ethos)와 파토스(pathos), 그리고 로고스(logos)라고 불렀다. 에토스는 공중 연설에서 말하는 사람의 진실성과 관계되고, 파토스는 그의 감정 사용과 관계되며, 로고스는 이성이나 논리의 사용과 관계된다.

고전 이론 역시 다섯 가지 수사학의 규범을 정의했다. (1) **발명**(invention) : 이것은 명제의 분석과 자료의 수집 분류, 그리고 이용될 방법들을 공식화하는 것을 포함한다. (2) **정리**(disposition) : 이것은 연설 안에서 자료의 순서와 배열을 다룬다. (3) **연설법**(elocution) 또는 스타일 : 이것은 언어상의 모든 문제와 단어의 선택, 그리고 그 단어들을 좀 더 큰 단위로 배열하는 것과 관련된다. (4) **연설의 실제**(delivery) : 이것은 목소리, 육체적 요소들, 몸짓, 태도, 동작 등을 포함한다. (5) **기억력**(memory) : 이것은 현대 연설 입문에서는 생략되어 버린 요소이다.[7]

웨인 톰슨(Wayne N. Thompson)은 조금 과장해서 말하고 있기는 하지만 고전 이론이 끼친 엄청난 영향을 암시하면서 다음과 같이 말하고 있다. "아리스토텔레스는 워텔리언(Whatlian)의 수정 이론에서도 지배적인 포괄적 체계를 수립하였다. 그리고 23세기에 걸친 수사학의 역사는 아리스토텔레스를 모방하는 사람, 그의 이론을 수정하는 사람, 그리고 반대하는 사람들의 견지에서 기록될 수 있을 뿐이다."[8]

누구나 아리스토텔레스가 지금까지 유효한 행동 원리에 근거해 체계를 세웠다는 것을 고려한다면 아리스토텔레스와 고전 수사학자들이 아직도 현대 이론에 그런 영향을 준다는 데 놀라지 않을 것이다. 더욱이 그 접근 방법은 철학적이며 규칙들로 되어 있다기보다는 하나의 원리로 되어 있었고, 그것은 매우 실제적이었다. 그리고 이성에 중요한 자리를 내주었다는 점에서도 적절하였다. 그러한 융통성 때문에 아리스토텔레스의 접근 방법은 세월이 흘렀음에도 그대로 남아 있는 것이다.

오늘날에는 네 가지 커뮤니케이션의 흐름을 분명히 구별할 수 있어야 한다. (1) 구두 커뮤니케이션(oral communication)에 관한 위대한 고전적 문헌들의 재발견, (2) 대중 연설과 관련되는 심리학에서의 새로운 발전(James Winans, Charles H. Woolbert), (3) 인간 커뮤니케이션 분야의 양적 탐구, (4) 연계 분야들, 곧 어의론, 언어학, 언어 청취학, (언어) 병리학과 그룹 역동에 관한 연구가 그것이다.[9]

언어를 통한 커뮤니케이션에 대한 고전적 접근 방법이 자기 성찰, 직관, 그리고 통찰력을 얻기 위한 합리적 권위에 의존하는 반면, 양적 탐구 또는 행동적 접근 방법은 과학적 방법에 의존한다. 이 방법은 통제 하에서의 관찰, 조작, 통계학적 분석과 반향을 특별히 강조한다.

오늘날 불행하게도 고전 이론가와 신고전 이론가, 그리고 행동 커뮤니케이션 이론가들 사이에는 엄청난 접근전이 벌어지고 있다. 그러나 이 세 가지 원리들을 혼용하는 것이 바람직해 보이기 때문에 이런 싸움은 유감스러운 일이다. 경험적 연구가 수사학적 기술에 더해 줄 수 있는 것은 무엇이든지 도움이 될 것이다. 따라서 행동주의자들의 영향을 통하여 수사학이 좀 더 과학화되고 예술과의 연관성에서 탈피하는 것이 가능하게 된다.

제랄드 밀러(Gerald R. Miller)는 주장하기를 "과학적인 학자는 마땅히 언어를 통한 커뮤니케이션이 가지는 사실적 문제에 먼저 관심을 가져야 한다. 그리고 인문주의자는 마땅히 그 분야의 가치 문제에 주의를 기울여야 할 것이다. 확실한 것은 현실(what is)이 이상(what ought to be)과 좀 더 조화를 이룰 수 있다고 하면 수고한 노력들은 언어를 통한 커뮤니케이션을 연구하는 모든 학생들을 위해 소중한 것이 될 것이다."[10]라고 한다.

이런 방식의 의견 일치를 보려는 노력은 바람직하다. 설교학 교과서를 연구해 보면 실제로 예외 없이 설교학을 고전적인 관점에서만 보아 왔음을 알 수 있다. 심리학자들과 행동주의 과학자들이 발견해 낸 것들은 거의 설교학 교과서에 들어가 있지 않다. 그래서 이 책에서는 설교술이 모든 대중 연설에 공통되는 지식과 기술을 선택적으로 적용하는 것이라는 전제 하에 행동주의 과학자들이 발견한 것 중의 일부를 설교에 응용할 수 있는 대로 채용하려고 한다. 설교는 일반 연설과 많은 공통점을 가지지만, 두 가지 중요한 점에서 다르다. 무엇보다도 먼저, 설교는 성경적 범주를 다룬다. 둘째로, 설교는 성령님의 사역 안에서 유일한 도움을 발견한다. 그럼에도 불구하고 설교자가 커뮤니케이션 이론가들의 발견과 통찰력에 마음을 닫아 버리는 것은 현명하지 못한 일이다. 복음을 선포하도록 하나님의 부르심을 입은 사람은 자기 일을 보다 능숙하게 해 나가는 기술을 습득하는 데 관심을 기울이지 않으면 안 된다. 어떤 유용한 통찰력이라도 그리스도와 그의 교회를 섬기는 가운데 구체화되어야 한다.

커뮤니케이션 과정의 요소들

세 사람의 행동주의 학자들이 그 재능을 합하여 커뮤니케이션 과정 안에 있는 다양한 요소들을 보여 주는 포괄적 커뮤니케이션 이론을 제공했다.

커뮤니케이션은 하나의 신호를 받아들임을 의미한다. 즉, 정보의 처리는 이 신호를 포함하는데, 이때 신호는 디코딩(decoding : 신호가 받아들여지는 코드로부터 의미를 찾아내는 것)과 인코딩(encoding : 적절한 코드를 통해 전달해야 할 메시지를 구성하는 것)을 통해 우리 과거의 경험의 빛에 비추어 메시지를 발전시킨 것이다.

그 후 적절한 신호의 전달이 일어난다. 이러한 과정이 진행되는 동안 우리의 중추 신경 계통은 끊임없이 스스로를 감독하여 우리의 육체적 상태와 정신적 상태를 점검하고(내적 피드백 [internal feedback]) 우리가 참여하고 있는 커뮤니케이션이 이루어지는 상태를(외적 피드백 [external feedback]) 지켜본다. 이 두 가지 감독 과정으로부터 받아들이는 메시지는 커뮤니케이션이 이루어지는 전체 상황에서 절대 필요한 요소이다.[11]

커뮤니케이션 체계에 관해서는 벌로(Berlo), 게르브너(Gerbner), 쉬람(Schramm), 웨슬리(Westley), 맥린(Maclean), 샤논(Shannon), 위버(Weaver) 등이 많은 노력을 기울여 왔다.[12] 그들의 주장은 일치되지 않고 상당히 다양하지만 보든(Borden), 그레그(Gregg), 그로브(Grove) 등과 더불어 그들의 커뮤니케이션 체계를 묘사할 때 근원, 메시지, 채널과 받는 사람이라는 네 가지 기본적 요소들을 포함시키고 있다.

분석을 위해서 우리는 이 네 가지 요소를 각각 분리하여 살펴보려고 한다. 그러나 실제로 이 요소들이 역동적 과정 속에서 서로 겹치고 있으므로 커뮤니케이션 행위에서 이러한 명확한 분석은 불가능하다.

1. 근원

커뮤니케이션의 근원은 설교자이다. 그는 커뮤니케이션의 기술, 태도, 엄청난 지식, 그가 살고 있는 사회 제도, 그가 영향을 주고 있는 문화 등을 모두 갖추고 있어야 한다. 메시지를 전하는 자로서 그는 자기 자신의 사상, 관념, 인식 등을 언어적, 음성적, 신체적 메시지로 신호화(encoding)해야 하는 사람이다.

2. 메시지

설교자의 임무는 성경적 진리를 취하여 언어적, 신체적, 음성적 자극을 통해 그것을 전달하는 것이다. 전달자로서 그가 성공하느냐 못하느냐 하는 것은 언어적, 신체적, 음성적인 것을 조화롭게 혼합할 수 있느냐의 여부에 달려 있다. 만일 그가 어떤 한 가지는 언어적으로 말하고, 다른 한 가지는 신체적으로 표현한다고 하면, 그는 자기가 전하려는 의미를 왜곡하고 있다고 볼 수 있다. 한편 그의 효율성은 그가 사용하는 언어가 얼마나 이해되느냐에 달려 있다. 만일 그의 메시지가 듣는 사람이 이해할 수 없는 언어로 전해진다면 커뮤니케이션이 이루어지지 않을 것이 분명하다. 그의 임무는 이해될 수 있고 공감을 이룰 수 있게 성경의 메시지를 선포하는 것이다.

3. 채널

대부분의 수사학자들은 말하는 사람이나 메시지, 또는 듣는 사람에게 초점을 맞추어 왔다. 그러나 근간에 마샬 맥루한(Marshall McLuhan)은 매체 또는 통로가 수사학 비평가의 주요 관심사가 되어야 한다고 주장했다. 따라서 말하는 사람과 메시지와 듣는 사람에 대한 모든 고찰은 매체 자체에 종속되게 된다.

맥루한은 흥미를 끄는 인물이다. 많은 학자들은 그를 좋아하지 않으나 그를 따르는 사람들은 그를 환영하고 있다. 다른 대부분의 사람들은 그가 고집스럽고 불편한 존재이기는 하나 중요한 인물이라고 생각한다.[13] 그를 비판하는 사람들은 그가 학자가 아니라 단지 취미삼아 이런 연구를 한 사람이므로 그에게는 어떤 권위도 없다고 한다. 또 다른 어떤 사람들은 그가 무엇을 읽어도 거의 이해조차 못하는 사람이라고 한다. 비평가 중의 한 사람은 "맥루한의 글을 대충 읽어 내려가는 것은 소방 호수로부터 찻잔에 물을 채우려는 것만큼이나 어렵다. 두 번째라는 것은 아예 없어 보이기 때문이다."[14]라고 했다.

그러나 어떤 사람들은 맥루한의 글이 비록 어떤 특별한 견해를 주장하지는 않더라도 자기 주장을 굽히지 않고 있으며 매우 교의적이라는 점에 주목하여 왔다. 또 다른 사람들은 "미디어의 이해(Understanding Media)가 갖는 한 가지 결점은 부분이 전체보다 커지는 점이다. 한 페이지를 읽으면 심각한 회의를 일으키고, 열 페이지를 읽으면 그 의심들에 대하여 확신을 얻게 된다. 끈기 있는 독자라 할지라도 359페이지까지 다 읽어 내려가기 훨씬 전에 수사학적 모호함이 자기를 마비시키고 말았음을 알게 된다."고 했다.[15]

마이클 알렌(Michael J. Arlen)은 맥루한이 말하는 "전자 시대에 열광하여 구텐베르크 시대를 거부한다."는 것에 관하여 꽤 심각하게 생각하고 있다. 그의 말을 빌리면 "옛날 구텐베르크가 처음 인쇄해 낸 것은 성경이었고, 텔레비전이 우리에게 처음 준 것은 엉클 밀티(Uncle Miltie)였다. 그리고 오늘날의 증거로 미루어 볼 때 텔레비전 때문에 성경을 팽개쳐야 할 만한 어떤 필연적 이유도 있는 것 같지 않다."고 한다.[16]

반대로 그의 친구들은 그가 다른 종류의 매체를 사용하고 있기 때문에 그의 문제가 불분명해진다고 주장한다. 그는 실험을 하고 있어서 논리적인 것과 분석적인 것에 열중하고 있지는 않다고도 한다. 그의 전체적인 접근 방법은 시적이요, 직관적이라는 것이다.[17] "커뮤니케이션에 대한 그의 진술은 학구적이고 이론적이기보다는 차라리 예언자적이다. 그는 우리 중 몇 사람에게는 막혀 있던 전망을 열어 주었다. 그래서 우리는 그 전망이 우리를 일깨워 줄 것인지를 들여다보고 알 수 있게 되었다."[18]

학문적 성실성을 위해서는 맥루한이 어떤 현상들을 다룰 때 '단단하고 느슨하게' 해냈다는 점을 인정하지 않을 수 없다. 그는 역사적 자료들을 불행하게도 포기해 버리면서 지나치고 있고 그의 언어는 난해하다. 그리고 그는 독단적 감정에 빠져 있다. 그럼에도 불구하고 우리가 그의 말에 귀를 기울이지 않는다면 스스로 풍성해질 기회를 포기하는 것이 된다. 그는 대부분의 매체 이론의 지도자들이 혼자 잘난 체하면서 내세우는 가정들을 비판했다는 점에서 옳다. 그의 책은 사고의 과정에 참여를 요구하는 통찰력이 번득이는 관념들로 가득 차 있다. 그리고 명백한 편린들 속에도 중요한 진리가 들어 있음을 알게 하여, 우리 중의 많은 사람에게 이전에 감추어져 있던 차원을 깨닫게 해 주었다. 맥루한은 한 사람의 예언자이다.

> 그는 어느 지나가 버린 역사적 순간에서 가장 사소한 것을 파헤치라는 유혹을 받지 않는다. 그는 새로운 것을 불가피한 것으로 받아들이는 모더니스트일 뿐만 아니라 미래주의자이다. …… 그의 자리는 변화해 가는 그 안에 있을 것이다. 그는 원리를 변형시키는 사람에 속한다. …… 대중 문화에 관해서 맥루한을 다른 작가들과 구별짓는 것은 이렇게 혁신적 형식을 받아들이는 점이다.[19]

맥루한은 모든 매체가 인간의 연장이라는 가설을 세운다. 예를 들면 수레바퀴는 발의 연장이요, 옷은 피부의 연장이며, 컴퓨터는 중추 신경 계통의 연장이라는 것이다. 그 다음에 그는 매체의 두 가지 형태, 즉 뜨거운 매체와 차가운 매체를 논한다. "뜨거운 매체는 고밀도(혹은 해상도, high definition)의 단일한 의미만을 갖는다. 고밀도란 자료들로 잘 채워진 상태를 말한다. 뜨거운 매체는 참여도가 낮다. 그리고 차가운 매체는 청중의 참여도 또는 성취도가 높다."[20] 그는 뜨거운 매체를 말할 때 라디오, 영화, 사진을 포함시키고, 차가운 매체를 말할 때 전화, 텔레비전, 만화, 연설 등을 포함시킨다. 예를 들어 그는 다음과 같이 사진을 만화에 대조시킨다. 사진은 밀도(해상도)가 높다. 그것은 완성되어 있다는 말이다. 그것은 관찰자에게 거의 아무것도 허락하지도 않고 요구하지도 않는다. 그러나 만화는 하나의 차가운 매체이다. 그것은 단순히 어떤 것의 개관을 줄 뿐이지 전체적으로 한정하고 있지 않기 때문이다. 그것은 독자 또는 관찰자를 필요로 한다. 그러므로 더 큰 참여도를 요구한다. 라디오는 하나의 뜨거운 매체이다. 그것은 밀도가 높다. 청중에게 많은 것을 요구하지 않는다. 반대로 텔레비전은 하나의 차가운 매체이다. 그것은 많은 사소한 면들을 가지고 있어서 시청자에게 그것을 맞추도록 요구한다. 시청자는 이것이 요구하는 것들을 맞추어서 하나의 화면을 얻는다. 자기 손으로 화면을 조작해서 결국 거기에 말려들고 만다. 시청자는 라디오를 들을 때에 전혀 하지 않던 방법으로 참여하고 만다.

불행하게도 우리는 그냥 믿음으로써 이 범주들 가운데 몇 가지를 받아들이지 않으면 안 된다. 왜냐하면 맥루한은 위와 같은 구별을 할 때 매우 임의적이기 때문이다. 그러나 매체를 묘사하고 청중이 요구하는 참여도에 따라 그것들을 범주화하는 것은 도움이 될 만한 접근 방법이다. 존 슬로안(John H. Sloan)은 "청중의 참여도 또는 관련도가 우리에게 화자와 청중의 관계를 묘사하는 데 새로운 전망을 줄지도 모른다."[21]고 주장한다.

맥루한의 사상에서 또 하나의 기본적인 관념은 매체가 메시지라는 개념이다. 「매체는 마사지이다」(The Medium is Massage)라는 책에서 그는 다음과 같이 주장한다. "모든 매체는 우리를 완전히 압도하고 있다. 개인적, 정치적, 미학적, 심리학적, 도덕적, 윤리적, 사회적 모든 결과에서 이 매체들은 너무나 설득력이 강하여 우리의 어느 부분도 건드리지 않고 영향을 주지 않는 것이 거의 없다. 이런 의미에서 매체가 바로 마사지이다. 사회적, 문화적 변화에 대한 어떤 이해도 매체가 환경 요소로서 어떻게 작용하는가에 대한 지식 없이는 불가능하다."[22] 그는 한걸음 더 나가서 "사회는 언제나 커뮤니케이션의 내용에 의해서보다는 의사소통을 할 때 사용하는 매체의 성질에 의해서 형성되어 왔다."[23]는 점에 주의를 환기시키고 있다.

이 두 가지 진술이 가지고 있는 문제점은 실제 진리가 드러나도록 하기 위해서는 많은 의심을 품고 이 진술을 고찰할 필요가 있다는 것이다. 이 진술들을 문자적인 의미에서 다룬다고 하면 잘못된 길로 빠지고 만다. 그 매체가 전체 메시지가 아닌 것은 그 매체가 전체적으로 그 메시지를 통제하지 못하는 것과 꼭 같다. 하나의 통찰력을 발전시켜 일반화시키는 데 매달린다면 결국 오류에 빠지고 만다. 그의 진술이 가지는 진리는 단지 **메시지와 통로**(channel)**가 묶여 있어서 서로 불가분의 관계에 있다**는 것이다. 그러나 통로는 일반적으로 식별될 수 있으나 내용이 격하될 수는 없다. 다른 사람들이 내용에 주의를 기울여 온 것에 비해 맥루한은 강조점을 바꾸어서 내용을 거의 배제해 버리고 매체만을 다루고 있다. 만일 맥루한의 생각이 문자적으로 정확했다고 하면 어떤 사람이 제안한 것처럼 되었을 것이다.

> 물론 할 수는 없겠지만 만일 전사회가 화면 조정 방송을 시청하도록 할 수만 있다면, TV가 화면 조정 방송만을 방송하고 있다고 하더라도 그것이 미국 사회에 미친 영향은 맥루한에 의하면 전체 방송을 해 온 것과 정확히 같았어야 할 것이다. 맥루한에게 있어서 '내용'은 "마음을 지키는 개를 유혹하기 위하여 도둑이 가져온 달콤한 고기 조각"에 불과하다. 단지 그것뿐이고 그 이상은 아니다. ······[24]

독자는 맥루한의 두 권의 책, 「미디어의 이해 : 인간의 연장」(Understanding Media : the Extensions of Man), 「매체는 마사지이다」(The Medium is the Massage)의 주제를 신중하게 고찰하여야 한다. 이 두 권은 모두 지금까지 설교자들이 전혀 고려하지 않았던 통로에 관하여 관심을 가질 것을 제안하고 있다. 맥루한이 주장한 것처럼 어떤 매체는 듣는 사람 편의 참여를 요청하고, 다른 어떤 매체는 참여를 감소시킨다는 것은 사실이다.

4. 수신자

커뮤니케이션 과정에 있어서 수신자란 하나의 근원으로부터 통로 또는 매체를 통하여 암호화(encode)된 메시지를 받아들여서 해독(decode)하는 사람을 말한다. 해독한다는 것은 관찰이 가능하고 언어적인 자극과 음성적, 육체적 자극을 내적 반응의 형태로 옮기는 것을 말한다. 이 반응은 어떤 분명한 행동을 낳게 된다. 모든 받는 사람은 자기 나름대로의 관점을 가지고 있다. 그리고 근원(source)으로부터 자기에게 의미 있는 것이라면 무엇이든지 선별해 내는 데 도움이 되는 자기 나름의 특별한 경험도 가지고 있다. 예를 들어서 어떤 교차로에서 교통사고가 발생하였고 네 사람의 관찰자가 이것을 보았다고 하자. 이들은 각각 의사, 변호사, 목사, 기계공이라고 가정해 보자. 그들의 보고는 자기 나름의 관점을 나타낼 수밖에 없을 것이다. 의사는 아마 그 부상의 정도와 그 결과로 빚어질 의학적 상태의 심각함에 주목할 것이다. 변호사는 그가 받은 훈련과 내다보는 안목 때문에 그 자동차의 위치에 주목하고 그 책임 소재를 밝히는 데 관심을 가질 것이다. 목사는 사고를 당한 사람들의 신체적 상태를 주목하고 그들이 영적으로 어떤 도움을 필요로 하는지에 관심을 기울일 것이다. 기계공은 그의 특별한 훈련과 경험에 따라 그 자동차의 상태에 주목하고 그 차를 수리하는 데 드는 비용을 추산해 보고 그 차를 달릴 수 있는 상태로 고치려고 할 때 수반될 난점들을 생각할 것이다. 이와 같이 관찰자 각자는 동일 사건을 목격하였으나 그 사건으로부터 각자가 중요하다고 느낀 일이나 면을 선별하였을 것이라는 말이다.

"몇 가지 연구의 결과 대부분의 개인들은 소위 **선별적 노출**(selective exposure)을 하고 있음을 알게 되었다. 즉, 선택할 수 있도록 기회가 주어지면 사람들은 자기가 '좋아하는' 메시지를 받아들이고 '싫어하는' 메시지에는 주의를 기울이지 않는다는 말이다."[25] 다음의 대화는 캘리포니아 대학 전문 도서관에 있는 어느 엘리베이터 안에서 들은 이야기이다. 소녀 A : (어느 교수를 언급하면서) "그런데 말이야, 그는 커뮤니케이션을 잘 못하는 것 같아." 소녀 B : "네가 정말 잘 들으려고 귀를 기울인다면 그도 커뮤니케이션이 잘 이루어지도록 하는 분으로 보일 거야." 여기에서 효과적인 커뮤니케이션이 '정말 잘 들으려고' 귀를 기울이는 것을 필요로 하느냐 하는 문제가 제기될 수 있다. 효과적인 커뮤니케이션은 듣는 것을 요구한다기보다 오히려 명령하지 않는가? 그것은 필연적으로 '잘 들으려고' 귀를 기울이는 것을 요구해야만 하는가? 근원이 효과적인 것이라면 받는 사람은 저절로 귀를 기울이게 될 것이다. 귀를 기울이는 것이 어려운 일은 아닐 것이다.

윌리엄 톰슨(William D. Thompson)은 「설교 청중을 위한 안내」(A Listener's Guide to Preaching)라는 도움이 될 만한 책을 썼다. 이 읽기 쉬운 작은 책에서 그는 정신 집중을 하는 데 방해가 되는 몇 가지 요소와 잘 들을 수 있는 요소들에 대해서 이야기하고 있다. 정신 집중을 방해하는 요소로는 주의 산만한 마음, 과도한 흥분, 그리고 거기에 수반되는 것들이라고 한다. 듣는 사람에게 필요한 것은 주요한 개념들에 주의를 기울여 화자가 말하고자 하는 다음 요점을 예상하고 설교에 나오는 중심 말씀에 자신을 비춰 보며 지금까지 들은 것들을 되돌아보아 거기에서 얻은 원리들을 모든 듣는 상황에 적용시켜야 한다는 것이다.[26]

듣는 사람은 화자의 견해가 무엇인지 분명해지기까지는 화자의 입장에 동의한다거나 동의하지 않는다는 등의 판단을 내리지 않는 것이 좋다. 전체 메시지를 듣기도 전에 미리 판단을 내리는 것은 많은 사람들이 설교를 들을 때 범하는 불행한 과오이다. 하야가와(S. I. Hayakawa)는 다음과 같은 제안을 한다.

귀를 기울여 듣는다는 것은 말하는 사람이 그 문제를 보는 식으로 보려고 노력함을 의미한다. 그것은 그를 위해서 느끼는 동정심이 아니라 그와 더불어 경험하는 감정 이입을 의미한다. …… 우리는 너무나 자주 말하는 사람이나 그의 말을 일반화시켜 들으려고 한다. 즉, "그는 저런 진보적인 교육을 받은 다른 사람들과 꼭 같다."라고 하거나 …… 그의 말을 들을 때 "전에도 저런 말을 들은 적이 있어."라는 식으로 그것을 일단 일반화시켜 분류해 버리면 결국 듣는 것도 중단하게 된다.[27]

수신자는 '피드백'(feedback)으로 알려진 하나의 과정에 들어가게 된다. 피드백이란 설교자가 회중으로부터 자기 메시지를 어떻게 받아들이는지에 대하여 얻고 있는 어떤 정보를 말한다. 이 가운데는 미소, 찌푸린 얼굴, 주의, 부주의, 질문, 설명 등이 포함된다.[28]

성공적인 설교자는 이러한 피드백을 읽고 거기에 따라 필요하다면 자기 메시지를 바꾸거나 수정하여 회중으로부터 바람직한 반응을 불러일으킬 줄 아는 사람이다. 만일 청중의 반응에 무감각하다면 왜곡되고 비성공적인 커뮤니케이션이 이루어질 것이다. 피드백은 두 가지 형태가 있다. 미소나 갈채, 고개를 끄덕이거나 분명한 주의를 기울이는 모습 등을 포함하는 긍정적인 피드백과 야유나 부주의, 하품이나 찡그린 얼굴 등과 같은 부정적인 피드백이 있다.

우리 시대의 설교를 겨냥한 여러 가지 특별한 질책 가운데 설교를 하나의 일방적인 과정으로 취급해 버리는 과오보다 더 근본적인 과오는 없다고 하는 것이 올바른 평가라고 보아야 할 것이다. 설교는 본질상 대화적인 과정이다. 독백하는 자세는 하나의 망상에 불과하다. 이것은 설교자와 회중이 함께 어떤 설교에서나 역동적 관계에 놓여야 함을 의미한다.

커뮤니케이션을 하나의 과정으로 볼 때 우리는 그것이 분명한 시작과 끝을 가지고 있지 않음을 인정하고 있는 셈이다. 설교자와 회중 사이에는 끊임없는 상호 작용이 일어난다. 모든 점에서 받는 사람(회중)은 보내는 사람(설교자)이 되고, 보내는 사람은 받는 사람이 되어서 그들 사이에 역동적인 상호 작용이 이루어진다는 말이다. 커뮤니케이션은 다차원적이다. 단순히 A가 X를 B에게 보내는 그런 것이 아니다. 그것은 역동적이요, 움직이는 과정이다. 제럴드 밀러는 그 과정의 의미를 다음과 같이 요약한다.

> 먼저, 과정이라는 개념은 다양한 변수들 사이에서 일어나는 상호 작용과 이 변수들에 의해서 얻어진 가치들의 변화라고 하는 두 가지 열쇠에 의해서 정해진다. 둘째로, 과정이라는 견해는 말로 하는 커뮤니케이션의 극단적인 심리학적 복합성을 강조한다. 그것은 우리 각자가 참여하고 있는 일상생활의 풍요를 거의 누릴 수 없다고 주장하는 것이다.[29]

커뮤니케이션의 장애 요소들

커뮤니케이션에 실패할 수 있는 길이 여러 가지 있다. 그것은 언어나 태도를 통해서 또는 자유로운 토의가 부족한 것에서 올 수 있다. 아니면 단순히 시간 때문에 실패할 수도 있다. 제임스 클리랜드(James T. Cleland)는 "설교의 투수와 포수"라는 환상적 논의에서 설교자를 한 사람의 투수라고 말한다. 그는 잘 던질 수도 있고, 잘못 던질 수도 있다. 만약 잘못 던지면 커뮤니케이션은 실패한다. 반대로 듣는 사람은 포수가 되어야 한다. 커뮤니케이션이 잘 이루어진다는 것은 던져진 공을 잘 받았다는 의미이다. 커뮤니케이션에 실패했다는 것은 공을 놓쳤음을 의미한다. 실패의 원인은 쌍방 어느 쪽에도 있을 수 있다.[30]
이제 몇 가지 실패에 대해 생각해 보자.

(1) 교회는 다가올 세상에 대한 인간의 관계를 자주 강조해 왔지만 이 세상적인 생활 양식이나 실존의 의미에 대하여 적당한 방향을 제시하지는 못하였다.
(2) 듣는 사람들에게 삶의 회색 지대에서 어떻게 바르게 살아갈 수 있는지를 알려 주지 못하고, 값싼 도덕론만 선포되어 왔다. 설교는 '흑백'만을 다루고, 듣는 사람은 모호한 황색 지대에 어떻게 대처해야 할지 준비가 되어 있지 않다.
(3) 설교단에서 표현되고 있는 여러 가지 개념들은 듣는 사람의 현재 상태에 비추어 볼 때 그의 기독교적 경험에 비해 너무 진보적이다. 이상적인 예증을 통하여 표현된 이상적인 조건들은 듣는 사람을 도와 주기보다 오히려 실망시키고 있다. 선포된 이상과 듣는 사람의 현재 상황 사이의 간격이 너무나 커서 듣는 사람은 좌절에 빠져 아무것도 하지 못한다. 즉, "무슨 소용이 있는가? …… 그건 불가능하다."라고 자책한다.

설교는 여기에 대처하여 그 이상의 방향으로 다음 단계를 제시해 주어야 한다. 바로 그 다음 단계가 자세하게 설명되지 않는 한 커뮤니케이션은 실패하고 만다. 왜냐하면 모든 커뮤니케이션은 행동의 변화라는 형태로 끝날 필요가 있기 때문이다.

(4) 매 주일마다 우리는 많은 개념들을 쏟아 부음으로써 필요 이상의 커뮤니케이션을 달성하려고 한다. 다시 말하면 너무 많은 요구를 하면서 그것을 적용하는 면에서는 빈약하다. 엘톤 트루블러드(Elton Trueblood)는 그 점을 다음과 같이 표현했다.

"사람들은 설교에 냉담해졌다. 그들은 너무 많이 들어 왔다."[31] 이와 같은 비난은 설교를 좀 더 적게 하고, 반면에 일상생활에서 진리를 적용하고 완성시키는 일을 더 잘 해내야 할 것을 의미한다.

(5) 우리는 모든 감각 기관을 통하여 사람들에게 영향을 미쳐서 높은

참여도를 불러일으킬 수 있는 커뮤니케이션의 수단을 아직까지 충분히 찾아내지 못하였다. 많은 설교에 치우치다 보니 듣는 사람들은 커뮤니케이션 과정에 참여하지 못한 채 그냥 중립만 지키도록 내버려 두었다.

(6) 더 큰 문제는 성실성에 있다. 설교자는 자기의 언행이 일치하는 생활을 제대로 하고 있지 못하기 때문에 스스로 성실성에 관한 확신을 거의 가지고 살지 못했다.

(7) 많은 교인들은 경험을 통하여 설교단이 주는 영의 양식에 큰 기대를 걸지 않아 왔다. 교회 안에서 그들이 느낀 경험은 외연적이고 지치게 하는 것이어서 원래 교회에서 얻어야 하는 경험과는 다른 것이었고, 따라서 그들은 큰 기대를 갖지 않고 교회에 오게 되었다는 말이다.

(8) 교회가 주는 인상은 공공 언론과 사회 현상에 관해 저술하는 이들의 손에 의해서 왜곡되어 왔다. 또한 교회와 그 메시지에 대하여 악명이 높아졌다. 그래서 설교에 대하여 미리 갖고 있는 인상들이 부정적이다.

(9) 과도한 커뮤니케이션은 듣는 사람들에게 듣지 않고 앉아 있을 수 있는 훈련을 시켜 왔다. 바로 여기에 지루함이 있었고 결국 사람들은 시간만 보내게 된다. 그리고 커뮤니케이션은 제대로 이루어지지 않는다.

우리가 사실 설교자, 내용, 매체, 청취자 각자에게 일부분의 책임이 있는 커뮤니케이션 상의 많은 실패 요소를 인정해야 하기는 하지만 그 반면에 설교자가 정신을 차리기만 하면 커뮤니케이션에 도움을 줄 수 있는 오늘의 동료들을 얻을 수 있다는 점도 인식해야만 한다. 설교자를 돕는 동료 가운데 첫째로는 사람들의 불안을 들 수 있다. 오늘 우리가 사는 사회에서 사람들은 정체성과 목적을 상실하고 있다. 그들은 삶에 있어서 안전과 정체성과 목적을 추구하고 있다. 자기가 누구인지를 알고 싶어하며 올바른 실존을 바라고 있다. 그들은 '존재하기를' 원한다.

커뮤니케이션 과정에 있어서 설교자를 도와 주는 둘째 동료는 사람들이 지니고 있는 근본적인 종교적 본성이다. 오늘날 천문학과 민속음악에 대하여 일어나고 있는 관심, 마약 문화, 공동생활 등이 인간의 근본적인 종교적 질문과 하나님께서 심어 주셨다고 우리가 믿고 있는 인간의 종교적 관심을 증거해 준다.

셋째로는 많은 젊은이들이 가지고 있는 개인과 사회에 대한 관심이다. 최근의 평화봉사단과 VISTA(역자 주 : 미국 경제기획국이 주도하는 빈곤 지역에 대한 직업 훈련자 파견 계획)의 성공과 더불어 인종, 오염, 환경, 생태학, 인구의 폭발적 증가, 경제적 불평등, 주거 차별, 전쟁과 평화 등과 관련된 수많은 시위 등이 이상주의와 고착화되어서는 안 된다는 염려를 대변한다.

넷째로는 삶에 대한 뿌리의 상실이다. 미국생활의 상당 부분을 특징지어 주는 과도한 기동성은 직업의 불안정과 공동체의 계속적인 변화를 낳았고, 안정을 추구하는 사람들 편에서는 거기에 따르는 하나의 부수적인 욕구를 유발시켰다. 설교가 의도적이고 창조적인 방법으로 원래의 할 일을 찾아 하기만 한다면 복음은 바로 그런 사람들에게 전해질 수 있다.

커뮤니케이션은 과거나 지금이나 설교자에게 선택권이 있는 것이 아니다. 그것은 하나의 도덕적 명령이다. "설교자 없이 어떻게 사람들이 들을 것인가?" 그리고 "설교자가 올바르게 전하지 못한다면 사람들이 어떻게 변화할 것인가?"

주 〉

1) Raymond W. McLaughlin, Communication for the Church(Grand Rapids : Zondervan Publishing House, 1968), pp. 66-67.
2) Frank Dance, "Communication Theory and Contemporary Preaching", Preaching, Ⅲ (September-October 1968), p. 23.
3) Robert S. Goyer, "An Inclusive Theory of Communicative Process", Western Speech Association 40th Annual Convention, San Diego, California, November 25, 1969.
4) Carl I. Hovland, Irving L. Janis and Harold H. Kelley, Communication and Persuasion (New Haven : Yale University Press, 1964), p. 12.
5) Reuel Howe, "The Responsibility of the Preaching Task", Preaching, Ⅳ(November-December 1969), p. 8.
6) Dance, op. cit., p. 27.
7) Thomas M. Scheidel, Persuasive Speaking(Glenview, Ⅲ.: Scott, Foresman and Co., 1967), pp. 13-16.
8) Wayne N. Thompson, Quantitative Research in Public Address and Communication (New York : Random House, Inc., 1967), p. 3.
9) George A. Borden, Richard B. Gregg, Theodore G. Grove, Speech Behavior and Human Interaction (Englewood Cliffs, N. J. : Prentice-Hall, Inc., 1969), pp. 188-90.
10) Gerald R. Miller, Speech Communication : A Behavioral Approach (Indianapolis : The Bobbs-Merrill Company, Inc., 1966), pp. 27, 30.
11) Borden, Gregg, Grove, op. cit., p. 9.
12) Erwin P. Bettinghaus, Persuasive Communication (New York : Holt, Rinehart and Winston, Inc., 1968), p. 12.
13) Tom Nairn, "McLuhanism : The Myth of Our Time", McLuhan : Pro and Con, ed. Raymond Rosenthal(Baltimore : Penguin Books, 1968), p. 140.
14) Howard Luck Gossage, "The New World of Marshall McLuhan", McLuhan : Hot and Cool, ed. Gerald Emanuel Stearm(New York : Signet Books, 1969), p. 20.
15) Dwight MacDonald, "Understanding M.", McLuhan : Hot and Cool, p. 205.
16) Michael J. Aylen, "Marshall McLuhan and the Technological Embrace", McLuhan : Pro and Con, p. 85.
17) John M. Culkin, S. J., "A Schoolman's Guide to Marshall McLuhan : Pro and Con, p. 245.
18) Dance, op. cit., p. 21.
19) Harold Rosenberg, "Understanding M.", McLuhan : Hot and Cool, p. 197.
20) Marshall McLuhan, Understanding Media (New York : Signet Books, 1964), p. 36.
21) John H. Sloan, "Understanding McLuhan : Some Implications for the Speech Teacher and Critic", The Speech Teacher, ⅩⅦ(March 1968), p. 142.
22) Marshall McLuhan and Quentin Fiore, The Medium Is the Massage (New York : Bantam Books, 1967), p. 26.
23) Ibid., p. 8.
24) Theodore Roszak, "The Summa Popologica of Marshall McLuhan", McLuhan : Pro and Con, p. 261.
25) Borden, Gregg, Grove, op. cit., p. 202.
26) William D. Thompson, A Listener's Guide to Preaching(Nashville : Abingdon Press, 1966), pp. 87-91.
27) S. I. Hayakawa, Symbol, Status, and Personality (New York : Harcourt, Brace and World, Inc., 1963), p. 33.
28) Bettinghaus, op. cit., p. 207.
29) Miller, op. cit., p. 41.
30) James T. Cleland, Preaching to Be Understood (New York : Abingdon Press, 1965), pp. 101-26(Chapter I).
31) Clyde Reid, The Empty Pulpit (New York : Harper and Row Publishers, 1967), p. 91.

2장
설교자

당신은 하나님의 말씀을 당신의 입술에 올려놓고 무엇을 하고 있는가? 무슨 근거로 당신이 하늘과 땅 사이의 중보자의 역할을 맡고 있는가? 누가 당신에게 권위를 주어 거기서 그런 위치를 갖게 했으며 종교적 감정을 불러일으키게 했는가? 그리고 결국에 가서 그렇게 함으로써 어떤 결과가 나왔으며 성공적인 결과가 맺어졌는가? 그런 거만하고 무례한 것, 그런 타이탄니즘(Titanism), 아니면 고상하지는 않지만 분명하게 표현한다면 그런 뻔뻔스러움에 대해 들어 보았는가? …… 설교가 무엇인지를 안다면 누가 감히 설교하며 그 임무를 수행할 수 있겠는가?[1)]

1922년 6월에 칼 바르트(Karl Barth)는 위와 같이 도전했다. 이것은 쉽게 무시할 수 없는 말이다. 이 말은 설교자의 대담함과 뻔뻔함을 우리에게 보여 준다. 즉, 진리의 말씀을 전할 수 있는 권리가 설교자 자신에게만 있다고 생각하는 것이다. 다시 말하면 어떤 사람이 자기는 하나님의 사자(使者)이거나 그리스도의 종이라고 고집하고 선포한다면 그것은 뻔뻔스러운 일로 보인다는 말이다. 또 어떤 사람들은 누구라도 자기가 설교자라고 생각할 권리를 가지고 있다는 유혹을 받을지도 모른다. 그러면 누가 정말 이 일을 맡기에 적합할 것인가?

마지막에 가서는 이 세상에서 이루실 하나님의 최고의 목적도 인간, 곧 그가 부르셨고 유한하고 죄 많고 넘어지기 쉬운 인간을 통하여 성취되어야 한다는 점을 겸손하게 인정하지 않으면 안 된다. 이것은 이해하기가 정말 어렵다. 그리고 이것은 하나의 믿음의 행위를 요구한다. 즉, 그것을 제정(制定)하신 하나님을 믿고, 이러한 목적이 계시되어 있는 말씀을 믿으며, 이 놀라운 역사를 성취시키는 성령님을 믿어야 한다.

자격

신약 성경은 목사를 지칭할 때 **감독**(bishop)이라는 말과 **장로**(elder)라는 말을 자유롭게 사용한다. 감독의 자리에 오를 수 있는 자격은 디모데 전서 3:1~7과 디도서 1:5~9 두 곳에서 주의 깊게 다루고 있다. 분명한 것은 감독의 자리에는 아무나 부주의하게 오를 수 없으며, 그 자리는 사람들이 선택할 수 있는 직업 가운데서 하나 고르면 되는 것으로 생각되어서도 안 된다는 점이다. 표준은 극히 고상하고 특별한 요구 사항을 지켜야 하는 것이어서 거의 이상적이다. 처음에 그 자격이 어느 정도 비현실적인 것처럼 보일지 모르지만 그것은 신중하게 다루어졌음에 틀림없다. 그 자격은 설교자로서 교회의 설교단에 서게 될 사람의 자격도 보여 주고 있기 때문이다. 만일 당신이 설교단에 서는 설교자가 되려고 한다면 하나님의 사람 – 내가 보기에는 그리스도의 복음을 선포하기 위하여 하나님께서 쓰시는 그런 사람 – 이 갖추어야 할 다음 요소들을 고려해 보라.

I. 소명받은 사람

하나님의 종은 무엇보다 먼저 구원받은 자녀로서 부르심을 입은 사람이다. 생활 속에서 그리스도의 구속하시는 역사를 경험하지 못한 사람은 아무도 교회의 강단에서 외칠 수 없다. 무엇보다도 먼저 복음이 **자신의** 이야기가 되지 못한다면 무슨 권리로 그 이야기(복음)를 선포할 수 있겠는가? 한 사람의 광고업자라면 자기는 계속 캐딜락 승용차를 몰고 다니면서 폴크스바겐 승용차의 장점을 찬양하는 것이 가능할지 모른다. 그러나 설교자는 개인적으로 온전히 자기 것으로 삼지 못한 메시지를 선포하는 사치를 누리지는 못한다. 설교는 비록 증거 이상의 것이라고 하지만 본질적으로 증거의 형식을 가진다. 그것은 교회의 주님(the Lord of the church)과 역동적 관계를 맺고 있음을 의미한다. 고린도 전서 15장에서 볼 수 있는 복음에 대한 정의를 주목해 보라. 그것은 "맨 나중에 …… 내게도 보이셨느니라."는 말로 끝맺고 있다. 신약 성경에 나타나 있는 여러 가지 기록된 설교(산상보훈, "우리가 다 이 일에 증인이로다."라고 말하는 사도행전 2장, 사도행전 7장과 17장 등)는 선포하는 설교가 말하는 사람 자신의 개인적 신앙을 진실하게 진술한 것임을 보여 준다. 전파되는 진리는 무엇보다도 먼저 경험되지 않으면 안 된다. 그러므로 설교자는 구경꾼이 아니라 참여자이다.

그리스도에 대하여 전하는 것만으로는 안 된다. 그리스도는 설교자의 인격에서 찾아볼 수 있는 요소여야 한다. 역사가들의 말에 따르면 조지 휫필드(George Whitefield)의 많은 설교가 성공한 것은 그가 바로 설교였기 때문이라고 한다. 사자(messenger)란 자기 안에서 메시지가 이미 구체화된 사람을 말한다. 이것은 기독교 신앙의 성육하는 특성과 일치한다.

소위 이러한 관계 - 회개, 구속, 중생, 새롭게 태어남, 구원을 얻음, 생명의 만남 - 는 중요하게 여겨지지 않는 반면, 하나님의 아들이 되어 하나님의 권속으로 받아들여짐으로써 하나님과의 화해를 경험하는 것은 중요한 의미를 갖는다. 그리스도에게 근본적으로 위탁한다는 것은 교회에서 섬기는 생활을 할 때 너무나 본질적인 것에 속하므로 마음을 다한 추구는 그냥 추천할 성질의 일이 아니라 명령되어야 할 것이었다. 리처드 박스터(Richard Baxter)는 수년 전에 다음과 같은 질문을 하였다. "자신은 구원받기를 거부하면서 다른 사람에게 구원을 얻게 하려고 할 때 (하나님께서는) 그것을 통하여 어떤 사람들을 구원하셔야 한다고 말하는 것이 합당할까? 아니면 자기는 무시하고 함부로 대하는 진리를 다른 사람에게 말해 준다고 해서 그것을 통하여 (하나님께서는) 어떤 사람들을 구원해야만 한다고 기다리는 것이 합당할까?"[2] 사람이란 봉사를 통하여 구원을 얻지는 못한다. 오히려 구원을 얻었기 때문에 봉사하게 된다. "너희가 그 은혜를 인하여 믿음으로 말미암아 구원을 얻었나니 이것이 너희에게서 난 것이 아니요, 하나님의 선물이라. 행위에서 난 것이 아니니 이는 누구든지 자랑치 못하게 함이니라. 우리는 그의 만드신 바라. 그리스도 예수 안에서 선한 일을 위하여 지으심을 받은 자니 이 일은 하나님이 전에 예비하사 우리로 그 가운데서 행하게 하려 하심이니라"(엡 2:8-10).

하나님의 백성들의 편에서 보면 그리스도 안에서 행하신 하나님의 권능의 행위를 선포할 때 당신 자신이 무엇보다도 먼저 강력한 역사를 입고 있다고 보는 것이 옳다. 아버지와의 개인적 체험을 통해서 태어난 아들만이 깊은 확신을 가지고 말할 수 있을 것이다. 아마 이것이 목사는 "새로 입교한 자도 말지니 교만하여져서 마귀를 정죄하는 그 정죄에 빠질까 함이요."(딤전 3:6)라고 바울이 경고한 이유일 것이다. 목사가 영적인 문제에 있어서 살아 있지 못했기 때문에 죽은 설교를 경험한 교회가 한둘이 아니다. 변화되지 못한 설교자는 부활의 생명력을 안내하지 못한다. 변화된 사람만이 변화를 필요로 하는 다른 사람들을 도울 위치에 있다. 설교단에서의 능력은 단순히 수사학적 능력만은 아니다. 그 능력은 본래 변화된 생활 속에서 나오기 때문이다. 예수님께서는 니고데모에게 이르시기를 "거듭나야 한다."(요 3:7)고 하셨다. 아들 됨을 얻는 길은 회개와 그리스도를 개인적인 구원의 주님으로 영접함으로써 얻을 수 있다. 그 다음에 믿음의 헌신에 이르게 된다. 그런 헌신이 안수와 설교에의 소명보다 선행되어야 하는 것이 일반적이다.

하나님의 사람은 또한 제자로 부름 받은 사람이다. 제자가 된다는 것은 배우는 자가 됨을 의미한다. 그것은 하나님의 영의 감독 하에 놓여짐을 말한다. 그런 사람은 성경과 하나님의 영을 만남으로 아들 그리스도를 통하여 아버지와 계속 관계를 맺는 가운데 성장해 간다.

기독교 신앙은 그리스도의 지상에서의 3년 사역 기간 동안 그를 따르며 직접 하나님 나라에 관한 진리를 배웠던 열두 제자에게 먼저 맡겨졌다. 이러한 전통을 이어받은 사람들은 이와 같은 가르침을 받고, 그리스도이신 예수님의 종이 되는 것이 무엇을 의미하는지 계속 배우지 않으면 안 된다.

드와이트 스티븐슨(Dwight E. Stevenson)은 말하기를 "다른 사람들에게 계시를 전해 주는 계시의 통로로서 오직 한 텍스트만 사용하고 있는 한 아무도 그 텍스트만 의존해서 감동적인 설교를 할 수는 없다. 그 자신이 하나님께 귀를 기울이지 않는 한 하나님을 대신하여 다른 사람에게 말할 수 있는 사람은 없다."[3]라고 했다. 그리스도를 따르는 사람들은 누구나 아들로서, 그리고 제자로서 부름을 입었다는 것이 사실이다. 그러나 설교자는 거기다가 다른 한 가지 자격을 더 갖추어야 한다. 그는 **사도로 부르심을 입은** 사람이다. 세례 요한은 이러한 부르심에 응답한 사람이었다. 성경은 그에 대하여 이렇게 기록하고 있다. "하나님께로서 보내심을 받은 사람이 났으니 …… 저가 증거하러 왔으니 곧 빛에 대하여 증거하고 모든 사람으로 자기를 인하여 믿게 하려 함이라. 그는 이 빛이 아니요, 이 빛에 대하여 증거하러 온 자라"(요 1:6-8).

그리스도는 제자들을 위하여 아버지께서 드린 중보의 기도에서 "아버지께서 나를 세상에 보내신 것같이 나도 그들을 세상에 보내었고"(요 17:18)라고 하였다. 사도란 자기가 특별히 보냄을 입었다고 느끼고 있는 사람이다. 또한 자기가 그리스도의 몸 안에 속해 있음을 자각하고 하나님의 자녀로서 성숙해 감을 염려할 뿐 아니라 하나님의 영이 특별히 자기에게 임하여 복음의 설교자로 삼으셨다고 느끼는 사람이다.

에베소 교회에 보내는 편지에는 성령님의 은사가 열거되어 있다. "그가 혹은 사도로, 혹은 선지자로, 혹은 복음 전하는 자로, 혹은 목사와 교사로 주셨으니 이는 성도를 온전케 하며 봉사의 일을 하게 하며, 그리스도의 몸을 세우려 하심이라"(엡 4:11-12).

받은 바 소명에 대하여 이렇다 저렇다 말하는 것이 격에 맞지 않은 것처럼 보이더라도 여러분이 받은 그 소명은 '당위성'이 있는 소명이요, 교회생활을 통해 봉사하도록 부름 받은 사람을 속박과 당혹과 좌절에서 구해 줄 절박한 명령이다. 하나님의 부르심은 초월적 전망을 줄 것이며, 교회가 교회답게 되도록 불러 주신 그 하나님께서 교회의 구체적인 삶 속에서 봉사하도록 불러 주셨다는 확신을 주실 것이다.

어떤 한 사람의 생애에서 이러한 하나님의 부르심을 설명하는 방법은 여러 가지가 있을 것이다. 어떤 사람은 성경의 영향을 입어 소명을 깨닫고, 어떤 사람은 기도를 통하여 소명을 얻기도 한다. 어떤 사람은 꼭 필요하다는 생각에서 소명을 느끼고, 또 어떤 사람에게는 이 세 가지가 복합적으로 작용할 수도 있다. 어떤 사람에게는 봉사의 자리를 주시며 개인적으로 필요를 느끼게 하실 수도 있다. 행복이 하나님의 부르심을 이해하는 데 도움이 되는 요소가 되기도 한다. 어떤 사람이 하나님께서 자기 생활에 관여하고 계심을 느끼게 될 때 이것은 흔히 개인적인 기쁨을 동반하게 된다. 그런 사람에게는 행복과 하나님의 뜻이 같은 범주에 속하게 될 것이다.

정의를 내리기는 어려우나 분명히 경험을 하고 있는 평안은 하나님의 사람 편에서 더 잘 인식할 수 있을 것이다. 이 평안은 하나님 자신으로부터 오는 것이기 때문이다. 이러한 사도에로의 부르심은 개교회(local church)에서 더 쉽게 볼 수 있다. 무엇보다도 먼저 복음을 전하라는 부르심을 입고 난 뒤에, 교회의 회중이 뜻을 모아 이 사람이야말로 참으로 하나님의 사람임을 인정하고 그로 하여금 그들 사이에서 목사로서 봉사하도록 불러 줄 때 그는 이 소명에 대하여 확신을 갖게 될 것이다.

2. 건강한 사람

기능 심리학(faculty psychology) 이론을 농락할 위험을 안고서라도 사람은 하나요, 게스탈트(gestalt: 역자 주-경험의 통일적 전체)이며 총체적이요, 그에게 있어서 어떠한 요소도 분석하지 않고는 분리되지 않는다는 것을 인식하면서 영과 육과 정신의 건강을 구분하고자 한다. 이 세 가지(영과 육체와 정신)는 사람들의 활동적인 기능에 비추어 볼 때 서로 구별될 수 있는 요소들은 아니다.

건강한 사람이란 자기의 내적 삶을 위한 음식을 제공하여 그것으로 그 영이 계속 살아 있도록 하는 사람이다. 이런 일은 남모르게 많은 시간을 보낼 때 일어난다. 시간을 개인적인 헌신의 경험에 바치고, 성경을 읽으며 명상하고 기도-개인적인 기도, 사사로운 기도, 중재의 기도-하는 데 바친다는 말이다. 제임스 스튜어트(James S. Stewart)는 "그에게 맡겨진 특별한 책임의 무게가 그로 하여금 무릎을 꿇지 않을 수 없게 한다는 것이 명백하지 않은가?"라고 하면서 다음과 같이 덧붙인다.

그리고 당신이 그들의 예배를 인도하고 그들에게 그리스도의 충분한 은혜를 새롭게 선포하면서 주일날 그들의 얼굴을 들여다볼 때, 당신이 숨어서 드린 중보의 기도와 그들의 이름을 하나씩 불러 가며 드린 간구를 들으시는 그분이 당신의 말을 들으실 것이요, 그들에게 사랑과 열심과 진실을 더할 것이다. 하나님께서는 숨어서 드린 기도가 그 희생 제물을 제단 위에 올려놓았을 때 불로 응답하시기를 거절하지는 않으실 것이다.[4)]

  남모르게 경험한 그것이 자기도 모르게 공중 앞에 알려지는 것을 피할 수는 없다. 사람들은 하나님과 더불어 살아온 사람을 잘 알아본다는 말이다. 따라서 매일매일 얼마간의 시간을 이러한 헌신적 경험에 바쳐야만 한다. 많은 사람에게는 아침 시간이 가장 좋다. 그렇다고 한낮이나 밤늦게 이런 일을 할 수 없다고 하는 말은 성경에나 교회사에나 신학에나 그 어디에도 없다. 하나님과 만나기 위해서 혼자 있을 수 있도록 개인적으로 시간을 정해 둔다는 것은 매우 귀중하다. 헌신적인 경험이라는 사실이 시간이나 장소에 대한 염려보다 훨씬 앞선다.

  목사의 내면적 생활이 더욱 풍부해지려면 그 교회가 사용하는 찬송가의 가사를 음미하고 고전이든, 현대물이든 신앙적 문헌을 이용하여야 하며, 다른 사람의 설교를 읽고 연구하기도 해야 한다. 다른 사람의 설교를 읽는 것이 주는 굉장한 유익의 하나는 너무 바빠서 다른 사람의 설교를 들을 수 있는 기회가 거의 없는 목사라도 그것을 읽음으로써 자기 신앙생활에 힘을 얻을 수 있다는 점이다.

  인간이 가지고 있는 그 막대한 필요는 우리 자신이 가지고 있는 필요와 합해져서 결국 우리가 프랜시스 해버걸(Frances Havergal)이 드린 기도를 드리지 않을 수 없게 한다.

    주여! 제게 말씀하사
    저의 입술이 주의 말씀을 생생하게 전하게 하옵시고,

주의 자녀들이 길 잃고 외로워할 때 주께서 그들을 찾으신 것처럼
저로 그들을 찾게 하옵소서.

오 주여! 저를 가르치사
주께서 나누어 주신 그 귀한 것들을 가르치게 하옵시고,
내가 전하는 말에 날개를 주사
많은 심령들의 저 깊은 곳에까지 미치게 하옵소서.

오 주여! 저를 인도하사
방황하는 자들과 머뭇거리는 자들의 저 발길을 인도하게 하시고,
오 주여! 저를 먹이사
저 굶주린 자들을 맛난 만나로 먹이게 하옵소서.

오 저를 강하게 하사
반석되신 주님께 확고히 붙어서 주 안에서 강건함을 얻게 하시고,
풍랑 이는 바다와 씨름하는 저들에게
사랑의 손길을 뻗을 수 있게 하옵소서.

오 주여! 주의 풍성하심으로 저를 채우사
불타는 생각과 강렬한 말씀으로 저의 가슴이 넘치게 하시고,
주의 사랑을 말로 전하고
주를 찬양함을 생활로 보이게 하옵소서.

오 주여! 저를 사용하시되
주께서 원하시는 대로 언제 어디서라도 써 주시고,
나아가 주의 복을 입은 얼굴을 저로 목도케 하시며
주의 안식과 주의 기쁨과 주의 영광을 저도 나누어 누리게 하옵소서.

건강한 사람은 또한 자기 몸에도 주의를 기울인다. 많은 목사들이 그리스도를 위하여 전력을 기울여 헌신한다고 해서 어리석게도 건강한 몸에 관한 몇 가지 기초적인 지혜를 무시했기 때문에 젊어서 죽었다는 말을 듣게 된다. 적당한 휴식을 습관으로 길러야 한다. 분명히 말하지만 때에 따라서 목사는 어떤 위기에 직면하여 잠을 줄여야 할 때도 있다. 그러나 무엇보다도 먼저 기독교의 청지기직은 적당한 휴식 시간을 가질 것을 요구한다. 기분 전환을 위한 프로그램도 크게 추천된다. 어떤 형태의 레크리에이션이든 한 번 시도해 보라. 골프나 테니스, 배구나 농구……(당신 스스로 공란을 채워 보라.) 무엇이든 좋다. 그러나 몸이 조화를 이루고 혈관 속을 흐르는 피가 제대로 흘러 혈액 순환이 잘 되게 하려면 규칙적으로 기분 전환을 위한 프로그램을 이용하는 것이 중요하다. 일주일에 하루를 레크리에이션을 위해 쓸 때 어떤 변명도 할 필요가 없다. 누구나 연구와 목회가 요구하는 일상적인 일에서 벗어나 약간의 변화를 갖는 것이 필요하기 때문이다.

아마 목사들이 세련되지 못한 생활을 한다고 비난을 받는 가장 일반적인 것은 식당 테이블에서일 것이다. 만화가들이 목사들을 '감독의 체격'이라는 꼴사나운 이름을 붙여 올챙이 배 모양으로 그리는 것은 불행한 일이다. 훌륭한 식사 습관을 가져야 자기 체중을 관리할 수 있고, 그래야 자기의 유용성을 발휘할 수 있다. 체중이 너무 많이 나가는 목사는 심장에 과도한 부담을 주어 일찍 사망할 위험이 있다. 적당한 규정식을 함으로써 몸을 깨끗하고 건강하게 유지할 수 있다. 그리고 콜레스테롤을 감소시키고 함부로 먹는 것과 관련되는 다른 문제들을 경감시킬 수 있다.

하나님의 사람은 건전한 정신을 배양하도록 노력해야 한다. 많은 교회 문제들과 심지어 교회 분열조차도 신학적 견해 차이 때문에 일어나는 것이 아니라 정서적 미숙과 관련되는 인격의 갈등 때문에 일어난다는 것은 하나의 공인된 사실이다. 목사는 무엇보다도 먼저 자신을 알아야 하며, 자기의 능력은 물론 자기의 한계도 인정해야 하고, 자신에게 정직해지며 자기를 받아들이는 훌륭한 기술도 닦아야 하는 사람이다. 물론 이것은 결코 나태에 대한 변명이 되어서는 안 된다. 그러나 실제로 어쩔 수 없는 한계만은 후회 없이 받아들여져야 한다는 말이다. 나는 언젠가 어떤 평신도가 자기 목사에 대하여 평하는 것을 들은 적이 있다. 그의 목사는 훌륭한 분이기는 하나 설교단에만 서면 전혀 다른 사람이 되어 버린다는 것이었다. 그의 억양과 그의 태도가 달라지며, 그는 사람들을 책망하고 심판하는 권위적인 사람이 되고 만다는 것이었다. 이러한 인격의 통일성이 없어지는 것은 목사의 역할을 불행하게도 두 가지 역할, 곧 평범한 사람으로서의 역할과 말씀의 종으로서의 역할로 나누어 버리는 데서 온다. 그러나 실제로는 목사의 역할이 이처럼 둘로 갈라지는 것이 아니다. 인격의 통일성을 유지하는 것이 건전한 목사의 특징이기 때문이다.

로버트 레인즈(Robert Raines), 브루스 라슨(Bruce Larson), 케이트 밀러(Keith Miller)와 또 이와 비슷한 생각을 가진 많은 사람들은 최근에 교회가 새로운 종류의 정직성을 지녀야 한다고 했다. 우리가 아는 대로 교회들은 당혹감에 빠진 사람, 좌절당한 사람, 공포에 떠는 사람, 죄책감에 사로잡힌 사람들로 가득 차 있다. 사람들은 흔히 자기 감정을 노출시키는 것이 어렵다는 사실을 알고 있다. 그것은 그들이 혹평을 받고 비난을 당하고 배척을 받을까 두려워하기 때문이다. 그런데 설교자도 그들이 서 있는 그 자리에 서 있다. 목사도 역시 시험을 당한다. 그도 역시 불안을 알고 있다. 그 또한 사람들이 걸어가는 '눈물의 골짜기'를 걸어간다. 설교단에 서서 그렇지 않은 체하는 것이 망상을 낳고 신뢰도를 줄이며 목사의 인격의 통일성에 대한 의문을 자아낸다.

아브라함 매슬로우(Abraham Maslow)는 사회과학적 연구에 있어서 문제 중의 하나는 과학자들이 흔히 다음의 사실을 망각하고 있다는 점을 지적한다. 즉, 과학자들은 "상당 부분의 인간의 커뮤니케이션이 일생을 통해서 배운 비상한 재주로 교묘히 실행하는 속임수라는 것, 다시 말해서 우리는 알려지지 않으려는 노력에 많은 시간을 소비하고 있다는 것"을 망각하고 있다고 한다.[5] 설교자의 생활과 메시지가 일치하지 않음을 보고 사람들은 그를 믿을 수 없는 사람이라고 하고, 흔히 그가 전하는 복음도 옳지 않은 것이라는 딱지를 붙인다. 모든 사람들, 특히 설교자들은 자기 자신이 되라고, 최선의 자신이 되라고 부르심을 받고 있다. 그리고 자기 자신을 받아들이고, 다른 어떤 사람을 따라 돌아다니지 말고 자기의 현재의 자아를 그대로 인정하라고 부르심을 받고 있다. 목사의 역할이란 불가능한 규칙들을 가지고 행하는 수많은 사람과의 접촉 게임을 말한다.

윌리엄 말콤슨(William L. Malcomson)은 우리에게 매우 중요한 한 가지 사실을 상기시켜 준다.

> 가장 훌륭한 설교자는 자기 자신을 사랑하는 사람이다. 당신이 자신을 사랑한다면 자신을 받아들이고, 자신을 좋아하며, 자신을 용서하고, 즐겨 자신이 되며, 스스로 가치 있는 사람이라고 생각하게 된다. 그러나 당신이 당신 자신을 사랑하지 않는다면 다른 사람을 사랑하는 것도 매우 어렵다는 사실을 알게 될 것이다. 그 대신 당신은 당신만이 자신에게 줄 수 있는 어떤 것을 다른 사람들이 주기를 바라게 될 것이다. 당신은 당신이 가치 있는 사람이라고 다른 사람들이 말해 주고 당신에게 증명해 주기를 바라게 될 것이다. 또 다른 사람에게도 너무 많은 것을 요구하게 될 것이다. 그것은 공평치 못한 일이다.[6]

이것은 하나님을 사랑하고 네 이웃을 네 몸과 같이 사랑하라고 하신 두 계명과 조화된다. 자기 이웃을 사랑하는 것에 대한 어려움을 알고 있는 사람은 그가 자기 자신을 사랑하고 있지 않음을 알게 될 것이다. 그는 자기 자신을 받아들일 줄 모르기 때문에 다른 사람도 받아들일 수가 없다. 신경성 자만(神經性 自慢)의 형태가 아닌 적절한 자기애는 사도 바울이 로마서 12:3에서 권장하고 있는 바이다. "마땅히 생각할 그 이상의 생각을 품지 말고 …… 믿음의 분량대로 지혜롭게 생각하라."(마땅히 생각해야 하는 그 이상으로 자신을 생각하지 말고 너희 생각이 적절하게 하라.) 다른 말로 바꾸면 사실 그대로의 자신을 생각하고 자만으로나 자기 부정으로 하지 말라는 것이다.

3. 훈련받은 사람

설교자가 부주의하기 쉬운 분야가 여럿 있다. 가장 소홀히 하기 쉬운 훈련은 시계 훈련이다. 목사는 출근부에 근무 시간을 찍지 않기 때문에 근무 시간을 그냥 지나칠 수도 있고 개성대로 '잡담하는 은사'를 살릴 수도 있다. 그리고 시계는 불편한 동료로 여길 수 있다. 지혜로운 청지기는 시간을 잘 관리하는 사람이요, 시계가 주인이 아니라 종이 될 수 있음을 알고 일을 계획하며 아침 일찍 일어나는 사람이며, 자기 일터에서 시간을 보내고 하나님과 교회에 대한 개인적 책임감을 가지고 있어서 반드시 해야 하는 일을 하면서 시간을 보내는 사람이다.

주일날이면 피할 수 없이 설교를 해야 하는 규칙성과 교회생활에서 흔히 닥쳐오는 위기 등이 시간 훈련을 요청한다. 시간은 유용하게 관리되어야 한다는 말이다.

지혜로운 사람은 소홀히 하는 데도 미묘한 기술을 배운다. 시간을 필요로 하는 일들이 있게 마련이다. 그럴 때 지혜로운 자는 우선순위를 정할 줄 안다. 중요한 문제에 중점을 두고 사소한 일은 적게 취급하는 것이 필요하다. 목사는 필연적으로 오해를 사게 될 것이다. 그리고 설교의 상황에 바르게 대처하기 위해서는 불필요한 모임에는 빠지는 지혜도 얻게 될 것이다. '사교를 좋아하는' 형의 사람은 어떤 공식적인 모임에 목사가 불참한 것에 대해 항의할 것이다. 그러나 사려 깊은 사람들은 목사가 얼마나 효율적으로 봉사하고 있는지를 보고 그 목사의 분별을 찬양할 것이다. 교구의 여신도들은 자기네의 모임에 목사가 고의적으로 불참하지 않았나 의심할는지 모른다. 그러나 그의 말씀의 사역은 자기가 지혜로운 시간의 청지기임을 드러내 주어야 한다.

이러한 훈련된 생활 태도는 그에게 더 많은 것을 알 수 있게 해 줄 것이다. 그가 교회에서뿐 아니라 지역 사회 안에서도 목사의 기능을 다할 때 생활과 사람들과 문제점들에 대한 자각이 그 보상으로 주어짐을 알게 될 것이다. 어떤 한 사람이 그의 사회와 맺고 있는 관계를 다음과 같이 표현할 수 있다. "충분히 기능을 발휘하는 사람은 완전히 순응하지는 않는다."[7] 훈련을 받지 못한 사람은 스스로 사회에 빠져들어서 결국 자기도 그 한 부분에 불과한 그 사회에 대하여 구원의 메시지를 전할 수 없게 된다. 그는 그 한가운데서 외치는 예언자이기보다는 문화의 메아리가 되고 만다.

4. 인정어린 사람

하나님께서는 우리를 사랑하사 우리로 하여금 그의 친구와 아들이 되게 하셨다. 우리는 그의 사랑으로 인하여 사랑할 수 있는 힘을 얻었다. 이러한 사랑은 우리에게서 시작될 수가 없다. 단지 우리의 사랑은 하나님의 사랑을 반영할 수 있을 뿐이다. 우리가 사랑을 받아 왔기에 사랑할 수 있다. 그리고 이 사랑은 무조건적인 사랑이다. 어느 가톨릭 평신도는 이 사랑에 대한 그의 관심을 다음과 같이 표현하였다.

> 있는 그대로 우리와 함께 사랑에 빠져 보자. – 우리가 행복해지기까지는 당신의 사랑을 거두지 말라. 사람들을 사랑하거나 사랑에 빠질 수 있는 행운이 당신에게 주어진다면 하나님을 위하여 그것을 숨기지 말라. 그러나 사랑에 수반되는 모든 위험은 감수하라. 비록 블레셋 사람들이나 속인들의 눈에는 우습게 보이는

그런 일들이라고 하더라도 당신의 사랑이 당신으로 하여금 말하지 않을 수 없도록 하여 그 일들을 이야기하게 될 때까지 사랑의 모험을 하자는 말이다.[8]

어떤 사람이 자기 주변의 사람들을 사랑하려고 하면 거기에는 언제나 위험이 따르기 마련이다. 그러나 예수님께서 막달라 마리아와 삭개오, 우물가의 여인, 제자들(개인으로서), 마리아와 마르다와 나사로 같은 개인들을 존중하였다고 하면 우리도 그런 위험쯤은 감당하지 않을 수 없다. 그리스도께서는 군중을 찾으러 다니시지는 않았다. 그는 개인들을 찾으셨고 군중이 그를 찾았다. 주님의 종은 지금도 이와 같이 사람들, 도움을 필요로 하는 사람들에게 초점을 맞추도록 부름을 받고 있다.

찰스 슐츠(Charles Schulz)는 만화가이면서 예리한 신학자로서의 역할도 하는 사람이다. 그는 루시(Lucy)에게 말을 거는 리누스(Linus)를 묘사하는 곳에서 이르기를 "나는 인류를 사랑한다. …… 내가 참을 수 없는 것은 사람들이다."[9]라고 하고 있다. 개인으로서의 사람들은 존경을 받을 권리를 기대하며 또 가지고 있다. 그 사람을 향한 사랑이 생생한 가능성을 존중하게 한다. 사랑하고 있는 사람은 접근하기가 쉽다. 오랜 전통을 가진 뉴잉글랜드 지방의 높은 곳에 위치한 설교단에 상징적으로 나타나 있는 무관심한 자세는 그것이 무엇을 의미하는지 분명히 인지되어야 한다. 그것은 교회의 유용성을 뿌리째 잘라 버리고 설교단에서 열매 맺지 못하고 있음을 확실히 보여 주는 직업적 위험이다. 목회자와 설교자를 별개의 것으로 생각하는 것은 시대 착오적이다. 그것은 하나님의 백성들을 섬기라는 한 가지 부름이 가지는 두 가지 특질을 나타내는 것이다. 표현하지 못하는 사람은 복음을 상관없는 것으로 만든다. 접근할 수 있는 사람만이 귀, 곧 실제로 들을 수 있는 귀를 갖추는 법이다. 설교자들을 깊이 관찰해 본 어떤 사람은 "귀를 기울여 듣는 사람을 얻는 최선의 방법은 자신이 듣는 사람이 되는 것이다."¹⁰⁾라고 했다.

  루엘 하우(Reuel Howe)는 이러한 귀를 기울여 들을 수 있는 능력을 커뮤니케이션의 전체 과정에 관련시켜 이렇게 말했다.

> 하나님께서는 우리에게 두 개의 눈과 두 개의 귀를 주셨으나 입은 하나만을 주셨다. 이것을 보고도 많은 사람들이 전혀 교훈을 발견하지 못한다. 이것이 주는 교훈은 당신이 언제나 눈과 귀를 입보다 꼭 두 배로 사용하여야 한다는 것이다. 그것을 전자 공학적 개념으로 표현해 본다면 …… 눈과 귀의 목적은 입을 위하여 프로그램을 제공하는 것이다. 많은 인간관계에서 생기는 문제는 프로그램화 되지 않은 담화가 너무 많다는 점이다.¹¹⁾

  사람들은 "당신이 나를 사랑한다면 내 말을 들으시오." "당신이 나를 사랑하고 있다면 나와 동감해 주시오."라고 말한다. 그리스도께서는 기독교인을 자유롭게 하셨고 그로 하여금 사랑할 수 있도록 해 주셨다. 설교자에게 있어서 이것은 그의 마음과 귀가 완전히 열린 후에만 그의 입이 작용할 수 있음을 의미한다.

  다음의 대화를 고찰해 보라.

> B : 왜 당신은 더 큰 교회를 원하십니까?
> A : 그래야 더 많은 사람들을 도울 수 있으니까요.
> B : 왜 당신은 좀 더 많은 여성을 사랑할 수 있도록 일부다처제를 실행하지 않습니까?
> A : 형제여, 나는 아직도 내가 가진 한 사람의 여인도 마땅히 내가 해야 하는 만큼 깊이 사랑하지 못했습니다.
> B : 어떻게 그럴 수 있죠?¹²⁾

5. 겸손한 사람

설교자가 가지는 직업적 위험의 하나는 자존심이다. 어떤 사람이 대중 앞에서 스스로를 사랑하는 것을 보는 것은 그리 유쾌한 일이 아니지만 흔히 그런 모습을 보게 된다. 메시아적 콤플렉스에 사로잡혀 있는 사람들에게는 고린도 교회에 보낸 바울의 말이 지금도 깊이 고려해 볼 만한 가치 있는 말일 것이다. "형제들아, 너희를 부르심을 보라. 육체를 따라 지혜 있는 자가 많지 아니하며 능한 자가 많지 아니하며 문벌 좋은 자가 많지 아니하도다. 그러나 하나님께서 세상의 미련한 것들을 택하사 지혜 있는 자들을 부끄럽게 하려 하시고, 세상의 약한 것들을 택하사 강한 것을 부끄럽게 하려 하시며, 하나님께서 세상의 천한 것들과 멸시받는 것들과 없는 것들을 택하사 있는 것들을 폐하려 하시나니 이는 아무 육체라도 하나님 앞에서 자랑하지 못하게 하려 하심이라"(고전 1:26-29). 이러한 성경적 진리를 이해하는 사람은 가르침을 쉽게 받아들인다. 그는 최후의 말이 아니라 단지 최신의 이론을 가지고 있을 뿐이라는 점을 인정하는 과학자의 정신을 가지고 있다. 그는 귀를 기울여 듣고 다시 생각해 보며 시험해 보고 자기가 말하고 있는 일들이 정말 사실인지를 확인해 볼 줄 아는 사람이다. 그는 자기와 성경을 혼동하지 않는다. 성경은 영감으로 된 것이지만 그는 그렇지 않다. 그는 자기가 방해가 될지도 모르며 하나님의 영이 온전히 듣게 하지 않으실지도 모른다는 점을 인정하고, 그 진리를 전하되 겸손한 자세로 전한다.

> 설교자는……하나님과 사람이 실제로 만날 수 있도록 노력하는 촉매이다. 그가 자신을 전문가로 간주할 때 스스로 하나님과 사람을 주관하는 것이 된다. 촉매로서의 그는 하나님과 사람 양자를 모두 섬겨야 하며 방해가 되지 말아야 한다.[13]

이러한 정신은 자기 자신의 선입관을 인정함으로써 진리가 그런 움직임을 지배하게 될 때 기꺼이 자기 주장을 바꾸며 융통성을 발휘하게 된다. 그는 하나님의 말씀 **위에**(on) 서 있으며, 하나님의 말씀 **아래에**(under) 서게 된다. 이것은 성령님께서 의미 있고 직접적인 양식으로 그 말씀을 해석해 주시는 대로 그가 하나님의 말씀의 판단을 받고 있음을 의미한다.

6. 용감한 사람

하나님의 사람은 아모스(역자 주 : 정의, 암 5:24)와 미가(역자 주 : 공의, 미 6:8)와 예수님 자신(마 22:37-40)을 포함하는 그 거대한 전통 안에 서게 된다. 부정이나 불의, 어떤 종류의 죄, 곧 개인적인 죄나 사회적인 죄가 있을 때 설교자는 진리를 외칠 수 있는 용기를 가지지 않으면 안 된다. "그리스도이신 예수님의 참된 사역자는 누구라도 그 공동체의 감정에 맞추기 위하여 자기의 신념을 꺾어서는 안 되며, 회중의 형편에 따라 자기 메시지를 바꾸어서도 안 된다."[14]

교회 안에는 언제나 길르앗의 향유를 발라 주는 평화 조성자가 있어 왔다. 그러나 이런 일은 진리를 변조할 위험을 안고 행해지거나 무책임하게 행해지기 때문에 이런 사람은 용기가 없다는 비난을 면할 수 없었다. 악한 일은 마땅히 비난을 받아야 한다. 그리고 사회 내부의 일을 개혁해야 한다는 외침이 필요하고, 선한 일을 보존하려는 격려가 필요하며, 한 문화의 특성을 창조해 내는 일에 기꺼이 개척자가 되겠다는 의지가 필요하다.

함축된 의미들

우리가 살펴본 바 설교자의 자격은 매우 필요한 것들이다. 그러한 목표는 우리 일생에 실현되지 않을지 모른다. 그럼에도 불구하고 그러한 자격은 우리 모두가 바라보아야 할 표준이 될 것이다. 그러한 자격들은 우리가 하나님의 부르심을 보다 더 효과적으로 성취시켜 나갈 수 있도록 하나님의 성령님께서 이루실 수 있는 목표들이기도 하다.

이러한 인자들은 수사학자들이 전통적으로 에토스라고 불러오던 것을 구성하는 데 결합된다. 아리스토텔레스가 에토스에 관하여 행한 유명한 설명을 살펴보자.

> 우리로 하여금 그를 믿을 수 있겠다고 생각하도록 연설이 행해질 때 화자의 개인적 특성에 의해 설득은 이루어진다. 우리는 훌륭한 사람들을 다른 사람들보다 조금 더 완전하고 쉽게 믿는다. 문제가 무엇이든 간에 이것은 일반적으로 사실이다. 그리고 정확한 확실성을 얻을 수가 없고 의견이 분분할 때는 절대적으로 훌륭한 사람을 믿게 된다. 다른 경우에서도 그렇지만 이런 유의 설득은 화자가 하는 말에 따라 이루어져야지 말하기 전에 사람들이 그의 성품에 대하여 생각하고 있는 선입관에 따라 이루어져서는 안 된다. 어떤 사람들이 수사학에 관한 글에서 주장하고 있는 "화자의 개인적 선(善)은 그의 설득력에 아무런 영향도 주지 못한다."는 말은 사실이 아니다. 반대로 그의 성품은 그가 가지고 있는 설득 수단 가운데 가장 효과적인 것이라 불러도 좋을 것이다.[15]

25세기의 역사도 이러한 결론을 크게 바꾸지는 못했다. 에토스가 세 가지 설득 수단 가운데 가장 강력한 수단이라고 가정하고 있는 점에서 아리스토텔레스가 잘못을 범했을 가능성은 남아 있다. 그러나 현대의 시험적 연구는 에토스가 설득력에 공헌한다는 결론을 뒷받침해 주고 있다.[16]

듣는 사람들에게 영향을 주고 그들을 설득하는 여러 가지 요인이 있는데, 그중 에토스가 결정적으로 중요한 변수 가운데 하나라는 것이다.

그레이 크롱카이트(Gray Cronkhite)는 다음과 같은 관찰을 보고하였다.

> 노르만(Norman)의 개념으로 "동의할 수 있고", 벌로(Berlo)의 개념으로 "믿을 만하며", 레메르트(Lemert)의 말로 "안전하고", 맥크로스키(McCroskey)의 말로 훌륭한 "성품"을 지닌 화자가 보다 설득력이 있을 듯하다는 결론은 무난해 보인다. 더욱이 그가 "교양"과 "양심"을 가지고 있거나 (노르만), "능력"(벌로)이나 "자격"(레메르트)이나 "권위"(맥크로스키)를 가지고 있다면, 그의 설득력은 더욱 강해질 것이다.[17]

우리의 목적을 위해서 에토스는 두 가지 기본 형태가 있음을 주의해 두는 것이 도움이 될 것이다. 그것은 어떤 사람이 어떤 상황에 나타날 때 가지고 있는 역할, 칭호, 지위 등을 말하는 선행 에토스와 그 사람이 말하는 상황에서 실제로 보여 주는 무엇을 말하는 명백한 에토스를 말한다.

비록 어떤 사람이 이렇다 할 선행(先行) 에토스를 전혀 갖지 않았다 하더라도 그는 메시지를 전하거나 연설을 하는 동안 청중으로부터 자기 지위를 획득할 수도 있다.[18] 또 에토스는 이미 얻어진 것에 덧붙여서 바뀔 수도 있다. 의상, 목소리, 태도, 인지된 성실성, 그 이야기에 주어진 소개의 말 등 이 모든 것이 화자의 에토스를 변화시키는 데 영향을 줄 수 있다.[19]

에토스에 관한 현대의 연구는 편의상 이 개념을 정의하는 데 있어서 다음 세 가지 요소에 집중되었다. 즉, (1) 전문성 (2) 신뢰성 (3) 개인적 역동성이 그것이다.[20] 설교자의 개인적 생활과 성품이 영향을 미칠 수 있다는 것은 이와 같이 경험적 증거가 지지하고 있다고 할 수 있다. 그리고 오랫동안 설교학 교재에서 논의되어 온 것들도 근본적으로 옳은 이야기이다. 즉, 인격의 통일성이 있어야 한다. 말은 이렇게 하고 행동은 저렇게 하는 사람은 신뢰를 받을 수가 없다. 또 선한 생활을 영위하는 사람이 청중 앞에서 당당한 주장을 펼 수 있는 법이다. 인격의 통일성은 "생활하는 집과 교리의 집이 따로 존재할"[21] 때 무너지고 만다.

한 사람의 전체 생활이 선행하는 에토스를 구성하는 것이므로 설교단에서도 그의 행동만이 아니라, 가족의 한 사람으로서, 공동체의 일원으로서, 인간적인 연약함을 지닌 사람으로서, 근심에 사로잡히는 한 사람으로서, 한 사람의 기독인으로서의 그의 행위도 커뮤니케이션에 영향을 미친다. 그러한 도전은 오히려 명백하다. 존 낙스(John Knox)는 그것을 이렇게 진술하고 있다. "설교자로서 우리가 얼마나 훌륭한가 하는 것은 – 대체로가 아니라 (실수하지 말라!) 무엇보다 먼저 – 사람으로서 우리가 얼마나 훌륭한가에 달려 있다."[22]

설교를 위한 한 가지 의미심장한 준비는 설교자의 준비이다. 설교단에서의 효율성은 실로 복음을 선포하는 그 사람의 생활과 인격의 통일성과 기독인으로서의 성품에 달려 있다. 훌륭한 설교자는 그 몸에 메시지를 가득 담고 있는 사람이요, 사람들은 그의 메시지를 들을 것이다.

주〉

1) Karl Barth, The Word of God and the Word of Man, trans. Douglas Horton(New York : Harper & Brothers, 1957), p. 126.
2) Richard Baxter, "The Reformed Pastor", Young Minister's Companion : A Collection of Valuable and Scarce Treatises on the Pastoral Office (Boston : Samuel T. Armstrong, 1913), p. 428.
3) Dwight E. Stevenson, In the Biblical Preacher's Workshop(Nashville : Abingdon Press, 1967), p. 67.
4) James S. Stewart, Preaching(London : The English Universities Press, Ltd, 1955), pp. 175, 177.

5) George A. Borden, Richard B. Gregg, Theodore G. Grove, Speech Behavior and Human Interaction (Englewood Cliffs, N. J. : Prentice-Hall, Inc., 1969), p. 82.
6) William L. Malcomson, The Preaching Event (Philadelphia : The Westminster Press, 1968), p. 63.
7) S. I. Hayakawa, Symbol, Status, and Personality(New York : Harcourt, Brace & World, Inc., 1963), p. 55.
8) Desmond Fernell, "What I Miss in Sermons", Preaching, II (November-December 1967), pp. 1-10.
9) Robert L. Short, The Gospel According to Peanuts(Richmond : John Knox Press, 1964), p. 122.
10) Sister Thomas McNeela, D. C., "Eliciting Listener Response", Preaching, II (September-October 1967), pp. 32-35.
11) Reuel Howe, "Responsibility of the Preaching Task", Preaching, IV (November-December 1969), p. 10.
12) Malcomson, op. cit., p. 83.
13) Arndt L. Halvorson, "Preaching Is for People", Lutheran Quarterly, XX (November 1968), p. 360.
14) Daniel D. Walker, The Human Problems of the Minister (New York : Harper & Row Publishers, 1960), p. 144.
15) Aristotle, The Rhetoric and the Poetics of Aristotle, ed. Friedrich Solmsen(New York : The Modern Library, 1954), p. 25.
16) Kenneth Anderson and Theodore Clevenger, Jr., "A Summary of Experimental Research in Ethos", Speech Monographs, XXX (June 1963), p. 77.
17) Gray Cronkhite, Persuasion : Speech and Behavioral Change(Indianapolis : The Bobbs-Merrill Company, Inc., 1969), p. 175.
18) Jon Eisenson, J. Jeffery Auer, and John V. Irwin, The Psychology of Communication (New York : Appleton-Century-Crofts, 1963), p. 289.
19) Wayne N. Thompson, Quantitative Research in Public Address and Communication (New York : Random House, Inc., 1967), p. 54.
20) Thomas M. Scheidel, Persuasive Speaking(Glenview, III. : Scott, Foresman and Company, 1967), p. 10.
21) Helmut Thielicke, The Trouble with the Church : A Call for Renewal, trans. John W. Doberstei(New York : Harper & Row Publishers, 1965), p. 13.
22) John Knox, The Integrity of Preaching (New York : Abingdon Press, 1957), p. 59.

3장
청중

언어를 통한 커뮤니케이션을 연구하는 모든 가능한 태도 가운데서 듣는 사람을 주 고려 대상으로 삼는 사람은 거의 없다. 듣는 사람은 분명히 능동적이 아니며, 커뮤니케이션 과정 가운데서 가장 쉽게 연구할 수 있는 분야도 아니라는 점을 인정하면 이해가 되는 부분이다. 대부분의 수사학자들과 설교학 교수들, 또 설교가들은 말하는 사람에 관해 관심을 가져왔다. 그들은 화자의 건강, 영적 능력, 웅변의 은사, 또 이와 비슷한 개인적 특성들에 관심을 보였다. 설교, 곧 설교의 명료성, 신선함, 예화, 구조, 언어, 시대성, 신학, 그리고 메시지와 관련된 비슷한 항목들에 주의를 기울여 왔다.

그러나 청중에 대해서는 어떠한가? 커뮤니케이션이 전하는 사람, 메시지, 통로와 받는 사람을 포함하는 하나의 과정이라면, 우리가 전하는 사람과 메시지만을 거의 배타적으로 고려의 대상으로 삼는 것을 정당하다고 할 수 있을까? 분명히 그렇지 않다. 커뮤니케이션에 대한 행동적 연구 방법이 이룩한 가장 중요한 공헌 가운데 하나는 청중에 초점을 맞추었다는 점이다. 이렇게 초점을 청중에다 둠으로써 청중에게 일어난 결과, 곧 변화된 태도, 신념, 가치 등을 관찰할 수 있게 되었다. 이렇게 하여 현대 커뮤니케이션 이론은 주의를 화자와 메시지에만 기울였던 고전적 이론의 불균형을 바로잡는 역할을 해 주었다.

청중 분석(일반적인 면에서)

어떤 회중이라도 일반 시민 중 한 사람이다. 그렇다면 전하려는 사람이 반드시 알아두어야 할 미국생활의 현재의 흐름과 거기에 영향을 미치는 것들은 무엇인가? 다음의 다섯 가지는 고찰해 볼 만한 것들이다.

I. 도시화

도시화는 지리적 문제 이상의 것이다. 그것은 하나의 관점이요, 하나의 태도이며, 마음의 자세이다. 우선 인구가 도시로 유입되는 것도 사실이지만 현재 시골에 살고 있는 사람들도 도시화를 경험하고 있다는 것도 사실이다. 할아버지는 농장에서 그냥 살아오고 있을지 모르나 아들은 도시, 아마 신흥 대도시의 하나에 가서 살 것이다. 그러나 시골에 그대로 살고 있는 사람들도 도시 정신을 가지고 살아간다. 이것은 대중 매체의 영향에 기인한다. 어떤 사람이 낮에는 밭을 갈고 땅을 고르며 나무를 심고 땅을 경작할지 모르나 밤에는 텔레비전 앞에 앉아서 뉴욕의 타임스 스퀘어나 할리우드의 생활에 곧 빠져들어 버릴 수도 있다. 단순히 다이얼만 돌리면 그는 맨해튼에서 로스앤젤레스로 갈 수 있다. 그래서 그의 태도, 그의 사고 방식, 그의 관점은 비록 아주 조금씩이기는 하지만 텔레비전과 라디오와 신문의 영향을 입고 있다.

대부분의 미국인들은 도시에 살고 있다. 수백만의 사람들이 이웃에서 서로 어깨를 비비며 살고 있고, 고속도로 상에서 서로 지나치며, 쇼핑센터에서 서로 부딪치면서 살고 있다. 미국인들은 경제적으로, 사회적으로, 정신적으로 상호 의존적이다. 소위 세련되지 못한 개인이라는 것은 전설 속으로 사라지고 있다. 한편 도시화는 다음과 같은 경향 때문에 이루어지기도 한다. 일단 시골을 떠나 일자리와 살 집을 구하러 도시로 나간 사람이 이제 더욱 느슨한 생활을 찾아 도시에서 시골로 되돌아오는 흥미로운 반전을 볼 수 있다는 말이다. 이제 휴식을 취하고 여가를 즐기며 도시의 긴장에서 벗어나 원기를 회복시킬 수 있는 자리를 찾고 있다.

2. 산업화

어떤 사람들은 한 세대가 못 가서 "우리나라 국민의 2%가 남은 98%가 필요로 하는 모든 물질적 수요를 충족시킬 수 있을 것"[1]이라고 예견하고 있다. 이러한 인공 두뇌학의 시대는 자기들의 일자리를 기계가 빼앗아 버릴지도 모른다고 두려워하는 대중에게는 매우 위협적이다. 사회과학자들은 IBM의 시대를 탈 인격화라는 개념으로 표현하고 있다. 이러한 이해에 따라 빈민가의 어느 상상력이 풍부한 교장 선생님은 그 학교에 다니는 학생들에게 그들 자신의 사진을 한 장씩 찍어 주게 되었다. 교실마다 커다란 거울을 여러 개 충분할 만큼 걸어 주었다. 결과는 배우려는 비율이 월등하게 높아졌다. 빈민가의 아이들은 눈으로 보는 훈련이 거의 되어 있지 않았다. 그리고 올바른 자기 실존에 대한 이해가 거의 없었다. 그런 아이들은 "나는 어떤 사람이다."[2]라는 것을 깨달을 필요가 있었다.

3. 레저 혁명

현대인은 여러 면으로 압박을 받고 있어서 이제 도시생활과 일의 요구로부터 벗어나 쉬는 것이 불가피하게 되었다. 일하는 날 수는 줄이고 쉬는 주말을 더 늘려 달라는 노동조합의 요구를 보고도 사람들은 놀라지 않는다. 캠프용 이동 주택, 보트, 시골 오두막집, 설상차, 심지어 외국 여행까지도 부유하고 움직이는 사회에서 일반화되었다.

 금요일 오후나 저녁이면 고속도로는 도심을 빠져나가는 도시 사람들로 붐빈다. 다시 일요일 오후나 저녁이면 고속도로는 돌아오는 차량들로 꽉 찬다. 레저 혁명은 중산층에게까지도 영향을 주었다. 사회 안에서 일어나는 그런 움직임은 교회에는 위협적인 일이 되어 왔다. 교회는 착실하게 주일 예배에 참석하는 회중을 중심으로 그 전체적인 프로그램을 세워 왔다. 따라서 교인들이 시골이나 빈들로 가거나 해변으로 가 버릴 때 어떤 형태의 동질성을 가진 회중을 유지한다는 것은 어려운 일이 되었다. 이렇게 된 결과 어떤 교회들은 차를 탄 채 드릴 수 있는 예배를 시작하였다. 사람들은 주일날 수영복 차림으로 와서 예배를 드리고, 그 다음에는 교회 건물 안에 들어올 필요도 없이 자기들의 레크리에이션 자리로 차를 몰고 갈 수 있게 되었다. 또 일부의 사람들은 이른 아침에 예배당 안에서 예배를 드리려고 노력해 왔고, 다른 사람들을 체육복 차림으로라도 참석하라고 초대해 왔다.

 어떤 교회들은 주일 예배 형태로 주중에 예배를 드렸다. 이런 식으로 주일에 결석하게 될 사람들도 그들이 집에 있을 수 있는 주중에 예배드리도록 독려되었다.

4. 개인에 대한 관심

 미국은 그 짧은 역사를 통하여 아마 다른 곳에서는 찾아볼 수 없는 개인에 대한 관심을 표명하여 왔다. 산업화가 탈 인격화를 재촉하고 있는 반면, 고독과 공허감을 미국의 '고독한 군중'의 대부분이 경험하여 왔다. 이것을 알고 있는 사람들은 한 가지 반작용을 보여 주었다. 그 반작용은 여러 가지로 표현되어 왔다. 전 미국을 가로지르는 평화 운동이 일어나게 된 것은 부분적으로 국내적 갈등과 국제적 갈등을 안고 있는 나라에서 일어나는 비극을 경험한 것에서 비롯되었다. 젊은 사람들과 노인들이 함께 보여 주는 이 운동은 삶이 인간됨의 방향으로 변화되어 가야 한다는 데 사람들이 관심을 가지고 있음을 암시한다. 그리고 인종 차별 반대 운동도 다른 이들에 대하여 사람들이 관심을 가지고 있음을 설득력 있게 말해 준다. 교회와 사회 기구들은 흑인, 멕시코계와 다른 소수 집단들의 존엄성을 살리기 위해 꾸준히 그들의 자원을 동원하고 있다.

 우리 시대의 환경에 대한 고찰은 인간 중심으로 행해진다. 생태학자인 조니 카슨까지도 3 'P'(인구, 오염, 살충제 : population, pollution, pesticides)의 억제를 추구해 왔을 만큼 널리 퍼진 관심거리가 되었다. 거기서 주는 메시지는 수백만의 미국인들에게 이해되기 시작하였다. 폴 엘릭(Paul Ehrlich)은 「인구 폭탄」이라는 제목의 베스트셀러를 저술하였다. 거기에다 그는 이 대학에서 저 대학으로 다니면서 방대한 수의 열광적인 학생들 앞에서 자신의 견해를 피력하였다. 데이비드 뎀제이(David Dempsey)는 환경에 관한 문헌 소개를 끝맺으면서 이렇게 주장하고 있다. "만일 환경 보존에 실패한다면 그것은 정보의 결핍 때문은 아닐 것이다. 비록 문제 해결을 위한 의지가 없지는 않다고 하더라도 그 방법이 문자를 통하여 제시되고 있다. 문제는 아이러니컬하게도 …… 그런 메시지를 잘 전하려고 수천의 나무를 벌목하고 있다는 사실이다. 종이를 만들어야 하기 때문이다. 당신은 이런 일에서 '손을 떼야' 한다. 이렇게만 된다면 펄프 가격은 훨씬 떨어질 것이다."[3]

5. 커뮤니케이션 혁명

 하야가와(Hayakawa)는 세대 간의 격차 문제가 아마 우리가 알고 있는 것보다 훨씬 심각할 것이라고 주장한다. 그는 한 분석에서 텔레비전이라는 강력한 마법사와 함께하는 어린이들이 보내는 시간에 대해 말했다.

> 이 마법사는 이야기를 해 주고 꿈을 심어 주는 사람이다. 그는 매혹적인 음악을 연주한다. 그는 사람들을 즐겁게 하는 일에 실패하지 않는다. 그는 아이들로 웃게 한다. 그는 아이들에게 간단한 노래를 가르친다. 그는 끊임없이 먹기에 좋은 것들과 부모들이 아이들에게 사 줄 훌륭한 장난감을 제시한다. 매일매일, 그리고 해가 거듭되어도 아이들은 이 마술사가 만들어내는 세계 - 웃음의 세계요, 음악과 모험과 믿을 수 없는 일들이 일어나며, 때로는 무서우나 대체로는 우습고 언제나 황홀하게 하는 - 에서 하루 몇 시간씩 살고 있다. 부모와 선생들은 꾸짖기도 하고 부당한 요구만 한다. 그러나 그 마술사는 언제나 친절하고 매혹적이다. 그래서 아이들은 마치 마취라도 된 듯 거기에 앉아서 그들의 부모가 가르쳐 주지도 않았고 심지어 부모들이 알지도 못하는 메시지에 빠져들어 간다. 아이들은 유아기로부터 깨어 있는 시간의 4분의 1이나 아니면 그 이상을 부모들이 만들지 않았고, 때로는 제재할 생각도 못하는 그런 언어적 환경에서 살아간다. …… 현 세대의 젊은이들은 역사상 텔레비전 시대의 교육을 받은 첫 세대이다. 1946년 이후에 태어난 상당한 비율의 아이들은 비록 부모가 있는 가정에서 양육되기는 하였으나 다른 사람들이 그들을 위하여 만들어 준 꿈과 이상과 상상적 삶의 세계를 가지고 있었다. 이렇게 자라난 아이들의 일부가 청년이 되었을 때 자기 고향에서는 이방인이 되어 버렸다는 것이 놀라운 일이겠는가?[4]

미국 연방 커뮤니케이션 위원회(FCC)의 니콜라스 존슨(Nicholas Johnson)은 아이들이 이제는 부모와 학교와 이웃과 다니는 교회에서 받는 것보다 라디오와 텔레비전으로부터 더 많은 언어적 영향을 받게 되었다고 한다. "1학년에 입학하기까지 보통의 어린이는 그 아이가 자라서 대학 강의실에서 보내게 될 시간보다 더 많은 시간을 텔레비전 수상기 앞에서 보내 왔다."[5]

맥루한은 대중 매체를 분석할 때 역사를 분명한 세 시대로 구분하고 있다. (1) 원시 시대(primitive prerioid)의 사람들은 상호간 먹고 싸우고 사랑하며, 모든 감각들이 균형을 이루는 얼굴과 얼굴을 맞대는 관계를 맺으면서 살아왔다. (2) 구텐베르크(Gutenberg)의 시대(대체로 1500년부터 1900년까지)는 들고 다닐 수 있는 책을 만들었고, 사람은 자신을 다른 사람에게서 분리시켜 혼자서 살아갈 수 있었다. 인쇄술은 인간에게 초연(超然 : detachment)과 무관련(無關聯)을 선물로 주었다.[6] (3) 전자 시대는 1844년의 전신의 발명과 더불어 시작되었다. 맥루한은 결론짓기를 전자 공학은 인간의 감각적 균형을 회복시켜 주고, 그에게 동료들과 더불어 보다 더 원시적 형태의 열광적 삶을 되돌려 줌으로써 궁극적으로 인간을 재부족화(retribalize)시킬 것이라고 한다. 이러한 기술적 발전이 TV 어린이를 만들어내었고, 신기하게 참여하게 만드는 비법을 보여 주었다.[7]

오늘날의 젊은이들은 19세기의 초연한 생활 형태에는 관심이 없다. 그들의 음악과 전체 생활 스타일은 관련이 없는 것이 아니라 함께 참여하여 공통으로 누리는 것이다. 그것은 모두가 하나라는 관념의 세계이다.[8] TV 어린이는 모든 어른들의 뉴스를 접하게 된다. 폭동과 전쟁, 인플레이션과 세금, 범죄와 수영복 차림의 미녀 소식에 접하기 시작한다. 그는 19세기적 교육 방법으로 특징지어지는 환경에 들어오게 될 때 당혹을 느낀다.[9]

젊은이는 들떠 있다. 그들은 어른들의 문제에 직면하게 되고 거기에 연루된다. 그러나 그들은 어린이로 살고자 하는 충동이 있다. 이전 시대에는 젊은이들이 우천 입장 보상권(a rain check: 역자 주-우천으로 시합이 연기될 때 주는 다음 회 유효권)을 받을 수 있었고 그들은 그것을 기다릴 줄도 알았다. 그러나 오늘의 TV 때문에 옛날처럼 참여하려는 의욕들이 청년기 때에 사라져 버렸다.[10] "TV 세대는 냉혹한 집단이다. 이 세대는 다른 어느 시대의 어린이들보다 훨씬 진지하다. 다른 시대의 어린이들은 신중하지 못하고 더욱 변덕스러웠다. 그러나 TV 어린이는 조금 더 진지하고 조금 더 헌신적이다."11)

아버지는 전통적으로 이어온 유형의 교육을 받았으나 그의 아들은 한꺼번에 전체가 되며 감각 기관의 균형을 이루는 상태를 만드는 대중매체의 교육을 받고 있다. 매체는 참여의 방향으로 끌고 있다. 노엘 조던(Noel Jordan)은 "매스 커뮤니케이션이 우리 모두에게 어떤 영향을 미치고 있다는 것을 부인할 수는 없다."12)고 결론을 맺었다. 맥루한은 환각제의 사용이 전자 공학적 환경과 관련된다고 생각한다. 그런 활동은 이러한 환경과 더불어 생기는 일종의 감정 이입 상태를 보여 주며, 또한 묵은 기계적 세계와 결별하는 한 방법을 보여 준다.13)

"우리는 우리가 보는 대로 된다."(We become what we behold)14)는 격언에는 진리가 담겨 있다고 믿을 만한 충분한 근거가 있다. 우리가 가진 기본적 문화의 매체는 더 이상 기록된 언어가 아니다. 지금의 매체는 전자 공학적 영상이다. 프렌티스 메도르(Prentice Meador)는 다음과 같은 특성들에 주목함으로써 세속 사회가 현대의 미국인 청중에게 미친 영향을 요약해 준다. "1. 일치(conformity), 2. 궤변(sophistication), 3. 물질적 이기주의(materialistic self-interest), 4. 시간을 절약하는 효율성에 대한 존경, 5. 인격적 적응(personal adjustment)의 추구, 6. 우월(superiority)과 지위(status)를 지키기 위한 긴장, 7. 진보에 대한 존경, 8. 보편적으로 수용되는 이상들, 곧 평등, 정의, 인간의 우애……에 대한 존경"15) 등을 들고 있다.

미국생활에서는 이미 언급한 경향 이외에도 인간성 자체만큼이나 널리 퍼져 있는 몇 가지 일반적인 필요가 있다. 아브라함 매슬로우는 인간의 필요를 다섯 가지 범주로 분류하고 있다. 생리적 필요, 안전의 필요(설립된 경제적, 사회적, 정치적, 종교적, 교육적인 기관에서 드러난다.), 소유와

사랑의 필요, 존경의 필요, 자기 실현의 필요가 그것이다.[16)]

제시 맥니일(Jesse Jai McNeil)은 인간의 세 가지 기본적 충동에 대하여 언급하고 있다.[17)] **(1) 하고자 하는 충동 – 활동** : 모든 사람은 능동적으로 활동할 수 있기를 바라며 의미 있고 중요한 관련을 맺기를 바란다. 그러나 너무나 많은 사람들이 활동적이기는 하나 무익한 일을 하거나 무의미한 활동을 한다. **(2) 소속되고자 하는 충동 – 공동체** : 어느 냉소주의자는 "어떤 미국인에게 보안관 배지와 증명서를 주어 보라. 그러면 그는 어디에나 끼어들 것이다."라고 했다. 사회적으로 보람을 느끼는 관계를 맺고자 하는 것은 인간 본성이 타고난 것이다. 그러나 그는 어떤 형태의 소외감을 느끼면서 사람들의 한가운데 있는 섬에서 살아간다. 교회는 사람이 있는 그대로 받아들여지는 단체나 공동체를 마련해 주기 위해서 존재한다. **(3) 존재하고자 하는 충동 – 정당성** : 우리는 개성을 상실하고 거대한 문명의 바퀴 속에서 톱니바퀴의 하나로 전락되기가 쉽다. 우리가 인격을 갖춘 사람이 아니라 단순히 수를 채우는 존재로 되어 버릴 수도 있다. 엘리어트(T. S. Eliot)의 말을 빌리면 우리는 모두 "속이 빈 사람들"로 되어 가고 있다. 올바른 실존은 기독교 신앙이 빚어 놓은 중요한 공헌이다.

청중 분석(세부적인 면에서)

설교자가 자기의 회중을 분석하는 일은 결코 쉽지 않다. 200명이나 그보다 더 많은 회중을 어느 정도 깊이까지 안다는 것은 거의 불가능하다. 교구 교인들은 목사 앞에서 역할극을 하는 경향이 있고, 따라서 목사는 정확한 분석을 못하게 된다. 설교자는 과학적인 수단들을 이용할 것같이 보이지는 않는다. 그것은 그 수단들을 다룰 만한 능력이 그에게 없기 때문이거나 그것들에 관한 손에 넣을 수 있는 정보를 얻지 못하기 때문일 것이다. 그러므로 목사는 왜곡된 이미지를 갖기 쉽다. 일반적인 교회의 인상과는 반대로 회중 안에도 상당한 이질적 요소들이 존재한다. 유동적인 사회에 본질적으로 보다 더 어려운 문제는 '알려지지 않은' 방문객이 있다는 것이다. 그래서 그것은 정상적인 기반에다 예측할 수 없는 변수를 제공하게 된다.

설교자는 청중을 분석하려 할 때 두 가지 도구를 사용할 수 있다. 그 첫째는 기계적인 것으로 비망록, 교인 기록부, 설문지, 그 외의 접촉 형태를 비롯하여 지나친 기교 속에 저울질해 보는 태도, 그리고 통계적 정보 수집을 할 수 있는 다른 수단들을 말한다.[18] 이런 일을 위한 도구를 선택할 때 사회학자가 설교자를 도와 줄 수 있을 것이다.

설교자가 사용할 수 있는 두 번째 도구는 자기 자신의 감수성이다. 그는 사람들에 관한 지식을 얻기 위하여 기계적인 방법을 추구하지 않을 때에라도 눈을 바로 뜨고 사람들이 어떻게 말하고 생각하며 살고 느끼는지를 관찰할 수 있다. 사람들은 설교자에게 마음을 털어놓고 자기들의 문제를 의논하게 될 것이다. 그는 질문을 하게 되며, 질문을 구분하여 이해를 증진시킬 수 있도록 할 것이다. 그는 위원회의 반응으로부터 오는 피드백에도 정신을 차려 관찰할 것이다. 피드백은 위기를 겪는 이들과 상담을 하는 데서도 오지만 정규 예배에서도 온다. 정기적인 심방과 사회적 접촉도 자신이 감수성이 예민해지도록 훈련만 한다면 이해의 폭을 넓혀 줄 것이다. 아무리 훌륭한 목자라도 도서관에서 양에 관한 글을 읽음으로써 자기 양들을 돌볼 수 있다고 생각하지는 않았다. 목자는 양들 틈에 살아야 하며, 그래서 양들의 약함과 곤란, 삶의 과정에서 피할 수 없는 여러 가지 걱정거리에 민감해져야 한다. 이것은 목양의 역할과 설교의 역할 사이를 나누어서는 안 된다는 점을 보여 준다. 훌륭한 설교자는 훌륭한 목회자이다. 목회자의 일이 설교자를 먹여 준다.

필립스 브룩스(Phillips Brooks)에 관한 다음과 같은 기록이 있다.

> 다른 사람들이 대기실이나 복도 식당에서 기다리고 있는 동안 거의 끊임없이 연구에 몰두하는 한 사람이 있었다. 그러나 그 순간 연구에 몰두하던 그 사람은 바로 필립스 브룩스가 하지 않으면 안 되는 그 일로서 그가 사람의 문제에 깊은 관심이 있었다는 것을 느끼게 되었다. 그리고 기다리는 사람들을 만나게 되었다. 그것은 그 순간에 올바른 일이었다.[19]

이것은 그 위대한 보스톤 설교가의 효율적인 사역을 부분적으로 설명해 준다. 그는 책으로부터만 자료를 얻어 설교한 것이 아니라 사람들로부터 자료를 수집하여 설교하였다. 그는 사람들 가운데 들어가 일하였다. 그는 그들을 분석하였다. 그는 그들이 필요로 하는 것에 대하여 이야기하였다.

물론 목사는 간접적으로도 정보를 얻을 수 있다. 이러한 정보는 교사들과 관리들과 공식적 상황이나 비공식적 상황에서의 평신도들과 참모진과 외부인 모두가 공유한다. 그리고 이 모두가 청중 분석을 위해서는 유용한 자료가 된다.

설교자가 추구하는 것은 무엇인가? "설득자의 성공 여부는 많은 …… 개념들에 대한 청중의 태도를 완벽하고 정확하게 정리하는 데 달려 있을 것"이므로 그는 가능한 한 규칙적으로 정보를 선택하고 수집하지 않으면 안 된다.[20] 그는 이미지와 가치와 신념과 영향력을 살펴봐야 한다. 그의 교인들이 염려하고 있는 근본적인 문제들은 무엇인가? 특히 이것은 그들이 중요하지 않게 다루는 영역에도 주의를 기울여야 함을 의미한다. 그들은 그 영역에 중립적 태도를 취하거나 어떤 일관성 있는 관심을 가지지 않고 있으며, 그 영역에 대하여 그들은 방어적이며 감정을 억제하지 못하여 다루기 힘들게 되거나 쉽게 감정에 휘말린다. 그들의 고통과 염려는 무엇인가? 그들은 언제 도움을 간청하는가? 어떤 상황에서 도움을 청하는가? 어떤 점에서 그들은 사고와 대화에 몰두하는가? 그들이 회합을 가지거나 그룹 활동에 참여할 때 그들의 숨겨진 의제(議題)는 어떠한가? 그들은 어떤 그룹에 호소하는가? 그들은 어떤 견해를 가지고 이야기하는가? 그들이 조직체에 들어가는 것이 행동이나 동기의 기반이 되는가? 아니면 조직체에 대하여 가지는 호의가 그 기반이 되는가? 그들은 어떤 점에서 반대 감정을 함께 가지는가? 그들의 성경에 대한 지식, 그들의 기독교 신앙, 일반적인 생활은 어떠한가? 그들은 어떤 점에서 선입견이나 편견을 가지는가? 그들의 마음은 열려 있는가, 닫혀 있는가?

  예를 들면 사람들은 마음속에 심상을 가지는데, 그 이미지는 듣는 경험에 영향을 주거나 듣는 경험의 영향을 받을 수 있는 복잡한 연상을 형성한다. "듣는 사람은 그가 받은 심상을 가지고 듣는 상황에 온다. 메시지가 듣는 사람에게 주는 결과는 어떤 것이든지 간에 그러한 심상을 통하여 일어날 것이며, 커뮤니케이션의 가장 뜻 깊은 결과 가운데 몇 가지도 그 심상 체제에서 일어날 것이다."[21]

  우리는 이 점에서 한 가지 명백한 딜레마를 가진다. 우리는 하나의 큰 집단-예를 들면 200명이나 되는 교구 교인-을 서로 비슷비슷한 사람들인 것처럼 다룰 수는 없다. 그럼에도 불구하고 비록 행위는 언제나 개별적으로 결정하여 행하는 것이고 집단적으로 결정하여 행해지지 않는다고 하더라도 우리는 일관성을 위해서 그들을 하나의 집단으로 취급하지 않을 수 없다. 그런데 우리는 듣는 사람 각자를 하나의 큰 청중 집단으로 생각할 수는 없고, 또 그 청중을 마치 듣는 사람이 한 사람인 것처럼 생각할 수도 없다.

이러한 딜레마에서 벗어나기 위해서 필요한 것은 청중에 관하여 몇 가지를 생각하는 것이다. 그렇게 함으로써 각기 다른 청중간에 있는 유사점과 상이점을 간략하게 요약할 수 있을 것이다. 이러한 요약은 속기 묘사로 생각될 수 있다. 그리고 이것은 청중이 어떤 유형인지를 알려 주거나 아니면 전체적으로 보아 청중의 평균치를 알려 줄 것이다.[22]

우리의 분석은 그것이 전형적인 것만큼이나 타당하다. 다른 말로 표현하면 평균적인 회중에게 초점을 맞추어 말씀을 전할 때 그것은 대부분의 사람들에게 유용하고 정확한 것이 된다.

우리 대부분은 이러한 청중 분석을 다른 사람들과 더불어 살고 관계를 맺어 가는 바로 그 과정에서 비공식적으로 행해 왔다. 효과적인 커뮤니케이션을 위해서는 이러한 일을 더 공식화할 필요가 있다. 즉, 그것을 보다 체계적으로 행할 필요가 있다는 말이다. 왜냐하면 우리 앞에 앉아 있는 모든 사람들이 바로 그 상황에 육체적 필요와 심리적 필요로 뒤얽힌 문제들을 가져오며, 더불어 의미 있는 커뮤니케이션이 이루어지려면 반드시 이해되어야 하는 신학적 변형까지 복합되기 때문이다.

이러한 경험과 태도와 신념과 동기와 습관 같은 배경은 "그들의 상호 작용에 전력(前歷)"[23]으로 간주된다.

특별 청중 분석에는 3대 주요 차원이 있다. 설교 전과 설교 중, 그리고 설교 후의 분석을 말한다.

I. 설교 전의 분석

말씀을 준비할 때 특정한 메시지가 전해지는 특정한 청중을 분석하는 것보다 더 주의를 기울일 만한 단계는 없다. 이것은 흔히 소홀히 되는 단계이다. 그러나 사실상 그러할 때까지도 화자는 청중에 대해 몇 가지를 가정한다. 적어도 그는 청중이 자기와 꼭 같은 환경에 처해 있

으며, 자기가 그들에게 응답하는 것과 꼭 같이 자기의 생각에 그들도 응답을 보내 주리라고 가정한다.[24]

　무엇보다도 먼저 일반적인 정보, 곧 회중의 연령, 성(性), 부부 관계, 거주 장소, 직업, 수입, 학력, 정당 지지 성향 등을 알아내기 위해서는 인구 통계학적 분석을 해 보아야 한다. 그 다음에 그는 보다 더 특별하게 매 주의 자료를 기초로 한 가지 의도적인 분석을 하게 된다. 나의 청중은 이 주제에 관해서 어떤 수준의 이해를 하고 있을까? 그들은 과거에 이런 주제에 관해서 어떤 경험을 하였을까? 그 다음에 그는 청중을 세 가지 큰 집단, 곧 열렬한 지지자들과 중립적인 사람들과 반대파로 구분하게 된다. 이러한 구분은 선택된 주제로 그가 설교를 할 때 특별한 목표를 설정하는 데 한 가지 지침을 제공해 준다.

　새로운 설교 하나하나는 주제와 그때의 청중과의 관계에 대한 새로운 평가를 요구한다. 어떤 관점이 그 청중의 반응을 불러일으키기 쉬울까? 어떤 경험과 노출이 그 주제를 돋보이게 하며, 설교자가 설교 준비를 하는 과정에서 좀 더 깊은 생각과 이해를 하게 할까? 회중은 그 주제를 이해할까? 그들은 그 주제에 대하여 중립적일까, 아니면 적대적일까? 이러한 질문에 대한 대답은 그 주제를 전하고 강조하는 데 이용될지도 모르는 예화나 권위로 선택될 특별한 방법을 지시해 줄 것이다. 잘못된 인식을 줄이기 위해서 대표적인 인물들(여론을 이끄는 사람들, 간부진들, 관료들, 부인과 같은)에게 예비 시험 형태를 취하는 것이 좋다.

　월터 러셀 보위(Walter Russell Bowie)는 다음과 같은 솔직한 충언을 한다.

　　언젠가 그(설교자)는 교회에 들어가서 의자 중 하나에 앉아 무릎을 꿇고 거기에 앉아 있게 될 사람들을 생각해 보는 것이 좋다. 여기 한 자리에는 실패하지 않도록 자기 사업을 하면서, 동시에 스스로 한 사람의 기독교인으로 살아가는 어려움을 지고 당황하게 되는 사업가가 앉을 것이다. 여기 다른 한 자리에는 가정 불화로 마음속에 상처를 숨겨 온 부인이 앉을 것이다. 또 여기에는 어떤 뜨거운 유혹을 물리칠 것인지 받아들일 것인지를 결정하지 못하고 온 젊은 청년도 있을 것이다. 여기에는 사랑에 빠진 두 사람이 바로 옆에 붙어 앉아 있기도 할 것이다. 그들에게는 삶이 새로운 로맨스의 경이에 이르는 길을 열어 주는 것처럼 보일 것이다. 여기에 있는 그들은 이러한 서로 다른 인격체와 서로 다른 기쁨과 슬픔, 서로 다른 기회와 필요를 가지고 있는 사람들이다. 그러면 그가 주일에 설교하려고 하는 메시지는 그들에게 무슨 의미를 가질 수 있을까?[25]

원고나 메모가 완성된 이후라도 설교자는 어떤 깊은 성경적 진리를 나누어 준다는 주 목적에서 벗어나게 하는 논리의 자만이나 수사(修辭)의 유혹에 자신이 빠지지 않았음이 확실해지도록 설교 전체를 다시 생각해 보는 것이 좋을 것이다.

2. 설교 중의 분석

설교가 행해지는 동안에도 청중 분석은 계속된다. 몬로(Monroe)와 에닝거(Ehninger)는 다음과 같이 주장한다.

> 청중에 대한 설교 전의 어떠한 분석도 잘못된 판단이라고 할 만한 증거는 없다. 더욱이 당신이 말을 하고 있는 동안에도 청중의 태도는 변할 수 있다. 이런 이유로 당신의 주제가 발표되고 이야기가 전해지는 동안 듣는 사람의 반응을 면밀히 관찰하는 것은 중요하다. 듣는 사람이 자기 자리에 앉아 있는 태도, 그들의 얼굴에 나타나는 표정, 웃음, 갈채, 움직이는 소리나 휘파람 소리 같은 귀로 들을 수 있는 반응 등, 이 모든 것이 당신과 당신의 주제와 당신의 목적에 대한 그들의 태도를 보여 주는 생생한 징후들이다. 만일 당신이 현명한 사람이라면 당신은 이러한 신호들에 대한 예리한 감수성을 발달시키고, 거기에 따라 당신이 하는 말의 내용도 적응시켜 나갈 것이다.[26]

청중의 태도는 말하는 사람의 단어 선택과 언어 사용, 메시지의 조직, 외모와 제스처, 목소리의 특징 등의 영향을 받아 변한다. 설교가 끝나기까지 처음의 태도가 그대로 유지되리라고 생각할 수는 없다. 설교자의 효율성은 다음 두 가지에 달려 있다. 즉, 청중이 주는 암시를 정확하게 해석하는 능력과 메시지의 설득력을 증가시킬 수 있도록 청중의 암시에 반응을 보일 줄 아는 능력에 따라 설교자의 효율성을 예견할 수 있다는 말이다. 청중이 주는 암시를 상당히 정확하게 읽을 수 있다는 결론이 최근의 연구에서 내려졌다.[27] 이 연구 또한 말하는 사람이 더 많은 경험을 쌓아감에 따라 청중 분석을 하는 데도 적어도 어느 정도 그 정확성이 증진된다고 한다.[28]

이 연구는 흥미로운 암시를 주고 있다. 그것은 적어도 어떤 사람의 능력이 훈련을 통하여 증진될 수 있음을 의미한다. 그것은 설교가 단순히 원고로 작성되거나 암기된 단어들의 모임이 아니라 사람들을 위하여 행해지는 메시지라는 점을 보여 준다. 설교자는 한 집단의 사람들에게 설교하는 것이 아니라 인격을 가진 개개인에게 설교하는 것이며, 회중은 바꾸어질 수 있는 것이 아니다. 설교자가 회중의 반응에 영향을 주고 있을 뿐 아니라 회중 각자는 서로에게 영향을 끼치고 있다. 이러한 영향은 여러 가지 인자에 의해 결정된다. 그 인자들은 청중의 크기, 집단 감정, 사전의 조정, 동질성, 질서, 공동의 초점, 양극화 등을 말한다.[29]

커뮤니케이션으로 알려진 이러한 일련의 계속적인 행위는 단지 부분적으로만 말하는 사람의 통제에 따른다. 그러므로 숙련된 화자들은 그들의 효율성이 청중을 교묘히 다루어가는 데 달려 있지 않음을 알게 되었다. 그것은 오히려 청중을 '감지하는' 능력에 달려 있다. 즉, 메시지를 전달하는 역동적인 순간에 청중에게서 발견되는 행위의 양상과 경향성에 자기의 말을 맞추어가는 능력에 달려 있다.

3. 설교 후의 분석

일단 예배가 끝나면 많은 설교자들은 회중과 함께 만나게 된다. 이렇게 하면 좋은 점이 있다. 민감한 설교자는 신호들을 포착하고, 도와달라는 부르짖음을 들을 수 있으며, 더 분명히 해야 할 필요성과 동향을 이해할 수 있고 감정을 파악할 수 있다. 또 그렇게 하면 설교에 관하여 더 많은 관심을 보여 주는 사람들과 개인적인 만남을 가질 수 있는 계기도 마련될 것이다. 문간에서나 교회 앞에서 회중과 만나는 이 시간은 목회자와 교인들 쌍방에게 다같이 중요한 의미를 갖는 시간이 될 수 있기 때문이다.

설교는 설교자에게 새로운 도전을 하도록 하며, 바로 회중 개개인이 그에게 개인적인 도전장이 된다. 웹 개리슨(Webb B. Garrison)이 상기시켜 주듯 "조롱하기 위해서나 멋을 부리기 위해서 온 사람도 남아서 기도할 수 있게 하는 가능성은 언제나"[30) 있다. 민감한 설교자는 설교 후의 분석에서 자신이 비교적 중요하지 않다고 생각하여 대충 다루어 오던 그런 메시지까지도 어떤 영향을 남겨 왔음을 알게 될 것이다. 이러한 영향은 개인에 따라 달라질 수 있다.

청중 분석이 주는 몇 가지 의미

1. 지역에 대한 고려

지리적 고려는 청중 분석에서 하나의 중요한 요구이다. 현명한 설교자들은 중서부에서 뉴잉글랜드의 예화를 사용하거나 서부 해안 지역에서 중서부의 예화를 사용하는 것은 비효과적인 커뮤니케이션이 된다는 것을 알고 있다. 지역에 맞추어서 더 좋아하는 것을 선택해야 한다는 말이다. 빌리 그래함(Billy Graham)은 그의 전도 집회에서 이러한 원리를 따라왔다. 그는 보통 매 집회를 그 지역에 관한 설명으로 시작한다. 그래서 자기와의 동일성을 찾아내어 청중을 끄는 것이다. 이것은 인격체로서의 그들에 관한 관심을 가지고 있다는 느낌을 준다. 한번은 그래함이 캐나다에서 심각한 커뮤니케이션의 단절을 경험한 적이 있다. 그가 그 지방의 예화를 사용하지 않고 순진하게도 미국 본토의 경험에서 나온 예화들만 사용하였기 때문이다. 그러므로 지리적 관심은 매우 중요하다.

2. 균일설

설교단에서는 기독교인의 경험을 판에 박은 듯이 만들어 버리는 경향이 있다. 주의 깊게 청중 분석을 행하면 설교자는 훌륭하다는 보통의 표준을 모든 사람에게 꼭 같이 적용할 수 있다는 생각을 가질 수 없게 된다. 기독교인의 품위는 개인적, 생물학적, 심리학적, 사회적 상황에 의해서만 이해될 수 있기 때문이다.

3. 어린이들을 염두에 둔 설교

설교자는 간략하면서도 요점을 찌를 줄 알아야 한다. 간결성은 특히 회중 가운데 앉아 있는 어린이들을 위해서 모든 설교자가 반드시 갖추어야 할 미덕이다. 토요일에 만화를 금지당한 작은 아이들은 필요 없이 질질 끄는 설교를 견디지 못한다. 그 아이의 인내의 무게만으로는 아무것도 성스럽게 하지 못한다.

어린이들에게 설교하는 설교자가 더 큰 관심을 기울여야 할 것은 이해할 수 있는 언어를 사용하는 것이다. 이것은 어른들에게도 마찬가지이다. 많은 설교자들이 "그들에게 확신시킬 수 없거든 그들을 혼란에 빠뜨려라."고 말한 게으름뱅이의 말을 문자적으로 따라왔다. 불안정한 설교자만이 신학교에서 배운 신비한 언어를 자랑할 필요가 있을 것이다. 인간론이나 종말론, 실존주의나 칼빈주의, 신화론이나 성령론, 거기다가 희랍어나 히브리어에 관한 모든 이야기는 요점을 벗어난다. 학문적인 직업인들조차도 이런 것에는 주의를 기울이지 않는다. 그들이 듣고자 하는 것은 용서와 사랑과 소망과 평화와 확신과 삶의 의미 등에 관하여 하나님으로부터 나오는 단순한 말씀이다.

예화는 지상적인 것이어야 한다. 사람들이 사는 곳이 거기이기 때문이다. 여러분은 1세기에 아이들을 예수님께로 가지 못하게 했던 사람이 제자들이었음을 기억할 것이다. 오늘날에 와서는 그렇게 하는 것이 때로는 설교자들이다. 아이들을 염두에 두고 행하는 설교는 아이들이 알고 있는 언어로, 아이들이 이해하고 깨달을 수 있는 예화를 들어서 요령있게 설교해야 한다. 우리의 이러한 노력이 언제나 성공할 수는 없다. 그러나 아이들과의 성공적인 커뮤니케이션은 노력할 가치가 있다.

주〉

1) Elwood Kieser, C. S. P., Preaching, Ⅱ, No. 5(September-October 1967), p. 4.
2) Marshall McLuhan, Understanding Media, p. 120.
3) David Dempsey, "Environmental Bookshelf", Saturday Review(March 7, 1970), p. 61.
4) S. I. Hayakawa, "The Sorcery of Television", Santa Monica Evening Outlook(March 9, 1970).
5) Ibid.
6) McLuhan, Understanding Media, p. 157.
7) McLuhan, The Medium is the Massage, p. 114.
8) Ibid., p. 63.
9) Ibid., p. 18.
10) McLuhan, Understanding Media, p. 74.
11) McLuhan, The Medium is the Massage, p. 126.
12) Noel Jordan, "Mass Communications : The Absurdities", University of Denver Magazine, Vol. 6, No. 5(Spring 1969), p. 19.
13) McLuhan, War and Peace, p. 77.
14) McLuhan, Understanding Media, p. 18.
15) Prentice Meador, "Toward an Understanding of Today's Listener", Preaching, Ⅱ, No. 5(September-October 1967), pp. 38-39.
16) Abraham H. Maslow, Motivation and Personality(New York : Harper & Brothers, 1954), p. 91.
17) Jesse Jai McNeil, The Preacher-Prophet in Mass Society (Grand Rapids : Wm. B. Eerdmans

Publishing Co., 1961), pp. 56-66.
18) Winston Lamont Brembeck and William Smiley Howell, Persuasion : A Means of Social Control (Englewood Cliffs, N. J. : Prentice-Hall, Inc., 1952), pp. 321-27.
19) Charles F. Kemp, Life-Situation Preaching(St. Louis : The Bethany Press, 1956), p. 55.
20) Gray Cronkhite, Persuasion : Speech and Behavioral Change(Indianapolis : The Bobbs-Merrill Company, Inc., 1969), p. 76.
21) Theodore Clevenger, Jr., Audience Analysis(New York : The Bobbs-Merrill Company, Inc., 1966), p. 87.
22) Ibid., p. 14.
23) Thomas M. Scheidel, Persuasive Speaking (Glenview, Ⅲ. : Scott, Foresman and Company, 1967), p. 47.
24) Clevenger, op. cit., p 29.
25) Walter Russell Bowie, Preaching(New York : Abingdon Press, 1954), p. 28.
26) Alan H. Monroe and Douglas Ehninger, Principles and Types of Speech, 6th ed.(Palo Alto : Scott, Foresman and Co., 1967), p. 137.
27) Milton Dickens and David H. Krueger, "Speaker' Accuracy in Identifying Immediate Audience Responses During a Speech", The Speech Teacher, ⅩⅤⅢ(November 1969), pp. 303-7.
28) Ibid.
29) Clevenger, op. cit., p. 13.
30) Webb B. Garrison, The Preacher and His Audience(Westwood, N. J. : Fleming H. Revell Company, 1954), p. 43.

4장
환경

　설교는 역사적으로 예배와 관련해서 이루어져 왔다. 물론 여기에도 예외는 있다. 복음을 '전파하려는' 눈에 띄는 시도들이 할리우드의 선셋 스트립과 뉴올리언스의 프랑스인 거주 지역 한가운데 있는 보본 스트리트와 같은 가망 없어 보이는 곳에서까지도 행해졌다. 그런 설교의 앞과 뒤에 행해지는 '의식'은 우리가 일반적으로 예배 경험이라고 부르는 의식의 일부로 생각되지는 않는다. 아서 블레시트(Arthur Blessit)와 밥 해링톤(Bob Harrington)과 같은 사람들의 이런 대담한 착상의 모험들은 비록 이 장의 범위에서는 그 형식을 논의할 수는 없다고 하더라도 관심 있는 기독인들의 지지와 격려를 받을 만한 것들이다.

　이 장에서 우리가 관심을 두고 고찰하려는 것은 교회 건물 안에서 예배 중에 행해지는 보다 전통적인 설교 현상이다. 우리가 이러한 환경에 한정하는 것은 다른 환경 하에서는 어떤 잘못된 것이 있기 때문이 아니라 대부분의 설교가 교회 건물 안에서 행해지기 때문이다. 다른 형식이나 시도들도 찬양되어야 마땅하며, 그런 주제로 다른 책에서 고찰될 필요도 있다.

기독교인들은 "주 너의 하나님께 경배하라."(마 4:10)는 명령을 받고 있다. 예배는 단순하게 창조주에 대한 피조물의 응답으로 규정해도 좋을 것이다. 로날드 워드(Ronald A. Ward)는 예배를 "하나님을 숭배하는 정신적인 태도이며 구체적인 말과 행위로 드러내는 외적 표현"[1]이라고 정의한다. 그것은 하나님의 거룩함과 선함과 사랑에 대한 인식을 포함한다. 하나님이 절대 완전하신 분이라면 분명히 찬양을 받아 마땅할 것이다.

시편 기자는 우리에게 예배의 목적을 다음과 같이 알려 주고 있다. "그의 이름에 합당한 영광을 주께 돌리며 거룩한 아름다움으로 주를 경배하라."(시 29:2, KJV) 또는 현대역으로는 "그의 이름의 영광을 주께 돌리며 거룩한 의장(衣裝)으로 주를 경배하라."(시 29:2, RSV)고 되어 있다(역자 주—한글 개역으로는 "여호와의 이름에 합당한 영광을 돌리며 거룩한 옷을 입고 여호와께 경배할지어다."로 되어 있다).

바튼 배비지(S. Barton Babbage)는 "예배의 주된 목적이 도덕적 향상이나 황홀한 느낌이나 심미적 즐거움을 얻는 것이 아니라 반대로 하나님께 그가 받아 마땅한 그것(Worship의 어원은 가치<Worth>를 돌리다<Ship>), 곧 그에게 합당한 것을 돌려드리는 것"[2]이라고 하고 있다. 이 점에서 그는 틀림이 없다고 하겠다.

우리가 예배의 예법과 예배에 도움이 되는 것을 판단하는 기준은 "그것이 하나님께 영광을 돌리는가?"라는 질문으로 요약할 수 있다. 예배의 정신이 언제나 예배의 형식이나 순서나 논리보다 더 중요하다. 정신이 올바르다면 규칙에 위배되거나 생략하는 것까지도 기꺼이 용납할 수 있다.

세리에 관한 주님의 비유에서 여러분은 이 사람이 자신을 탄원과 고백을 하는 데 국한시키고 있음을 기억할 것이다. 그것을 비록 결함투성이의 순서도 없는 예배라고 비판할 수 있다고 하더라고 하나님의 눈으로 보면 그의 예배는 열납될 수 있다. 그는 하나님께서 받아 주실 만하고 순수한 가치가 있는 어떤 것을 하나님께 바쳤다. 사람들은 자기의 태도가 예배 경험을 하고 있는 것이 얼마나 중요한지 알 필요가 있다. 교회에 가는 것은 남이 하는 것을 구경은 하되 직접 참여하지는 않는 축구 시합을 보러 가는 것과 비슷한 것이 아니다. "사람들이 즐거움을 얻기 위해 교회로 간다면 그들은 실망할 것이고, 비판하기 위해 교회에 간다면 결점들을 찾아낼 것이다. 그러나 그들이 예배하러 교회에 간다면 그들은 그 방의 건축이나 설교의 주제와는 무관하게 가치를 발견할 것이다."3)

기도에 관한 교훈에서 주님이 가르쳐 준 태도는 창조주와의 의미 있는 만남을 추구하는 예배자에게 적당할 것이다. "구하라, 그러면 너희에게 주실 것이요. …… 문을 두드리라, 그러면 너희에게 열릴 것이니"(눅 11:9).

칼 바르트는 1922년에 했던 예배와 예전(liturgy)에 대한 관심이 다시 일어나기를 소망했는데, 그는 "종소리가 회중과 목사를 교회로 불러 모으려고 울려 퍼지는 주일 아침에는 무엇인가 위대하고 결정적이며 중대한 어떤 것이 일어나리라는 기대가 널리 퍼져 있다."고 했다.4) 그러한 배경은 하나님께서 그리스도 안에서 세상을 자신과 화해시키셨다는 복된 소식을 선포하는 설교자의 사명에 아주 자연스럽게 중요한 도움을 줄 것이다.

예배의 목적

I. 합리적인 접근

모든 예배는 목적을 가지고 행해져야지 함부로 드려져서는 안 된다. 하나님은 질서의 하나님이시다. 그는 정성어린 태도로 드리는 예배를 받으시기에 합당한 분이시다. 예배 행위를 깊이 고찰하기 위해 보내는 시간은 잘 보내진 시간이다. 어떤 사람에게는 이것이 예배 리듬의 발전을 의미한다. 이사야 6장은 흔히 합리적이고 의미심장한 예배 계획을 위한 지침으로 사용되어 왔다. 이사야 선지자는 성전 안에서 자기가 본 환상을 묘사하고 있다. 그것은 웃시야 왕이 문둥병으로 죽던 해에 일어났다. 하나님의 거룩함이 드러났고 스랍들은 서로를 불러 이르기를 "거룩하다, 거룩하다, 거룩하다, 만군의 여호와여! 그 영광이 온 땅에 충만하도다."(사 6:3)라고 한다.

이사야는 하나님의 거룩함에 대한 환상을 보고 나서 부르짖을 수밖에 없었다. 회개와 고백의 부르짖음이었다. "화로다, 나여! 망하게 되었도다. 나는 입술이 부정한 사람이요, 입술이 부정한 백성 중에 거하면서 만군의 여호와이신 왕을 뵈었음이로다."(사 6:5)라고 그는 부르짖었다.

그러자 스랍 중의 하나가 이사야에게 날아와서 제단으로부터 불 붙은 숯을 취하여 그의 입술에 대며 이르기를 "보라, 이것이 네 입에 닿았으니 네 악이 제하여졌고 네 죄가 사하여졌느니라."(사 6:7)고 하였다. 하나님의 거룩하심이 드러나고 이사야가 회개와 고백의 응답을 하였으며 죄와 악이 깨끗해진 후에 주님의 음성이 들려 왔다. "내가 누구를 보내며 누가 우리를 위하여 갈꼬?"(사 6:8) 그때의 이사야의 반응은 명백해진다. "내가 여기 있나이다. 나를 보내소서"(사 6:8).

하나님은 이사야에게 응답을 요구하시고 이사야는 거기에 응답한다. 이사야의 경험을 고찰할 때 네 가지 분명한 요소들을 발견할 수 있다.

(1) **숭배**(adoration). 하나님은 숭배를 받으신다. 그의 이름은 거룩한 분으로 인식되고 있다. 완전한 가운데 계시는 하나님에 대한 순수하고 솔직한 인식이 있을 뿐이다. 따라서 유일한 응답은 "거룩하다, 거룩하다, 거룩하다."라는 응답이다. 예배는 그러한 사랑스러운

자세로 시작된다.

(2) **고백과 정결케 함.** 독립 교회의 전통을 따르는 교회의 예배 의식에서는 고백과 정결케 함, 또는 고백과 사죄 순서가 생략되는 경우가 흔히 있었다. 그렇게 예배 순서의 일부를 삭제해 버리는 것은 불행한 일이다. 일찍이 예배 의식에 포함되어 있던 고백의 시간과 고백의 기도를 소개하자면 할 말이 많다. 하나님의 거룩하심을 깊이 생각하면 죄의식이 살아난다. 그러므로 회중이 준비가 다 되면 바로 죄를 고백할 수 있는 기회와 그 죄가 용서되었음을 확신할 수 있는 기회가 주어져야 한다. 예배를 인도하는 목사가 인쇄된 고백문이 별 도움이 되지 못한다고 생각된다면 회중 각자가 자신의 고백을 드릴 수 있도록 지도할 수도 있다. 형식은 그렇게 중요하지 않다. 그러나 고백의 내용은 예배의 구성상 절대 필요하다.

(3) **교육**(instruction). 성가대의 찬양도 성경 봉독과 설교와 마찬가지로 이것의 한 부분을 이룰 수 있다. 이러한 요소들은 어떤 계획이나 동기를 나타내야 한다. 예배의 각 순서는 '적합하여야' 하며, 전체 예배의 방향과 통일성을 유지하여야 한다. 거기에 따라 행동을 하든 안 하든 간에 개개의 예배가 갖는 사상과 초점은 일체가 되어야 한다.

(4) **주어진 도전에 대한 응답.** 이때에 하나님의 선하심과 은혜에 대한 구체적인 응답으로서 봉헌이 점차 포함되게 되었다. 설교에서 주어진 도전에 대하여 개인적으로 응답하는 형식은 여러 가지일 수도 있다. 전통적으로 지켜져 오던 것이나, 보다 혁신적인 체제이더라도 모두 고찰할 가치가 있다. 말없는 기도나 개인적인 고백으로의 초대, 또는 봉헌의 정신을 부어 주는 찬송을 부르도록 하는 것, 그리고 회중이 보여 주는 희구 등은 모두 의미 있는 응

답들이다. 그것은 누가 가겠느냐는 도전에 대하여 "내가 여기 있나이다. 나를 보내소서."(사 6:8)라고 응답하는 이사야의 정신을 반영하는 응답들이다.

어떤 사람에게는 예배에 대하여 깊이 생각하여 접근하는 태도는 정상적인 감정 상태를 지향하는 심리적 진보 과정을 의미한다. 존 낙스는 여러 가지 마음가짐이나 움직임, 곧 "경배와 감사, 하나님의 뜻과 직면, 죄의 고백, 용서와 우리가 필요로 하는 다른 도움의 추구, 믿음의 확인, 생활의 봉헌"5) 등을 말하기를 좋아한다.

예배의 리듬이나 심리적 진보 과정에서 흔히 간과되어 버리지만 진정한 예배에 필수적인 한 가지는 구약 예배의 특징적인 충만감과 신약 예배에 명백히 보이는 열광적 즐거움이다. 예수님께서도 "내가 이것을 너희에게 이름은 내 기쁨이 너희 안에 있어 너희 기쁨을 충만하게 하려 함이니라."(요 15:11)고 하셨다. 그리고 제자들은 성령님과 기쁨이 충만하였다(행 13:52). 바울은 갈라디아 교회에 성령님의 열매 가운데 기쁨(희락)이 포함된다(갈 5:22)는 점을 깨우쳐 주었다. 요한 일서는 "우리의 기쁨이 충만케 하려고"(요일 1:4) 기록되었다.

현대 교회는 구약 시대의 교회와 신약 시대의 교회가 경험한 그 충만과 기쁨을 경험하는 것처럼 보이지 않는다. 이것은 예배 가운데 그것을 없앴기 때문이 아니라 예배를 오해한 결과로 빚어졌다. 예배를 찬양과 축제와 기쁨으로 특징지어지는 창조주에 대한 관계로 이해하기보다는 오히려 하나의 냉정하고 음울한 경험으로 이해하기 때문이다.

신약 성경은 어떤 위원회에 의해서 기록되거나 교회 안에서 그것을 안전하게 지켜야 한다는 목적이 있어서 보존된 것이 아니다. 반대로 "기쁨에 차서 예배하는 교회라는 상황에서"6) 형성되었다.

2. 일관된 주제

설교 제목의 선정, 성경 본문과 회중에게 적합한 특별한 찬송(음악)의 선정, 기도의 내용과 예배의 다른 요소들에도 영향을 미치는 분명히 한정되어 있는 초점이 있어야 한다. 때로는 주제에 충실한 것이 의도적인 계획과는 무관한 단순히 우발적인 일이 되기도 한다. 어떤 초빙된 설교자가 설교단에 올라가 강단을 맡을 때 그의 설교 주제가 예배의 주제와 '일치' 할 수도 있다. 그러나 그와 같이 예배에 우연히 임하는 태도를 일주일 동안 설교 준비를 하였다는 이유로 칭찬해서는 안된다. 예배의 틀은 그 교회가 그 교회의 사역을 형성해 온 신학과 전통에 따라 결정된다. 그러나 그 예배 경험의 본질을 형성하는 요소들, 곧 찬송과 기도와 성가와 설교와 성경 봉독 같은 요소들은 하나의 단일한 주제로 통일되어야 한다.

도날드 맥클라우드(Donald Macleod)는 예배 가운데 설교는 어떤 주제보다도 "통합하는 요소"라고 한다.[7]

이러한 조화 관계는 예배의 모든 요소들을 하나로 묶어 의미 있는 하나의 단일한 경험으로 만들어 줌으로써 예배의 순서 순서가 단편들로 끝나 버리는 문제를 피할 수 있게 한다. 주제에 충실하려면 미리 계획해야 하는 것은 필수적이다. 적어도 실제 예배가 드려지기 3주 전부터 계획이 있어야 한다. 반주자와 지휘자, 설교자, 그리고 다른 예배 담당자들 간에도 협조하기 위한 노력이 요청된다. 어떤 성가대 지휘자는 적어도 한 달 전에 미리 찬양 순서를 계획한다. 설교자와의 면밀한 상의를 거쳐 곡을 준비함으로써 주제가 흐트러지는 효과는 최소화하고 최대한 주제에 집중한다.

어떤 주어진 예배를 지배하는 한 가지 주제를 추구하기 위하여 어떤 특별한 진리에 초점을 맞추려고 온갖 노력을 다할 때에도 "예배의 다른 측면들이 그 예배 안에 모두 갖추어져 있지 않고, 한 면만을 강조하려는 열정에 사로잡혀 다른 면들이 무시된다고 하면 그 예배에서 아무런 도움도 얻지 못하고 가는"[8] 사람들이 있을 수도 있다는 점을 주목해야 한다.

이것은 예배자들이 어떤 인도함이 없이 자유롭게 기도하고 고백하며 반성하고 하나님과 단독으로 사귈 수 있는 시간이 예배 의식 가운데 포함되어 있어야 함을 의미한다. 오르간 전주나 봉헌송, 마지막의 후주 등도 인도하지 않고 그대로 주어지는 시간일 때 예배의 흐름에서는 의미 있는 시간이 될 수 있다. 이것은 반주자가 인도자를 따라 요하지 않은 곡을 선택하여 예배자로 하여금 미리 정해진 주제에 따른 지도를 받지 않고 하나님과 단독으로 사귀며 기도하고 생각하며 반성할 시간을 갖도록 해야 함을 의미한다. 이런 이유로 친숙히 알고 있는 가사를 가진 곡은 피해야 한다.

3. 최상의 예배의 추구

예배의 질에 관한 관심은 적어도 다음과 같은 사항을 포함하여야 한다.

(1) **예배 인도자** : 누구나 다 할 수 있는 일은 아니다. 그래서 예배를 돕는 사람은 훈련을 받아 자질을 갖추어야 한다. 그래야 예배자들이 예배를 드릴 때 주의를 산만하게 하지 않고 도움을 줄 것이다. 주의를 산만하게 할 가능성이 있는 내부의 은사가 있는 이들보다 차라리 유급일지라도 외부의 도움을 얻는 것이 예배를 위해서 더욱 좋다.

(2) **광고와 유인물의 도움** : 옥외의 게시판은 그 교회와 교회 활동에 대하여 분명히 알려 준다. 게시판은 외견상 산뜻하여야 하고 명쾌하고 간명한 메시지를 주어야 한다. 게시판에 그 주간에 있을 모든 모임의 세부 사항 소개로 꽉 차게 된다면 지나가는 사람이

그것을 읽을 수 없을 것이고 눈길을 끌지도 못할 것이다. 그러므로 게시판을 올바로 이용하려면 매 주 거기에 가장 중요한 사항들만 게시되어야 한다. 어떤 사람들에게 있어서 이것은 단지 설교 제목과 아침 예배 시간, 그리고 필요하다면 저녁 예배 시간까지를 의미할 것이다. 교회 이름과 목사 이름, 그리고 직원들의 이름과 전화번호가 거기에 포함될 수도 있을 것이다. 다른 모든 사항은 관심을 가지고 교회에 연락하는 사람에게 직접 알려 줄 수 있다. 모든 세부 사항이 게시판에 게시되어야 한다고 생각한다면 그것은 무질서를 조장하고 흥미와 주의를 잃게 할 뿐이다.

주일날 예배자에게 예배의 지침을 제공하기 위하여 주어지는 주보는 정확하고 사람들의 눈길을 끌 수 있도록 조심스럽게 마련되어야 한다. 직업적인 인쇄소에서 인쇄한 것도 등사기로 주보를 인쇄하는 데 소요되는 사무원의 시간과 거의 맞먹는 돈이 들 수 있다. 인쇄된 주보가 외견상 일반적으로 더 매력이 있다. 주보는 끝도 없이 세밀한 교구의 소식들로 가득 채워진 신문이어서는 안 된다. 주보의 중심 목적에서 주의를 빼앗아 버릴 수 있는 소식들을 전할 필요가 있다면 정기적인 간행물을 이용할 수도 있다. 다음 주일 설교자의 설교 주제와 상관이 있는 신앙적인 읽을거리를 그 주간에 읽을 수 있도록 주보에 끼워 넣어 준다면 그것은 일부 사람들에게 유용할 것이다. 매일 읽을거리를 위해서 어른들에게는 이런 질문을 주어 그들이 가정예배를 드릴 때 길잡이가 되도록 하는 것은 현명한 일이다.

신문과 다른 대중 매체들도 예배에 좋은 도움을 제공할 수 있다. 이러한 것이 이용될 때 그것이 주는 특성은 예배 자체의 특성과 어울리는 것이어야 한다.

(3) **물리적 고려** : 어떠한 교회 건축 위원회라도 그 일의 막중함을

올바로 이해하지 못한다면 그 책임을 맡아서는 안 된다. 교회 건축 구조는 선포된 말씀을 증대시키는 메시지를 선포하거나 그 말씀과 모순되는 메시지를 선포한다. 비언어적 통로를 통해 주는 영향은 대부분의 건축 위원회가 인식하고 있는 것보다 더 크다. "그리스도의 복음은 매 주일 언어를 통하여 정확하게 선포될 가치가 있는가 하면, 그것은 신실한 성전 구조를 통하여 선포될 가치도 있다. 성전의 구조는 해를 거듭해 가면서 말씀을 선포하는 것이다."9)

현대 교회 건축에 요구되는 것은 과거의 건축을 모조하거나 거짓으로 모방하는 것이 아니다. 예를 들면 고딕식 건축은 13세기에는 훌륭했다. 그러나 1970년대에 세워진 교회는 현대적인 자재와 형태로 현대인의 신앙을 정당하고 정직하게 표현하는 것이어야 한다. "그렇게 함으로써 우리는 복음이 모든 사람에게 어느 때에라도, 그리고 어느 곳에서라도 무시간적 관련을 맺고 있음을 나타낼 수 있다."10)

현대 교회에는 "건물을 크게 지어야 한다는 집착" 때문에 어려움을 겪었던 때가 있었다. 그것은 청지기직을 하나의 웃음거리로 만든다. 회중은 성전 건축에 수백만 달러씩을 투자하며, 그 성전은 하나님께 봉헌된 미학적 아름다움의 기념비로 생각된다. 그러나 사실상 흔히 그 건물들은 건축 위원회나 '성공적인 목회자'의 당당한 자만심을 나타내는 기념비가 되고 만다. 오늘날 우리는 순례자가 되어야 한다는 의식을 되찾을 필요가 있다. 그때 우리는 영원히 서 있는 건물을 짓지 않고 먼저 사람들에게 투자할 것이다. 또 사람들을 위해서 돈을 쓰려고 하면 불가피하게 프로그램도 있어야 하고 일할 사람들도 조직이 되어야 할 것이다. 건물은 수단이지 목적이 아니다. 그러므로 교회당 건물은 단순하여야 한다. 화려한 장식은 감탄을 자아내겠지만 단순성은 유용함을 의미한다. 그러나 우수한 건축 양식 기술은 장려되어야 한다. 비용만 적게 들게 하려다 보면 오히려 비경제적일 수 있다. 융통성도 꼭 필요하다. 좌석을 고정시켜 두는 것은 과거에나 하던 일이다. 소위 본당(sanctuary)도 주간에는 다른 용도로 이용될 수 있어야 한다. 상징적 표현도 고려해 볼 가치가 있다. 하나하나의 상징적 표현도 하나의 선포의 형식이 되기 때문이다. 분명히 건물은 그 고장 고유의 것이어야 한다. 그 문화와 환경을 대표할 수 있어야 한다. 그 문화에서 나온 것이어야지 그 문화와 동떨어져서는 안 된다. 건물은 그 지리적인 위치에 적합해야 한다.

의자나 회중석을 어떻게 배치할 것인가 하는 것도 결코 소홀히 할 문제가 아니다. 큰 집단을 수용해야 하는 상황에서 사람들의 자리를 어떻게 앉히는 것이 가장 만족할 만한 배치가 되는지를 보여 주는 그럴 듯한 연구가 없는 것은 사실이다. 그러나 설교자에게 가장 좋은 충고는 커뮤니케이션의 흐름을 방해하는 일이 없는 자리 배치를 발견해 내야 한다는 것이다. 그렇지 않으면 회중 가운데서 작은 그룹들이 형성되거나 잡담이 시작되는 기회가 주어질 수 있고, 그렇게 되면 지도력이 방 안의 다른 어떤 사람에게로 넘어가 버릴 수 있다.[11]

미국 교회들은 보통 극장 자리 배치를 하고 있다. 그렇게 하면 백 열이나 백오십 열의 의자를 놓을 수 있다. 좀 더 최근에 와서는 일부 건축가들의 도움으로 회중의 기독 교회의 특징이 되어야 하는 코이노니아(koinonia) 또는 친교를 상징하는 어떤 일을 할 수 있게 되었다. 결과적으로 우리는 '둘레를 감싸는 형태의 교회' 또는 반원형의 교회를 가지게 되었다. 그런 교회에서는 성찬상과 설교단이 회중으로 둘러싸이게 된다. 신학적으로 보면 이것은 보다 방어적인 구조라고 할 수 있으며, 듣는 사람에게도 도움을 준다. 어떤 사람이 화자로부터 멀리 떨어지면 질수록 주의는 더욱 산만해지며 효과적인 커뮤니케이션이 이루어질 가능성은 줄어든다. 그러나 설교단을 중심으로 하여 반원형으로 교회가 건축된다고 하면 단지 8~9열의 의자만으로도 350명이 앉을 수 있는 교회를 지을 수 있게 된다.

설교단에서 멀어질수록 좌석을 약간씩 높이는 것이 설교단을 높이는 것보다 좋다. 높아진 설교단이 상징하는 것은 설교자가 교회의 한 지체이기보다 다른 사람들의 위에 있음을 보여 주는 것이다. 따라서 설교자가 교회의 한 지체가 되는 곳에서라야 설교도 단순히 설교자의 사역이 아닌 그 교회의 사역의 일부가 된다. 육체적 불편함이 있으면 귀를 기울여 잘 들을 수 없다. 이 둘은 동시에 이루어지지 않기 때문이다. 적당한 온도가 유지되어야 한다. 너무 덥거나 환기가 잘 안 되면 졸음이 오고 몸이 불편해진다. 적당한 조명도 예배에 유익을 줄 것이다. 충분한 조명이 되어서 회중이 신경 쓰지 않고도 찬송가나 성경을 읽을 수 있어야 한다. 침침한 불이 켜진 교회는 회중의 기분을 침울하게 하는 것처럼 보인다.

음향 효과에 관해서도 관심을 가져야 한다. 어느 회중에라도 청각 장애자가 몇 사람은 있게 마련이다. 음향 효과 장치가 잘 되지 않거나 부적당하거나 전혀 없다면 대중을 모으고 메시지를 전할 때 그것은 좋은 커뮤니케이션을 방해할 것이다.

설교단의 성경책을 미리 펴 놓는다든지 부를 찬송을 찬송가 안내판에 기록해 둔다든지 반주자에게 예배 순서를 미리 준다든지 이어폰과 앰프를 예배 시작 전에 점검해 둔다든지 시계를 맞추어 둔다든지 정확한 시각에 시작한다든지 하는 그런 사소한 일에 주의를 기울이는 것도 간과되어서는 안 된다. 환경적 장애 요인들도 최소로 줄여야 한다. 그래서 전체 커뮤니케이션 사건의 역동성에 대하여 성숙한 사고를 할 수 있어야 한다.

마지막으로 우리의 탐구가 훌륭한지를 판단해 볼 수 있는 두 가지 표준이 있다. 첫째는 그것이 하나님께 영광이 되느냐 하는 것이요, 둘째는 그것이 예배자들을 '세우는'(build) 것이냐 하는 것이다(고전 10:23, 14:3ff, 12, 17, 26).

(4) 평신도의 참여 : 오늘날의 저술가들은 교회가 너무 수동적이었다는 평을 받아 왔다고 한다. 이러한 비판에 대하여 단순히 평신도의 발언을 듣는다거나 기도 인도를 시킨다거나 성경 봉독을 시키는 것만으로는 충분치 못하다. 하나의 협동하여 참여하는 형식이 필요하다. 이것이 이루어지지 않을 때 그것이 항상 목사의 실수만은 아니다. 교회는 흔히 평신도들이 인도받기를 더 좋아하고, 다른 누군가가 능동적이 되어 주기를 바라며, 그래서 자신들은 수동적 태도로 살아가려고 한다고 생각할 수 있는 상황으로 목사를 몰고 가기 때문이다. 나는 교회의 재정 위원장이 전 회중 앞에서 관심의 대상이 되고 있는 어떤 일에 대하여 설명해 달라는 부탁을 받았던 때를 회상하고 있다. 그는 교육관 건립에 관하여 약 5분간 이야기하였다. 이 짤막한 메시지를 한 뒤에 내 앞을 지나 자기 자리로 돌아가면서 떨리는 목소리로 "이 일을 좀 맡아 주세요."라고 했다. 그는 다른 사람들이 해 오던 말을 반복한 셈이다. "설교자가 그것을 하게 하자 우리는 돌아가 앉고 싶다. 우리는 듣기나 하고 싶다. 우리는 지켜보기를 원한다. 우리는 연루되는 것을 좋아하지 않는다."라고 말했다.

그러나 예배에 참여하고 집단적 응답을 하는 것은 미리 알려 준 찬송을 부름을 통하여 가능하다. 어떤 찬송의 배경에 대한 설명서를 주보에 넣어 주고 그 찬송이 잘 알려지고 사랑을 받게 되기까지 하나의 새 찬송을 3~4주 동안 부른다면 연대감을 갖게 하는 데 큰 도움이 될 것이다. 새로운 연도(litany)를 소개하고 고백에 보다 더 주의를 기울이게 하며 간증을 하게 하는 것도 도움이 될 것이다. 동부 할렘가의 개신교 교구를 방문할 때 나는 조지 웨버(George Webber)가 실험 예배를 드리던 자기 회중에 관하여 하는 이야기를 들었다. 그들이 예배에서 삭제해서는 안 된다고 하던 한 가지 순서는 '간증' 시간이었다. 예배 시간 중에 한마디 간증이라도 할 수 있는 그 시간이 바로 그들이 어떤 대가를 치르고라도 가지고 싶어하는 가장 중요한 순서였다고 한다.

평신도의 참여는 대화식 설교와 실제 피드백을 위한 모임을 가질 수 있도록 구성된 설교를 통해서도 장려될 수 있다. 이러한 형식은 뒤에서 상세히 논의될 것이다.

(5) **융통성** : 성령님께서 지배하신다는 것을 인정한다면(반드시 인정해야 하는 것이지만) 우리는 고정된 어떤 형식에서 벗어나야 한다. '언제나 꼭 같은 예배' 는 예배의 질을 향상시켜 주기보다는 예배의 열정을 식힐 수도 있다. 판에 박은 듯한 예배를 드리기는 매우 쉽다. 그래서 일부 교회들은 규칙적으로 그 체제를 변화시키려고 노력해 왔다. 예를 들면 한 교회는 매 3개월마다 새로운 예배 순서를 도입한다. 회중의 의미 있는 예배 경험을 통하여 보다 효과적으로 하나님을 만날 수 있게 하는 방법을 찾기 위한 탐구이다. 이러한 융통성은 수단과 목적을 구별한다. 하나님께 대한 예배와 경배와 인식이 먼저이다. 그러한 목표 달성을 위한 수단과 그 목표를 향한 과정에 있는 하나님의 백성을 세우는 것이 교회가 하려고 하는 모든 것을 결정해 준다. 우리의 '흠 없는 지각력' (immaculate perception)을 소유한 교회도 현대적 의미에서 오순절

날 회중이 느꼈던 그런 혼란을 겪는다면 당혹감에 빠지리라는 것은 흥미롭지 않은가? 그러므로 성령님께서 오셔서 버릴 것은 버리고, 또 변화시키며 수정을 가하여 하나님의 목표가 성취되도록 할 수 있는 장이 있어야 한다.

예배와 설교의 관계

I. 절대 필요한 동일성

설교는 예배를 필요로 하고 이와 마찬가지로 예배는 설교를 필요로 한다. 설교는 예배의 빛에 비추어서, 그리고 예배는 설교의 빛에 비추어서 의미를 가지게 된다.

> 우리가 설교를 예배 행위 자체로 인식하지 않는 한 예배에서 가장 본질적이거나 종교적이거나 세속적이거나 간에 예배를 다른 종류의 가르침에서 구별시켜 주는 것을 잃게 된다. …… 설교는 예배에 기여하고 예배의 매체를 제공한다. 그렇지 않으면 그것은 전혀 설교라고 할 수 없다.[12]

"사랑과 결혼은 말과 마차처럼 함께 다닌다."는 것과 꼭 같이 설교와 예배는 전체적이요, 통일적인 경험으로 함께 다닌다. 설교와 예배를 서로 분리시키는 것은 그 기본된 질서의 이설이다. 설교는 예배의 한 행위이다. 이것을 받아들이지 않을 때 극단적인 것이 발전할 수 있다. 설교나 예배 의식에 부당하게 중요성이 부여된다는 것이다. 스타키(Lycurgus M. Starkey, Jr.)는 그것을 다음과 같이 묘사하고 있다.

> 설교단의 주역은 적당한 무드 음악과 조명을 갖춘 예배를 무대 위의 자기를 위

한 적당한 배경으로 생각한다. 그 예배 의식의 광신자는 설교의 무서운 규율을 피하기 위해서 미학적인 것으로 물러나서 색다른 의식을 조장해 내는 인간이 되고 만다.[13]

그런 극단적인 것은 불행한 일이지만 실제로 존재한다.

2. 독자적인 중요성

예배의 중요한 요소인 설교에 예배의 모든 요소가 종속된다는 '도입 순서'라는 이설을 믿어서는 안 된다. 예배의 어떤 순서라도 어떤 사람에게는 그날의 가장 의미 있는 순서가 될 수 있다. 어떤 사람이 하나님을 만나려고 할 때, 그가 하나님을 만나는 것은 기도나 음악, 연도, 성경 봉독, 또는 찬양을 통해서일 수도 있다. 하나님께서 누구를 통하여, 또는 무엇을 통하여 말씀하실는지 아무도 미리 알 수 없다는 사실을 기억해 두는 것이 중요하다.

찬송이나 신앙고백, 그리고 기도 같은 요소들은 단순히 설교를 위한 길을 예비하는 것이 아니라 선포된 말씀과 그 중요성이 꼭 같다. 하나님께서는 이 모든 요소들을 통하여 역사하시며 그의 백성들을 만나 주신다. 예배 순서에서 없어서는 안 되는 요소인 설교는 다른 기본적인 순서들보다 더 중요하지도 않고 덜 중요하지도 한다. "말씀의 선포는 앞서 행해진 모든 순서를 보완해 주며, 보증해 준다."[14]

이것은 설교를 위한 예배라는 개념이 부정확한 개념임을 보여 준다. 예배는 다른 요소들 속에 말씀의 선포를 포함시키는 것이다. 그러나 설교를 가장 중요한 어떤 순서로 보려는 것도 옳은 일이다. 그것은 성례전 중심주의에서 벗어나 하나님과 말씀을 통하여 자기 백성에게 하시는 그의 말씀에 관심을 가지고 나아가는 것을 나타낸다. 그렇다고 하더라도 하나님께서는 성경 봉독, 기도, 연도, 또는 음악을 통해서도 설교를 통해서 주시는 것과 마찬가지로 말씀을 들려 주신다는 사실을 이의 없이 인정하여야 한다.

3. 특정한 준비

예배의 예전(liturgy)은 설교 자체를 위한 예비 조정(preliminary tuning)이다. 예비 조정이란 "변하지 않고 예측 가능한 형태로 어떤 특정 인물이나 사건에 대하여 반응하는 준비 상태"[15]를 말한다. 이 개념은 청중의 기분과 사고 기준에 무기력함이 어느 정도로 나타나는가에 주의를 기울인다. 일단 듣는 사람이 어떤 특별한 사고나 감정에 끌려들고 나면 그 사고나 감정과 관련되는 그 뒤의 메시지는 그로부터 그렇지 않을 때보다 더 강력하고 획일적인 반응을 불러일으킬 것이다.[16]

이것은 주제에 충실한 것이 얼마나 중요한가를 강조해 준다. 그 설교에서 최종적인 강조라고 할 수 있는 단 한 가지 관심에 초점을 맞추는 것이 중요하다는 것을 말한다. 예배는 감정의 조화를 이루며 회중의 기분을 전환시키고, 바깥 세상으로부터 오는 다른 산만한 생각들을 제거해 주며, 그 예배 시간의 주된 관심사에 주의를 집중시켜 줌으로써 심리적 협력자로서의 기능을 다한다.

예배는 회중과 메시지와 설교자와 통로를 포함하는 전체 설교 사건의 중요한 일면이다. 환경은 거기에 기여하거나 그 가치를 손상시킨다. 선포된 말씀의 효율성을 높이기 위해서는 더욱 예배의 환경에 대하여 관심을 가져야 한다.

주〉
1) Ronald A. Ward, "Worship : The New Testament Basis", Baker's Dictionary of Practical Theology, ed. Ralph G. Turnbull(Grand Rapids : Baker Book House, 1967), p. 364.

2) S. Barton Babbage, "Worship : Aids to Worship", Baker's Dictionary of Practical Theology, p. 401.
3) Charles F. Kemp, Life-Situation Preaching(St. Louis : The Bethany Press, 1956), p. 209.
4) Karl Barth, The Word of God and the Word of Man, trans. Douglas Horton(New York : Harper and Brothers Publishers, 1957), p. 104.
5) John Knox, The Integrity of Preaching (New York : Abingdon Press, 1957), p. 78.
6) Ward, op. cit., p. 365.
7) Donald Macleod, "The Sermon in Worship", Baker's Dictionary of Practical Theology, p. 68.
8) F. S. Fitzsimmonds, "Worship : General or Regular Services", Baker's Dictionary of Practical Theology, p. 398.
9) Babbage, op. cit., p. 402.
10) Ibid.
11) Erwin P. Bettinghaus, Persuasive Communication (New York : Holt, Rinehart and Winston, Inc., 1968), p. 205.
12) Knox, op. cit., pp. 75-76.
13) Lycurgus M. Starkey, Jr., The Holy Spirit at Work in the Church(New York : Abingdon Press, 1965), p. 80.
14) William Prior, "Worship : Constituents of Liturgy", Baker's Dictionary of Practical Theology, p. 408.
15) Theodore Clevenger, Jr., Audience Analysis (New York : The Bobbs-Merrill Company, Inc., 1966), p. 11.
16) Ibid., pp. 11-12.

5장
방편들

커뮤니케이션은 거의 무한한 변수를 가진 역동적인 과정이다. 더 큰 영향을 미치는 것으로 인정된 몇 가지 범주만을 들어본다면 그 변수로 시간, 장소, 환경, 전달자, 메시지, 통로, 받는 사람 등을 들 수 있다. 이 장에서 다루려고 하는 것은 구조 문제를 따로 분리시켜 보는 것이다. 찰스 콜러(Charles Koller)와 같은 사람들에게는 이 변수가 가장 중요하다.

훌륭한 설교를 위하여 세밀한 계획 하에 설교의 구조를 잡는 것은 옛 인디언이 자기 화살에 집중하는 것과 비교된다. 그는 자신의 화살이 우수해야 생존할 수 있음을 알고 있다. 그러므로 화살대는 철저히 곧아야 한다. 그래야 나아갈 때 동요되지 않는다. 화살의 촉은 날카로워서 꿰뚫을 수 있어야 한다. 깃털은 화살이 날아갈 때 흔들리지 않게 하되 속도를 늦추거나 맞았을 때 그 충격을 무디게 하지는 않도록 아주 적당한 크기여야 한다. 이와 같이 설교는 전체를 통해 흐르는 분명한 사상이 있어야 한다. 그리고 그 끝에는 날카로운 촉이 있어야 하고, 목표를 향해서 날아갈 때 통과하지 않으면 안 되는 분위기에 대처할 수 있는 충분하

고 적당한 '깃털'이 있어야 한다.[1]

통로가 중요한 변수로 인정되어야 하는 것은 사실이나 여기에 너무 과도한 주의를 기울이는 것은 전체 커뮤니케이션에는 해로울 수 있다. 형식이란 사용되는 것만큼 가치를 드러내지 않는다. "매체는 마사지이다."라는 맥루한의 과장된 명제는 흔히 무시되고 있던 통로에 대하여 커뮤니케이션 이론가들의 주의를 다시 돌리는 데 도움을 주어 왔고, 동시에 통로는 메시지의 형식이 된다는 사실을 강조해 주고 있다. 로마 가톨릭의 전통을 받아서 이야기하고 있는 마이클 벨(Michael Bell)은 대부분의 개신교 상황에도 꼭 같이 적용될 수 있는 설명을 하고 있다.

> 전통적인 교구 사역을 새롭게 해 보려는 시도가 계속 이루어지고 있다. 그러나 많은 경우 요점을 놓치고 있다. 그들의 관심이 내용에 있기 때문이다. 즉, 선교를 위한 설교를 '새롭게' 하며 보다 의식적이 되게, 더욱 성경적이 되게 하는 등이다. 그러나 실제 문제는 전혀 내용에 있는 것이 아니라 그 매체에 있다. 사람들은 참여하지 않으면서 귀만 기울이고 있는 경험이 있기 때문에 선교는 매스 미디어가 창출해 낸 이러한 새로운 커뮤니케이션의 환경과 경쟁할 수 없게 된다.[2]

더욱이 메시지의 내용은 "원자탄을 포장할 때 튼튼히 칠을 하고 간수하는 것만큼이나 중요하다."[3]고 말하는 것은 당치 않은 과장된 표현이다. 웨인 톰슨(Wayne N. Thompson)은 이 경우의 다른 한 면을 보여 주고 있다. 그는 커뮤니케이션과 대중 연설에 대한 양적 탐구에 비추어서 다음과 같이 주장한다. "비록 훌륭한 조직은 아무런 해를 끼치지 않는다는 것이 분명하다고 하더라도 그것이 훌륭한 이야기와 나쁜 이야기를 비판적으로 구별해 주지는 못한다. 화자는 조직에 그렇게 많은 시간과 노력을 소비함으로써 다른 훌륭한 자질을 얻는 데 실패해서는 안 된다."4)

우리는 조직이 비록 비판적으로 구별해 주는 기준은 아니라 하더라도 그것은 고려할 만한 가치와 충분한 시간을 배려할 만한 가치가 있는 중요한 요소라고 주장한다. 톰슨도 아마 여기에 동의할 것이다. 그러므로 그것은 무관심하게 다루어질 것이 아니라 설교 준비에 있어서 필수적인 것으로 다루어져야 한다.

기술과 내용과 전달, 이 모두는 말씀이 선포되는 결정적인 순간에 생생한 역할을 담당한다. 이 한 가지는 전체 효과에 보탬이 될 수도 있고 효과를 줄여 버릴 수도 있다. 건전한 구조가 내용의 결함을 보충해 주지는 못하겠지만, 다른 조건이 같다고 하면 그것은 일반적으로 효율을 높여 줄 수는 있을 것이다. 구조에 깊은 관심을 가지는 것은 시간 포착과 진행과 비율에 대한 타고난 감각을 가지고 있는 청중에게는 물론 말하는 사람에게도 도움이 될 것이다. 존 베어드(John E. Baird)는 "훌륭한 화자는 결코 자기의 할 말을 우연하게 배열하지 않는다."5)고 한다. 질서가 '하늘의 제일 법칙'은 아닐는지 모르나 지금도 논리를 좋아하고 혼돈을 싫어하는 사람들의 목적을 달성하는 데 기여하고 있다.

구조 문제에 간단하게 접근하는 것은 매우 평범한 일이다. 헨리 그래디 데이비스(Henry Grady Davis)는 그러한 현상들을 설교의 목공이라는 말로 총괄해 준다.

> 이야기는 물론 톱과 망치를 가지고 급히 만들 수도 있다. 언제라도 주변에는 도덕적이고 종교적인 상투어라고 하는 재목(材木)들이 얼마든지 흩어져 있다. 어느 곳에라도 산문이나 운문, 일화거리나 겉만 번지르르한 것들이 널려 있어서 유행하는 사상이라는 바람에 밀려다니는 연과 같다. 누구나 그것을 자르고 서로 이어 못을 박음으로써 잇댈 수만 있다면 개집 하나쯤은 지을 수 있다.6)

이제 말씀을 전해야 하는 설교자는 어떤 구조를 선택할 수 있는지 알아보자. 먼저 우리는 말하는 사람에게 유용한 것으로 이미 알려져 있어서 확립되어 있는 구조들을 검토해 보고, 그 다음에 최근의 실험을 통하여 이루어진 체제를 살펴볼 것이다. 여기에서 이 구조 하나하나를 정의하고 실례를 들어 설명해 보아야 할 것이다.

확립되어 있는 구조들

I. 연역법

연역적 구조는 형식상 논리적이다. 그것은 하나의 명제, 곧 중심 개념이나 주제를 설정하고, 그 다음에 주석이나 강해나 예증과 같은 특수한 사용을 통하여 이를 발전시킨다. 이 경우 설교자가 어떠한 사상 경향을 가졌는가 하는 것은 별 문제가 되지 않는다. 이것은 처음부터 이미 설정되어 있는 것을 설교를 하는 동안 전개하는 것이기 때문이다.

「주 없는 강해 설교」(Expository Preaching Without Notes)에서 찰스 콜러(Charles W. Koller)는 자신이 "기본 형식"이라고 부르는 연역적 구조를 권하고 있다. 설교의 본문이 결정되고 주석적 연구와 강해가 끝난 다음의 첫 단계는 설교자가 설교의 중심이 되는 하나의 명제 또는 주제를 설정하는 것이라는 말이다. 이 명제는 계속될 논의의 과정을 보여 준다. 그리고 그것은 신중하고 정확하게 공식화되어야 한다. 만일 그것이 너무 광범위하면 사상의 발전은 기대에 미치지 못할 것이다. 그렇다고 너무 편협하게 설정해 놓으면 높은 감각을 지닌 청중의 기대에 미치지 못할 것이다. 요컨대 그것은 장식이나 과장 없이 겸허하고 명쾌하게 진술된 보편적 진리를 확립하여 일반화시키는 것이어야 한다. 보통 그것은 단문 형식을 취한다. 구조적으로 보면 이것이 전체 설교에서 가장 중요한 문장이다. 그러므로 그것은 모호한 점이 조금이라도 있어서는 안 된다. 그것이 어떤 기대를 불러일으키려고 하는 것이라 하더라도 너무 많은 것을 보여 주지 말고 단순히 설교가 취할 방향만을 보여 주어야 한다. 물론 설교의 본론에서 행할 설명을 보증해 두는 것은 매우 중요하다.[7]

그 명제가 설정되고 난 다음의 둘째 단계는 그 중심 개념에 대한 하나의 질문을 만드는 것이다. 그 질문은 설교의 주제와 대지(大旨)들을 이어 주는 것이기 때문에 결정적인 중요성을 갖는다. 그 방법은 그 명제에 대하여 일곱 가지 잘 알려져 있는 의문사(누가? 어느 것을? 무엇을? 왜? 언제? 어디서? 어떻게?) 중의 하나로 묻는 것이다. '기본 형식'을 가진 어느 한 설교에서는 이 일곱 가지 의문사 중의 하나만이 사용되어야 한다. 그 명제에 관한 질문에 대하여 그 다음에 오는 요점에서 답이 주어진다. 설교에서는 일반적으로 의문문이 사용되지 않지만, 실지로는 모든 긍정적 주장(즉, 대지)이 이러한 하나의 의문문에 대한 답이 되기 때문에 설교에는 언제나 하나의 의문문이 제시되어 있는 셈이다.[8]

기본 형식의 설교에서 세 번째로 해야 할 설교를 위한 계획은 '하나의 주요 단어'를 확립하는 일이다. 이것은 명사이거나 동사나 형용사의 명사형을 취한다. 중심어는 구체적이어야 한다. 예를 들면 '어떤 것'(혹은 사물들, things)이라는 말은 너무 일반적이다. 가능한 중심어들의 범위는 사실상 무한정하다. 장애물, 위험, 본질적 요소, 예, 상세한 설명, 표명, 의견, 자원, 가치 같은 말들이 이용될 수 있다. 만일 어떤 설교에서 구조적 통일성이 있다고 하면 중심된 어휘도 있게 마련이다. 그 중심 단어는 그 설교를 발전시켜 나갈 때 인지되는 것으로 각 대지를 특징지어 주며 그 구조를 하나로 묶어 준다. 콜러(Koller)는 이렇게 말하고 있다.

분명한 주제와 각 대지에 정확히 맞는 하나의 '중심 단어'(Key Word)의 가치는 아무리 강조해도 지나치지 않을 것이다. '중심어'는 그 설교의 구조를 따라 내려가는 하나의 길을 만들어서 설교자와 그의 청중이 이 방 저 방으로 불확실하게 방황하도록 내버려두지 않고 정문으로부터 모든 방에로 직접 접근하도록 한다.[9]

일반적으로 기본 형식의 설교에서는 하나의 **전환문**이 설교의 도입부를 본론에 연결시켜 준다. 이 전환문은 보통 하나의 의문문과 같은 문장, 중심어와 명제를 포함하게 되고, 그 뒤에 네 번째의 설교를 위한 계획, 즉 대지들이 따르게 된다. 로마 숫자로 표시되는 대지들은 간결하나 완벽한 문장이나 구로 표현된다. 그것들은 서로 중복되지 않아야 한다. 이 대지들은 균형을 이루어야 하고 통일성과 연속성을 가져야 한다. 청중이 식별할 수 있는 발전에 있어서 점차 강력한 결론으로 이끌어 가야 하기 때문이다. 가능한 한 대지들은 형식상으로도 평행을 이루어야 한다. 두운법을 반드시 지켜야 되는 것은 아니라고 하더라도 평행은 유지되어야 한다. 각 대지는 주어진 명제와 공동의 장이 있어야 하며 성경적 배경으로 굳게 결속되어야 한다. 이 성경적 결속은 눈에 보이는 것이어야 하며 논리적이어야 하되 논쟁적이어서는 안 된다. 이 성경적 결속이 설교의 권위를 세워 준다.[10]

콜러는 다음과 같은 기본 형식의 설교의 예를 보여 준다.

제　목 : 시험에 대처하는 법
본　문 : 마태복음 4:1-11
　　　　도입 :
　　　　　　1. 죄의 유혹은 우리 공동의 운명이다.
　　　　　　2. 잘 견뎌낸 시험은 성경적 축복을 얻는 수단이 될 수 있다.
주　제 : 3. 성공적으로 시험을 견뎌낼 수 있다(의문 : 어떻게?).

전환문 : 그리스도처럼 우리는 어떤 조건들을 충족시켜야 한다(중심어 : 조건들).

    1. 우리는 하나님의 말씀을 알아야 한다('기록된 바대로').

    2. 우리는 하나님의 말씀을 믿어야 한다('기록된 바대로').

    3. 우리는 하나님의 말씀에 순종해야 한다('기록된 바대로').

결론 : 만일 광야의 그리스도처럼 우리가 알고…… 믿고…… 순종한다면 우리도 승리할 것이다…….[11]

이러한 설교 형태를 좀 더 발전시킨 것은 패리스 다니엘 휫셀(Faris Daniel Whitesell)과 로이드 페리(Lloyd M. Perry)의 글에서 찾을 수 있다. 연역법으로 된 여러 가지 형태는 설교학 문헌에 풍부히 들어 있다. 그중 대부분은 분명히 기본 형식보다 덜 정교하다. 예를 들면 주제가 주어지고 그 다음에 여러 가지 면을 발전시키는 보석이나 다이아몬드적 방법이 있다. 예를 들어서 의인(義認) 교리에 관한 설교는 로마서에서 세 군데 본문을 취함으로써 성경적 뒷받침을 얻을 수 있었다. (1) 의인(義認)의 기초(5:9) (2) 의인의 증거(4:25) (3) 의인의 수단(5:1)이 그것이다. 여기서 중심이 되는 진리는 의인이요, 다음의 세 가지 요점은 이 단일한 진리를 나타내는 세 가지 면이 된다. 19세기의 강해 설교에서 일인자였던 알렉산더 맥라렌(Alexander Maclaren)은 "사랑과 용서"라는 제목의 설교를 할 때 본문으로는 누가복음 7:36~50을 택하였고 그의 생각을 보석 형태로 발전시켰다. 그가 말한 요점의 하나하나는 본문에 나오는 세 사람의 하나하나에 기반을 둔 것이었다. (1) 그리스도는 "죄인들을 향하여 흘러나오는 하나님의 사랑의 표현"으로 이해되었고, (2) 여인은 어떤 특정 계층을 대표하는 자로서 "그 하나님의 사랑을 깊이 인식하고 있는 참회자"였고, (3) 바리새인은 "그리스도의 사랑에 대해서는 무지하고, 사랑을 베풀지는 않으면서 스스로 의로운 체하는 사람"을 나타내었다.[12]

연역적 구조를 조금 변형시킨 것으로는 **망원경적** 또는 사다리적 방법이 있다. 이것은 한 가지 관념을 확대시킨 것이다. 각 요점은 그 앞의 요점에 의존한다. 예를 들면 요한복음 17:19은 다음과 같이 발전시킬 수 있다. (1) "내가 나를 거룩하게 한다." (2) "저희를 위하여 내가 나를 거룩하게 한다." (3) "저희를 위하여 내가 나를 거룩하게 하는 것은 저희도 진리로 거룩함을 얻게 하려 함이다."

연역적 구조의 또 다른 하나의 형태는 단일 요점의 설교이다. 한 가지 주제를 논리적이고 앞뒤가 맞게끔 각각의 요점을 들어가면서 발전시켜 나가는 대신에 하나의 명제를 택하여 철저하다고 할 만큼 다루는 것이다. 그러나 다루는 방법은 연역법이다. 그 명제가 제시되고 규정되며, 논의되고 발전되며, 예증되고 적용되는 것이다. 이 방법은 하나의 설교 안에 둘, 셋, 넷, 또는 그 이상의 짧은 설교를 지니게 되는 잠재적 어려움을 피할 수 있다. 하나의 요점만이 설정되기 때문에 충실성이 유지된다. 이 방법은 사려 깊은 설교자의 손에 들어가면 매우 효과적이다. 그러나 부주의한 설교자의 손에 들어가면 숨 막힐 정도로 중복만 될 수도 있다. 토머스 찰머스(Thomas Chalmers)의 잘 알려진 설교 "새로운 사랑의 배척하는 능력"은 요한 일서 2:15을 본문으로 한 단일 요점의 설교이다. 그의 명제는 어떤 사람이라도 애착을 가질 만한 또 다른 하나의 목표를 세움으로써 그의 마음으로부터 세상에 대한 사랑을 제거하려는 시도를 해 볼 수 있고, 그 결과 그의 마음은 묵은 사랑을 버리고 새로운 사랑으로 그것을 대치하는 데로 움직여 가리라는 것이다. 주제가 확립되고 몇몇 실제적인 관찰이 연역되는 것이다.[13]

단일 요점의 설교는 예외이지만 이러한 연역적 방법의 설교에서는 그 요점들이 모두 성경 본문에서 추론되어 나와야 한다. 그리고 일반적으로 그 요점들은 분명하게 진술되어야 한다. 구조 문제에 있어서 정교하다고 특별한 장점이 있는 것은 아니다. 도날드 밀러(Donald G. Miller)

는 "무언으로 전하는 설교"의 가치에 대하여 심각하게 문제를 제기한다. "차를 타고 갈 때 그 차가 어느 기어로 움직이고 있는지 승객이 반드시 알 필요는 없다. 그러나 설교를 들을 때는 그러한 수동적 자세로 들어서는 안 된다. 설교를 들을 때는 의식적인 사고를 해야 한다."[14)

강해 설교는 자연히 연역적 형태를 띠게 된다. 어떤 본문을 논리적으로나 앞뒤로 연관을 시켜가며 전개시키는 것이기 때문이다. '탕자'에 대한 설교는 다음과 같이 전개될 수 있을 것이다. (1) 집을 그리워하는 아들, (2) 향수병에 걸린 아들, (3) 집으로 돌아온 아들.[15)

2. 귀납법

연역적 설교에서는 설교를 시작할 때 이미 그 성격과 방향이 분명해진다. 그러나 귀납적 방법에서는 뜻밖의 요소가 남아 있다. 즉, 명제나 중심 개념이나 주제는 구체적 사상들이 회중에게 완전히 알려지기까지 자세하게 알려지지 않고 있다가 설교의 결론 부분에 가서야 주제가 분명히 밝혀진다. 회중이 설교자에게 공명하고 있을 때나 설교자의 주제에 동의하고 있을 때는 연역적 방법이 아주 적절하다. 반대로 이렇지를 못하고 어떤 명제가 타당성이 있다고 회중을 설득해야 할 경우에는 듣는 사람 편에서 처음부터 거부 반응이 일어나지 않도록 귀납적 방법을 고려해 보는 것이 현명하다. 회중이 설교 도중에 설교자와 씨름할 수 있어서 설교자가 회중과 함께 도달하고자 하는 결론을 얻을 수 있을 때, 연역적 설교에서는 언제나 표면에 나타나 있는 결론이 너무 일찍 나오지 않게 한다.

귀납적 범주에 속하는 것으로 가장 흔한 구조의 하나는 **문제 해결** 형태이다. 이 구조는 두 가지 점을 이용한다. (1) 문제의 제기와 발전과 분석을 문제의 복합성과 그 문제의 특별한 관심과 청중과의 관계에 비추어서 한다. (2) 해결점의 제시와 복음적 자료에서 끌어낸 해결점의 응용은 특별한 필요에 응해서 한다. 어떤 사람들은 그것을 '필요와 충족' 형태라고 말하기를 좋아한다. 그것이 인지된 필요와 추천된 해결안을 다루기 때문이다. 부인이 극적이고 갑작스런 죽음을 당한 후 아서 존 가십(Arthur John Gossip)이 행한 첫 설교는 "그러나 생명이 갑자기 끝날 때 그 다음엔 무엇인가?"(But When Life Tumbles In, What Then?)라는 제목이었다.16) 이 자전적 설교는 재난과 절망에 대한 그의 극한 감정과 그의 외로움과 에머슨(Emerson)의 '쾌활한 낙관주의'에 대한 그의 의문을 말해 준다. 그리고 다른 사람의 치통을 참는 것은 어렵지 않지만 자기의 턱이 떨리고 있을 때 그것은 전혀 다른 문제이다라고 말한 세익스피어와 자기를 동일화시키고 있음을 보여 준다. 그는 "왜 왜 왜?"라고 하는 피할 수 없는 질문을 하고 있다. 이런 유의 일이 일어날 때에도 하나님께서는 정말로 사랑하고 계신다는 것을 이 증거는 분명히 비웃고 있는 것처럼 보인다고 그는 주장한다. 그는 그 문제를 분명하고 충격적으로 제시한 데서 시작하여 하나의 해결점을 찾아나간다. "사람들은 햇빛이 비칠 때 믿음을 가질지 **모릅니다**(may). 그러나 우리는 그늘이 졌을 때도 그것을 **믿어야 합니다**(must). 우리는 다른 아무것도 없습니다. 그러나 두 가지 사실이 아주 분명해집니다. (1) 믿음은 지금도 역사하고 있으며 스스로를 성취시켜 나간다는 것은 사실이며, 믿음의 가장 대담한 약속도 진실하다는 것입니다. (2) 그리고 사람은 불멸에 대하여 확신을 가지게 된다는 것입니다." 그 설교는 이렇게 결론 지어졌다. "나는 역시 희망에 찬 것처럼 어느 날 당신의 차례가 되었을 때 건너지 않을 수 없었던 당신에게 나 역시 '즐거워하라, 형제여! 나는 지금 바닥에 와 닿았으며 그곳은 안전하다오.'라고 부를 수 있습니다"(요단 강을 말하고 있음).

헤겔식(Hegelian) 형태(철학자 게오르그 윌리엄 프리드리히 헤겔<George William Fridrich Hegel, 1770-1831>의 이름을 따서)는 정(테제, thesis)과 반(안티테제,

antithesis)과 합(신테제, synthesis)을 이용하거나 강해와 발전, 해결을 이용한다. 헤겔식 설교는 다음과 같은 형식을 취하게 된다. (1) 테제(thesis) – 하나님은 거룩하시다. (2) 안티테제(antithesis) – 인간은 범죄하였다. (3) 신테제(synthesis) – 하나님께서는 죄인을 자기에게 화목케 하시고자 그리스도이신 예수님을 통하여 역사해 주셨다.

삼단논법적 방법은 대전제와 소전제, 그리고 해결을 주는 결론을 가지는 설교이다. 예를 들어서 그런 설교는 그리스도께서 죄인들을 위하여 죽으셨다와 같은 대전제를 가진다. 그 다음에 "당신은 바로 한 사람의 죄인이다."라는 것이 소전제가 될 수 있다. 그러면 결론은 "그리스도께서 당신을 위하여 죽으셨다."로 내릴 수 있게 된다.

귀납적 범주에 속하면서 보다 변형된 것은 **만족을 얻기 위한 질문** 형식이다. 존 로빈슨(John A. Robinson)은 승천에 관한 어떤 설교에서 이것은 역사적 사실이 아니며 시간과 공간에 관련된 것이 아님을 지적하였다. 그리고 적어도 자기 마음에는 승천이란 그리스도의 주 되심에 관한 우주적 사건이다라는 만족한 대답으로 결론을 내린다.[17]

유추적 구조는 잠재적 유용성을 지닌 또 다른 하나의 귀납적 방법이다. 예수님께서는 유추를 통하여 자신을 문이나 목자, 또는 포도나무라고 하셨다. 존 번연(John Bunyan)의 「천로역정」은 설교적 가능성을 지닌 것으로 입증된 가장 잘 알려진 유추이다. 유추를 너무 강요할 때 그것은 쉽게 오용되는 방법이다. 생스터(Sangster)는 이렇게 이야기해 주고 있다.

> 어디에다 한계를 두어야 할지 안다는 것은 항상 간단한 일은 아니다. 바울은 교회를 몸에 비유하여 눈과 손과 발을 언급하고 있다. 그렇다고 꼭 같은 유추를 사용하여 교인들 중의 어떤 사람들에게 다음처럼 이야기한 설교자가 있다면 그는 지나친 것이 아니겠는가? 즉, 그들은 눈이나 손이나 발이 아니라 편도선에 불과하며("당신이 없어도 우리는 더 나빠지지 않는다."), 맹장과 같은 존재이며("당신

이 문제를 일으키기까지는 당신이 있는지 없는지 우리는 몰랐다."), 틀니(artificial) 같은 사람("때때로 당신은 안에 들어와 있고 또 때로는 나가 있다.")이라고 했다면 말이다.[18]

연역법이냐 귀납법이냐 하는 찬반론은 계속 반복되어 온 문제이다. 조직 문제에 있어서 상대적 장점이 어디에 더 있느냐 하는 것은 아직도 계속 논의될 문제이지만 우리는 여기서 적어도 이만큼은 알게 되었다. 즉, **점층법적 순서**는 가장 중요한 자료가 마지막에 나오도록 자료를 배열하고, **점강법적 순서**는 가장 중요한 자료들을 처음에 배열하며, **피라밋형 순서**는 가장 중요한 자료를 가운데 두게 된다.

> 그 연구자는 다음과 같이 이야기해 준다. …… 메시지의 중간에 어떤 논점이나 중요한 자료를 두는 것은 처음이나 마지막에 그런 것을 두는 것만큼 효과적인 것으로 보이지는 않는다. 그리고 처음과 마지막 어느 쪽을 택할 것이냐 하는 점에 있어서는 마지막에 두는 것이 약간 더 나은 것처럼 보인다는 증거가 있다.[19]

3. 심리적 방법

알랜 몬로(Alan H. Monroe)의 "그 다음 단계를 유발하는 법"은 가장 잘 알려진 연설법이다. 그는 전통적인 구분법(서론, 본론, 결론)을 버리고 5단계의 다음 단계를 유발하는 법을 취하고 있다. 그리고 그 각 단계의 이름은 청중이 보여 주는 특별한 반응에 따라 그 단계의 기능과 부합되도록 붙여졌다. 즉, 그 단계는 주의(attention), 필요(need), 만족(satistaction), 구상화(visualization), 그리고 행위(action)이다. "예를 들어 어떤 연설로 다른 사람을 설득시키려고 하면, 그 학생은 아마 이 다섯 단계 모두를 이용하여 자기 연설을 짜게 될 것이다. 즉, (1) 주의를 끌고 그 다음에 (2) 어떤 유의 행동을 위한 필요를 느끼게 하고, (3) 어떤 제안을 제시하고 그것이 건전한 것임을 증명함으로써 그 필요를 만족시켜 주며, (4) 청중으로 하여금 그 만족을 구상하게 하고 마지막으로 (5) 들은 사람이 행동에 옮기도록 하려고 한다는 것이다."[20] 그러나 모든 연설에 이 다섯 단계 모두가 필요한 것은 아니다. 이 구조는 전체적으로 쓰일 수도 있고 생략된 형태로 쓰일 수도 있다는 말이다.

청중의 관점에서 이 방법을 본다면 이 다섯 가지 단계는 다음처럼 표현될 수 있다. (1) 나는 듣기를 원한다. (2) 무엇인가가 행해지거나 결정되거나 느껴질 필요가 있다. (3) 이것은 행하고 믿을 일이거나 필요를 느끼고 그 필요를 만족시켜야 할 일이다. (4) 나는 나 자신이 이것을 행하거나 믿거나 느낄 때 만족할 수 있다. (5) 나는 행하거나 믿거나 느끼겠다.[21]

포스딕(Harry Emerson Fosdick)의 "죄의 용서"라는 잘 알려진 설교는 위에 언급한 몬로(Monroe)의 전통에 속한다. 포스딕은 죄가 죄인인 사람들에게만 말하려 한다고 함으로써 일단 청중의 주의를 끌어두고 시작한다. 그는 모든 사람이 자기가 내린 정의를 받아들이도록 하면서 죄란 도대체 무엇에 관한 것인지를 토의함으로써 사람들에게 그들의 필요가 정말 무엇인지를 보여 준다. 그 다음에 그는 성경이 주는 만족을 주며, 그 과정에서 용서를 믿는다는 것이 무엇을 의미하는지를 그들에게 보여 준다. 마지막으로 그는 다음과 같이 말함으로써 결론을 맺는다. "용서받지 못한 죄를 가져오시오. 당신의 영혼을 위하여 그것을 제거하시오! 그러나 그 방법은 단 한 가지밖에 없습니다. 당신이 무슨 신학을 가지고 있든 그 방법은 오직 십자가의 길, 곧 참회, 고백, 원상 회복, 용서의 길뿐입니다."[22]

4. 극적(이야기)인 방법

이 형식은 역사적이거나 전기적(biographical)일 수 있다. 만일 그것이 역사적이라고 하면, 설교자는 일련의 환경 요인들(그가 말하려고 하는 중심 되는 진리에로 인도하는 사실들, 실례들, 경험들, 사건들, 그리고 발전들)을 관련시켜 설명하게 된다. 전기적 방법을 이용할 때 설교자는 어떤 사람의 주변에서 설교를 작성하지, 어떤 특수한 진리를 중심으로 작성하지 않는다. 어떤 신학생이 예레미야 선지자에 관하여 통렬한 설교를 하였는데 그때 그는 자료로 쓰기 위해 예레미야서 전체를 이용하였다. 이 1인칭 설교는 유혹, 그리고 하나님께 자기는 속아서 봉사하게 되었다고 하는 하나님과의 대화를 보여 주었다. 그리고 그 설교는 그가 선지자의 옷을 벗기 전에 가슴을 터놓고 이야기하고 싶었던 몇 가지 사실을 포함하고 있다. 그 설교는 다음과 같은 결론으로 끝맺었다. "나는 견딜 수가 없었습니다. 이제 나는 당신의 선지자가 되겠습니다. 그것이 내 안에서 타고 있습니다. 불이 내 입에 있는 것입니다." 성경에는 전기적 설교를 위한 자료가 풍부하게 들어 있다. 분명히 말해서 설교자는 하나님께서 세밀한 점에까지 채워 주시는 대로 자기의 성화(聖化)된 상상력을 사용하여야만 한다. 성경은 한 권의 훌륭한 전기로 기록된 것은 아니다. 따라서 성경은 매우 주의 깊은 연구를 요구한다. 그것은 본문에 관한 연구만이 아니라 설교자에게 이용될 수 있는 역사적, 지리학적 자료에 대한 연구까지를 말하며, 거기다가 설교자의 상상력이 동원되어야 함을 의미한다. 이러한 전기적 설교 형식의 발전에 관해서 도움이 되는 지침을 얻기 위해서는 드와이트 스티븐슨(Dwight E. Stevenson)의 글을 참고해야 할 것이다. 그는 야곱에 관한 설교로 그 방법을 예시해 주고 있다.23)

이야기식 설교는 매우 흥미롭고 극적인 설교 형식이다. 그러나 설교자가 어떤 결론을 내리는 데 급급해질 때 그것은 흔히 오용되기도 하고 결과를 망치기도 한다. 전달되는 의미들은 사람들과 그들의 상호작용과 대화를 통하여 직접 전달되어야 한다. '설교에 어울리는' 분명한 결론을 맺으려고 하는 것은 그 이야기의 본래적 힘을 망쳐 버리고 만다. 그러므로 이야기하는 사람은 자기의 설교가 어떤 설명을 덧붙이지 않고도 그 의미를 전해 주리라는 것을 믿어야 한다. 여기저기 주어지는 힌트와 암시를 통해서 의미는 전해지기 때문이다.

나는 사순절 기간 동안 세 개의 연속 설교를 행하였다. 그때 찬양대는 "거기 너 있었는가? 그때에, 주가 십자가 위에 달릴 때"라는 찬송으로 설교를 도와 주었다. 이 연속 설교는 "거기 너 있었는가?"라는 질문에 대한 광범위한 대답 형식을 취하였다. 즉, 하나는 바라바에 대한 설교였고, 하나는 십자가를 지키던 백부장에 대한 것이었으며, 또 다른 하나는 도마에 관한 것이었다. 앞의 두 경우의 대답은 "예, 제가 거기에 있었습니다."였고, 설교는 1인칭으로 전개되었다. 그러나 셋째 설교에서는 그 대답이 "아니요, 저는 거기 없었습니다. 저는 마땅히 거기에 있어야 했었는 데도 실은 거기에 있지 못했습니다."였고, 1인칭 설교가 그 뒤를 따랐다.

우리가 살펴본 방법들은 창조적인 설교자에게 열려 있는 모든 가능성을 결코 모두 고찰하지는 못했다고 하더라도 설교에 관한 문헌으로부터 얻을 수 있는 가장 흔한 방법들은 망라했다고 하겠다. 물론 다른 방법들을 명 설교집이나 설교에 관한 정기 간행물에서 찾아볼 수는 있다. 그런 종류를 참고해 보라. 도움이 될 것이다.

실험적 방법들

두 가지 예비적 관찰을 해 보는 것이 순서라고 본다.

1) 복음은 불변하다. 인간의 문제는 언제나 있어 왔고 앞으로도 계속

있을 것이다. 죄, 죄의 결과로 빚어진 하나님으로부터의 소외, 이러한 상황에서 오는 불가피한 고독, 죄의식, 무의미성 등이 그것이다. 그리고 하나님의 대답은 지금도 그리스도이신 예수님에게서 발견되고 있다. 인간생활의 공허함은 하나님께서 주신 것이요, 그리스도만이 이 근본적 공허를 채워 줄 수 있다는 것은 진부하기는 하지만 참된 말이다. 그리스도이신 예수님의 죽음과 부활에 관한 카리스마적 메시지는 사도행전 2장에 묘사되어 있는 회개하고 믿으라는 부르심과 더불어 아직도 설교의 중심 메시지가 되고 있다. 현대인에게 그리스도의 절반만을 소개하는 것은 어리석은 짓이다. 바울은 기꺼이 모든 사람에게라도 하지 않으려고 한 것도 있었다. 그는 복음을 듣도록 하기 위해서 그 복음을 약화시키지는 않았다. 잘못된 희망을 안겨 주기보다는 전혀 희망을 주지 않는 것이 더 낫다. 복음은 인간이 문제를 안고 있고 하나님은 해결책을 가지고 계신다는 것을 결코 불확실한 개념으로 말하지 않는다.

2) 방법은 필연적으로 변하고 있다. 어떤 시대의 가장 훌륭한 설교는 그 특정한 시대를 향해서 행해진 설교이다. 많은 설교가 불행히도 고대사에 대한 연구나 케케묵은 문제들을 재연하는 데로 빠져 버렸다. 사람들은 여부스족이나 블레셋족, 히위족에 관심을 갖지 않는다. 그들은 의미와 삶에 관해서 관심을 갖는다. 그러므로 시간에 구애되지 않는 메시지에 귀를 기울이게 하는 방법들이 권장되어야 한다. 구조에 관해서는 성스러운 것이 아무것도 없다. 고전적인 형태나 전통적인 형태에나 성스러운 것은 없다. 단 한 가지 성스러운 것은 복음 자체일 뿐이다.

언제나 신선함과 생명력이 요구된다. 놀랍게도 그리스도께서 인정하시는 세계성도 요구된다. 실험적 설교는 진리를 새겨 넣으려는 한 가지 시도이다. 우리는 동일성과 싸우지 않으면 안 된다. 실험의 필요를 주창할 때 우리는 헬무트 틸리케(Helmut Thielicke)의 주의에 귀를 기울여야만 한다.

> 우리는 그 정신들을 시험해 보고 이 새로운 것들을 주창하는 자들이 어떤 정신에 속해 있는지를 결정할 필요가 있다. 즉, 그들은 그 메시지를 받고 새로운 방법으로 그 메시지를 지금 증거하고 있는 사람들인가, 아니면 그들은 단순히 뇌파로부터 도통을 받고 있는 영리한 친구들이거나, 새로운 트위스트를 추고 싶어 하는 예배 의전(liturgy)의 플레이 보이들인가를 결정할 필요가 있다.[24]

이제 다음의 실험적 방법들을 검토해 보기로 하자.

I. 대화적 방법

설교는 양방향으로 통하는 길이다. 그것은 설교자는 능동적이고 듣는 사람은 수동적이 아니라는 말이다. 그런 독백적 망상은 오늘날 심각한 질문 공세를 받고 있는데 그것은 정당하다. 교구 교인들은 그냥 설교를 듣기만 하는 데 만족하지 않는다. 그는 설교의 한몫을 담당하기를 원한다. 그는 교회 설교에 참여하기를 원한다. 이제 우리가 설교하는 횟수를 줄이는 문제를 생각해 보아야 할 날이 왔다. 우리가 하는 많은 설교는 매우 비효과적이었다. 우리는 사람들이 우리에게 도로 이야기해 주고 주어진 관념들과 씨름하며, 우리가 좀 더 많이 나누어 주기 전에 그 내용을 받아들여 자기 것으로 삼을 수 있는 기회는 부여하지 않고 보다 새로운 관념이나 개념들, 의무와 책임 등을 제시하기만 해 왔다. 그러나 더 적게 설교하라는 도전과 설교할 때에는 좀 더 좋은 일을 하라는 도전이 일어나고 있다. 그리고 설교하는 과정에서는 사람들을 도와 전파되는 진리를 수행하는 데 연루되어야 한다.

회중이 참여하는 설교는 현대 설교자가 중요하게 생각하여야 할 것이므로 이 책 16장 전체를 통해 고찰할 것이다.

2. 드라마

　점차 우리는 교회의 사역에서 드라마의 가치를 발견하게 된다. 젊은 이들의 집단이나 성인들의 집단, 그리고 교육받은 전문 직업인들과 설교자 자신들까지도 이런 형식으로 복음을 전하는 데 열중하고 있는 형편이다. 어떤 교회들은 이동식 무대를 만들기도 하며, 효과적인 훌륭한 공연을 위하여 복잡한 조명기구와 막과 필요한 다른 부수적인 기자재들을 준비하기도 한다. 그러나 대부분의 교회에서는 아직도 교회 건물 안에 그런 설비를 갖추는 것은 물론 무대 공간을 확보하는 데도 어려움이 있다. "설교자가 라디오나 텔레비전에 나오는 전문적인 화자들과 대결하지 않으면 안 되는 것과 꼭 같이 종교 드라마에 출연하는 배우들도 밤마다 텔레비전에서 볼 수 있는 세련된 전문 직업인들과 비교되지 않을 수 없다. 훌륭한 동기만으로는 이제 더 이상 형편없는 공연에 대한 변명이 될 수는 없다."[25]

　이러한 어려움들이 있음에도 불구하고 드라마는 도식적 형식으로 어떤 문제를 효과적으로 진술하는 데 도움이 되고 있다. 그것은 아마 전통적, 구술적, 독백적인 형식으로 하던 설교자의 역할보다는 훨씬 효과적이다. 드라마 역시 효과적으로 어떤 해결점을 제공한다는 말이다. 드라마는 분명 주석을 할 수 없다. 또 어떤 신학적 관념을 설명하는 데 구술적 방법으로 하는 만큼 효과적이 아닐 수도 있다. 그러나 드라마는 설교만으로는 할 수 없는 어떤 방식으로 구체성과 생생함을 준다.

　샌프란시스코 지역의 어떤 교회는 수년 동안 주일 밤에는 '무대' 공연을 해 왔다. 여러 가지 접근 방법이 동원되었다. 어떤 설교는 몸짓을 섞어가며 행해졌고, 어떤 설교는 무언극으로 공연되었으며, 어떤 설교는 실루엣(그림자 윤곽)으로 행해졌다. 거기에 참석하는 사람의 수는 일반적으로 주일 아침 예배 때의 회중보다 더 많았다. 도표와 그림의 시대에 살고 있는 사람들은 일종의 드라마로 만들어서 전해 주는 복음을 보는 데 흥미를 가지고 있다.

3. 혼합 매체 활용

이런 형식의 복음 전달은 하나의 '해프닝'이다. 그러나 그것은 감각 기관에 전해지는 우연한 메시지가 아니라 보는 사람 자신이 그 경험으로부터 자기의 결론을 자유로이 끌어낼 수 있도록 의도적으로 계획된 프로그램으로서 아주 주의 깊게 짜여졌다.

> 그것은 감각 기관이 너무 많은 짐을 지는 것을 의미하며, 인간생활의 어떤 영역에서 모든 감각에 대한 과도한 자극을 의미한다. 그 목적은 일종의 카타르시스를 제공하고, 인간적인 상황에 새로운 통찰력을 주며, 친숙한 데로부터 생길 수 있는 새로운 관계를 맺게 하는 것이다. 그리고 한 개인을 해방시켜 어떤 질문 …… 곧 대부분의 전통적인 교수법이 무시하는 어떤 것에 대하여 전인적, 동시적 접근을 하게 하는 것이다.[26]

전형적 혼합 매체의 자료는 슬라이드, 필름, 음향, 사이먼과 가펑클, 밥 딜런 같은 사람이나 후기 비틀즈가 부른 노래 등을 포함할 수 있다. 이런 사람들과 우리 시대의 세계에 대하여 예언자적으로 말하는 다른 사람들로 가장 유용하게 쓰일 수 있다. 혼합 매체 프로그램은 보통 전쟁, 인종, 폭동, 섹스같이 주어진 문제 주위를 맴돈다. 그 프로그램은 그 시대의 절박성과 교회가 당면하고 있는 위기를 보여 준다. 그 목적은 복음이 성령님을 통하여 창조적으로 전해질 수 있는 환경을 조성하는 것이다.

안토니 쉴라키(Anthony Schillacy)는 "복합 매체 프로그램-오늘날의 설교에 관해서"라는 글에서 이런 형식의 복음 전달에 관한 몇 가지 도움이 되는 지침을 제공하고 있다.[27] 사람들은 자신의 견해를 위협하는 정보에 대하여는 기꺼이 자신을 드러내려 하지 않고 선택하여 자신을 나타내며 심지어 이용할 수 있는 자료도 취사 선택한다는 것이 사실이다.[28] 그러나 그때에도 혼합 매체는 회중에게 신선하고 마음을 넓게 해 주는 경험을 준다. 나아가서 복음을 받아들이는 사람은 눈으로 볼 수 있는 어떤 형식만을 통해서 주어지는 자료들을 이해할 수 없을 때에도 청각적 설명은 어떤 도움을 줄 수 있다는 사실에 주의해야 한다. 상대적으로 이해하기 쉬운 자료일 때는 단일한 통로를 통해서 전하는 것이 훨씬 만족을 주는 것으로 증명되고 있다.[29]

4. 시각적 방법

데일(Dale)의 "학습의 원추"(Cone of Learning)는 보는 것이 단순히 어떤 메시지에 귀를 기울여 듣는 것보다 더 효과적임을 보여 주고 있다. 현명한 설교자는 칠판이나 그림, 도표나 오버헤드 프로젝터(OHP), 그리고 오페이크 프로젝터(opaque projectors)를 이용한다. 어떤 설교자는 "주여, 저희를 조금 더 생각하게 하소서."라는 제목의 감사절 설교에서 다섯 가지 도구를 사용하였다. 즉, 종과 망치, 전구, 성경과 미국 사람들이 마땅히 감사해야 하는 지역을 나타내는 십자가를 사용하였다.[30] 우리 목사님은 한 번은 설교의 개념을 예증하기 위해서 뒤틀어진 옷걸이를 사용하였다. 상상력을 이용하여 그는 삶이 얼마나 비틀어지고 엉키어 있는지를 보여 주었다. 그 다음에 그는 펜치와 가위를 사용하여 그 옷걸이를 좀 더 쓸모 있는 형태로 만들면서 삶이 어떻게 바로잡아질 수 있는지를 보여 주었다.

어떤 방법이라도 그것이 복음의 메시지를 전하는 가능한 방법으로 신중하게 고려되기까지는 버려서는 안 된다. 해묵은 메시지를 강조하고 보완하며 새롭게 하는 데 도움이 되는 방법은 어떤 것이라도 고려해 볼 가치가 있으며 가능한 대로 실행해 볼 가치도 있다.

결론

가장 좋은 설교 방법은 무엇인가? 누가 알고 있는가? 설교자는 한 가지보다는 더 많은 방법을 동원하여 항상 설교할 수 있어야 한다는 것이 확실한 것 같다. 설교단에서 예언할 수 있다는 것은 듣는 사람에게는 김빠지는 일이다. 회중이 일깨움을 받고 도전을 받으며 새로워지기만 한다면 변화나 놀라운 일이나 신기한 일까지도 불가피하게 된다. 너무나 많은 교인들이 귀를 가졌으나 듣지 못하고, 눈을 가졌으나 보지 못한다면 그것은 판에 박힌 설교의 탓으로 돌려야 한다. 어떤 방법이 가장 좋은 방법인가? 일부 이름 있는 설교가들이 한 가지 구조만을 맹종하다시피 따랐다고는 하더라도 언제나 이용되어도 좋은 꼭 한 가지 방법이 있는 것은 아니다. 알렉산더 맥라렌(Alexander Maclaren)의 설교는 언제나 3중 구조로 되어 있다. 즉, 서론, 3대지, 결론으로 되어 있다. 이런 대 설교가의 설교도 그의 불변하는 구조 때문에 오히려 단조로운 것이었다. 그의 설교는 그가 지닌 다른 은사에 의해 훌륭한 설교로 생각된다. 그래서 데이비스(Grady Davis)는 우리에게 이렇게 말해 준다.

> 모든 설교가 취해야 하는 이상적 또는 표준적 형식이란 없다. …… 하나의 설교를 이루기 위하여 사상의 본질적 요소들이 취해야 하는 선재적 틀(preexistent mold)은 없다. …… 우리가 때때로 듣게 되는 특별한 설교나 모든 설교학적 규칙을 어기는 것으로 생각되는 훌륭한 설교라는 것 – 일반적으로 그런 설교를 한 설교자는 그것이 좋은 설교라고 자랑스럽게 그것을 인정한다 – 은 하나의 허구에 불과하다. 만일 그것이 좋은 설교라면 훌륭한 규칙들을 어기지 않고, 불필요하고 인위적인 규칙들만 어길 것이다.[31]

우리가 주의해야 할 것을 요약해 보자. (1) 어떤 구조도 성스러운 것은 없다. 다만 복음만이 거룩하다. (2) 어떤 구조라도 도움이 될 수 있다. 결정이나 선택을 할 때 중요한 것은 자연스러움, 유용함, 효율성 등이 있는가의 여부이다. (3) 변화는 발전되어야만 한다. 당신과 당신의 교인들이 그것을 필요로 한다. 예언할 수 있다는 것은 김빠지게 하는 것이다. 효과적인 커뮤니케이션을 방해하는 것이라면 어떤 방법이라도 즉시 버려야 한다. 그리고 커뮤니케이션을 향상시켜 주는 것이라면 어떤 방법이라도 그대로 선택하여 이용해야 한다.

주 〉

1) Charles W. Koller, Expository Preaching Without Notes(Grand Rapids : Baker Book House, 1962), p. 41.
2) Michael Bell, C. P., "Preaching in Our Mass Media Environment", Preaching, Ⅳ, No. 1(January-February 1969), p. 23.
3) "Playboy Interview : Marshall McLuhan", Playboy, Vol. 16, No. 3(March 1969), p. 56.
4) Wayne N. Thompson, Quantitative Research in P. A. & C.(New York : Random House, Inc., 1967), p. 68.
5) John E. Baird, Preaching for Platform and Pulpit(Nashville : Abingdon Press, 1968), p. 154.
6) Henry Grady Davis, Design for Preaching(Philadelphia : Fortress Press, 1958), p. 82.
7) Koller, op. cit., pp. 72-73.
8) Ibid., pp. 51-52.
9) Ibid., pp. 52-53.
10) Ibid., pp. 79-81.
11) Ibid., pp. 74-75.
12) Andrew W. Blackwood, The Protestant Pulpit (New York : Abingdon Press, 1947), pp. 107-13.
13) Ibid., pp. 50-62.
14) Donald G. Miller, The Way to Biblical Preaching (New York : Abingdon Press, 1957), p. 95.
15) W. E. Sangster, The Craft of Sermon Construction(Philadelphia : The Westminster Press, 1951).
16) Blackwood, op. cit., pp. 198-204.
17) "Ascendancy", The Pulpit, XXXVI, No. 5(May 1965), pp. 4-6.
18) Sangster, op. cit., p. 98.
19) Erwin P. Bettinghaus, Persuasive Communication (New York : Holt, Rinehart and Winston, Inc., 1968), pp. 152-53.
20) Alan H. Monroe, Principles and Types of Speech, 4th ed.(Chicago : Scott, Foresman and Company, 1955), Preface ix.

21) Ibid., p. 315.
22) Blackwood, op. cit., pp. 191-97.
23) Dwight E. Stevenson, In the Biblical Preacher's Workshop(Nashville : Abingdon Press, 1967), pp. 91-106.
24) Helmut Thielicke, The Trouble with the Church : A Call for Renewal, trans. John W. Doberstein (New York : Harper & Row Publishers, 1965), p. 49.
25) W. A. Poovey, "Preaching and Drama", Lutheran Quarterly, XX(November 1968), p. 375.
26) Anthony Schillacy, O. P., "A Multi-Media Program-On Preaching Today", Preaching, Ⅲ, No. 5(November-December 1968), p. 32.
27) Ibid., pp. 32-36.
28) Bettinghaus, op. cit., p. 180.
29) Ibid., p. 171.
30) Wayne Dehoney, "Lord, Make Us More Thinkful", Pulpit Digest, XLVI, No. 326(November 1965), pp. 33-34, 36-38.
31) Davis, op. cit., pp. 8-9.

2부

성경의 진리

- 제6장 · **말씀을 선포하는 설교**　- 제7장 · **결실을 위한 준비**
- 제8장 · **주제와 명제, 그리고 제목**　- 제9장 · **서론과 결론**　- 제10장 · **내용의 전개**
- 제11장 · **예화**　- 제12장 · **설교의 전달**

6장
말씀을 선포하는 설교

"설교에 따라 기독교의 성패는 결정된다."[1] 아마 그러할 것이다. 이 명제는 훌륭한 표현이다. 그러나 성경에 얼마나 충실하냐에 따라 설교의 성패가 좌우된다고 하는 것이 훨씬 더 안전한 표현이라고 할 수 있다. 사실 비성경적 설교라는 말은 이미 설교라는 개념과 모순된다. 설교한다는 것은 성경의 말씀을 전한다는 뜻이기 때문이다. 비성경적이라고 주장되는 설교는 이미 설교의 범주를 벗어난 신앙적 수필이나 강연이라고 생각되는 것이 마땅하다. 설교한다는 것은 권위를 가지고 말하는 것이고, 따라서 성경적으로 말하는 것이다. 그러므로 설교자는 "하나님의 사자"(使者)[2] 또는 "말씀의 종"[3]이라고 불리는 것이 마땅하다.

교회를 하나의 독특한 기관으로 만들어 주는 것이 바로 하나님의 말씀의 선포이다. 하나님으로부터 오는 말씀이 없다면 무슨 권리로 사람이 그렇게 자신 있게 외칠 수 있겠는가? "설교자는 자신을 나타내거나 자기 주장을 교인들에게 펴기 위해서 강단에 서는 것이 아니라 가능한 한 인간적인 설명은 적게 붙이고 성경에 담겨 있는 하나님의 진리를 드러내고 표현하기 위해서 강단에 서는 것이다."4)

반세기 전 칼 바르트는 이렇게 탄식했다.

> 교육을 받은 사람이나 무지한 사람을 막론하고 사람들이 단순히 우리에게 실망하고 있다고, 정말로 실망하고 있다고 할 때 그것이 적어도 부분적으로는 옳은 말이라고 하지 않을 수 있을까? 사람들은 너무나 자주 - 아마 수세기 동안 - 외면당해 오지 않았는가? 교회는 그들의 필요에 응해야 한다는 그 훌륭한 뜻을 가지고 있으면서도 너무나 자주 부차적 논설에 만족하지 않았는가?5)

한 주간 내내 교인들은 사람의 말을 들으며 산다. 그들은 전쟁과 인종 분규, 정치적 음모와 경제적 불안, 그리고 다른 국내적, 국제적 병증에 대한 소식에 묻혀 살고 있다. 그렇다면 그들이 주일에 교회에 올 때에는 보다 더 특별한 말씀, 하나님으로부터 들려오는 말씀을 들으려고 하는 것이 마땅하지 않겠는가? 그들이 한 주간 내내 듣던 이야기를 설교자가 단순히 되풀이하고 있다면, 그 설교자는 어리석음과 부차적 논설에 빠져 말장난을 하고 있는 것이 아닌가? 귀를 기울여 들을 것을 요구하는 설교의 독특한 주장은 그것이 하나님으로부터 오는 말씀, 곧 하나님의 말씀에 계시되어 있는 말씀이기 때문에 가능하다. 참으로 그것은 희망에 찬 말씀이다.

사람은 권위를 추구한다. 그리고 신앙과 행위에 대한 권위는 궁극적, 최종적으로 성경에 속한다. 어떤 사람들은 이 말을 못마땅하다고 생각하고 신앙과 생활 문제에 관해서만 교회가 권위를 가진다고 한다. 불행히도 교회는 그런 문제에 관해서 자주 과오를 범해 왔다. "과오에 빠졌을 때 혼자서 스스로를 바로잡지 못한다면 외부의 더 높은 어떤 것이 주는 규범에 따라 교회는 바른 길을 찾지 않으면 안 된다."6) 그런데 어떤 사람들은 아직도 그 권위를 찾으려고 양심이나 이성에 호소하고 있다. 그러나 이와 같은 권위는 어느 것이 무흠한 판단인 것처럼 보이느냐에 관계없이 언제나 문제 삼을 수 있고 의심받을 수 있는 것들이다. 양심이나 이성을 권위로 삼는 곳에서는 "각 개인이 자신의 권위가 되며, 기독교의 신앙도 각 개인이 그러리라고 생각하는 그것이 곧 신앙이 되고 만다."[7)]

성경적 설교의 권위는 성령님의 내적 역사에 기초된다. 성경을 권위의 근거로 받아들이는 것이 신앙의 행위이다.[8)] 성경은 여러 가지 기반 위에서 권위를 갖는다. 그중 하나가 영감에 대한 성경의 내적 증거이다 (딤후 3:16, 벧전 1:21). 영감은 완결되었다. 공식적 경전은 이미 결정되었다. 성령님께서 사람들에게 영감을 부어 성경을 기록하게 하던 일은 끝났다. 그리고 이것을 통하여 성령님은 교회와 세상을 권위 있고 올바른 길로 인도하여 피조물인 인간을 위한 하나님의 뜻에 맞게 하신다.

조명(illumination)은 영감과는 대조적으로 성령님의 계속적 행위이며, 이를 통하여 영감으로 기록된 성경에서 발견되는 진리를 밝혀 나간다. 예수님께서는 성령님이 "너희에게 모든 것을 가르치시고 내가 너희에게 말한 모든 것을 생각나게 하시리라."(요 14:26)고 하셨다. "진리의 성령이 오시면 그가 너희를 모든 진리 가운데로 인도하시리니 그가 자의로 말하지 않고 오직 듣는 것을 말하시며 장래 일을 너희에게 알리시리라. 그가 내 영광을 나타내리니 내 것을 가지고 너희에게 알리겠음이니라"(요 16:13-14).

이 문맥에서 발견되는 또 하나의 기본적 개념은 해석이라는 개념이다. 본문 말씀이 영감으로 기록되었고 성령님께서 그 본문을 조명해 주신다고 생각하면 설교자가 자기 교인들을 위하여 그 말씀을 어떻게 해석하느냐의 문제가 남는다. 여기서 이 작업은 그 주관성 때문에 위험을 포함한다. 설교자는 끊임없이 본문을 왜곡한다거나 선입에 의한 편견과 신학적 근시안에 사로잡혀 있다는 의심을 받을 만한 판단을 내리는 것이다. 설교자가 자기의 해석을 성령님의 영감이나 조명과 혼동한다면 이것이 바로 좋지 못한 징조이다. 설교자의 목표는 영감과 조명과 해석이라는 세 가지 요소의 상관관계를 통하여 가능한 최대의 결실을 얻도록 일하는 것이다. 그러나 어떤 해석자도 오류가 없을 수 없고 성경의 권위는 어떤 의미에서라도 해석자의 특권 때문에 손상될 수는 없다는 점에 주의를 기울여야만 한다.

성경적 설교의 정의

면밀히 조사를 해 보면 전혀 그렇지 않으면서 성경적 설교로 간주되는 것들이 많이 있다. 그런 설교들은 성경적 설교이기보다 자기 주장을 펴기에 편리한 본문들만 잘못된 방법으로 나열하는 주제 설교의 형태를 취한다. 교인들은 무감각하여 소위 설교라는 것이 성경 구절과 인용 문구만 많이 들어 있으면 무비판적으로 그것을 설교로 받아들이고 만다. 설교에서 다른 성경 구절들을 참고하고 있기만 하면 그 설교는 틀림없이 성경적이라고 생각하는 사람들도 있다. 존 낙스가 언급한 바와 같이 "성경 본문을 기초로 비성경적 설교를 할 수도 있고, 본문에 매달리지 않고도 매우 성경적인 설교를 할 수도 있다."[9] 때때로 어떤 설교자들은 의도적은 아니지만 한 가지 매력적인 견해를 가지고 있다. 즉, 설교가 하나의 설교가 되려고 하면 그것은 성경 본문을 정확하게 인용하는 데 중점을 두어야 한다고 믿는 설교자들이다. 이러한 태도를 받아들이는 것이 비록 잘못은 아니라 하더라도 – 즉, 비성경적 설교를 하지 않겠다는 뜻이 옳다고는 하더라도 – 이 원리를 무조건 적용하는 것은 잘못되었다. 설교는 전혀 어떤 본문 없이도 성경적일 수 있다. 그리고 많은 성경 본문을 전달하는 설교도 매우 비성경적일 수 있다. 이것은 은근히 규칙적으로 성경 본문을 인용하는 설교를 장려하지는 않는다는 말이다. 물론 대부분의 성경적 설교는 그것이 성경에서 택하여 읽은 본문에 의존하고 있음을 직접적이고 명백하게 선포하고 있다. 그러나 우리는 설교가 실제로 성경적이 되게 하려고 성경 구절을 인용하거나 참고 구절로 성경을 들어야 한다는 단편적인 태도를 경계할 필요가 있다. 이러한 태도는 너무 단순한 태도이고, 또 교회와 설교자가 자신과 그리스도를 위한 일에 바르지 못한 결과를 가져다준다.

정직하게 성경과 관련될 수 없는 설교는 전혀 기독교의 설교라고 주장할 수 없다. 존 브라이트(John Bright)는 성경적 설교에 대하여 유용한 정의를 내리고 있다. 즉, 성경적 설교는 "어떤 성경 본문이나 성경에 나오는 교훈의 어느 부분에 대한 해석과, 그것을 기독교 신앙과 생활을 위한 규범으로 선포하는"[10] 것이다. 존 낙스는 다음과 같이 덧붙여 설명한다. 성경적 설교는 (1) 특징적이고 본질적인 성경적 관념에 근접해 있어야 한다. (2) 그것은 중심이 되는 성경적 사건, 곧 그리스도의 사건과 핵심적 관련을 가지고 있어야 한다. (3) 그것은 본질적 교회생활에 해답을 주고 영양을 제공하여야 한다. (4) 그 설교에서는 그리스도의 사건이 실제적 의미에서 재현되어야 한다.[11]

기독교의 설교는 몇 가지 확실한 특징을 지녀야 한다.

(1) 그것은 유신론적(theistic)이어야 한다. 즉, 하나님에 대한 증언이어야 한다. 하나님은 설교의 배경 어딘가에 숨겨져 있는 것이 아니라 설교의 중심에 분명하게 나타나야 한다. 그런 설교는 피조물을 부르시는 창조주의 부르심에 대한 증거가 될 것이다.

(2) 그 설교는 그리스도 중심적이어야 한다. "기독교의 메시지는 이상적인 것들을 수집해 놓은 것이 아니며 계시된 진리들을 모아놓은 것조차도 아니다. 기독교 메시지는 그리스도요, 바로 그분의 인

격이다. …… 우리는 그분을 따르고 섬기기 위하여 기름 부음을 받았다. 그리고 이것은 부차적인 교회를 따르는 것보다 선행한다."[12] 교인들이 설교자에게 물을 수 있는 합당한 질문 한 가지는 "그 설교 가운데 그리스도가 어디에 있느냐?"는 질문일 것이다.

(3) 그 설교는 신구약 성경에 공히 의존해 있어야 한다. 신약이나 구약 중에서 고르는 것은 잘못된 선택이다. 복음의 사역자는 신구약 성경을 모두 알고 있어야 하고, 그 신구약 성경으로부터 설교하여야 한다. 구약 성경은 예수님께서 기준으로 삼으시던 성경이었고, 바로 이해만 한다면 오늘의 교회를 위해서도 똑같은 기준이 될 것이다.[13] 독자는 존 브라이트의 「구약 성경의 권위」(The Authority of the Old Testament)라는 책에 나오는 그의 생각을 신중히 고려해 보아야 한다고 생각한다. 거기에서 그는 규범이 되는 경전으로서 구약 성경을 이해하는 것이 적절하다고 밝혔다.

(4) 목사의 설교는 단지 전체 복음의 한 부분에 불과할 것이다. 설교마다 전체 복음을 포괄해야 한다는 주장은 대체로 부당한 이해라고 할 수 있다. 그러나 모든 부분적인 설교는 그 너머에 있는 복음 전체를 지향해야 한다.[14] 복음적인 설교자는 요한복음 3:16의 진리에만 주목하고 있어서는 안 되며, 사회 참여를 주장하는 설교자는 그의 메시지가 그쪽 방향으로만 치우치지 않도록 요한복음 3:16의 진리와 균형을 유지할 필요가 있다. 하나님의 완전하신 계획이 설교를 통하여 전체적으로 드러나야 하기 때문이다.

(5) 그 설교는 흥미로워야 한다. 지루하게 하는 것은 설교단에서 범하는 최악의 죄이다. 설교자가 자기 교인들을 사로잡는 데 실패할 때 그는 사람들이 자기 설교를 믿으려 하지 않거나 들으려 하지 않는다고 불평할 권리가 없다. 사람들이 무미건조한 설교로 싫증이나 느끼려고 교회에 올 리는 없다. 복음은 흥미로운 것이

다. 단지 교사와 설교자가 지루하게 할 뿐이다. 설교자는 성경이 지니는 본질적 흥미를 찾아낼 필요가 있다.

(6) 설교는 변호될 수 있어야 한다. 아무에게도 설교단에 서서 스테인드글라스로 장식된 교회 건물 밖에서는 도저히 배울 수 없는 그러한 메시지만을 골라 선포해야 한다는 권리가 주어져 있지 않다. 그러므로 설교자는 이 설교의 자료가 진지한 연구를 통해서 볼 때 잘못된 증거인지 스스로에게 물어보지 않으면 안 된다. 때때로 사람은 누구나 실수를 할 수밖에 없다. 그러나 설교라는 이 일은 철저한 준비를 요구한다.[15]

(7) 설교는 하나님의 현존하심을 전달해야 한다. 신실한 설교는 사람들을 거룩하신 하나님의 현존에로 인도해 줄 것이다. 성전에서 겪은 이사야의 체험은 역사적 호기심으로만 보기에는 너무나 독특한 사건이다. 제임스 스튜어트(James S. Stewart)는 설교자에게 "그들은 오늘 하나님을 만났는가? 아니면 만나지 못했는가?"[16]라고 묻는다. 이 질문에 긍정적인 대답을 하기 위해서 설교자는 그 설교의 그늘 밑으로 사라지고 그리스도의 인격이 그 설교를 지배하시게 하며, 하나님의 현존하심을 중개하지 않으면 안 된다.

성경적 설교 진전 과정

성경적 설교를 진전시키는 데는 보통 두 가지 길 중에 하나를 택한다. 첫째 방법은 성경 본문으로 시작하여 그 안에 포함되어 있는 주제를 발전시키는 방법이요, 둘째 방법은 주제(목사의 관심과 필요와 주어진 의무감 등)에서 출발하여 정당한 성경적 뒷받침을 얻기 위하여 성경에로 돌아가는 방법이다. "본문이 설교자를 발견할 수도 있고, 탐구하는 설교자가 본문을 발견할 수도 있다."17) 하여간 이제 작업은 시작된다. 그러면 어떻게 성경적 설교를 발전시켜 나가야 하는가? 제임스 클리랜드(James T. Cleland)는 설교자가 삼 단계의 개인적인 성찰의 단계를 거쳐야 한다고 제안한다. 첫 단계는 하나님의 말씀에 관한 연구와 주석이다. 이것은 **당시**(the then)를 다룬다. 둘째 단계는 그 메시지의 핵심에 담겨 있는 복된 소식을 해설하고 설명하는 것이다. 이것은 **어느 때나**(the alway) 적용되는 것을 다룬다. 셋째 단계는 오늘의 상황에다 영원한 복된 소식을 적용시키는 것이다. 이것은 **현재**(the now)를 다룬다.18)

존 브라이트(John Bright)의 방법도 비슷하다. 그도 역시 주석에서 시작한다. 둘째 단계는 **신학적 주석**(theological exegesis)이다. 즉, 단순히 본문이 지니는 정확한 언어적 의미를 밝히는 데 만족하지 않고 계속하여 본문이 전해 주는 신학을 밝혀내는 주석을 말한다. "…… 모든 성경 본문은 대체로, 어떤 때는 간접적으로라도 신학적인 관점에 의해 생명력을 얻는다."19) 셋째 단계는 주석한 것을 오늘의 언어로 옮겨 놓는 작업이다. "그러므로 한 편의 설교는 곧 신학적인 면과 심리학적 작업이 함께 있어야 한다"(어떤 사람들은 이것을 본문과 회중을 함께 연구하는 주석이라고 불러 왔다).20)

I. 석의

성경을 해석하려는 사람은 그 본문을 기록한 저자가 그것을 통하여 무엇을 의미하려고 하였는지를 밝히려는 노력으로부터 시작한다. 학자들은 일반적으로 그 본문이 의도하는 바를 밝혀내는 가장 좋은 길이 문법적·역사적 방법을 통하는 것이라는 데 동의하고 있다. 이렇게 할 때 본문은 원래 그 말씀이 주어졌던 역사적 삶의 상황에 비추어지게 되며 그 단어들이 가장 보편적으로 의미하던 것들을 찾게 된다. 그때에 문법은 이러한 역사적 배경을 벗어나 해석될 수 있다. 거기에서 본문이 그것을 기록한 사람에게는 무엇을 의미하였으며, 당시의 독자들에게는 무엇을 의미하였던가라는 질문을 할 수 있다.

해석자는 자기의 언어적·비판적 도구들을 동원하고 자기가 할 수 있는 최선을 다하여 이사야나 예레미야나 시편 기자, 마가나 베드로나 요한이나 바울이 실제로 전하려고 하였던 그것을 찾아내야 한다. 어느 정도 사실에 관한 자료들을 모은다면 다음의 질문들이 설교자의 이러한 주석 작업을 도와 줄 것이다. 누가 이 본문의 말을 하였는가? 누가 그것을 받았는가? 그것을 받은 사람들은 어떤 유의 사람들인가? 당시의 사회적·경제적·정치적 상황은 어떠하였는가? 그것은 언제 기록되었는가? 그 장소에는 어떤 의미가 있었는가? 어떤 환경이 그러한 메시지를 낳게 하였는가? 무엇이 그것을 기록한 계기가 되었는가? 말한 사람이나 기록한 사람은 어떤 목적을 마음속에 품고 있었는가?

비록 이러한 것들이 일반적인 질문이라고는 하더라도 의미 있는 배경들을 알려 줄 것이며, 거기에 의거해서 주어진 본문에 관한 특수한 질문의 해답을 얻을 수도 있을 것이다. 권위 있는 설교는 그것을 확고히 지지해 줄 수 있는 본문에 의존하고 있다. 여기에서 또 하나 중요한 것은 우리가 자신의 생각들을 본문에 대입하여 읽을 때나 저자가 전혀 의도하지 않았던 의미들을 찾게 되는 경우가 있는데 이것을 가리켜 영상(eisegesis)이라고 한다. 성경의 연구란 본래 설교의 목적을 달성하는 데 기여하기 위해서 존재한다.

> 그들은 설교를 만들어낼 수 있는 주석적 원자료를 제공하며, 아마 좀 더 나은 은유적 표현을 빌린다면-설교자가 살과 근육으로 옷 입힐 수 있는(설교의 개요를 의미하지 않는다.) 주석적 골격(이미 만들어진 것을 의미하지 않는다.)을 제공하기 위하여 존재한다. 그때에 하나님께서 그것이 합당하다고 여겨지신다면 그의 성령으로 채워 주실 것이다.[21]

제임스 클리랜드는 앞에서 언급한 영상을 통하여 설교자들이 범하기 쉬운 오류를 다음 세 가지로 지적하고 있다.[22]

(1) 비지성적이고 우둔하고 **무지한** 설교자. 예를 들면 어떤 설교자가 골로새서 2:21(붙잡지도 말고 맛보지도 말고 만지지도 말라.)을 택하여 전혀 금주와 관계없는 본문이지만 금주 설교를 하는 것이다. (2) 되는 대로 살고 부주의하며 **게으른**(slovenly) 설교자. 그들은 더 나은 의미가 본문 속에 있을 줄을 알면서도 깊은 연구를 하지 않는 사람들이다. 분주한 생활과 어리석은 생활 계획 때문에 귀중한 연구 시간을 빼앗겨 버리는 사람들의 경우에 흔히 발생하는 사례이다. 나 역시 언젠가 히브리서 12:1을 가지고 설교한 일이 있다. 나는 거기 나오는 '증인들'을 기독교인을 둘러싸고 있는 불신 세계라고 설명했다. 그러나 히브리서 기자는 분명히 나타내고 있는 것을 뒤늦게 발견한 적이 있다. (3) **부정직한** (dishonest) 설교자. 그들은 설교하기에 더 좋다고 해서 진리보다 거짓말을 택한다. 클리랜드에 따르면, 듀크 신학교에 욥기 13:15을 본문으로 하여 설교한 학생이 한 사람 있었다. 그 본문은 "그가 나를 죽이실지라도 나는 그를 의지하리라."였다. 그 학생은 모팻(Moffatt)역 성경과 표준 개역 성경(RSV)을 읽었고, 성경 주석(The Interpreter's Bible)을 참고하였으며, 구약학 시간에 그 문제를 다루었음에도 불구하고 자신의 생각대로 설교를 하겠다고 흠정역(KJV)을 택하여 자기 말에 가깝도록 그 뜻을 오용했다.

바렛(Barrett)은 자기 아버지와 지난날의 어떤 유명한 감리교 설교자 한 사람과의 대화에 관해서 이렇게 전해 주고 있다. "나의 아버지께서 말씀하시기를 '나는 본문을 택했을 때 언제나 그 원래의 상황과 의미를 분명히 하기 위하여 문맥부터 연구하기 시작한다.' 고 하시자 아버지의 친구는 '나는 그것이 설교를 망친다는 두려움 때문에 문맥을 결코 보지 않는다.' 고 하셨다. 이것은 부정직한 것이다. 그것은 하나님의 말씀을 속임수를 써서 조작하는 것이다."23)

　주석에서의 목표는 가능한 객관성을 확보하는 것이다. 물론 어느 학자도 모든 본문에 대하여 완전히 객관적이 되는 데 성공하지는 못했다. 그러나 주석에서의 객관성은 생활이 거룩해야 하는 것과 마찬가지로 설교자가 매달리지 않으면 안 되는 이상이다. 설교자는 자기의 개인적 전제들을 언제라도 본문에 의해 바로잡아야 한다. 자기 자신의 설교적 책략을 위하여 성경을 이용해서는 안 된다.

2. 주해

　주해(exposition)는 본문에 담겨 있는 모든 시대를 위한 뜻을 찾아내는 작업이다. 하나님과 사람들 가운데서 이루시는 그의 일에 관하여 항상 참되다고 할 수 있는 것은 무엇인가? 존 브라이트는 성경적 설교에 대한 반박할 수 없는 이론을 수립하였다. 이것은 문화적으로 제약을 받고 있는 듯이 보이는 성경적 계율이나 실천 기준들에서 때때로 오는 딜레마에서 벗어날 수 있는 약속을 주해자에게 해 주고 있다. 특히 구약 성경은 수많은 사건과 실전과 계율들을 포함하고 있는데 그것들은 한 시대에 그 특성이 국한되는 듯하다. 그러나 브라이트는 이러한 시대 제약을 받느냐, 시대를 초월하느냐 하는 논의에 열중하기보다는 오히려 그 본문은 어떤 신학적 관심을 보여 주며, 현대를 위하여 항속적 권위를 갖게 해 주는 것은 어떤 신학적 관심인가를 밝혀내려고 한다. 그리고 브라이트는 계속해서 본문의 각 부분이 어떤 식으로든 신학 구조의 어느 측면을 반영하거나 나타내고, 그러므로 성경의 규범적 권위를 성경의 각 부분이 모두 지니고 있는 한 모든 성경은 우리에게 유효하다는 주장을 펴면서 다음과 같이 말하고 있다.

　　성경에는 비신학적인 본문이 없다. 우리는 계속하여 어떤 본문을 더 많이 집중적으로 사용하게 될 것이다. 그러나 그것은 어떤 본문을 옳은 것으로 선택하고 다른 어느 본문을 버리는 문제가 아니라 각 본문이 가지는 신학적 관심을 파악하는 문제이다.[24]

예를 들면 브라이트는 정욕과 간음, 배신과 살인의 추잡한 이야기인 다윗과 밧세바에 관한 역사적 진술(삼하 11-12장)을 택한다. 그러나 그 이야기로부터 간혹 보이는 단순한 몇 개의 도덕률을 찾는 대신 그는 그 신학적 중요성을 찾아 제공한다. 그것은 하나님의 율법에 종속되는 사람들에게 신왕(the divine King)으로서의 하나님의 지배를 확립해 주는 모세를 통한 계약의 신학을 나타낸다. 그것은 한 형제에 대한 범죄가 그 언약의 불이행임을 보여 준다. 다윗은 하나님께서 선택하여 왕으로 임명해 준 그런 왕이다. 그에게는 계속하여 하나님의 약속이 주어져 왔고, 그의 후손을 통해서는 자기 백성을 위한 하나님의 자비하신 목적이 이루어질 것이었다. 그러므로 이 이야기가 모든 세대에게 전해 주는 메시지는 하나님과 언약을 맺고 사는 사람들에게는 그리스도를 통하여 영원한 약속이 주어진다는 것이다. 이 이야기는 나단을 통하여 우리를 정죄해 주고 우리로 하여금 형제에 대한 죄를 그리스도께 대한 죄로 고백하게끔 해 준다. 그리고 내가 할 수 있는 어떤 일도 내가 범해 온 과오를 지우지 못하며 나로 하여금 회개하게끔 하되, 나 자신의 의나 합리화나 공덕을 추구하지 못하게 한다.[25]

이렇게 보면 신학적 석의는 과거의 성경적 사건과 오늘 현대인에게 그것을 적용하는 하나의 다리가 된다. 하인리히 오트(Heinrich Ott)는 이것을 신학과 설교 사이의 상호관계를 설명해 주는 해석학적 아치(hermeneutical arch)라고 한다. 그의 말대로 "만일 설교되지 않는다면 신학이라고 볼 수 없다."[26]

그는 신학을 "설교 그 자체에 대한 반사적 기능"[27]이라고 정의한다.

구약 성경을 대할 때 이러한 신학적 관심은 그 다음 단계를 요구한다. 설교자는 한 사람의 기독교인이요, 구약 성경을 구약의 성취이신 그리스도의 손으로부터 받았기 때문에, 그는 구약의 본문을 말하자면 그 타당성의 확인을 위해 신약에 비추어 보지 않을 수 없다. 점진적 계시의 실체를 인정한다면 그것은 설교자가 신약에서 구약의 성취를 찾아내는 데 도움이 될 것이다. 기독교의 설교는 단순한 유신론 이상이어야 한다. 그것은 그리스도 중심적이 아니면 안 된다. 동시에 꾸준한 주석적 노력을 통하여 신약이든 구약이든 모든 본문이 그 문법적·역사적 정확성을 얻도록 해야만 한다.

브라이트의 통찰력은 우리로 하여금 이스라엘 역사의 규범적 본성이나 역사적으로 조건지어진 형식과 계율, 관습과 제도, 그리고 고대의 사고 양식에 말려들지 않도록 해 준다. 그것은 우리가 구약 신학에 정확히 드러나 있는 규약의 규범적 본성을 발견하는 데 도움을 준다. 신학적으로 말해서 참된 설교는 그리스도이신 예수님 안에서 이루신 하나님의 구속적 사역에 관한 이야기요, 구원에 관하여 복종과 신앙을 요구하시는 하나님의 인격적 태도와 거룩한 행위에 관한 이야기이다.

과거의 사건과 현재의 생활 사이에서 다리 역할을 해 주는 신학적 해설은 "설교의 핵심적 관심은 …… 그리스도 안에서 이루신 하나님의 구속 행위에 관한 이야기를 재연함으로써 이것이 설교 행위에서 살아 있는 실재가 되게 하는 것"[28]이라고 하는 도날드 밀러(Donald Miller)의 주장을 뒷받침해 주고 있다.

브라이트가 강조하는 것은 매우 유익하다. 그러나 구약을 설교에 이용하는 데 있어서 과장된 면을 담고 있기도 하다. 그는 도덕적 설교를 경고한다. 그러나 그가 예로 든 몇 가지는 바로 자신이 비난하고 있는 그런 도덕적 설교라는 비판을 면할 수 없다. 그리고 구약 성경은 사람들 사이에서 이루신 하나님의 역사와 하나님께서 사람들에게 기대하시는 것에 대한 적극적 예증과 소극적 예증을 모두 제공하지 않는다고 누가 말할 수 있겠는가? 근본적인 경험이 우리의 경험과 비슷하였던 과거의 남자들과 여자들의 생활을 통하여 인간의 필요와 딜레마와 하나님의 예비하심을 예증하기 위하여 구약 성경을 사용하는 것은 합리적인 일이다. 그러나 우리는 성경을 오직 인간 상황에 빛을 던져 주는 한 권의 예화집으로만 사용하는 데 대해서는 끊임없는 경고를 받을 필요가 있다. 성경을 그런 식으로 사용할 때는 천박하고 도덕적인 설교에 쉽게 빠지고 말 것이다.

3. 적용

성경적 설교에로 돌아가야 한다는 호소가 어떤 곳에서는 강단을 강화해 주었다. 그러나 어떤 곳에서는 그러한 호소에 주의를 기울이지 않고 지나쳐 버렸거나, 아니면 더 나쁘게는 "결과적으로 설교단에서 지루한 주석을 일삼고 있거나 그 먼 옛날 먼 곳에서 일어났던 일들에 관한 오늘에는 적합하지도 않은 설교를 하고 있게 되었다."[29] 본문을 비춰 보는 데 너무 많은 시간을 보내 버리고 오늘의 삶에 대해서는 조금의 빛도 비추어 주지 못하는 설교자에게 사람들은 지쳐 있다. 바로 이해된다고 하면 성경적 설교는 결코 고대 역사에 대한 강의일 수 없고, 거라사인(the Gerasenes)이나 히위 족속이나 여부스 족속에게 도움이 되었던 일들에 대한 상세한 설명일 수도 없다. 올바른 성경적 설교는 당면한 문제와 관련되어야 하고 그것도 생생하게 관련되어야 한다. 그리고 그것은 "항상 현재 시제"[30]여야 한다. "주님께서 이렇게 말씀하셨다가 아니라 주님께서 이렇게 말씀하신다."여야 한다.

제임스 클리랜드는 설교를 하나의 타원으로 다음과 같이 설명하고 있다.

그것은 단일한 초점을 가지는 것이 아니라 두 개의 초점을 가진다. 그것은 성경 중심만 되는 경우도 인간 중심만 되는 경우도 아니다. 그것은 역사적 신앙과 설교단 앞에 앉을 사람들을 공히 의식적으로, 그리고 조심스럽게 인지함을 의미한다. 건전한 설교에는 언제나 관심의 중심이 두 군데 있다. 역사적 신앙과 현재가 바로 그것이다. 어느 쪽이 더 중요한가? 대답은 이렇다. 하나의 타원을 그리는 데 어느 쪽 초점이 더 중요한가? 두 초점 모두가 필수불가결하다. 둘이 합해져서 하나님의 말씀을 이루는 것이다.[31]

무엇이 과거와 현재를 연결해 주는가? 폴 틸리히(Paul Tillich)는 이렇게 주장했다.

> 우리는 인간 자신의 곤경을 이해할 수 있도록 복음을 인간의 메시지로 전하지 않으면 안 된다. 우리가 반드시 해야 하고 성공적으로 할 수 있는 것은 불안과 갈등과 범죄의 구조를 보여 준다. 우리가 무엇인지를 비추어 주기 때문에 우리에게 효력을 미치는 이러한 구조는 우리 안에 있으며, 우리가 옳다면 다른 사람들 안에서도 역시 옳다.[32]

성경 시대나 다른 어느 시대를 막론하고 모든 시대의 모든 사람들은 틸리히가 묘사하고 있는 생의 딜레마를 알고 있다. 그러므로 우리는 성경과는 물론 인간 상호간에도 생생한 연관을 가진다. 우리는 고대 세계의 사람들과 매우 많은 유사점을 가지고 있다. 우리가 다른 것은 몇 가지 피상적 사상이나 합리적 신념들, 그리고 정신적 기분 문제일 뿐이다. 모든 근본적인 마음의 실재에서 보면 우리는 꼭 같다. 우리는 모든 시대의 사람들이 하나님 앞에 서 있었던 것과 같이 그분 앞에 서 있다. 우리는 모두 다윗이 느꼈던 죄책, 도마의 의심과 베드로의 부인, 데마의 버리고 도망가는 경험을 해 왔으면, 아마 배신자 유다의 입맞춤까지도 경험해 왔을 것이다. 우리는 수세기의 간격이 있어도 인간 영혼의 실재와 모호함을 통해 서로 연결되어 있다. 설교가 과거를 현재에 연결시키기까지, 동일화하는 것이 아니라 연결시켜 주기까지 그 설교는 불완전한 설교이다. 그것은 성경 공부이지 설교는 아니다.

　설교자는 과거의 사건들과 성령님 안에서 언제나 새로워지는 삶 사이의 역동적 긴장에 사로잡혀 있다. 그러한 긴장은 도전이요, 또 모험이다. 왜냐하면 우리 시대에 하나님의 말씀을 바로 전하려고 모험을 하는 사람은 이단의 위험한 고비를 거치기 쉽기 때문이다. 오늘의 사람들에게 말씀을 전하고 현재 언어로 메시지를 옮기려고 할 때 언제나 복음을 왜곡하고 이단에 빠질 위험이 따른다. 그러나 우리는 모험을 걸지 않을 수 없다. 왜냐하면 설교는 현재 시제여야 하기 때문이다. 제임스 클리랜드는 성경적 설교를 발전시키는 과정을 다음과 같이 요약해 준다.

> 우리가 복음을 다이아몬드라고 생각한다면 우리 앞에 삼중의 과제가 놓인다. 먼저, 우리는 그것이 발견된 바위와 그것을 분리해서 채취하여야 한다. 그것이 탐구이다. 둘째, 우리는 그 다이아몬드를 갈고 깎아 가공하여 그 모든 광택을 발산할 수 있게 해야 한다. 이것이 해석이다. 셋째, 우리는 이 시대의 모든 사람들이 볼 수 있도록, 하나의 반지에 맞추듯 오늘의 현장에 맞추어 넣어야 한다. 이것이 적용이다.[33]

성경적 설교의 형태

　　　설교의 분류에는 특별한 원칙이 없다. 명설교집을 조사한 결과를 보면 정확한 분류가 얼마나 어려운지를 보여 준다. 그렇다고 하더라도 굳이 분류를 해야 한다면 형태에 따라 분류하는 것이 도움이 될 수 있다. 일반적으로 그것은 **주제 설교**, **본문 설교**, **강해 설교**로 나누어진다. 이 개념들에 관해서 비록 일반적으로 동의된 면들이 있다고는 하더라도 이것을 꼭 같이 정의하고 있는 것은 아니다. 도날드 밀러, 클리벌리 포드(D. W. Cleverly Ford)와 존 낙스는 강해 설교를 성경적인 **어떤** 설교와도 동일시하고 있다. 즉, 당신이 성경적 설교자라고 하면 당신은 강해 설교자이다. "모든 참된 설교는 강해 설교이다. 그리고 강해가 아닌 설교는 설교가 아니다."[34] 그러나 우리가 탐구하는 목적을 위해서는 모든 설교가 성경적이어야 하는 것은 사실이지만, 모든 설교가 강해로 간주되어서는 안 된다. 주제 설교를 하나의 주제에 대해 공들여 만든 작품이라 정의하고, 본문 설교를 짤막한 본문에 대해 공들인 설교라고 해 보자. 그리고 강해 설교를 긴 본문에 대해 공들여 준비한 설교라고 정의해 보자. 물론 이외에도 혼합형 설교도 있을 수 있다. 그것을 주제-본문 설교라고 해두자.

주제 설교를 비난해 온 그 숱한 비판에도 불구하고 본문 설교나 강해 설교가 반드시 주제 설교보다 더 성경적이라는 주장은 옳은 것이 아니다.

I. 주제 설교

주제 설교(topical sermons)는 하나의 주제, 즉 성경의 어느 특정한 본문과는 분석적 관계가 없는 아이디어를 중심으로 이루어진다. 흔히 그것은 가장 쉬운 설교 형태로 통한다. 그것은 배경 지식이나 성경 연구를 다른 것에 비해 적게 요구하기 때문이다. 이 방식은 설교자에게 더 큰 자유를 부여하며 본문의 제약을 적게 받게 해 준다. 그리고 다른 어떤 형태의 설교보다도 통일성을 유지하기에 좋다. 주제 설교는 그것이 지니는 현대적 취향과 부수적 관련 때문에 청중에게 아주 인기 있는 설교 형태가 되었고, 설교자 편에서 보면 준비하기가 상대적으로 용이하기 때문에 인기를 얻게 되었다.

이런 형태의 설교에도 문제는 있다. 즉, 설교자가 주제 설교나 비성경적 설교를 지향하는 경향을 보이는 것이 문제이다. 비성경적 설교는 본문을 보호하려고 하지 않기 때문에 행해지는 설교이다. 제임스 스튜어트는 비성경적 주제 설교에 대하여 이렇게 이야기하고 있다.

> 싱싱한 말씀의 초장을 바라고 있는 하나님의 굶주린 양떼가 최근의 시사적 주제에 관한 논문으로 먹여진다는 사실은 통탄할 만한 일이다. 주일에 교회에 오는 남녀 신자들이 – 하나님만이 그들의 가슴속에 어떤 근심과 슬픔이, 어떤 희망과 그늘진 기억들이, 어떤 영웅적 포부와 무거운 수치감이 쌓여 있는지를 아시리라 – 시대의 위기에 관한 좀 더 절망적인 진단 이외에 그들의 실제 삶을 위하여 더 바람직한 것은 아무것도 얻지 못한다면 그것은 비참한 일이다.[35]

그러나 모든 주제 설교를 비성경적인 것으로 간주하는 것은 옳지 못하다. 주제 설교의 체제는 아주 유용한 성경적 설교에 적합하다. 해리 에머슨 포스딕(Harry Emerson Fosdick)의 "기도하는 법을 배우자."라는 설교는 제목에 따른 대지별로 발전되고 있다. (1) 수용적 태도로 기도하라. (2) 확고한 자세로 기도하라. (3) 모험적으로 기도하라. (4) 절망하지 말고 기도하라.[36] 아무도 여기에서 그 요점을 놓칠 리가 없다. 이 요점들은 모두 기독교적이요, 성경적이다. 이 설교를 전체적으로 뒷받침해 줄 만한 특별한 성경 구절은 없지만 의미 있는 제목임에는 틀림없다.

2. 본문 설교

본문 설교(textual sermons)는 한 절이나 두 절의 성경 구절에 기초한 설교로서 주제와 대지들을 모두 본문에서 취한다. 본문 설교에서는 내용이 언제나 본문과 일치하지 않으면 안 된다. 부당한 추리는 있을 수 없고 주제는 전개되는 내용을 통일시킬 수 있어야 한다. 이런 형식의 설교가 지니는 가치 중의 하나는 그것이 성경적이므로 설교자로 하여금 교인들에게 오직 자기의 개인적 사상에서 나온 음식만을 제공하는 잘못을 막아 준다는 점이다. 본문 설교는 또한 깊이 있는 연구를 할 기회를 제공해 준다. 즉, 한 절이나 두 절의 성경 말씀에서 발견되는 하나의 성경적 개념에 대하여 집중적으로 면밀한 연구를 할 수 있게 해 준다.

본문 설교가 지니는 근본적 문제는 선택의 기회가 제한되어 있지 않다는 점이다. 즉, 설교자에게 관심이 있는 본문만 교인들의 일상 음식이 되고, 설교자에게 관심을 끌지 못하는 본문은 소홀히 취급되어 자신에게는 물론 교인들에게도 손실을 준다.

이런 형식의 설교에서는 주석이 다시 문제가 된다. 보다 긴 본문의 전체적 취향이나 목적이 무시될 때 이러한 문제가 제기된다. 근시안적인 접근은 결국 본문을 문맥에 맞게 이해하고 거기에 따라서 해석하기보다는 왜곡하여 오용하는 것이 보통이다. 성경을 자기 주장을 펴는 데 증명해 주는 식으로 사용할 때, 그 성경은 어떤 다른 것을 위한 근거(authority)로 사용되는 셈이다. 따라서 결국 성경의 순수한 권위를 상실하게 된다.

대표적인 본문 설교를 로마서 1:16을 본문으로 하여 "그리스도의 복음을 부끄러워하지 않노라."라는 제목으로 생각해 보자. 본문에서 우리는 (1) 능력, (2) 하나님의 능력, (3) 구원에로 인도하는 하나님의 능력, (4) 믿는 모든 자를 구원으로 인도하는 하나님의 능력이라는 네 가지 요점을 얻을 수 있다. 다른 하나의 예로서 리먼 애봇(Lyman Abbott)이 요한복음 1:13을 본문으로 하여 행한 "성품의 비밀"이라는 설교를 보자. (1) 성품은 혈통으로 받은 것이 아니다 – 유전. (2) 성품은 육에 속하지 않는다 – 지배. (3) 성품은 사람의 의지에 속하지 않는다 – 교육. (4) 성품은 하나님께 속한다 – 그리스도 안에 나타남.[37]

3. 강해 설교

강해 설교(expository sermons)는 두 절 이상의 긴 본문에 기초한 설교이다. 제목과 대지들은 택해진 본문에서 나온다. 설교 내용은 다른 성경 구절에서 얻어진 생각에 힘입지 않고 그 본문에서부터 전개된다. 이 설교는 하나의 단일한 목적과 주제로 통일성을 얻으며, 과거와 현재를 모두 초점으로 하되 하나로 통일되는 타원형의 도식을 제시하려 한다. 그러나 그것은 연속적인 주해나 순수한 주석 또는 한 가지 주제에 대한 잡다한 사상의 수집이어서는 안 된다. 그것은 비교적 긴 본문으로부터 발전되는 단일한 주제를 가지며, 이 단일한 주제는 본문에서 설교 자료를 선별하여 얻는 기초가 된다.

강해 설교는 설교자가 성경을 연구하는 가장 좋은 방법일 뿐 아니라 성경을 가르치는 가장 좋은 방법이기도 하다. 찰스 콜러(Charles W. Koller)는 이렇게 말했다.

> 본문 설교는 권장할 만한 점이 많다. 주제 설교도 마찬가지이다. 그러나 이런 설교는 어느 방법이든 한 가지 방법만 계속 사용되어서는 안 된다. 그러나 일 년 내내 목회를 하는 데 널리 이용될 수 있는 설교법으로서의 강해 설교는 목사와 교인들이 공히 축복을 받고 풍성해질 수 있는 가능성을 좀 더 많이 가지고 있다.[38]

강해 설교는 설교자가 개개인에게서 찾아내지 않고도 다양한 주제와 필요를 모두 다룰 수가 있다. 그것은 설교자의 고정된 취향을 변화시키기도 한다. 그것은 모든 것을 구비한 다양성을 지닌다. 특히 한 성경이나 여러 장의 성경을 연속해서 강해 설교를 할 때 그러하다. 포사이스(P. T. Forsyth)는 "당신은 사람들이 성경을 잘 해석해 주기를 얼마나 간절히 바라고 있는지 모르고 있다. 그들은 단순히 그 말씀의 의미를 성경 본래의 그 풍부한 표현에 따라 잘 설명해 주기를 바라고 있다.

그들은 당신의 어떤 특별한 창의력으로 말씀을 해석하는 데서 오는 혼동보다는 단순한 해석을 더 좋아한다. 그런데 당신은 그것을 모르고 있다."39) 어느 재담가는 말하기를 "주제 설교, 본문 설교, 강해 설교, 이 세 가지는 항상 있을 것인데 그 중의 제일은 강해 설교라."고 했다. 이것은 하나의 재담에 불과하지만 충분히 고려해 볼 가치가 있다.

내가 비록 개인적 확신을 가지고 강해 설교의 방법을 추천한다고는 하지만 제안자의 모든 제안을 무조건 따를 필요는 없다. 예를 들면 어떤 사람은 생각하기를 강해 설교를 할 때에는 반드시 "설교자가 대지(大旨)는 물론 모든 소지(小旨)까지도 주어진 본문에서 얻어내야 한다."40)고 한다. 이것은 설교 방법에 대한 불필요한 제한이다. 강해 설교에서도 다른 성경에서는 물론 성경 아닌 다른 자료에서 취해진 소지들까지도 유용하게 이용될 수 있다. 물론 주요 흐름이나 주제, 대지들은 성경 본문에서 직접 얻어져야 한다는 점을 고려해야 한다. 강해 설교는 설교의 흐름을 알려 주는 분명한 구분을 성경 본문 안에서 찾아야 한다.

이 방법은 자주 악용되어 왔다. 아마 탕자에 대한 설교를 다음과 같이 한 사람보다 더 이 방법을 악용한 사람은 없을 것이다.

I. 그의 광기
(a) 그는 깡통(tin)을 원했다.
(b) 그는 죄(sin)에 굴복했다.
(c) 그는 친족(kin)을 버렸다.

II. 그의 악함
(a) 그는 개들(dogs)에게로 갔다.
(b) 그는 돼지(hogs)와 함께 먹었다.
(c) 그는 모든 옷(togs)을 전당잡혔다.

Ⅲ. 그의 쾌락

(a) 그는 보증의 표(seal)를 받았다.

(b) 그는 송아지 고기(veal)를 먹었다.

(c) 그는 즐거운 춤(reel)을 추었다.

    같은 본문(눅 15:11-32)을 사용하여 강해 설교를 한 사람은 세 가지 요점을 이용하였다. (1) 나는 나의 길을 원한다(I want my way). (2) 내가 원한다(I want). (3) 나를 원하는 누군가가 있다(I am wanted). 폴 리즈(Paul S. Rees)는 시편 139편을 본문으로 하여 "하나님의 현존"이라는 설교를 했다. 이것도 전형적인 설교이다. (1) 하나님의 현존에 대한 추구(1-6절), (2) 하나님의 현존의 범위(7-12절), (3) 하나님의 현존의 만족(13-18절), (4) 엄격한 하나님의 현존(19-22절), (5) 하나님의 현존을 기원(23-24절).

설교에서의 본문 사용

    설교자들은 현명하게 성경을 사용하여 왔다. 그러나 때로는 오용하기도 하고 또 너무나 자주 악용하기도 하였다. 이제 우리는 본문을 합당하게 사용하는 방법과 부당하게 사용하는 방법 몇 가지를 살펴볼 것이다.

I. 주제의 근원

    때때로 사람들은 설교의 내용과는 아무 관계도 없이 단순히 설교 주제를 정하는 데 본문을 이용해 왔다. 예를 들면 어느 교단의 임원은 "지구상의 거인들"이라고 하면서 그 교단의 유산에 관해서 이야기하였다. 이것은 그 목적이 인정될 때에만 그의 타당성이 긍정될 수 있다.

그러나 그는 본문이 가르치려고 하는 것이 무엇인지 생각해 볼 시도도 하지 않았다.

2. 발사대(Launching Pad)

이러한 예에서는 본문이 출발점으로 이용된다. 주로 이런 일은 주제 설교에서 일어난다. 그 설교의 기초는 성경적이지만 그것은 장식하는 얼굴에 불과하고 설교의 내용 구성은 성경의 범위를 벗어난다. 다른 은유를 빌린다면 그것은 본문이라는 활주로 위를 달리다가 이륙하는 비행기와 같다. 설교자는 그 설교를 뜻하는 곳으로 조종해 가는 조종사와 같다. 따라서 성경적인 출발점과 그 뒤에 따르는 것 사이의 관계는 거의 없는 것 같다. 그러한 경우 본문은 이야기를 풀어나가는 실마리나 제목으로만 사용되고 전혀 그 설교의 내용을 실제로 조정하지는 못한다. 드와이트 스티븐슨(Dwight E. Stevenson)은 이르기를 "만일 젊은 목사들이 이런 식으로 설교를 해 나간다면 결국 그들로 하여금 깊은 성경 지식을 얻게 하지는 못하고 얕은 성경 지식만으로 계속 살아가게 할 것이다. …… 더욱이 그들은 말씀의 종이 되어 본문을 위해 봉사하기보다는 본문의 주인이 되어 본문을 이용하게 된다."[41]라고 하였다.

3. 차고(Garage)

설교를 귀납적 방법으로 전개하고 본문으로 마지막 결론을 맺을 때 이러한 일이 생긴다. 어느 대학에서 평신도 여성이 전한 메시지는 한 가족이 결혼식을 준비할 때 겪게 되는 과정을 묘사하고 있었다. 매우 생생한 언어를 구사하여 그 부인은 이러한 일을 치를 때 관계될 수 있는 모든 화려함과 준비와 치밀함과 색상 등을 묘사하였다. 한 가지씩 묘사해 감에 따라 그 부인은 사람들을 사로잡아 갔고 듣는 사람들의 호기심을 불러일으켰다. 그러나 결국 예배 시간의 마지막 순간까지도 그 부인은 성경적 목적을 드러내지 못하고 말았다. 단순히 요한 계시록 19:7~9 말씀을 읽음으로 메시지를 끝내 버렸다. "우리가 즐거워하고 크게 기뻐하여 그에게 영광을 돌리세. 어린 양의 혼인 기약이 이르렀고 그 아내가 예비하였으니 그에게 허락하사 빛나고 깨끗한 세마포를 입게 하셨은즉 이 세마포는 성도들의 옳은 행실이로다 하더라. 천사가 내게 말하기를 기록하라, 어린 양의 혼인 잔치에 청함을 입은 자들이 복이 있도다." 이것은 뜻밖의 결론을 맺는 독특하고 효과적인 방법 중의 하나이다. 만일 그 설교자가 적절히 성경적으로 그 설교를 이끌어 갔더라면 청중을 설교자의 움직임과 생각과 사상에 그대로 연루시킬 수 있었을 것이다. 그리고 그렇게 경솔하게 끝나 버리지는 않았을 것이다.

4. 철로(Railroad Tracks)

어떤 설교는 엄격히 주석의 범주를 벗어나지 못하고 그 안에서 맴도는 성경 강의 이상 아무것도 아니다. 이것은 희랍어와 히브리어, 그리고 문화적 환경을 설명하고, 많은 비판적 주석에서 광범위한 인용을 하느라고 많은 노력을 한 것은 사실이나, 오늘의 상황에 그것을 적용하려는 노력은 거의 없는 설교를 말한다. 그것은 내용 중심이고 동시에 주해와 실제성에 약하다.

5. 전차선(Trolley Wire)

수년 전 우리가 시카고에 있을 때 애디슨가에는 공중에 가설된 전선에서 동력을 얻는 버스가 한 대 있었다. 버스와 전선 사이는 전력 막대기로 연결되어 있었다. 이 막대기가 전력선과 접촉되어 있기만 하면 버스를 길로 내보내기도 하고 불러들이기도 할 수 있었다. 만일 운전수가 격렬하게 운전을 하거나 멀리 돌거나 갑자기 돌았다면 막대기는 전선에서 분리되고 말았을 것이다. 그리고 버스는 정지했을 것이다. 그 버스를 다시 움직이게 하기 위해서는 막대기를 다시 전선과 연결해 주지 않으면 안 된다. 이것은 설교에 관한 하나의 비유이다. 가장 훌륭한 성경적 설교는 능력원, 곧 본문과 분명한 관계를 맺고 있을 때에만 가능하다. 그리고 이와 같이 본문과 분명한 관계를 가질 때 비록 인간적 상황이 변화무쌍하게 달리고 있다 하더라도 올바른 말씀을 전할 수 있다. 이것이 자유의 패러독스이다. 이미 설정되어 있는 한계, 곧 본문 안에 머물고 있을 때에만 위대한 자유를 누린다.

아마 여러분은 터들(Toodle)이라는 엔진 이야기를 알고 있을 것이다. 그것은 흔히 어린이용 동화집에 들어 있는 이야기이다. 우리가 들은 대로 이 엔진은 역 구내에 머물러 있었다. 그것은 전국을 횡단하는 여행을 할 수 없었다. 어느 날 그것은 이 제한된 자리를 떠나기로 결심하였다. 꽃과 나무 사이로 마음껏 돌아다니려고 들로 나가기로 결심하였고, 결국 자기 자리를 떠났다. 그러나 바로 수렁에 빠지고 말았다. 결국 구조반이 와서 이 엔진을 건져 주지 않으면 안 되었다. 그리고 원래 자기가 살던 곳으로 되돌아왔을 때 그것은 이렇게 말했다. "참 자유는 나를 위해 만들어 준 이 경계 안에 머물러 있을 때에만 얻을 수 있다." 설교도 바로 이와 같다. 본문의 한계 안에 머물러 있는 것이 이상적이고, 동시에 이 문맥 안에서 움직일 수 있는 자유가 있다. 우리는 결국 주석하는 능력과 적응의 역동성을 모두 긍정할 필요가 있다.

설교라는 이름으로 부를 만한 가치가 있는 설교는 성경적 설교이다. 실제적인 의미에서 성경적이 아닌 설교는 없다. 사람들은 인간적 상황에 관한 철저한 진단을 또 한 번 들으려는 것이 아니라 하나님으로부터 오는 말씀을 들으려고 소리 높여 부르짖고 있는 데도 교회로부터 위임받고 하나님으로부터 부르심을 입은 설교자들은 너무나도 자주 부차적 논설에만 열중해 왔다. 지금은 삶에 관한, 풍성한 삶에 관한 말씀이 갈망되고 있고, 은혜와 그리스도이신 예수님 안에서의 하나님의 예비하심에 관한 말씀이 갈망되고 있다.

이런 의미에서 제임스 스튜어트의 말은 정곡을 찌른다.

> 당신의 목회의 정열을 강해(즉, 성경적) 설교에 쏟아 넣으라. 그러면 당신은 청중의 주의를 언제나 사로잡을 수 있을 뿐만 아니라 메시지를 언제나 신선하고 다양하게 할 수 있을 것이다. 그리고 진실로 복음 전도자의 사명을 잘 감당해 낼 수 있을 것이다. 하나님의 말씀을 감사하는 마음으로 받아들일 때, 그리고 그것을 인간의 사역에 대한 가장 귀중하고 거룩한 보상으로 받아들일 때, 당신은 하나님이 과거에 선지자들을 통하여 믿음의 조상들에게 말씀하신 것처럼 성경을 통하여 지금까지 계속 말씀해 오셨음을 알게 될 것이다.[42]

주 〉

1) Clyde Reid, The Empty Pulpit(New York : Harper & Row Publishers, 1967), p. 34. (편집자 주 : 이 책은 본 역자에 의하여 「설교의 위기」〈기독교서회 출판〉로 번역된 바 있다.)
2) James Stewart, Heralds of God, Reprint.(Grand Rapids : Baker Book House, 1972).
3) H. H. Farmer, The Servant of the Word(New York : Charles Scribner's Sons, 1942).
4) C. K. Barrett, Biblical Problems and Biblical Preaching(Philadelphia : Fortress Press, 1964), p. 30.
5) Karl Barth, The Word of God and the Word of Man, trans. Douglas Horton(New York : Harper & Brothers Publishers, 1957), p. 111.
6) John Bright, The Authority of the Old Testament (Nashville : Abingdon Press, 1967), p. 35.
7) Ibid., p. 40.
8) John Calvin, Institutes of the Christian Religions, Ⅰ, viii, 13; cf, also Ⅰ, vii, 5.
9) John Knox, The Integrity of Preaching (New York : Abingdon Press, 1957), p. 19.
10) Bright, op. cit., p. 163.
11) Knox, op. cit., pp. 19-23.
12) Samnuel M. Shoemaker, Beginning Your Ministry(New York : Harper & Row Publishers, 1963), p. 27.
13) Bright, op. cit., p. 78.
14) Seward Hiltner, Ferment in the Ministry(New York : Abingdon Press, 1969), p. 65.
15) Francis A. Schaetter, The God Who is There(Chicago : Inter-Varsity Press, 1968), p. 166.
16) James S. Stewart, Preaching(London : The English Universities Press, Ltd., 1955), p. 28.
17) H. C. Brown, Jr., H. Gordon Clinard, Jesse J. Northcutt, Steps to the Sermon (Nashville : Broadman Press, 1963), p. 34.

18) James T. Cleland, Preaching to Be Understood(New York : Abingdon Press, 1965), p. 77.
19) Bright, op. cit., p. 170.
20) Ibid., p. 176.
21) Barrett, op. cit., pp. 32-33.
22) Cleland, op. cit., pp. 64-70.
23) Barrett, op. cit., p. 37.
24) Bright, op. cit., p. 152.
25) Ibid., pp. 153-54.
26) Lycurgus M. Starkey, Jr., "Heinrich Ott-Theologian of Preaching", Pulpit Digest, Ⅰ, No. 374 (April 1970), p. 9.
27) Heinrich Ott, Theology and Preaching(Philadelphia : The Westminster Press, 1965), p. 19.
28) Donald G. Miller, The Way to Biblical Preaching (New York : Abingdon Press, 1957), pp. 13-14.
29) Michel Philibert, Christ's Preaching and Ours, trans. David Lewis(Richmond, Va. : John KnoxPress, 1964).
30) Henry Grady Davis, Design for Preaching(Philadelphia : Fortress Press, 1958), p. 203.
31) Cleland, op. cit., pp. 42-43.
32) Paul Tillich, "Communicating the Christian Message : A Question to Christian Ministers and Teachers," Theology of Culture, ed. Robert C. Kimball(New York : Oxford University Press, 1959), pp. 202-3.
33) Cleland, op. cit., p. 79.
34) Miller, op. cit., p. 22.
35) Stewart, op. cit., p. 11.
36) Harry Emerson Fosdick, Riverside Sermons(New York : Harper & Brothers Publishers, 1958), pp. 112-21.
37) Lyman Abbott, "The Secret of Character", Modern Sermons by World Scholars, ed. Robert Scott and William C. Stiles(New York : Funk & Wagnalls Co., 1909), pp. 3-17.
38) Charles W. Koller, Expository Preaching Without Notes (Grand Rapids : Baker Book House, 1962), p. 28.
39) P. T. Forsyth, Positive Preaching and the Modern Mind(Naperville, Ill. : Allenson, 1957), pp. 112-13.
40) James Braga, How to Prepare Bible Messages(Portland, Ore. : Multnomah Press, 1969), p. 38.
41) Dwight E. Stevenson, In the Biblical Preacher's Workshop(Nashville : Abingdon Press, 1967), pp. 155-56.
42) Stewart, op. cit., p. 97.

7장
결실을 위한 준비

 언젠가 걱정이 있어 보이는 젊은 신학생 한 사람이 헨리 워드 비처(Henry Ward Beecher)를 찾아와 이렇게 물었다. "박사님, 저는 이제 목회를 시작할 계획을 하고 있습니다. 제가 걱정하고 있는 한 가지 문제는 설교 준비를 하는 데 얼마나 많은 시간을 바쳐야 하는가 하는 것입니다. 오늘 아침 저는 박사님의 설교에 큰 감동을 받았습니다. 그래서 만일 박사님께서 오늘 아침 설교를 준비하시는 데 얼마나 많은 시간을 들이셨는지 말씀해 주실 수 있다면 제가 앞으로 설교 한 편을 준비하는 데 얼마나 시간을 들일지에 대해 어느 정도 개념이 서겠다는 생각을 했습니다." 비처 박사는 그 젊은 신학생을 바라보며 미소를 지었다. 그리고는 "젊은 친구여, 나는 내가 태어난 그날부터 지금까지 오늘 아침 내가 한 그 설교를 준비해 왔다네."라고 대답했다. 유능한 설교자에게는 전 생애가 준비 과정이다. 생애에 있어서 한 사람의 전체적 발전의 한 부분이 되지 않는 것은 아무것도 없다. 그가 읽은 모든 책과 참석한 모든 모임과 만난 모든 사람들이 어떤 식으로든 그의 전체적인 세계관과 삶에 대한 이해와 커뮤니케이션의 지식을 형성하는 데 기여하고 있는 것이다.

일반적인 준비

젊은 설교자는 말하기와 쓰기에 관한 책을 읽어야 한다. 특히 루돌프 플레쉬(Rudolf Flesch)의 「평범한 대화술」(The Art of Plain Talk), 샬롯 리(Charlotte Lee)의 「구두 해석」(Oral Interpretation), 니드라 뉴컬크 래마르(Nedra Newkirk Lamar)의 「문어체 화법」(How to Speak the Written Word) 같은 책은 반드시 알아야 하고 읽어야 한다. 다른 사람들이 쓴 설교들도 역시 독서 목록에 포함되어야 한다. 앤드류 블랙우드(Andrew W. Blackwood)가 편집한 「프로테스탄트 설교」(Protestant Pulpit)와 윌리엄 알란 새들러(William Alan Sadler)가 편집한 「시대의 명설교」(Master Sermons Through the Ages)는 중요한 설교선집이다. 그리고 특별한 설교의 은사를 받았던 19세기의 설교가 알렉산더 맥라렌(Alexander Maclaren), 상상력이 풍부하였던 19세기의 영국 설교가 조셉 파커(Joseph Parker), 대서양 양안(兩岸)에 그 설교의 흔적을 역력히 남긴 현대 스코틀랜드 설교가 제임스 스튜어트(James Stewart), 위기의 시대에 번뜩이는 통찰력을 지녔던 독일의 신학자이자 설교가인 헬무트 틸리케(Helmut Thieliche), 말로 그림을 그려내는 부러운 능력을 지녔던 미 상원 채플린 피터 마샬(Peter Marshall), 그리고 뉴욕 리버사이드 교회의 지각 있는 삶의 상황 설교가 해리 에머슨 포스딕(Harry Emerson Fosdick) 같은 사람들의 설교에 반드시 주의를 기울여야 한다. 훌륭한 설교가들의 설교는 도서로 출판되었을 뿐만 아니라 카세트 테이프와 같은 매체로도 들을 수 있다. 위대한 설교가들에게서 발견되는 통찰력의 깊이는 젊은 설교가들에게 필수적인 자료들이다.

일반적인 준비로서 우리는 다음과 같은 것을 하여야 한다.

I. 양서를 모으라

상당한 양의 돈을 도서 구입비로 책정해 두어야 한다. 결혼식이나 장례식을 주례하고 받은 사례금이나 정규적인 '도서 구입비'는 이렇게 쓸 수 있다. 먼저 구입해야 할 책의 목록을 항상 지니고 있어서 충동적 구매의 위험을 피하지 않으면 안 된다. 책을 살 때는 가장 좋은 책을 사야 한다. 기독교 서점에 나와 있는 책들 가운데 많은 수는 검정을 거치지 않은 책들이다. 그러므로 책을 잘 아는 사람들의 추천을 받아 책을 구입하라. 대부분의 신학교들은 관심 있는 설교자들에게 그러한 목록을 기꺼이 제공해 줄 것이다. 다양한 책을 구비하도록 노력하라. 균형 잡힌 독서를 하지 않으면 그것이 그대로 설교에 반영될 것이다. 설교자의 장서는 교회사와 신구약 성경 신학, 목회 상담, 사회 윤리와 개인 윤리, 그리고 목회 행정에 관한 폭넓은 장서를 갖추지 않고서는 결코 완전해질 수 없다. 독서 클럽은 현대 사상에 뒤지지 않도록 도움을 줄 것이다. 그러한 새롭고 현대적인 지식은 무한한 자산이다. 완벽한 사전, 발음 사전, 동의어 사전은 기본적 도구들로 필수불가결한 것들이다. 덧붙여서 좋은 헬라어 사전과 히브리어 사전, 완벽한 성구 사전, 그리고 한 권의 성경 사전은 반드시 갖추어야 한다. 주석들(되도록이면 비판적이고, 주석적 특징을 지닌 개별적인 것들), 성경 인물들에 관한 책들과 인용문 선집, 훌륭한 찬송가, 시선(詩選), 고전적인 수필집, 현대의 베스트셀러들(소설류와 비소설류)이 모두 설교자의 서재에 포함되어야 할 책들이다. 「서구 세계의 위대한 책들」(Great Books of the Western World) 같은 전집류도 고전적인 작품들과 폭넓은 장서를 위해서는 추천될 책들이다. 경험이 풍부한 목회자나 신학교수 같은 믿을 만한 분들에 의해 제시된 범주의 책들은 구비해야 할 특별한 책들을 선별하는 데 중요한 지침이 될 것이다. 누구나 자기에게 특별히 유용한 책이 어떤 것들인지 분명히 알지 않으면 안 된다. 어떤 사람에게는 감명을 주는 책이 다른 사람에게는 그렇지 않을 수도 있다. 다른 사람에게는 유익을 준 것이 그의 친구에게는 거의 소용이 없을 수도 있다. 구입하기 전에 먼저 책들을 대충 훑어보라. 그 책이 당신에게 유용할지, 그런 가능성이 있는지를 생각해 보라. 만일 그렇다면, 그리고 살 여유가 있다면 그런 책은 구입해 두는 것이 좋다. "만담 하는 식의 풋내기 설교가들의 설교집"이나 예화집, 무명 설교자의 설교집 같은 책을 사는 것은 충분한 이유가 없는 한 돈을 낭비하는 것이 될 수 있다.

양서를 식별할 줄 알아야 한다. 그것은 당신이 영원히 간직해야 할 가장 좋은 도구이다. 전국 순회를 마친 어느 교단 총무가 주의를 환기시키고 있는 부분이 있다. 즉, 교인들이 자기 목사가 하는 설교의 질에 대해 불평할 때마다 거의 예외 없이 그들은 설교자의 장서에 결함이 있음을 발견하였다는 것이다.

2. 폭넓은 독서를 하라

사려 깊은 설교자들은 다방면의 책을 선정해서 철저히 독파함으로써 목회를 훌륭히 담당해 내고 있다. 설교자는 이미 가지고 있는 지식 이외에도 현대의 사고 양식을 이해하기 위해 소설과 비소설류의 베스트셀러를 읽는 것에도 뒤떨어지지 말아야 한다. 소설가, 전기 작가, 수필가, 그리고 현대 희곡 작가들은 흔히 그 시대의 예언자적 소리들이라 할 수 있다. 목사의 연구를 위한 잡지들도 주의 깊게 선정되어야 한다. 읽기 쉬운 통속적 잡지만을 읽지 말기 바란다. 당신의 견해에 도전이 되고, 생각하게 하는 잡지나 자료들을 정규적으로 읽어야 한다. 그렇지 않으면 무의식적으로 사고를 자주 하기보다는 불성실한 독서 습관에 젖게 될 것이다. 화이트(R. E. O. White)는 다음과 같이 말한다.

> 상반되는 견해에 귀를 기울일 수 있을 만큼 자신의 주장에 확신이 서지 않는다면 그것이야말로 약점이다. 나와 반대되는 그 견해가 혼동과 혼란을 일으키고 놀라움을 준다고 해서 피한다면 그것은 겁쟁이다. 그리고 그것은 바로 스스로를 지킬 수 있는 진리의 놀라운 능력에 대한 신념의 결핍을 드러낸다.[1]

한 권의 양서를 항상 가지고 다니기를 권한다. 한 권을 다 읽으면 다음 책을 시작하라. 당신이 그리스도가 당한 시험에 관한 설교를 준비한다면 도스토예프스키의 「카라마조프가의 형제들」에 나오는 <종교 재판소장>(The Grand Inquisitor)의 장을 반드시 읽어야 하고, 죄에 관한 설교를 하려 한다면 알베르 카뮈의 「전락」(The Fall)을 읽어야 한다. 분명히 현대 작가들은 우리가 바라는 만큼 신학적으로 항상 옳지는 않다. 그러나 그들은 주석에서 찾아볼 수 없는 심오한 통찰력을 제공해 준다.

물론 성경 말씀은 기초적으로 매일 읽어야 한다. 성경의 어느 한 부분은 계속하여 조직적으로 연구하도록 하라. 노트를 사용해서 좋은 생각이 떠오르면 적어두도록 하라. 설교 준비를 위해 신앙적인 독서를 하는 것과 성경을 읽는 것을 계획적으로 구분할 필요는 없다. 신앙적인 서적을 읽는 동안 발견된 것들이 설교에 이용될 수 있고, 설교를 위한 연구의 결과가 개인적인 삶을 풍성하게 해 줄 수도 있다. 신앙적인 독서나 설교를 위한 연구가 삶을 풍성하게 해 주는 것은 당연한 일이다. 왜냐하면 성경에는 마르지 않는 보화가 숨겨져 있기 때문이다. 어떤 목사라도 이 보화를 다 발굴할 만큼 오래 살지는 못한다. 이것이 사실이라면 우리는 누구나 성경을 배우는 학생이 되어야 한다.

펜을 손에 잡고 독서하라. 책은 도구이지 장식품이 아니다. 책의 여백에다 메모를 하고, 밑줄을 치고, 색인을 만드는 데 부담을 느끼지 말라. 그 책을 가장 쓸모 있고 유익한 책으로 만드는 일이라면 무슨 일이라도 하라. 꼭 필요하다면 잘라내기까지라도 하라.

3. 주의 깊게 경청하라

할 말이 있다고 주장할 수 있는 사람은 귀를 기울여 듣는 것을 배운 사람이다. 한때는 매우 중요하게 생각되었던 것이지만 목사와 설교자를 구별하는 것은 잘못된 이분법이요, 있을 수 없는 구별법이다. 한때는 이 두 가지 역할을 구별하는 것이 보통이었지만, 지금은 하이픈(—)으로 연결되고 있다. 목사가 되지 않고 설교자가 된다거나, 역으로 설교자가 되지 않고 목사가 된다는 것은 불행한 일이다. 이 두 가지 역할은 상호 보완적이다. 제임스 클리랜드(James Cleland)는 다른 사람들과 격리되어 주석으로 가득 찬 서재에서 문을 걸어 잠그고 지내는 사람들은, "주간의 엿새 동안은 눈에 띄지 않을 것이요, 제 칠 일에는 이해되지 않을 것"2)이라고 말한다.

헬무트 틸리케(Helmut Thielicke)는 다음과 같이 고백한다.

> 내가 참여하는 모든 대화는 실제로는 설교를 위한 명상과 준비와 자료를 수집하는 시간이 된다. 나는 이제 극장에서 연극을 보고 있을 때조차도 그것을 설교단에서의 설교와 연관시키지 않고 무관심하게 보아 넘길 수 없게 되었다. …… 그러므로 나의 일상생활에서 벌어지는 모든 일들이 내게는 계속해서 뒤지고 찾아야 하는 보고(寶庫)이다. 나의 설교를 위한 의미 있는 자료들로 가득 차 있기 때문이다.3)

물론 이것은 모든 사물을 설교적 안목으로만 보고, 그래서 모든 사건을 예화로 들 수 있도록 만들어야 한다는 의미는 아니다. 오히려 읽었던 모든 책과 지나온 모든 경험들이 '말씀의 종'으로서의 그의 역할과 연결되어야 한다는 의미이다. 말하자면 주위에서 들려오는 모든 소리에 귀를 막거나 눈을 반쯤 감고 살아가는 삶을 허락하지 않는 하나의 준거 기준, 하나의 태도를 발전시켜 나가야 한다. 그가 행하는 모든 일과 말하는 모든 것, 듣는 모든 것은 하나님의 말씀을 보다 더 잘 전하도록 그를 준비시켜 준다. 이것은 하나님의 사람은 개방적 정책을 써야 함을 의미하는데, 즉 하나님의 사람은 "서두르지 않고, 그의 다음 약속 때문에 쫓기지도 않아야 한다. 그는 교인들을 위한 눈과 그들을 위한 시간을 가지고 있어야 한다."[4]

필립스 브룩스(Phillips Brooks)는 월요일 오전을 자신의 성직자 클럽 회원들과 함께 보냈다. 이 사람들은 그의 서재에서 대단한 의견들을 논의하였다. 그들은 자신들이 자주 브룩스를 위하여 설교 자료를 제공하고 있다는 사실을 깨닫지 못하는 것 같았다. 그럼에도 불구하고 그들은 그의 설교를 풍성하게 하는 데 크게 공헌하고 있었던 것이다.[5]

사람들의 이야기를 듣는 것은 마른 펌프에 물을 붓는 격이 된다. 어떤 설교자는 복잡한 교구 일의 한가운데서 자기가 설교할 만한 특별한 설교가 없음을 발견한다. 이때가 바로 그들이 교인들에게로 가서 그 공동체의 아픔을 다시 듣지 않으면 안 되는 때이다. 이때 설교자는 정직하게, 그리고 깊이 느껴야 하고, 개개인에게 민감해져야 한다. 그 다음 그는 서재로 돌아가서 성경을 손에 들고 하나님의 영원하신 자원인 말씀과 최근에 발견한 교인들의 필요를 하나로 묶는 작업을 하여야 한다.

4. 통찰한 바를 기록하라

표현하지 않는 감동은 아무것도 아니다. 성경의 진리나 심리학이나 현대적 문제들에 관하여 새롭게 발견하게 된 통찰력이나 의미 있는 발견들을 일단 한 번 기록해 두면, 그것은 그의 일생 동안 이용할 수 있는 자료가 된다. 그러므로 늘 노트를 준비하고 있다가 좋은 생각이 떠오를 때 그것을 적어 두고, 설교 자료를 수집할 때 그 적어 놓은 자료를 모으는 것은 꼭 권장할 만한 일이다. 독서를 할 때나 심방을 할 때, 또는 상담을 할 때는 후일 설교에 유용하게 쓰일 만한 감명 깊은 것들을 꼭 기록해 두어야 한다.

모든 설교자는 이용하기 편리한 파일 시스템을 가질 필요가 있다. 여러 가지 복잡한 시스템들이 이용될 수 있는데, 불행한 일은 그것을 잘 사용할 줄도 모르는 목사들이 그런 복잡한 시스템을 구입해 왔다는 사실이다. 오히려 간편한 파일 시스템이 더 좋을지도 모른다. 무엇보다 중요한 것은 선택한 시스템이 용량이 커서 어떤 새로운 자료가 생기더라도 끼워 넣을 수 있어야 하고, 적당한 목록을 만들 수 있도록 융통성이 있는 것이어야 한다. 또한 바쁜 설교자가 손쉽게 이용할 수 있도록 자료 정리가 간편하여야 한다. "많은 목사들이 경험하고 있는 불행한 일은, 어떤 시스템을 준비하기는 하였는데 사용할 줄을 몰라서 꼼짝 못하고 있다가 결국은 단념해 버림으로 전혀 그런 시스템을 갖추고 있지 않은 것과 똑같아진다는 것이다."[6]

앞선 준비

설교 계획은 되도록이면 일 년간의 설교를 미리 계획하라고 권하고 싶다. 그렇게 하면 설교자는 무슨 설교를 해야 할지 미리 알게 되고, 매 주일 계획하는 데서 오는 정서적 긴장을 줄일 수 있다. 그것은 설교자의 시간과 정력을 지켜 주며, 실제로 설교하기 훨씬 이전에 생각해 볼 수 있는 기회를 더 많이 줄 것이다. 그러면 언제 이런 연간 계획을 수립해야 하는가? 많은 경우 여름휴가 기간이 좋은 기회가 된다. 그때에는 목회적 업무의 잡다한 일에서 해방될 수 있기 때문이다. 교구 일의 압력과 기대에서 벗어나, 다가오는 일 년을 위한 자료와 생각들을 객관적으로 평가해 볼 수 있는 곳으로 가는 것이 가장 좋다.

누구나 일 년의 개요를 짜는 것으로 시작해야 한다. 매달 계획을 따로따로 적을 수 있는 종이를 준비해서 공휴일과 교회력에 나오는 주요 사건들을 적어 두고, 특별한 모임들과 교회의 각 위원회와 각 기관에서 올라온 건의안들을 적어 넣어야 한다. 때로는 연간 설교 계획을 세울 때 교회의 계획 위원회가 도움을 줄 수 있다. 지난 일 년간의 업무를 되돌아보는 것은 필수적이다. 어떤 필요가 충족되지 못했는가? 어떤 주제를 한 번도 다루지 못했는가? 어떤 성경이 소홀히 다루어졌는가? 그러면 그는 교인 주소록을 참고하여 교인들의 필요를 다시 생각해 볼 수 있을 것이고, 특별한 분야의 필요를 위해 스스로 준비할 수 있을 것이다. 마지막으로 목사는 교인들의 필요와 특별한 필요를 충족시키는 데 실패한 자신의 경험에 비추어서 연간 설교 계획을 수립할 수 있을 것이고, 다양함과 깊이라는 두 면의 균형을 유지할 수 있을 것이다. 설교의 형식이 매주 똑같으면 교인들이 지루함을 느끼고 흥미를 상실해 버린다는 것을 명심하여야 한다. 같은 종류의 설교만 계속하는 목사는 보통의 교인들에게서 볼 수 있는 그 숱한 문제와 필요와 염려에 해답을 줄 수 있으리라고 기대할 수가 없다. 연간 계속되는 설교는 회중에게서 분명히 볼 수 있는 그 다양한 필요와 연계되지 않으면 안 된다.

다양한 설교의 계획은 여러 가지 방법으로 수립될 수 있다.

(1) **성경 개관 원리**(the Bible survey principle) : 성경 각 권과 성경적 교리들, 그리스도의 생애, 전기적 고찰과 교회력에서 얻은 주제들을 고르게 다룬다.
(2) **목회적 원리**(the pastoral principle) : 목회 심방을 비롯하여, 교인들

의 제안과 일반적 관찰을 통해서 얻은 생각들을 다룬다.
- (3) **시대적 경향의 원리**(a trend of times principle) : 신학, 종교, 정치, 도덕, 경제, 세상사의 현대적 발전에 유념한다.
- (4) **교단적 원리**(a denominational principle) : 교단의 연간 계획 지침을 따른다.
- (5) **실험적 원리**(the experimental principle) : 가시적 수단들, 인쇄물, 이야기체 설교, 대화체 설교 또는 다양한 설교 형식의 변화 등을 이용한다.

다양성은 흥미를 위해서도 필요하겠지만 듣는 사람을 위한 일종의 책임 문제라고 할 수 있다. 그러나 이것 조금 저것 조금 하는 스모거스보드(Smorgasbord; 역자 주 - 가지 수가 많은 스칸디나비아 요리)식 설교는 많은 것에 대한 피상적 지식은 있으나 깊이 이해하는 것은 거의 없는 기독교인을 만들어낸다. 이것의 해결 방안이 바로 주제를 중심한 설교이다. 예를 들면 한 가지 주제를 선택하여 한 달 동안 이 주제대로 살며, 거기에 관한 가치 있는 모든 것을 읽고, 그 주제에 잠겨들며, 그것에 관한 서적을 교인들에게 소개할 수도 있을 것이다. 그리고 그 주제를 교회 안에 있는 관심 있는 그룹과 관련시키고, 일반적으로 한 달 동안 이 한 가지 관심으로 온 교회를 지도할 수 있을 것이다. 여기에서는 어떤 주제를 선정하느냐 하는 것이 매우 중요하다. 그 주제는 흥미를 끌기에 충분할 만큼 중요한 것이 아니면 안 된다.

일단 일 년의 전체적 개관이 서면 매 주일 예배를 위한 제목과 본문을 선택한다. 폴더나 봉투를 사용해서 그것을 정리하여 표지를 붙여 둔다. 그리고 연구와 목회를 통하여 얻어지는 자료들을 적당히 모을 수 있게 해 둔다. 이것은 무디(Moody)가 사용하던 방법이다. 그는 큰 봉투를 사용했는데, 주제별로 봉투가 따로 있어서 발전적인 생각이나 관련되는 신문 스크랩, 그리고 다른 유용한 통찰들을 모아둘 수 있게 되어 있었다. 어떤 특정한 설교를 해야 하는 주가 되면 아마 설교자는 그 봉투 안에 이미 모아진 자료를 다소간 이용할 수 있을 것이다. 그는 이 자료들을 통해 일찍부터 정해 둔 제목으로 이미 설교 준비를 해 왔던 것이다. 이러한 방법이 유익했다는 것은 분명하다. 왜냐하면 시간이 절약되었을 뿐 아니라 연구의 결과가 그대로 보존되었기 때문이다.

매 주일의 준비

설교를 준비하는 데는 시간이 필요하다. 훈련도 반드시 필요하다. 목사가 오전 시간을 개인적인 시간으로 사용할 수 있도록 비서가 목사를 도와 줄 수 있다. 그렇게 되면 위기가 닥치지 않는 한 그의 거룩한 준비 시간이 침해받지 않을 것이다. 랠프 소크맨(Ralph Sockman)은 주일 아침 설교를 위해서 18시간을 연구에 바쳤다. 해리 에머슨 포스딕(Harry Emerson Fosdick)은 보통 25시간을 준비하는 데 보냈다. 이것은 실제로 설교 1분당 거의 1시간을 바친 셈이다.

여기서 생스터(W. E. Sangster)의 냉정한 말을 숙고해 보자.

> 전적으로 게으름이나 비효율성 때문에, 목자가 아니라 고용된 일꾼이기 때문에, 골프를 복음보다 앞세웠기 때문에, 또는 메시지에는 신실함이 없고 교인들에 대해서는 사랑이 없기 때문에 자기 일을 날림으로 하는 사람에게는 할 말이 없다. 내가 생각하기로는 마지막 날 그의 게으름이 결과를 담당해야 할 그때에 그가 영원토록 겪어야 할 양심의 가책은 본질적으로 견딜 수 있는 것보다 훨씬 클 것이다.[7]

"주님께서 예비해 주실 것이다."라는 원칙이 있다. 그러나 그 조건은 설교자가 신실하고 설교 준비를 위해서 꾸준히 노력하는 데 있다.

준비는 바로 시작되어야 한다. 전 주일 밤에 다음 주일을 위한 설교 제목을 최종적으로 결정하는 것이 가장 좋다. 그렇게 하여야 목사는 주초부터 바로 그 제목에 빠져들 수 있다. 존 킬링거(John Killinger)는 다음과 같이 지적한다. "당신은 말씀을 전하라고 기름 부음을 받았다. 그렇다면 그 말씀을 전하기 위하여 설교단에 서게 될 때 그 말씀이 진짜 말씀이 되게 하라. 주일 아침에 발작적인 설교를 하기 위해서 토요일 밤에 열에 들떠 합성해 낸 어떤 것이 되지 않게 하라."[8] 주일 바로 전에 준비된 즉석 설교는 성숙한 내용으로 준비될 시간적 여유가 없어 결국 피상적인 설교를 할 수밖에 없게 된다.

어떤 방법을 따라야만 하는가? 완전한 방법은 없는 법이다. 자기 자신의 기질과 훈련에 비추어서 자기가 결정하는 그것이 가장 좋은 방법이 될 것이다. 몇 가지 제안된 방법들은 하나의 출발점이 될 수 있다. 그러나 어떤 특정한 방법의 노예가 되는 것은 인간의 힘으로 만들어진 무딘 쇳덩이 같은 설교를 성찬의 번쩍이는 황금으로 변화시켜 주시는 하나님의 불꽃을 배제해 버릴 위험이 있다.

가능한 절차들이 클래런스 로디(Clarence Roddy)의 「우리는 준비해서 설교한다」(We prepare and preach)라는 책과 도날드 맥클라우드(Donald Macleod)의 「이것이 나의 방법이다」(This is My Method)에 소개되어 있다. 이 두 권은 모두 유명한 설교가들이 사용해 오던 방법들의 결정판이다. 「설교 준비의 단계」(Steps to the Sermon)라는 책에는 여덟 단계의 방법이 소개되어 있다.

1. 준비된 설교자
2. 설교의 개념 설정
3. 본문 해석

4. 관련되는 자료 수집

5. 성숙된 구성

6. 원고의 완성

7. 마지막 손질

8. 설교[9]

콜러(Koller)는 약간 다른 체제를 제안한다.

1. 기초적인 자료를 수집하라.
2. 성경 본문을 간략하게 분석해 보라.
3. 설교의 개관을 작성해 보라. 교훈과 진리에 주의하고, 그 다음에 '중심어'로 설교의 특성을 설정하라. 그리고 그 중심어를 가지고 요점들을 찾아내라.
4. 명제가 될 수 있는 평범한 원리를 발견하라.
5. 주제를 분명히 하고, 메시지에 적합한 제목을 확정하라.
6. 서론과 결론을 준비하라.
7. 개관을 발전시켜 나가라.[10]

어떤 방법을 택하든지 그것은 설교자에게 적합한 것이어야지 방법 자체에 매달려서는 안 된다. 준비는 하나의 수단일 뿐이다. 그러므로 수단이 더 두드러져 보여서는 안 된다.

대부분의 방법은 다음 단계들의 전체 또는 그 대부분을 포함하고 있다.

(1) 설교자 자신을 준비시켜라. 기도는 모든 준비의 시작이다. 이 기초적인 단계는 하나님의 도우심을 바라고 그의 조명해 주심을 기다리는 표이다. 빌리 그래함(Billy Graham)은 매일 시편 다섯 편과 잠언 한 장을 읽는다. 그리고 그는 기도로 경건의 시간을 끝맺는다. 모든 설교자는 일반적으로는 삶을 위한 준비로서, 특별하게는

설교 사역을 위한 준비로서 개인적으로 의미를 얻을 수 있는 경건의 훈련을 쌓아야 한다.

(2) **주제와 본문을 선정하라.** 둘 중 어느 것을 먼저 정할 것이냐 하는 데는 규칙이 없다. 주제가 먼저일 수도 있고 본문이 먼저가 될 수도 있다. 어떤 경우에는 두 가지가 동시에 나오기도 할 것이다. 만일 아무것도 떠오르지 않는다면 설교자는 다음과 같은 질문들을 해 볼 필요가 있다. 여기서의 영적 필요는 무엇인가? 회중이 어떤 지도나 위로를 바라고 있는가? 그들은 영적 각성이 필요한가? 아니면 양심의 촉구가 필요한가? 아니면 하나님 안에서 풍성해지는 것이 필요한가? 계획된 설교 방법을 따르고 있는 사람은 이미 정해진 제목과 본문을 가지고 시작한다. 어떤 사람들은 최근에 얻은 영감을 잡아 성경적 교훈의 빛에 비추어 그것을 발전시켜 나간다. 다른 어떤 사람들은 그들의 생활에서 '불을 붙여 주는' 어떤 본문이나 제목을 얻을 때까지 계속 탐구하지 않으면 안 될 것이다. 여기서도 설교를 발전시켜 나가는 다른 단계에서와 마찬가지로 우리는 성령님의 사역에 개방적 태도를 취할 필요가 있다.

(3) **본문을 연구하라.** 가능하면 원문을 사용하라. 설교자는 헬라어를 쉽게 이용할 수 있는 능력을 갖추어야 하고, 히브리어까지도 이용할 수 있으면 바람직할 것이다. 원문이 함께 나온 성경을 최후의 수단으로 이용할 수도 있다. 다음으로는 다양한 현대역들의 성경이 새로운 말과 표현을 제공해 줄 것이다. 설교자는 본문의 문맥과 말한 사람, 시대, 장소, 경우와 목적에 주의해야 한다. 그는 할 수 있는 대로 성경 가운데 특정되어 있는 그 책을 특징지어 주는 통일성을 발견할 수 있어야 한다. 도날드 밀러는 이렇게 말했다. "해석자의 최초 과업은 …… 부분 부분의 의미를 파악하기 전에 책 전체의 목적과 계획을 탐구하는 것이다."[11]

다음으로 본문을 대충 살펴보면서 설교 윤곽을 파악하고 중요 관념들을 기록해 두라. 이것은 모든 화가나 음악가들, 창조적인 작가들에게 알려져 있는 하나의 창조적 과정이다. 이것은 이용될 수 있는 자료들을 위해 마음을 두드리는 하나의 과정이다. 자유로운 연상 작용을 통하여 얻은 모든 생각을 기록해 두어서 당신 자신이 생각해 낼 수 있는 모든 것을 생각해 내라. 다른 자료들은 서가에 그냥 남아 있게 하라. 너무 빨리 다른 자료들을 밖으로 끌어냄으로써 당신의 개인적인 것, 설교자로서 당신의 것이라고 할 수 있는 독특한 요소가 억제되지 않도록 하라. 당신 자신의 정신적 저수지로부터 얻어낼 수 있는 모든 것을 다 얻은 뒤에야 다른 자료들을 이용하라.

마지막으로 주석을 참고하라. 최근의 비평학자가 본문에 관하여 말하지 않을 수 없다고 하는 그것을 찾아내라. 이러한 과정을 통하여 주어진 본문은 설교자를 위하여 참 생명력을 가지게 될 것이다.

(4) **자료를 정리하라.** 이것은 이용할 수 있는 자료와 교인들의 필요 사이의 간격을 연결하는 작업이다. 윌리엄 말콤슨(William L. Malcomson)은 제자의 길에 관한 주제에서 다음과 같은 질문을 통하여 이 과정을 성취시켰다. "나는 왜 제자의 길에 관심이 있는가? 왜 교인들이 제자의 길에 관심을 가져야 하는가? 우리가 제자가 되려고 한다면 무엇을 할 것인가?"[12]

자료가 정리되어 감에 따라 하나의 형식을 창조하거나 만들어 주는 것이 설교자의 과제가 아니라 그 자료의 참된 고유한 본래적 형식을 '느끼는' 것이 설교자의 과제가 된다. 그 다음에는 그 자료가 스스로의 형식을 갖추어 가도록 내버려두는 것이다. 이 과정에서 우리는 그 명제와 목적을 분명하게 설명하는 것이 도움이 됨을 알게 된다. 설교자는 설교 윤곽을 마지막으로 확정하고 그것을 분명하고 기억하기 좋게 만든다. 경험이 풍부한 설교자들은 경험 없는 설교자들에게 설교를 준비하는 과정에서 너무 일찍 설교를 위한 설교 윤곽을 결정하지 말라고 권한다. 그것이 상상력을 막지 못하게 하기 위해서이다. 그러나 준비의 마지막 단계에 가까워지면서 대부분의 경우에는 설교 윤곽이 결정되는 것이 필요할 것이다. 그 다음에 그 구조(골격)는 주석이나 설명, 해설이나 예화와 같은 자료(살)를 제공해 줌으로써 채워질 것이다. 사용하려고 선택한 예화는 적당한 것이 아니면 안 된다. 다음에 결론이 준비되고 마지막으로 서론을 준비한다(무엇이 소개되어야 할지 알기까지는 올바른 서론을 쓴다는 것이 어렵기 때문에 '마지막'으로 해야 한다).

(5) **원고를 작성하라.** 이상적으로 말하면 설교자는 표현과 논리와 균형의 기술을 발전시키기 위해서는 원고를 작성해야 한다. 수 니콜스(Sue Nichols)는 우리에게 이렇게 회상시켜 준다.

> 아마추어 의사 전달자들은 마음속에 떠오르는 첫 사건을 이야기할 때 가벼운 동사들과 진부하고 모호한 문장들로 된 긴 문장들을 쏟아 놓을 것이다. …… 숙련된 의사 전달자는 앞에 쏟아져 나온 그 많은 말들을 가로막아 버린다. 그는 자기의 정확한 메시지를 구별해 낼 수 있을 때까지, 그리고 힘차게 그것을 말로 나타내고 변하기는 하였으나 더 강력한 형식으로 그것을 전할 수 있을 때까지 그것을 요약한다.[13]

그러므로 한 편의 설교가 가능한 한 발전되고 세련되고 목표에 맞게 되기 위해서는 적어도 한 주일이 필요하다. 금요일이나 토요일에 시작하는 늦은 준비는 설교의 부화 기간을 짧게 한다는 말이 된다. 사상은 그것이 세련되고 명확한 형태로 표현될 수 있기 위해서는 성숙될 필요가 있다.

제임스 스튜어트는 설교를 전하는 방법에 관계없이 설교자는 반드시 원고를 완전히 작성하는 데서 시작해야 한다고 한다. "당신이 목회를 시작한 처음 10년 동안은 - 그리고 아마 그보다 훨씬 더 오랜 기간 동안 - 이 기본적인 훈련과 바꿀 수 있는 것은 아무 것도 없다."[14]

쉽게 실망이 찾아온다. 왜냐하면 대부분의 설교자들은 자기가 '표현할' 수 있는 것보다 많은 것을 느끼기 때문이다. "이것이 바로 '작문이 시작되면 영감은 이미 내리막길에 있기' 때문에 우리가 결코 한 편의 시를 '그 본래의 순수성과 힘' 그대로 감상할 수 없다고 한탄했을 때 쉘리(Shelley)가 마음속에 품었던 것이 바로 그것이다."[15] 그럼에도 불구하고 대담한 결단력을 소유한 설교자들은 자신의 표현 능력을 증진시키기 위하여 계속 원고를 작성할 것이다.

(6) **설교자 자신을 준비시켜라.** 그는 설교에 푹 젖어들 것이다. 당연히 그러해야 하는 데도 설교가 금요일이나 토요일에 완성되었다고 하면 그는 그것을 반복해서 읽고 생각해 볼 수 있다. 그것이 자신의 일부가 되기까지 그는 계속 그것을 읽을 수 있다. 그러면 그것이 그의 인격에서 흘러나오는 진액이 되어 흐를 것이고 결코 낯선 것이 되지 않을 것이다. 그가 주일 설교단에 섰을 때 그 설교는 자기가 잘 알고 있는 것이 된다. 설교가 저절로 흘러나와 자연스럽게 느껴질 때까지 세 번이고 네 번이고 큰소리로 설교를 해 보는 것은 커다란 도움이 된다. 그러나 주일 아침에 그 설교의 정열이 사라져 버리지 않도록 주간에 너무 많은 연습을 하는 것은 주의를 기울여야 한다. 용의주도한 준비는 주일을 위한 정열을 남겨 두는 것이다. 마지막으로 토요일 밤에는 잘 쉬도록 하라. 때로는 토요일 밤늦게까지 연구해야 할 때도 있다. 어떤 때는 토요일 밤늦게

나 주일 아침 일찍까지도 나가 보지 않을 수 없는 환자의 전화나 비상사태도 있을 수 있다. 그러나 일반적으로 가능하다면 잘 쉬어야 한다. 설교하는 일을 위하여 주된 힘을 보존해 두는 것이다.

(7) 하나님의 말씀을 전하라. 성령님의 함께하심을 기대하고 또 의지하면서 강단에 올라가라. 회중 가운데 누가 하나님께서 그에게 안겨 주신 그 말씀을 꼭 필요로 하는지 사람은 아무도 모른다. 그러한 지고한 과업이 주의 깊고 많은 시간이 소비된 그런 준비 없이 이루어질 수 있다고 느끼는 것은 복음에 대한 모욕이다. 하나님의 사람은 말씀을 전하라고, 다시 말해서 그것을 준비하라고 부름을 입었다.

주〉

1) R. E. O. White, "Pastor's Predicament : When to Study?", Christianity Today(December 6, 1968), XⅢ, No. 5, 4.
2) James T. Cleland, Preaching to Be Understood (New York : Abingdon Press, 1965), p. 40.
3) Helmut Thielicke, The Trouble With the Church : A Call for Renewal, trans. John W. Doberstein(New York : Harper & Row Publishers, 1965), p. 22.
4) Samuel M. Shoemaker, Beginning Your Ministry(New York : Harper & Row Publishers, 1963), p. 64.
5) H. C. Brown, Jr., Gordon Clinard, Jesse J. Northcutt, Steps to the Sermon(Nashville : Broadman Press, 1963), pp. 93-94.
6) Charles W. Koller, Expository Preaching Without Notes (Grand Rapids : Baker Book House, 1962), p. 116.
7) W. E. Sangster, The Craft of Sermon Construction(Philadelphia : The Westminster Press, 1951), p. 192.
8) John Killinger, The Centrality of Preaching in the Total Task of the ministry(Waco, Tex. : Word Books, 1969), p. 29
9) Brown, Clinard, Northcutt, op. cit., Preface viii.
10) Koller, op. cit., pp. 57-60.
11) Donald G. Miller, The Way to Biblical Preaching(New York : Abingdon Press, 1957), p. 42.
12) William L. Malcomson, The Preaching Event (Philadelphia : The Westminster Press, 1968), pp. 101-2.
13) Sue Nichols, Words on Target(Richmond : John Knox Press, 1963), p. 26.
14) James S. Stewart, Preaching(London : The English Universities Press, Ltd., 1955), p. 154.
15) Frank Kermode, "The Galaxy Reconsidered", McLuhan : Hot and Cool, ed. Gerald Emanuel Stearn(New York : Signet Books, 1969), p. 177.

8장
주제와 명제, 그리고 제목

어떤 설교를 준비할 때 다음 세 가지 질문에 관한 만족한 답을 일찍 찾아내지 않으면 안 된다. 나는 무엇에 관하여 이야기하려고 하는가? 나는 그것에 관하여 무엇을 말할 것인가? 나는 그것을 어떻게 알릴 것인가? 첫째 질문에 대한 답이 '주제'요, 둘째 질문에 대한 답이 '명제'이며, 셋째 질문에 대한 답이 '제목'이다. 우리는 이 장에서 이러한 요소들을 순서에 따라 다룰 것이다.

주제

웹스터 사전은 주제(subjects)란 "무엇에 관해서 이야기되고 무엇에 관해서 행해지는 그것이다……."[1]라고 한다. 그것은 'matter', 'theme', 'topic'과 동의어이다. 이 책에서 우리는 설교란 "주제에 관하여 이야기하는 것"이라고 말할 수 있다. 그것은 설교 내용의 범위를 한정해 주는 단어나 구이다. 보통 한 단어로 표시되는 일반적 주제는 다시 보다 적은 범위를 포괄하는 특수 주제들로 나누어진다. 존 베어드(John E. Baird)는 말하기를 "주제란 난문제가 들어 있는 상자와 같다. 큰 상자 안에는 작은 상자들이 들어 있고, 또 그 작은 상자에는 각기 더 작은 상자들이 들어 있다……."2)

'일반적 주제'의 전형적인 예를 든다면 구원, 믿음, 기도, 윤리, 사랑, 선교, 희망, 악 등을 들 수 있다. 물론 이러한 것은 폭이 넓어서 어떤 명확히 한정된 설교의 주제가 될 수는 없다. 이와 같은 넓은 주제는 설교에 알맞은 더욱 좁은 주제(즉, 특수 주제)로 만들 필요가 있다. 이 특수 주제는 어느 한 설교에서 적당하게 다루어질 수 있다.

어느 한 설교에서 적당히 다루어질 수 있는 '특수 주제'를 아래와 같이 분석적으로 고찰해 보라.

기도(일반적 주제)
응답받는 기도의 장애 요소들
기도의 본질
예배로서의 기도
기도의 목적
기도의 정신

구원(일반적 주제)
구원은 하나님의 선물이다
구원의 목적
그리스도의 구속적 역할
구원의 길

윤리(일반적 주제)

윤리를 위한 동기 부여

사업 윤리

가정 윤리

전쟁 윤리

인종 윤리

일반적 주제가 주의와 고찰의 초점을 적당히 맞추기 위하여 특수 주제로 좁아져야 할 뿐만 아니라 선택된 특수 주제는 "확대되어 가는 힘"3)을 가지지 않으면 안 된다.

말하자면 특수 주제는 확대를 위한 잠재력이 있어야 한다. 누룩이 들어간 가루 반죽이 커다란 덩어리로 부풀어 오르지 않으면 안 된다. 누룩이 들어가지 않은 설교는 영적 자양을 전하기에는 부적당한 매체이다. 한편 모든 설교에는 주제가 있어야 한다고 하면 설교자는 그 주제를 선택할 자유가 있다고 생각할 수 있다. 그러면 그는 그 주제를 어떻게 선택할 것인가? 여기에 질문 형식으로 주어지는 몇 가지 규칙이 도움이 될 것이다.

(1) **그것이 당신을 사로잡는가?** 그것은 당신의 영혼에 불을 붙여 주는가? 만일 그렇지 않다면 바로 버려라. 대변인으로서의 당신을 고무시키거나 감격하게 하거나 힘을 북돋워 주는 어떤 다른 주제를 찾기 위해서 당신 자신이 모아 둔 설교를 위한 자료철로 돌아가야 할지 모른다. 자신의 영혼에 감격을 주지 못하는 것은 어떠한 것도 다른 사람에게 감격을 안겨 줄 수 없다. 당신에게 흥미가 없다면 다른 누구에게도 흥미가 없으리라고 보는 것이 옳다. 감염이라는 요소는 커뮤니케이션에서는 중요한 요소 가운데 하나이다. 설교자를 고무시키거나 흥분시키고, 스릴을 느끼게 하거나

사로잡으며, 다른 어떤 방법으로든 설교자를 감동시키는 바로 그것이 교인들에게도 그와 비슷한 반응을 불러일으킬 수 있는 것이다. 그것이 목사를 사로잡지 못하는 것이라면 그것은 교인들도 사로잡지 못한다.

(2) **그것은 충분히 간결한가?** 그 주제는 한 번의 설교에서 모두 다루어질 수 있을 만큼 한정되어 있는가? "당신의 첫 문제는 당신의 청중과 주어진 제한된 시간과 말할 때의 목적에 적합한 가장 적은 특수 분야에 어울리도록 당신의 주제를 좁히는 일이다."[4]

얼마나 큰 주제이어야 20분이나 25분 동안에 제대로 이야기할 수 있을까? 고려 중인 주제를 제대로 다루는 데 한 시간이나 걸리는 것이라면 그것은 너무 넓다. 또 10분 만에 모두 이야기해 버릴 수 있는 것이라면 그것은 너무 좁다. 충분할 만큼 좁아야 하지만 너무 좁아서도 안 된다. 피상적으로 대충 다루어지는 두 절보다는 철저히 다루어지는 한 절을 택하는 것이 낫다. 몇 년 전 나는 구약과 신약에서 한 군데씩 본문을 택하여 "피할 수 없는 그리스도"라는 제목으로 설교를 하고 있었다. 그런데 한 사람의 통찰력 있는 목사가 그것을 듣고 나서 이렇게 말해 주었다. "생각은 훌륭하다. 그러나 너무 많은 정보를 전하려고 한 점은 잘못이었다." 그 설교에는 두 편의 설교를 하기에도 충분한 자료가 들어 있었던 것이다. 요점이 잘 지적되었다. 나는 마땅히 구약이나 신약 중의 어느 한 본문만 다루었어야 했다. 한 편의 설교에 너무 많은 자료를 싣는 것은 자료가 충분치 못한 것만큼이나 현명하지 못한 일이다.

(3) **그것은 필요한 것인가?** 거기에는 데이비스가 인간 마음의 실체라고 부르는 것이 들어 있는가?[5] 흔히 설교단에서의 설교가 부적합할 것이 되게끔 압박을 받는 때가 있다. 예를 들면 신학적으로 보수적이라고 하는 많은 교회가 복음적인 동기에서 주일 저녁 예

배를 드린다. 불신자에게까지 복음이 전해지게 하려고 음악과 설교가 함께 준비된다. 그러나 불신자가 교회에 나온다면 주일 아침 예배에 나오는 것이 더 쉽지 않을까? 이미 복음을 받아들인 사람은 그리스도를 개인적 구주로 맞이하라는 것보다 다른 어떤 것을 필요로 한다. 그러므로 우리는 지금 고려 중인 그 주제가 실제 필요에 대한 응답인가를 물어볼 필요가 있다.

나는 북부 미네소타 주에 있는 어느 시골 교회에서 "교회와 관련된 직업"이라는 주제로 설교를 해 달라는 부탁을 받았다. 나는 그 주제에 맞게 준비해서 갔다. 그러나 놀랍게도 나는 그 교회의 교인들이 거의 40대 후반에서 60대와 그 이상의 사람들로 구성되어 있다는 것을 알았다. 설교는 맞지 않았다. 그런데 이러한 경험이 매 주일 수백 번씩 되풀이되고 있다. 보다 더 잘 알고 있었으면 더 좋은 설교를 할 수 있었을 목사들이 그만큼 많은 것이다. 청중 분석을 못하는 그런 엄청난 실수는 변명의 여지가 없다.

(4) **그것은 명확한가?** 서재에서 흐릿하던 것은 회중의 혼란을 야기한다. 주제가 명확하지 못하다면 그것은 아마 불확실하거나 막연할 것이고 결국 사람들로 하여금 확신 없이 돌아가게 할 것이다. 예를 들면 "성탄의 성령이"라는 주제는 설교로 고려되기 전에 재고해 볼 필요가 있다.

(5) **그것은 적절한가?** 설교를 해야 하는 때가 언제인가? 당신은 교회력을 따르고 있는가? 그날은 법정 공휴일인가? 선교를 위한 특별한 예배인가? 청중은 젊은이들로 구성되어 있는가, 아니면 노인층으로 구성되어 있는가? 청중은 이질적인 무리들인가? 시간과 장소와 그 경우에 대한 당신의 이해에 비추어서 적절한 주제는 무엇인가? 몇 년 전 어느 잘 알려진 신학교에서 이사들과 교수단과 학생들과 친구들을 위한 연회를 후원해 주었다. 그날 저녁의

초청강사는 복음적인 설교를 준비해 왔다. 결국 모든 사람들은 그가 선택한 주제 때문에 어려움을 겪었다. 그날 저녁 설교는 마땅히 그들이 평소에 들었던 그런 것이 아니라 격려나 자극을 줄 수 있는 어떤 사려 깊은 말을 포함하고 있어야만 했다. 그 강사는 그 경우를 망각하고 있었던 것이다.

설교자가 청중의 기억에 생생한 역사적 상황을 이용하는 것은 적절한 방법이다. 대통령이나 상원의원이나 지도적 대변인의 죽음, 또는 인종적 불안과 같은 문제들과 이와 유사한 사회 문제 등은 지각 있는 설교자가 이용할 가치가 있는 것들이다.

주제와 성경 본문은 상관관계를 지녀야 한다. 설교의 주제는 그 설교가 기초로 삼고 있는 본문의 주제여야 한다. 생스터(W. E. Sangster)는 어느 독일 설교가의 이야기를 전해 준다. 그는 루터가 일하던 그 땅, 복음이 거의 없어져 가던 19세기 초의 설교가였다. 어느 주일 아침 그는 요한복음 20:1 말씀을 본문으로 읽었다. 그 말씀은 "안식 후 첫날 이른 아침 아직 어두울 때에 막달라 마리아가 무덤에 와서 돌이 무덤에서 옮겨간 것을 보고"였다. 그런데 그의 주제는 "일찍 일어나는 것의 유익"이었다. 그는 부활에 관해서는 할 말이 없었다. 그는 전적으로 한 마디 말에 매달려 있었다. "아침에 일찍 일어나는 것이 좋습니다."[6] 주제와 본문은 주의 깊게 선택되어야 하고 주의 깊게 상호 관련지어져야 한다.

명제

구조를 잘 짜고 설교를 효과적으로 하려면 하나의 명확한 명제(proposition)에 의존해야 한다. 그러한 명제가 없다면 그 설교는 방향과 목적을 상실한 설교이다. 이것은 "기형적 생각들과" "머리가 셋인 송아지와 같은 해부학적 괴물들"[7]로 가득 찬 잡탕이 될 것이다.

명제는 지극히 간결하게 요약된 설교요, 간결하고 잘못 이해될 수 없는 언어로 표현된 "그 설교의 핵심"[8]이며 문장 형식으로 간결하게 표현된 주제이다. 이 설교의 정수(곧 명제, 주제 또는 중심 관념)는 설교자가 자료를 수집할 때 지침이 되고 듣는 사람에게는 설교를 요약할 수 있게 해 준다. 그것은 두서없는 말을 최소한으로 줄여 줄 것이고, 듣는 사람들이 '잡다한' 반응을 보이지 않을 수 있게 해 준다. 훌륭한 재능을 지녔던 설교가 존 헨리 조웻(John Henry Jowett)은 이렇게 말한다.

> 우리가 수정만큼이나 분명하게 짧고도 함축성 있는 문장으로 주제를 표현할 수 있을 때까지는 아직 그 설교를 쓸 수도, 할 수도 없다. 나는 연구를 통해 그러한 문장을 얻는 것이 가장 어렵고 가장 힘들며 가장 유익한 일임을 알게 되었다. 스스로 그러한 문장을 만들어내고, 희미하고 잘 맞지 않고 모호한 모든 말을 버리며 빈틈없이 정확하게 주제를 규정해 주는 것 – 이것이야 말로 설교를 준비할 때 가장 중요하고 본질적인 요소이다. 그러므로 그런 문장이 구름 한 점 없는 아침처럼 깨끗하고 맑게 떠오를 때까지는 설교를 해서는 안 될 뿐 아니라 심지어는 원고를 써서도 안 된다고 생각한다.[9]

I. 훌륭한 명제의 특징

(1) **단순한 문장** : 복문이나 중문으로 된 명제는 합성적이고 복잡한 관념들을 가진 설교를 만드는 경향이 있다. 단문은 그 설교 안에 주요 관념이나 작은 설교가 여럿 들어갈 수 있는 가능성을 배제한다. 그리고 단문으로 된 명제는 통일성을 보장해 준다. 듣는 사람이 가지는 마음의 법이요, 단편화와 분열과 무질서를 막아 주는 방호물인 통일성은 간결한 명제로 보장될 수가 있다. "그 설교가

하나의 중요 관념의 구체화일 때, 그리고 전체 설교가 그 관념 위에 공들여 지은 집이요 그것의 확대일 때, 그 설교는 듣는 사람들의 마음속에 통일성이라 불리는 집중된 결과를 맺어 줄 것이다."10) 단문으로 된 명제를 통하여 표현된 사상의 단일성은 단편화를 막아 준다. 그렇지 않으면 결국 듣는 사람들로 하여금 사상의 단편들을 자기 나름의 통일성 있는 설교로 맞추게끔 만든다. 이것은 설교자의 의도와는 전혀 다를지도 모른다. 여러 가지를 얼버무리는 것보다는 한 가지를 잘 말하는 것이 더 낫다. 간결한 문장은 이러한 통일성을 명확히 하고 유지하려는 시도이다.

(2) **명료성** : 명쾌하고 분명한 명제가 목표이다. 그것은 산문이지 시가 아니기 때문에 우리는 기본 관념을 진술할 때 어떤 은유적 언어의 사용을 피해야 한다. 베어드(Baird)는 "풍자를 사용할 때처럼 의미를 꼬는 일은 배제되어야 한다."11)고 덧붙였다.

(3) **그것을 보편적 진리로 진술하라** : 명제는 인물이나 장소나 사건과 같은 역사적인 것들을 포함해서는 안 된다. 좋은 명제는 무시간적이며 보편적이다. 그러면서 그것은 현대적인 삶과 관련을 가지고 있어야 하고 그런 의미에서 분명히 시간적이어야 한다. 그것은 시대에 관계없이 좋은 진리의 형식으로 진술되어야 한다.

(4) **설교의 요약** : 압축된 설교로서의 명제는 설교의 전체 사상을 포괄하여야 한다. 만일 명제가 모든 기본적 사상들을 다 포함하고 있지 않다면 그 설교는 명제와 마찬가지로 결점이 있는 설교이다. 전체 설교는 단문으로 된 명제 안에 작은 규모로 포괄되어 있어야 한다.

아무것도 말하지 못한다는 위험을 안지 않고는 아무도 한꺼번에 모든 것을 말할 수는 없다. 그러므로 지적 유기체이어야 하는 설교는 중심점이 있어야 한다. 개개 설교는 분문에서부터 나와서

조직을 이루는 중심점을 반드시 가지고 있어야 한다.[12]

(5) **본질상 설교적이다** : 명제는 청중 편의 반응을 나타내고 있거나 암시하고 있다. 그 반응이 일어나도록 설교자는 계획하고 있는 것이다. 이런 의미에서 좋은 명제는 끌어당기는 힘이 있다.

2. 명제의 종류

글렌 밀즈(Glen E. Mills)는 여섯 가지 명확한 명제의 종류를 든다.

(1) 합법적 사실 : "X는 Y를 모욕했다."
(2) 과거의 사실 : "노예제도가 남북전쟁의 직접적 원인은 아니었다."
(3) 현재의 사실 : "집권정당은 범죄율에 대하여 책임을 져야 한다."
(4) 예언 : "해외 여행의 억제는 달러화를 강화시켜 줄 것이다."
(5) 가치 : "미국의 해외 원조는 원리상 잘못되었다."
(6) 정책 : "프로 복싱은 법으로 금지되어야 한다."[13]

합법적 사실을 말하는 명제는 법정에서나 알맞은 명제이지 교회 안에서 쓰기에는 합당하지 않다. 과거 사실을 말하는 명제도 역시 부적당하다. 왜냐하면 비록 설교가 권위를 위하여 과거에 마음을 쓰고 있다고 하더라도 그것은 현재 시제로 진리를 진술하고 있기 때문이다. 그러므로 남은 네 가지 형태의 명제(현재 사실, 예언, 가치, 정책)가 설교에 매우 도움이 된다. 예를 들면 어떤 사람이 사랑이라는 일반적 주제를 택하고, 이 네 가지 종류를 이용하여 네 개의 명제를 만들어낼 수 있다. 현재 사실 – "하나님께서는 인종이나 피부색이나 신조에 관계없이 모든 사람을 사랑하고 계신다." 예언 – "사랑은 당신의 원수를 친구로 변화시켜 줄 것이다." 가치 – "하나님을 향한 새로운 사랑만이 세상과 그 안에 있는 것들에 대한 사랑을 이겨낼 수 있다." 정책 – "모든 기독교인은 그 이웃을 사랑하여야 한다."[14] 현재 사실에 대한 명제는 하나의 주장이요, 예언의 명제는 하나의 예언이며, 가치의 명제는 하나의 평가적 판단이요, 정책 명제는 행동으로 옮기라는 강권이다.

그 명제는 진술되는 것인가? 일반적으로는 그렇게 해야 하지만 반드시 그럴 필요는 없다. 주의 깊게 만들어진 명제는 설교 준비와 설교를 할 때 지침으로서 필요하다. 그러나 설교자는 그것을 많은 말로 나타내고 싶어하지 않을지도 모른다. 중요한 것은 설교자의 마음과 듣는 사람들의 마음속에 그것이 분명히 있느냐 하는 것이다. 그것은 언제 진술될 것인가? 적당한 곳이라면 언제라도 좋다. '기본 형식'(제 5장 구조 부분 참조)과 같은 연역적 설교는 시작할 때에 그것을 분명히 해야 한다. 서론 어딘가가 될 것이다. 귀납적 설교는 그 명제로 결론을 지을 수도 있을 것이다. 이야기체의 설교는 설교의 구조 속에 그것을 교묘히 짜 넣을지도 모른다. 물어보아야 하는 질문은 듣는 사람이 그 설교가 전하는 것에 대한 분명한 관념을 가지고 돌아가느냐 하는 것이다. 명제는 숨겨져 있든 드러나든, 설교의 처음에 나오든 가운데에 나오든 결론에 가서 나오든 간에 단순한 진리를 분명히 나타낼 수 있는 가장 좋은 보증이 된다.

제목

제목(title)은 상상력이 풍부하고 무엇인가를 연상시키는 단어나 설교를 대변하는 구절이다. 제목을 주제나 명제와 혼동해서는 안 된다. 주제는 설교의 범위를 한정하는 것이고, 명제는 설교를 한 문장으로 축약해 놓은 것이다. 그 반면 제목은 단지 공식적 목적을 위해서만 사용된다. 그것은 설교 준비를 위한 지침이 되지도 않고 자료를 선택할 때 도움을 주지도 못한다. 주제와 명제가 그 역할을 하는 것이다.15) 다른 말로 바꾸면 다음과 같이 말하는 브라운, 클리나드와 노드커트의 의견에 이의를 제기한다.

> 효과적인 제목은 설교 본론의 뼈대가 될 수 있는 나눌 수 있는 전체를 설교자에게 제공한다. 제목이라는 일반적 관념까지도 설교자가 자료를 수집하고 선별하며 요약하는 데 도움을 준다. 정확한 제목은 그 설교의 구조적 발전 과정에 나타나는 모든 항목 하나하나를 제한하고 통일시키는 데 매우 귀중한 도구이다.

제목은 교회 게시판에 뚜렷하고 읽기 쉬운 글자로 눈에 잘 띄게끔 게시되어야 하고('밤에 다니는 사람들'의 눈길을 끌기 위해서는 불을 비추는 것이 더 좋다.) 지방 신문과 교회 주보에도 그렇게 광고되어야 한다. 그 제목이 사람들로 하여금 그 설교를 듣고 싶게 하거나 관심을 불러일으키거나 들을 만한 무엇이 여기서 이야기된다는 것을 암시한다면 그 제목은 제대로 자기 구실을 다한 것이다.

최근에 4개월간의 설교 계획을 짜고 있는 동안 나는 캘리포니아의 버뱅크에 있는 제일 연합 감리 교회 앞을 지나갈 필요가 있었다. 정책적으로 세워진 교회 게시판에는 목사의 설교 제목이 게시되어 있었고, 그것은 나의 마음을 사로잡았다. 그러나 불행하게도 무엇인가 생동적인 설교가 거기서 행해지리라는 것을 다시금 느끼면서도 그 광고된 설교를 듣지는 못했다. 그 대신 고맙게도 그 교회의 목사이신 헨리 아담스 박사(Dr. Henry W. Adams)는 내가 잘 읽어 볼 수 있도록 150편의 설교 제목을 보내 주셨다. 그 제목들이 보여 주는 분명한 관심과 호소력 때문에 나는 그중 25개를 뽑아 여기에 제시해 보았다. 비록 맛은 상당히 다르다고 하더라도 다음 제목들에는 관심을 불러일으키는 보편적 요소들이 눈에 띌 만큼 들어 있음을 알 수 있다.

"죄의 삯은 아이쿠!"(The Wages of Sin Is Aaaughh!)

"사랑으로 얻은 이 좋은 것"(Tis Best to Have Loved and Won)

"떨어질 수 없는 쌍둥이 : 목사와 회중"(Siamese Twins : Pulpit and pew)

"행동이 있는 곳에 하나님이 계신다"(God Is Where the Action Is)

"평범한 사람들의 주님"(Lord of the Ordinary)

"저 네 글자로 된 말씀"(Those Four Letter Words)

"설교의 어리석음"(The Foolishness of Preaching)

"고속도로 신앙"(Freeway Faith)

"모든 것을 믿을 수 없을 때 무엇인가를 믿어라"(Believing Something When You Can't Believe Everything)

"불행할지라도 행복해지는 법"(How to Be Happy Though Miserable)

"당신의 약점을 조종하라"(Handling Your Handicaps)

"고독을 정복하라"(Conquering Loneliness)

"목사는 베트남을 생각한다"(A Pastor Ponders Vietnam)

"싫증을 느낀 이를 위한 복음"(Good News for the Bored)

"참 하나님, 한 걸음 더 나가주시겠습니까?"(Will the Real God Please Step Forward)

"최악의 때에 최선의 것"(The Best Thing in the Worst Times)

"불완전한 그대로 살아라"(Living With Your Imperfection)

"한가운데"(The Extreme Middle)

"마음의 장의사"(Morticians of the Mind)

"죄를 짓고 즐기는 법"(How to Sin and to Enjoy It)

"사자의 포효, 토끼의 가슴"(The Roar of a Lion, the Heart of a Rabbit)

"악을 거꾸로 쓰면 생명이다"(Evil Spelled Backward Is Live)

"길르앗에 폭탄이 있는가?"(Is There a Bomb in Gilead?)

"한 편만 선한 사마리아인"(A Partly Good Samaritan)

"너무 진실하면 착하지 않다"(Too True to Be Good)

명설교집의 분석과 토요교회를 위한 페이지와 더불어 이러한 제목들은 설교자들이 사용할 수 있는 제목의 다양한 형태들을 보여 준다. 그중 몇 가지를 들어보자.

1. 성경적인 것

"죄의 삯은 아이쿠!"

"설교의 어리석음"

"발 씻겨 주는 회사"(Footwashers, Inc.)

"부활의 능력"(The Power of the Resurrection)

"한 편만 선한 사마리아인"

"죄의 용서"(The Forgiveness of Sins)

2. 역설적인 것

"호산나 찬송하라! 십자가에 못박으라!"(Hosanna! Crucify!)(종려주일 설교)

"죽는 것이 사는 것이다"(To Die Is to Live)

3. 상투적인 문구를 수정한 것

"너무 진실하면 착하지 않다"

"태어난 후의 생명은 무엇인가?"

"노력 없이 성공하는 법"(How to Succeed Without Trying)

4. 신비한 것

"버스를 잘못 탄 사람"(On Catching the Wrong Bus)

"사자의 포효, 토끼의 가슴"

"목장의 약 상자"(Pillbox in a Meadow)

5. 심리적이거나 실존적인 것

"생명이 굴러왔다. 그 다음은 무엇이?"(When Life Tumbles In, What Then)

"삶의 차선을 다루기"(Handling Life's Second Best)

"고독을 정복하라"

6. 시사적 사건

"목사는 베트남을 생각한다"

"투표인가, 총탄인가?"(The Ballot or Bullet)

"셀마와 성도들"(Selma and the Saints)

상상력을 발휘하면 당신도 의심할 여지없이 이와 똑같이 유용한 다른 범주들과 제목들을 더 열거할 수 있을 것이다.

I. 효과적인 제목의 특징

(1) **관심을 유발하는 것** : 읽는 사람의 호기심을 발동시킴으로써 그의 상상력을 활동하게 하라. 그것을 읽은 많은 사람들이 아직 한 번도 당신의 교회를 찾아오지 않은 사람들임을 기억하라. 당신이 택한 그 제목이 들을 만한 가치가 있다는 인상을 당신에게 주는가? 만일 당신이 교회 밖의 사람이라면 이 설교 제목만 보고도 교회에 가 볼 호기심을 가지게 될 것인가? "진흙탕 속의 일곱 마리 오리"(Seven Ducks in a Muddy Pond)라는 제목의 설교(고침을 받으려면 요단강에 일곱 번 목욕하라는 지시를 받은 나아만 장군에 관한 설교)는 교회를 모르는 행인들의 관심을 끌기에 필요한 것들을 갖추고 있다고 볼 수 있다.

(2) **간결할 것** : 그것은 교회를 지나쳐 가는 사람들을 사로잡아야 한

다. 어느 목사가 선택한 "하나님의 사랑의 넓이와 높이와 깊이"라는 제목을 사용하는 것은 현명하지 않은 일이다. 쉬운 형식을 이용하도록 하라.

(3) **현대적일 것** : 제목은 지나간 옛 것을 회상하는 것이 아니라 그 교회와 그 메시지에 적절해야만 한다. 오늘의 사람들에게 말씀을 전하고자 한다면 오늘의 언어를 사용하도록 하라. 그리고 현대인의 관심을 끄는 문제를 이야기하라. 예를 들면 "당신의 약점을 조종하라", "모든 것을 믿을 수 없을 때 무엇인가를 믿어라", "비폭력의 길, 곧 그리스도의 길" 등은 현대인들의 관심사이기 때문에 적절한 것이다.

2. 제목에 나타나는 일반적인 약점

(1) **과도한 진술** : 제목은 겸허해야 한다. 모든 세대를 통하여 기독교인들을 괴롭혀 온 까다롭고 오래된 문제에 대한 만족한 해답을 주려는 제목이 있다면 그것은 너무 낙관적인 생각이다. 제목은 그 설교가 할 수 있는 이상의 것을 약속해서는 안 된다. "왜 하나님은 악을 허락하시는가?"라는 제목이 그런 성질의 것이다. 약속은 적게 하고 좀 더 현실적인 질문을 사용하는 것이 더 좋다. 예를 들면 "하나님은 염려하지 않으시는가?"와 같은 것이다.

(2) **선정적 제목** : 어떤 사람들은 제목에 정확한 의미를 부여하지 못한다. 동정녀 탄생에 관한 설교 제목으로 "성과 그 미혼녀"를 택한 목사를 어떻게 생각하는가? 그것은 분명히 흥미를 자아낸다. 그러나 치러야 할 값이 너무 크다. 인기를 끌기 쉽고 책략적인 제목을 추구하다가 복음의 값을 떨어뜨리기만 할지 모른다. 브라운과 클리나드와 노드커트는 다른 몇 가지 선정적 제목을 보여 준다. "왜 모든 설교자는 지옥으로 가야만 하는가?", "포도원의 나

체주의자", "춤추다 목을 베인 침례교 목사", "필사적으로 운전해 보라(Drive like Hell). 그러면 곧 거기에 당도할 것이다"와 같은 것들이다.16)

(3) **모호성** : "약속의 언약이란 무엇인가?", "목적의 원리", "아름다운 것", "우리 시대의 그날" 이와 같은 제목들은 거의 방향을 제시해 주지 못한다. 그런 부드럽기만한 제목으로는 아무것도 전달하지 못한다. 그러므로 그런 것은 피해야만 한다.

(4) **멀리 있는 것** : 이 말은 반드시 삶의 현실과 멀리 떨어짐을 의미하는 것이 아니라 자기의 관점이 다른 사람들에게서 너무 멀리 있음을 의미한다. 우리가 유발시켜야 하는 것은 밖에 있는 다른 사람들의 관심이다. 다른 사람들은 그 제목과 관계없이 이미 와 버렸거나 오려고 한다. 예를 들면 "메시아", "그의 피", "하나님의 나라", "고린도 : 그 도덕적 갈등", "의의 갈망", "십자가로 가는 열쇠" 같은 것들이다.

(5) **진부한 것** : 이러한 제목들은 외부인들에게 외면당할 것이다. "시험의 능력", "사람은 섬이 아니다", "네 이웃을 사랑하라"와 같은 것들이다.

설교자는 제목의 상대적 가치에 대한 인식은 잘할 것이다. 그러나 '깔끔한' 제목을 선택한다고 몇 시간씩 소비한다면 그것은 잘못된 시간의 청지기이다. 적당한 제목이 나오면 물론 좋지만 그렇지 않으면 곧 다른 일로 넘어가라. 세상의 이목을 끌기 위하여 과도하게 일하지는 말아라. 그 제목 뒤에 있는 설교를 준비하는 것에 그 귀중한 시간을 쓰는 것이 더 좋은 일이기 때문이다. 기지 넘치는 제목 때문에 교회로 오는 사람은 단지 **몇 사람**밖에 없다. 반면에 잘 준비된 설교를 통하여 생활이 변화되어야 하는 사람은 **많이** 있다.

제목은 언제 준비되어야 하는가? 이상적으로는 설교자가 광고하고자 하는 것을 스스로 알 수 있도록 설교가 완성되었을 때 붙이는 것이 옳다. 물론 때로는 제목이 설교 준비를 시작하기도 전에나 시작한 뒤에 곧 붙여질 수도 있다. 어떤 관점에서 보면 이것은 허락되어야 할 뿐 아니라 기본적이라고 할 수 있다. 주초에 게시판에 게시되는 제목은 본래의 목적에 기여할 시간이 그만큼 많아진다. 금요일이나 토요일에 가서 그것을 바꾸려는 노력은 거의 가치가 없다. 신문도 역시 마감시간이 있는 법이다. 토요일 신문에 게재할 것이라면 일반적으로 수요일까지는 종교란 편집자의 책상 위에 그것이 올라가 있어야 한다.

주 〉

1) Webster's New Collegiate Dictionary(Springfield, Mass. : G. & C. Merrian Co. Publishers, 1949).
2) John E. Baird, Preparing for Platform and Pulpit (New York : Abingdon Press, 1968), p. 51.
3) Henry Grady Davis, Design for Preaching(Philadelphia : Fortress Press, 1958), p. 43.
4) Baird, op. cit., p. 51.
5) Davis, op. cit., p. 43.
6) W. E. Sangster, The Draft of the Sermon (Philadelphia : The Westminster Press, 1961), pp. 122-23.
7) Davis, op. cit., p. 26.
8) Charles W. Koller, Expository Preaching Without Notes(Grand Rapids : Baker Book House, 1962), p. 72.
9) John Henry Jowett, The Preacher, His Life and Work(New York : Doran, 1912), p. 133.
10) Davis, op. cit., p. 35.
11) Baird, op. cit., p. 56.
12) Helmut Thieliche, The Trouble With the Church : A Call for Renewal, trans. John W. Doberstein (New York : Harper & Row Publishers, 1965), pp. 54-55.
13) Glen E. Mills, Message Preparation : Analysis and Structure(Indianapolis : The Bobbs - Merrill Company, Inc., 1966), p. 14.
14) Thomas Chalmers, "The Expulsive Power of a New Affection", cited in Henry Grady Davis, Design for Preaching(Philadelphia : Fortress Press, 1958), p. 32.
15) H. C. Brown, Jr., H. Gordon Clinard, and Jesse J. Northcutt, Steps to the Sermon (Nashville : Broadman Press, 1963), p. 96.
16) Ibid., p. 98.

9장

서론과 결론

우리가 아는 대로 생명은 시한부이다. 모든 일과 모든 사람에게는 시작과 마지막이 있다. 생명이 있는 것이나 없는 것이나 똑같이 출발점과 종착점이 있다. 설교도 마찬가지이다. 어디에서인가 시작되어야 하고 어디에서인가 끝나야 한다. 어떤 설교라도 영속적인 것은 없다(어떤 이들에게는 설교를 들은 지 35분 뒤에까지는 그렇게 보일지 모르지만). 설교의 효용성은 여러 가지 요인에 의해서 결정된다. 그 가운데 서론과 결론도 포함된다. 이제 이 두 가지를 차례로 살펴보자.

설교의 서론

설교에 서론이 꼭 있어야 한다는 것은 별로 논의할 필요가 없다. 여기에 대한 브로더스(J. A. Broadus)의 말은 다음과 같다.

사람이란 원래 갑작스러운 변화를 싫어하고 약간 점진적 접근 방법을 좋아하는 성향이 있다. 어떤 건물에 현관이나 출입구가 잘 만들어져 있지 않다면 외견상 좋아 보이지 않을 것이다. 음악의 경우를 생각해 볼 때 정성들여 작곡한 대곡이 있다면 언제나 약간의 전주가 있을 것이다. 따라서 서론이 없는 작문이나 연설도 불완전해 보이는 것은 당연하다.[1]

여기에 동의하지 않는 사람은 거의 없을 것이다. 공식적인 언어를 통한 커뮤니케이션은 화자의 목적과 청자의 조건(행동이나 태도) 사이에 생긴 간격을 메워 주는 자연스러운 수단을 제공해야 하거나 그렇게 보여야 한다. 서론은 그러한 간격을 메워 주는 작업을 시작한다. 칼 바르트는 "서론이란 필요한가?"라고 묻고 스스로 답하기를 "그것은 성경적인 서론이 아닌 한 불필요하다. 어떤 다른 종류의 서론이라도 그것은 몇 가지 이유로 제거되지 않으면 안 된다. 그중 두 가지는 꼭 기억해야 한다. (1) 왜 우리는 교회에 가는가? 하나님의 말씀을 듣기 위해서이다. 따라서 계속되는 예배 행위는 설교의 충분한 서론이 된다. 설교는 예배의 절정일 뿐이다. 그러므로 몇 마디의 시작하는 말로 족하다. 어떤 다른 종류의 서론도 시간 낭비이다. 그리고 설교는 너무 길어서도 안 된다. (2) 서론은 너무나 자주 우리의 생각을 하나님의 말씀으로부터 다른 데로 돌릴 뿐이다."[2]

누구나 이따금씩 서론이 필요하지 않은 설교가 있음을 인정하지 않으면 안 된다. "모든 설교에는 반드시 서론이 있어야 한다는 일부 설교자들의 생각은 무의미하다. 만일 주제가 서론을 필요로 한다면 서론은 반드시 있어야 한다. 그러나 그것이 불필요할 때에는 곧장 본론으로 들어갈 수 있다."[3] 그러한 것은 예외이지 규칙은 아니다. 대부분의 설교는 서론을 필요로 하기 때문이다. 왜 그러한가?

I. 서론의 목적

(1) **주의를 집중시키고 흥미를 유발시킨다.** 헨리 그래디 데이비스(Henry Grady Davis)는 "설교자의 위험은 주의를 끌기가 어렵다는 점이 아니라, 교회에 오는 사람들의 주의와 흥미를 끌기가 너무 쉽다는 점이다."[4]라고 주장한다. 불행하게도 사람들은 귀가 있어도 듣지 못하고 눈이 있어도 보지 못한다. 오랜 동안의 연습을 통하여 사람들은 주의를 기울이는 체하는 완벽한 가장을 하게 되었다. 우리는 설교단에 올라서는 그 순간 사람들의 들으려는 주의를 자동적으로 얻지는 못한다. 교인들이 우리가 말하려는 것을 간절히 듣고자 한다고 생각하는 것은 잘못일 뿐 아니라 건방진 생각이다. "아무도 자동적으로 우리의 메시지에 관심을 가지지는 않는다. …… 우리가 전하는 내용이 얼마나 중요하고 거룩하며 논쟁적이냐에 관계없이 우리는 교인들의 주의를 불러 모으는 것으로 시작하지 않으면 안 된다."[5]

수 니콜스(Sue Nichols)가 말한 대로 "오늘날 무릇 자기 생각을 전하려는 자는 새를 잡는 덫을 놓지 않으면 안 된다."[6] 설교자에게는 모든 자극이 경계의 대상이다. 밖에서 들려오는 소음, 어딘가 피부가 가려운 것, 어느 부인이 쓰고 온 모자, 가까이 앉은 어린 아이의 움직임, 벌레의 윙윙거리는 소리, 지나가는 앰뷸런스의 사이렌 소리 등 이런 모든 것이 흥미와 관심을 끄는 것을 방해하는 잠재적인 적이다. 20세기 초엽의 설교자였던 제임스 위넌스(James A. Winans)는 주장하기를 "설득이란 다른 사람들을 유도하여 제시되는 주장에 공정하고 적절하며 통일된 주의를 기울이게 하는 하나의 과정이다."[7]라고 한다. 그의 글은 연사들이 어떻게 청중의 주의를 사로잡는지 가르쳐 주었다. 그의 생각에 주의는 거의 설득과 동의어였고, 분명히 설득의 궁극적 목표였다. 앞에서 살펴본 바 몬로(Monroe)의 "유도된 결론"에서는 주의가 설득적 연설의 첫 단계이다. 서론이 만일 관심을 일으키고 주의를 모으며 설교자와 그의 메시지에 교인들의 관심의 초점을 맞추어 주는 데 기여하기만 한다면 그것은 적어도 부분적으로는 성공한 것이다. 생스터(W. E. Sangster)는 재미있는 예를 듦으로써 관심을 유발하는 서론을 소개한다.

프린스턴 대학교에서는 아직도 스패호크 존즈(Sparhawk Jones)가 그들의 예배당을 방문했던 일과 그가 읽었던 본문에 관해서 이야기하고 있다. 그가 읽은 본문은 "당신의 개 같은 종이 무엇이관대 이런 큰 일을 행하오리이까?"(왕하 8:13)였다. 잠시 쉰 뒤에 그는 "개이든 개가 아니든 그가 그것을 한 것이다!"라고 명쾌하게 그의 이야기를 시작했다.[8]

그의 청중은 분명히 그에게 주의를 기울였을 것이다.
(2) **생각의 방향을 설정한다.** 설교를 시작하는 첫 순간은 다음 두 가지 질문 중의 하나에 답을 주어야 할지 모른다. 즉, 그는 무엇에 관해서 이야기하려고 하는가? 일반적으로 그는 그것에 관하여 무슨 이야기를 하려고 하는가? 아주 단순하게 서론은 소개만 해야 한다. 서론은 때로 배경적 정보를 제공하거나 용어를 정의하거나 개념을 명확하게 한다. 이렇게 함으로써 설교자는 듣는 사람들이 개념이나 용어 때문에 걸려 넘어지지 않고 설교라는 여행에 따라 나설 수 있게 한다. 서론에서 초점을 좁힐 수 있다는 점도 주목해야 한다. 그 주제의 어디까지를 다룰 수 있을까를 알려주고, 제한사항을 인정하며, 생각의 방향이 설정된다.
(3) **자연적인 것으로부터 영적으로 넘어갈 수 있게 한다.** 잘 알려진 유화 법칙(law of apperception), 즉 알려진 것으로부터 알려지지 않

은 것으로 옮겨간다는 법칙은 교육학의 기초적 실행 원리이다. 숙달된 교사요, 설교자였던 예수님께서는 이 법칙을 실행하셨다. 사마리아 여인에게 말씀하실 때 그는 영적 진리와 신학을 처음부터 말씀하시지 않았다. 먼저 물을 가지고 이야기를 나누고, 그 다음에 여인에게 물을 좀 줄 수 있느냐고 물으셨다. 그런 다음에야 그는 물에 관한 이야기로부터 영원한 만족을 줄 수 있는 것에 관한 이야기로 넘어가셨다. 자연적인 것에서 영적인 것으로 넘어간 것이다. 그 여인이 알고 있는 것으로부터 알아야만 하는 것으로 옮겨간 것이다. 예수님께서는 깊은 영적 진리를 가르치기 위해서 잘 알려져 있는 것을 이용하셨다. 무화과, 어린아이, 새, 빵, 포도주, 바람, 목자 등을 이용하셨다. 사람들이 있는 그 자리에서 출발하여 그가 원하는 곳으로 그들을 데리고 가셨다. 이와 같이 주의 깊게 준비된 서론은 영적 세계로 인도하는 다리를 건설하는 것이다.

(4) **메시지의 타당성을 보이라**. 모든 회중은 누구나 의식적이든 무의식적이든 "왜 내가 이 설교를 들어야 하지?" 하는 질문을 던진다. 설교자에게는 이 질문이 매우 부담스러운 것임에 틀림없다. 이 지점에서 설교의 서론이 바로 회중이 듣고 싶은 의욕을 불러일으키든지 아니면 귀를 막아버리는 결과를 가져온다. 그러나 서론이 성공적일 때 회중은 왜 그가 설교를 들어야 하는지에 대한 질문에 스스로 적합하고 만족스러운 대답을 하게 된다. 바로 여기서 서론의 타당성은 그 필요성을 인정받게 된다.

2. 좋은 서론의 필수성

(1) **간결성**. 헨리 그래디 데이비스에 따르면 서론은 1~2분의 길이여야 한다. 휫셀(Whitesell)과 페리(Perry)는 설교 시간의 5~15%면 된

다고 한다. 청교도 설교가 존 오웬(John Owen)에게 한번은 어떤 노부인이 찾아와서 그가 너무 오래 식탁(상)을 차리고 있기 때문에 자기는 음식에 대한 식욕을 잃어버린다고 말했다는 이야기가 전해진다. 우리가 서로를 단순히 소개하고 도입하는 것에 불과하다는 점을 기억하고 있으면 쓸데없는 이야기를 적게 끌어넣고 설교의 본론으로 속히 들어가게 될 것이다. 대부분의 설교는 단지 몇 마디 말만 필요로 한다. 물론 어떤 설교는 보다 긴 서론을 필요로 하겠지만 이것은 예외이다. 어떤 경우에는 청중이 고려 중인 주제에 관한 지식을 빠뜨리거나 오해하고 있기 때문에 서론이 길어진다. 그런 때에는 오해된 개념을 명확히 하거나 올바르게 정의하는 것은 필수적일 것이다.

(2) **적합성**. 서론은 이 설교 저 설교 아무데나 쓸 수 있는 것이어서는 안 된다. 모든 서론은 몸에 꼭 맞는 옷을 맞추어 입는 것처럼 설교의 본론과 꼭 맞는 것이어야 한다. 데이비스는 그것을 과장하여 "만일 그 서론을 그 설교 아닌 설교에도 쓸 수 있는 것이라면 그것은 이 설교에 좋은 서론이 못된다."[9]고 했다. 모든 서론에는 고유한 특징이 반드시 있어야 하고 기본 개념을 지향하는 말이 들어 있어야 한다. 이질적 생각은 오도하기가 쉬운 법이다. 서론은 강점이 되거나 약점이 되거나 둘 중 하나이다. 잘못 지향된 관심은 축도할 때까지 줄곧 설교자를 어려움에 몰아넣을지도 모른다. 그러므로 서론은 반드시 그 설교에 적절하여야 한다.

(3) **겸허함**. 서론은 당신이 전할 수 있는 것 이상을 약속해서는 안 된다. 서론에서 당신이 인종 문제에 대한 해답을 주겠다고 약속한다면 그것은 자기 욕심에 사로잡힌 말이다. 예를 들어 오늘 아침 당신의 목적이 종말론적 문제를 완전 해결하는 것이라고 말한다면 그것도 역시 매우 건방진 말이다. 어떤 평신도가 자기 목사를

이렇게 비판했다. "당신은 초고층 건물의 기초를 놓는 것으로 시작하였습니다. 그러나 그 위에다 지은 것은 병아리 둥지 하나뿐입니다." 또 다른 어떤 평신도는 자기 목사에 관해서 "그의 서론은 관심을 끌기에 충분한 걸작이었고, 표현도 주의 깊게 되었으며, 그는 그것을 외우기까지 했습니다. 그러나 설교의 나머지 부분은 대조적으로 졸작인 것 같았습니다."라고 했다. 인상적인 서론 뒤에 별 볼일 없는 설교를 한다면 그것은 심각한 문제이다. 오히려 시작은 겸손하게 하고 서론에서 한 약속과 어울릴 만한 설교를 하는 것이 더 좋다고 하겠다.

(4) 흥미. 지루함과 거룩함은 동의어가 아니다. 복음은 본질적으로 생동적이요, 감격적이다. 그것은 좋은 소식이지 나쁜 소식이 아니다. 설교에서 어떤 점을 지루하게 한다면 그것은 일종의 죄이다. 서론은 복음에 감추어져 있는 본래적 흥미를 드러내야 한다. 설교는 골프 경기와 같다. 서론은 티샷(tee shot)에, 본론은 페어웨이 게임(fairway game)에, 결론은 퍼팅 게임(putting game)에 비교할 수 있다. 골프와 마찬가지로 좋은 설교가 이 셋 중 어느 한 가지로 말미암아 실패작이 될 수 있다. 서론으로 회중의 관심을 사로잡지 못하는 설교자는 본론을 제대로 전하기 위해서 상당한 노력을 기울여야 할 것이다. 서론에서 잃어버린 흥미를 본론에 가서 회복하기란 어려운 일이다. 처음부터 흥미를 일으키고 그것을 유지해야만 한다.

(5) 암시적일 것. 서론이 요약된 설교가 아니라면 서론에서 모든 것을 내놓지 마라. 설교에서 이 부분은 준비하고 암시하는 부분이지 모든 것을 다 내놓는 부분은 아니기 때문이다. 그것은 현관이지 본건물이 아니다. 설교가 발전되어 갈 때 새로운 것이 전혀 나타나지 않는다면 흥미는 떨어지고 말 것이다. 현대 이론가들은

"청중이 적대적인 것으로 알려져 있다면, 주제를 펴거나 논의를 하는 것은 정말 무분별한 일이다."10)라고 하고 있다. 만일 적의를 품은 청중이 있다거나 그 주제에 대해 적대적이라고 하면, 서론에서 앞으로 무엇을 이야기할 것인지 밝히지 말아야 한다. 사실 대부분의 청중은 다음과 같은 메시지에 더 좋은 반응을 보이는 것 같다. 즉, "설득자가 서론에서 자기 목적을 말하지 않고, 오히려 서론을 자기와 청중 사이의 상호 동의하는 영역을 강조하는 데 쓰고 결론을 어떤 특별한 행동을 촉구하는 데 쓰는"11) 그러한 메시지를 청중은 더 좋아한다는 말이다.

월스터(Walster)와 페스팅거(Festinger)에 의한 실험(1961)과 브로크(Brock)와 벡커(Becker)에 의한 실험(1965)은 화자의 견해에 어느 정도 호의를 가지고 있는 청중에게 이야기할 때에도 화자는 자기 의도를 숨겨 두는 것이 더 잘하는 일이라고 한다. "청중이 그 주제에 깊이 관련되어 있고, 화자의 견해에 호의적일 때에도 그것이 그들을 위해 의도적이었다는 것을 알고 들을 때보다 우연히 그 메시지를 듣게 되었다고 느끼는 때에 더 큰 영향을 입는"12) 것으로 밝혀졌다.

3. 서론의 형태

(1) **성경적 서론**. 성경적 서론은 보통 서사 설교(narrative sermon)에 사용된다. 예를 들면 요한복음 3장을 본문으로 설교를 할 때 그 장면을 머릿속에 재구성해 봄으로써 시작한 설교가 있다. 예수님께서 머무시던 이층 방을 묘사한 것이다. 성장(盛裝)을 한 유태인의 지도자 니고데모가 주님과 만나기 위하여 금방 무너질 듯한 계단으로 올라갔다. 그 다음 주님과의 대화가 오고 가는데 이것이 이야기체 설교를 전개해 나가는 데 줄거리가 된다. 다른 형태의 설

교도 성경적 서론을 사용할 수 있다. 예를 들면 제임스 스튜어트는 "휘장의 찢김"이라는 설교에서 성전과 지성소를 묘사함으로써 시작했다. 그 다음에 그는 그 휘장이 어떻게 위로부터 아래까지 찢기었는지를 이야기하였다. "하나님께서 찢으신 것을 사람이 잇지 못하게 하라." 거기서부터 그는 청중을 위하여 신학적 의미를 발전시켜 나갔다. 칼 바르트는 모든 서론이 성경적이어야 한다고 주장할 때 이것을 너무 과장하고 있다. 그것이 성경적이라고 하면 이야기나 극으로 만들 필요가 없으며, 청중과의 동일화도 필요하지 않다는 것이다. 너무나 자주 성경적 서론을 사용하면 재미없고 시대에 뒤진 고풍을 풍기는 맛을 준다. 나는 "오늘은 추방되었던 유대인들이 바벨론 포로생활로부터 귀환하는 이야기를 전해 주는 예레미야서의 한 구절을 생각해 봅시다."[13]로 시작되는 설교가 어떤 관심을 불러일으키는지 심각한 질문을 하고 싶다. 일반적으로 사람들은 바벨론이나 예레미야서에는 흥미를 가지지 않는다. 그들은 여기, 그리고 지금에 관심을 가지고 있다. 예레미야서나 바벨론 포로생활을 적절하게 이용하기 위해서는 그것이 오늘을 사는 현대인들과 가지는 상관관계를 현대 상황 속에서 식별할 수 있도록 당시의 공통점들을 찾아내고 이야기나 극으로 만들어야 한다.

(2) **세속적 서론**. 어떤 설교학 교수들은 세속적 서론만을 사용하라고 권면한다. 이론적 근거는 간단하다. 사람들은 오늘의 세상에 살고 있다. 그러므로 설교는 그들이 지금 살고 있는 거기에서 시작해야 한다. 성경에 나오는 세계에서 시작하는 것은 당신의 교인들이 지금 살고 있지 않는 곳에서 시작하는 것이다. 세속적 서론은 그 메시지의 현대성을 보장해 준다. 그러한 서론들은 예배 경험의 일반적 분위기에 따라 조정되지 않으면 안 된다. 만일 예배

중에 웃는다거나 좀 가벼운 분위기가 보이면, 가벼운 기분으로 시작해서 점차 청중이 더욱 심각한 사고를 하도록 변화시켜야 한다. 반대로 분위기가 냉정하고 무거우면, 이야기는 신중한 어조로 시작할 수 있다. 서론으로 분위기를 갑자기 바꾸는 것은 커뮤니케이션에 있어서 '예비적 조정' 역할을 간과하는 것이다. 설교의 세속적 서론으로는 여러 가지 형식이 이용될 수 있다.

(a) **개인적 경험**. 흔히 사용하는 이런 형태의 서론은 권장할 만한 점이 많다. 그것은 설교자에 대한 신뢰도를 높여 주고, 회중에게는 자기가 경험한 삶의 상황과 동일화할 수 있는 기회를 제공한다. 이러한 서론에 있을 수 있는 한 가지 결점은 메시지에 주의를 기울이게 하기보다 설교자 자신에게 불필요한 주의를 기울이게 할지도 모른다는 점이다.

개인적 경험을 잘 살려 사용한 예로서 우리는 존 클레이풀(John R. Claypool)의 "약해지지 않는 힘"(Strength Not to Faint)이라는 설교를 들 수 있다. 그 설교 서론에서 그는 자기의 아홉 살 난 딸 로라 루(Laura Lue)의 병에 대하여 이야기하고 있다. 그는 딸이 심한 백혈병으로 고생하던 그 여러 달에 관하여, 그리고 기도하던 시간들과 희망이 산산조각나던 그 시간들, 기다림과 절망과 어두움의 순간들을 이야기하였다. 이러한 배경과는 대조적으로 그는 본문 이사야서 40:27~31을 사용하여 교회의 본질과 하나님의 예비하심을 이야기하였다.[14]

(b) **경구(警句)의 사용**. "하나님은 죽었다."는 운동에 앞서 행해졌던 어떤 설교는 "우리는 하나님을 믿지 않습니다. 단지 믿고 있다고 말할 뿐입니다."로 시작되었다. 회중은 반응을 보였다. 그러자 그 다음에 그 설교가는 비록 그들이 이론적으로는 유신

론자이지만 실천적인 면에서는 거의 무신론자인 것처럼 살아가고 있다고 이야기해 나갔다. 처음의 그러한 한마디 진술은 청중으로 하여금 바로 주의를 기울이게 해 주었다.

(c) **한 토막의 뉴스.** 해리 에머슨 포스딕은 "버스를 잘못 탄 사람"이라는 설교를 다음과 같은 이야기로 시작하였다.

> 최근 신문에는 디트로이트로 가야겠다는 충분한 의도와 희망을 가지고 버스를 탄 어떤 사람 이야기가 실려 있었습니다. 오랜 여행 끝에 종착점에 내렸을 때 그는 자기가 디트로이트가 아닌 캔자스시티에 와 있음을 알게 되었습니다. 그는 버스를 잘못 탔던 것입니다. 인간생활에는 이러한 일이 종종 일어나고 있습니다. 대체로 사람들은 좋은 일들, 곧 행복과 아름다운 가정생활, 사업의 성공, 친구들로부터의 존경, 존경받는 만년을 희망하고 있습니다. 우리는 공통적으로, 그리고 의식적으로 이러한 좋은 일들을 바라고 또 얻고 싶어합니다. 다른 아무것도 이만큼 우리 모두가 공통적으로 희망하는 것은 없습니다. 그러나 오랜 여정 끝에 종착점에 이르렀을 때에 너무나 많은 사람들이 전혀 다른 곳에 와 있는 자신을 발견하고 있는 것입니다.[15]

(d) **문제의 제시.** 포스딕은 "이와 같은 세상에서 어떻게 선한 하나님을 믿겠는가?"라는 설교를 이렇게 시작하였다.

> 우리는 오늘 아침 한 가지 오래된 질문을 하고 있습니다. 이와 같은 세상에서 어떻게 선한 하나님을 믿을 수 있겠느냐는 것입니다. 몇 천 년 전에 욥이 이 문제에 부딪혔습니다. 그리고 소포클레스는 어떻게 신들이 이처럼 많은 고난과 고통을 보고도 자기 만족에 빠져 있을 수 있는지를 묻고 있습니다. 우리 세대는 키츠(Keats)가 '세계 최대의 고뇌'라고 불렀던 그것을 다시 느끼고 있습니다. 우리는 어떻게 전선(全善)하시고 전능(全能)하신 하나님과

이 세상을 조화시킬 수 있을까요? 이 세상은 지진과 폭풍우, 콜레라와 암, 장구한 세월 동안 생물계가 보여 주는 무자비함, 날 때부터 이미 개인 개인에게 닥쳐오는 광증 같은 질병들, 인간생활이 말려들고 있는 정욕과 빈곤과 전쟁의 혼란, 이 모든 것으로 가득 차 있지 않습니까? 우리는 위대하시고 전선하신 하나님을 찬양하고자 교회로 옵니다. 그러나 얼마나 많은 가슴속에 이러한 세상을 만드신 이가 하나님이시라면 어떻게 그 하나님이 전선하시고 위대하신 하나님일 수 있느냐는 의문이 일어나고 있습니까?16)

(e) **인용구의 이용**. 토론토에서 온 의사 오버톤 스테폰스(Overton Stephons)는 보스턴에서 다음과 같은 말로 설교를 시작하였다. "세상에는 단 세 가지 종류의 사람들만 있습니다. 충성스러운 기독교인들과 충성스러운 공산주의자들, 그리고 마음씨는 고우나 별 볼일 없는 사람들입니다." 흔히 인용구는 주의를 끄는 가장 빠른 방법이다.

(f) **어떤 책의 이용**. 로저 로베트(Roger Lovette)는 어떤 설교를 이렇게 시작하였다.

"윌리엄 깁슨(William Gibson)은 그의 소설 「망자를 위한 미사」(A Mass for the Dead)에서 고인이 된 어머니가 남기고 가신 금테 안경과 색 바래고 모서리가 다 닳은 기도서를 집어들 때의 장면을 기록하고 있습니다. 그는 한때 어머니가 좋아하셨던 그 의자에 앉았습니다. 그리고는 그 책을 펴서 어머니께서 그 책에서 틀림없이 읽으셨으리라 생각되는 부분들을 찾아보려고 했습니다. 그는 자포자기에 빠져 한때 그렇게도 생생하고 현실적이었으며 의미 깊었던 어머니의 신앙의 가느다란 줄기라도 잡아 보려고 했습니다. 그러나 윌리엄 깁슨은 그 어머니가 보았던 그것을 결코 보지 못했다고 쓰고 있습니다. 어머니께서 들으셨던 그것을 그는 결코 들을 수 없었다고 합니다. 그는 돌아가신 어머니의 신앙의 불을 다시 지펴 보려고 했습니다만 결코 그런 식으로 불이 붙지 않았습니다. 모든 사람은 자기 자신의 신앙을 찾지 않으면 안 되는 것입니다."[17]

(g) **계절과 관련되는 이야기.** 부활절 계절에 행한 프랑크 니콜스(Frank A. Nichols)의 어떤 설교는 이렇게 시작되었다.

부활절은 많은 기독교인들에게 있어서 그 본래의 신앙적 의미를 잃어가고 있습니다. 첫 번째 부활절 아침의 그것이 아닌 것입니다. 그날에는 예수님의 부활이 인류를 괴롭혀 온 가장 심원한 한 의문에 답을 주었습니다. 지난 주일 우리는 이러한 기본적인 신약의 메시지를 들었습니다. 간단히 말씀드리면 그것은 이러했습니다. 예수 그리스도의 부활은 죄와 죽음에 대한 하나님의 승리를 상징하는 것입니다.[18]

(h) **우스운 이야기.** 유머는 조심스럽게 사용되기만 한다면 설교에 사용될 수 있다. 때때로 서론은 유머가 사용되기에 가장 적절한 곳이 된다. 잘못 사용되어 "우습기는 하지만 설교와는 무관한 이야기를 하다 보면 회중에게 지존자의 예언자로서보다는 어느 궁정 광대의 인상을 주기도" 쉽지만, 현명한 사람의 손에 들어가면 하나의 효과적이고 적절한 도구가 될 수도 있는 것이 유머이다.[19] 엘톤 트루블러드(Elton Trueblood)의 "그리스도의 유머"(The Humor of Christ)라는 설교를 읽으면 그것은 설교자가 이런 면을 발전시켜 나가는 데 도움을 줄 것이다. 유머를 불경하다고만 할 수는 없다. 오직 흥미를 끌기 위해서만이 아니라 설교의 내용과 적절하게 연결만 되면 그것은 사실상 사람들의 귀를 끌 수 있는 보증이 되기도 한다.

서론에 사용될 수 있는 다른 것들로는 다음과 같은 것들이 있다. 질문, 말로 생생한 장면을 묘사하는 것, 정의, 비유, 수수께끼, 예언, 시, 그 문제나 주제의 간략한 역사, 기도, 격언, 이러한 것들이다. 사용될 수 있는 가능성은 거의 무한하다고 하겠다. 하지만 두 가지 서론은 피하지 않으면 안 된다. 첫째로, 지난번 설교의 서론을 되풀이하는 것이다. 이것은 회중의 뺨을 치는 것과 같다. 그리고 교인들에 대한 모독이다. 왜냐하면 그것은 당신이 새로운 준비를 할 만큼 주의를 기울이지 않았음을 의미하기 때문이다. 하나의 설교를 두 번 세 번 되풀이할 수는 있다. 그러나 그것은 항상 그때에 맞게끔 새롭게 개조되지 않으면 안 된다. 결코 설교는 단순히 '저장해 놓은 통' 가운데서 아무것이나 하나 골라내어 하는 것처럼 되어서는 안 된다. 둘째로, 설교자는 변명을 하지 말아야 한다. 즉, "충분히 준비할 시간이 없었습니다." "나는 이 메시지에 만족하지 못합니다."라든가 "원고를 그만 집에 두고 왔습니다." 등은 피해야 한다. 아니면 "나는 설교자로서 충분한 자질을 갖추지 못했습니다." 하는 것도 옳지 않다. 그냥 일어나서 설교하라. 평가는 교인들 스스로가 하게 맡겨 두라.

설교의 결론

설교의 결론은 흔히 설교 준비를 할 때 가장 어려운 부분이라고 생각된다. 그러므로 출판된 설교들 가운데 결론만큼 부적절한 것이 없다는 것을 발견하여도 놀라운 일이 못된다. 왜 이렇게 되어 버렸는지 확실히 알 수가 없다. 설교를 발전시키고 서론을 준비하는 데 너무 많은 시간을 바쳤는지도 모른다. 해답이 무엇이든 그런 현상은 우리를 당혹케 한다. 결론을 효과적으로 맺은 20편의 설교에 여러분이 관심을 가졌으면 하고 바랐지만 불행히도 그렇게 할 수가 없다. 가장 훌륭한 설교가들까지도(필립스 브룩스, 조셉 파커, 헨리 워드 비처, 해리 에머슨 포스딕, 제임스 스튜어트, 아더 버트릭 같은 이들을 포함하여) 한결같이 우리를 실망시키고 있다. 많은 설교들이 끝을 맺은 것처럼 보이지만 실은 '멈춰 버리고' 만 것이다. 인상적으로 시작하고 설득력 있게 전개된 설교가 흔히 싱거운 결론으로 끝나고 만다. 앞서 사용한 골프 이야기를 생각한다면, 티샷(서론)은 똑바르게 잘 되었고, 페어웨이 게임(본론)도 기술적으로 잘 해냈다. 그러나 설교자는 그의 퍼트(결론)를 "날려버린다."

이러한 설명을 하는 것은 실망을 주기 위해서가 아니라 이 딜레마를 알고 설교를 준비하고 있는 설교자들을 격려해 주기 위해서이다. 우리 대부분은 결론 부분에 가서 도움을 필요로 한다.

I. 좋은 결론의 특징

(1) **자연스럽고 적절한 것**. 결론은 주제에 있어서 앞선 서론이나 결론과 일치하지 않으면 안 된다. 그것은 본론에서 발전된 관념과 계속성을 지녀야만 한다. 나는 다니엘서 3장을 본문으로 한 "느부갓네살의 금신상"이라는 설교를 들은 적이 있다. 그 설교는 결국 세례를 받으라는 권면으로 결론지어졌다. 이런 경우 본론과 결론 사이에는 아무 관계도 없었다.

(2) **주제에 있어서 틀림없이 개인적일 것**. 설교는 하나님과의 개인적 만남이다. 제임스 스튜어트의 설교는 한결같이 당당하고 날카로우며 장엄한 언어로 화려하게 끝나고 있다. 감정에 사로잡히지는 않지만 감동을 주는 면이 거기에 있다. 사람들이 회개하고 믿고 봉사하도록 단지 간접적으로 촉구할 뿐이다. 그것은 더 분명하게는 예배를 촉구하는 결론이다. 그러나 사람들이 그 자리에 일어서서 무릎을 꿇고 경배하도록 하지는 않는다. 기대되는 반응은

하나님을 찬양하는 것이다. 그의 설교는 당신을 세상 한가운데 그냥 내버려두지 않고 그리스도의 발 앞에 서게 한다. 강조점은 하나님과의 개인적인 만남에 있다. 나와서 봉사하라는 광란적인 부름이기보다는 전능하신 주님 앞에 머리를 숙이지 않고는 견딜 수 없게끔 하는 부름이다. 예배는 봉사가 저절로 흘러나오는 원천이 된다.

(3) **설교의 정점**(頂點). 발전되고 있는 관념은 그 강도가 점차 더해가서 결론은 그 설교의 정서적 정점이 되어야 한다. 어느 설교학 교재는 말하기를 "위기는 가까웠다. 결단의 순간이 왔다. …… 결론은 모든 것을 조화 있고 감동적인 절정으로 몰아가는 시간이다. …… 메시지는 이제 클라이맥스에 이르렀다. 결론은 결단을 내릴 시간이다."[20] 설교는 수평선을 따라 움직이지도 않고 움직일 수도 없다. 산봉우리도 있고 골짜기도 있다. 주의를 끄는 것을 바로 표시한 그래프는 결코 직선이 아니다. 오히려 그것은 주식 파동을 나타내는 그래프와 같다. 평지, 봉우리, 골짜기, 평원, 봉우리, 골짜기, 그리고 마지막으로 하나의 봉우리가 나타난다. 때로는 청중을 쉬게 하고 숨 돌릴 시간을 주는 것이 현명하고 적절한 일이다. 하찮은 것을 찾아나서는 시간이 아니라 자료나 음성으로 보조를 바꾸는 시간이다. 설교는 클라이맥스의 연속이다. 설교자는 감정을 강화하고 생기를 부어가다가 마지막으로 최고 절정의 시간에 결론을 맺는 것이다. 감정적 절정에 이르렀을 때 설교는 끝맺어야 한다. 그 뒤에 더 따라오는 모든 것은 클라이맥스를 죽이게 된다.

(4) **간결한 것**. 서론과 결론은 길이가 짧아야 하고 표현이 간결하여야 하며 요점을 찌르는 것이어야 한다. 긴 서론과 결론은 엉성한 사고와 정확하게 말하는 능력의 결여를 드러낸다. 설교가 적절하

게 행해져 왔다고 하면 결론은 25분이나 30분의 전체 설교 중에서 2분이나 3분을 넘을 필요가 없다.

2. 결론의 형식

(1) **요점의 반복**. 요점의 반복도 부자연스러운 반복은 지루하기 때문에 불필요하다. 그것은 개관 이상으로 장황하면 그 효과를 상실하고 만다. 설교자는 본론에서 사용된 표현을 정확하게 그대로 반복하지 않고 동의어와 반성을 이용하고 고쳐 말하는 기술을 배워 두는 것이 좋다. 동의어들을 사용하라. 이런 식으로 하면 단순히 반복되어 지루함을 주지 않고도 관념들을 재생할 수 있다. 결론은 "설교의 목적을 달성하는 데 도움을 주는 통일적이고 피할 수 없는 인상을 주어야 한다. 이것은 마지막으로 영향을 주기 위하여 지금까지 준 모든 인상을 강화하는 자리이다."[21] 아울렌바흐(Gene W. Aulenbach)가 행한 어떤 설교는 요점을 반복함으로써 결론을 맺고 있다. "불의한 청지기는 자기를 위하여 제 2의 기회를 만들어 둘 만큼 영리하였습니다. 그는 우정과 영원한 나라를 위하여 준비할 만큼 현명하였습니다. 여러분도 그만큼 지혜로워지시겠습니까?"[22]

(2) **적용**. 어느 신학생이 행한 도식적 설교는 십자가 사건을 묘사하였다. 즉, 심문, 골고다까지 걸어가심, 그리스도의 손과 발에 박힌 못, 로마인의 형틀 십자가가 땅에 세워지는 소리, 이 사건에 동반되는 그 견디기 어려운 고통 등을 묘사하였다. 그는 단순히 요한복음 3:16과 비슷한 말로 결론을 지었다. "하나님이 세상을 이처럼 사랑하사 그 독생자를 주셨느니라."

(3) **권면**. 이것은 도전의 형식을 취한다. 예를 들면 어떤 설교는 아이작 왓츠(Isaac Watts)의 찬송의 한 구절 "사랑은 너무 놀랍고 거룩하여 나의 영혼, 나의 생명, 나의 모든 것을 요구하네."로 끝맺을

수 있다. 아니면 "여러분의 반응은 어떠합니까? 여러분은 무엇을 하시려고 합니까?"라는 물음을 물을 수도 있다.

(4) **권유나 부름**. 이것은 불신자에게 맞출 수도 있고, 신자에게 맞출 수도 있다. 그것은 회중에게 설교에 대하여 사적으로 조용히 하거나 공적으로 분명히 드러내 놓고 하든지 무엇인가를 하라고 하는 부름이다. 그것은 죄를 고백하라는 것일 수도 있고, 예배하라는 것일 수도 있다. 그것은 예배당 앞자리에 나와서 그리스도를 따르겠다는 뜻을 공적으로 표명하라는 부름일 수도 있다. 그것은 세례를 받으라는 권면일 수도 있고, 교회에 등록하라는 권면일 수도 있다. 도전이 어떤 것이든 그것은 청중이 해야 하는 지금 하지 않으면 안 되는 것을 정확하게 알려 주고 충고하는 것이다. 로버트 올리버(Robert T. Oliver)는 세속적 연설의 관점에서 설교자에게 다음과 같이 웅변으로 이야기해 주고 있다. 동의를 구하는 기초를 놓을 뿐만 아니라 실제로 그렇게 하도록 하는 것이 필요하다. 결론은 그 연설의 마지막에 '점선 위에 하는 서명'이다. 서론이 씨를 심었다면 본론은 곡식을 가꾸었고, 결론의 기능은 추수를 하는 것이다. 일반적으로 설득적인 연설의 결론은 행동으로 옮기라는 호소의 형식을 취한다."[23]

(5) **축복 기도**. 설교는 하나님의 백성들 위에 선언되는 축복으로 끝날 수도 있다. 존 크리소스톰(Jonh Chrysostom)은 흔히 설교를 기도와 송영을 결합하여 끝맺었다.[24]

(6) **격려**. 이것은 특히 치료적 설교에 적절하다. 그것은 하나님의 예비하심을 마지막에 회상시켜 주는 위로의 형식을 취한다. 포사이스(P. T. Forsyth)는 "여러분의 신앙은 …… 그를 실망시킬지 모릅니다. 그러나 하나님은 결코 여러분의 신앙에 실망하지 않으신다는 것을 여러분은 압니다."[25]라고 긍정적인 말을 해 줌으로써 사람

들을 격려해 주었다.

(7) **시(詩)**. 시를 사용할 때는 그것을 읽지 말고 외워서 해야 한다. 제임스 스튜어트의 "성령의 바람"이라는 설교는 다음과 같이 끝맺고 있다.

오늘 우리가 그리스도를 그의 말씀대로 받아들일 수 있다면 교회가, 우리 각자가 성령님께서 우리와 함께 일하시도록 할 수 있다면! 나는 그것이 얼마나 어려운지를 압니다. 그 어려움이 얼마나 크고 무서운 것인지를 너무나 잘 압니다. 그러나 마침내 나는 그것이 매우 간단하다는 것도 알게 되었습니다. 나는 예수님을 그의 말씀대로 받아들일 수 있을까? 그렇습니다. 지금이 받아들여야 하는 시간입니다. 바람에 귀를 기울이시라. 니고데모여. 바람에 귀를 기울이시라!

모든 그늘 사라지고
서풍이 불어올 때
내 마음의 모든 창을
당신의 날을 향해 엽니다.[26]

(8) **충격이나 놀라움**. 요점을 반복하는 방법이 예견될 수 있는 것이라고 하면, 놀라움을 줌으로써 끝맺는 방법은 그 정반대이다. 그런 방법은 그 나름대로 독특한 힘을 가진다. 그러나 그것은 최대의 효과를 기대할 수 있을 때에만 사용되어야지 아무 때나 함부로 사용되어서는 안 된다. 어떤 것을 듣는 사람의 편에서 예견할 수 있을 때 – 놀라움까지도 – 그것은 그 힘을 잃고 만다. 피터 마샬(Peter Marshall)은 엘리야에 관한 한 폭의 그림 같은 설교를 다음과 같은 말로 끝맺었다. "하나님이 참 하나님이시라면 그를 경배하시오. 그러나 바알이 참 신이라면 그를 경배하시오. 그리고 지옥으로나 가시오. 기도합시다."

여기에 열거한 것들은 단지 하나의 제안에 불과하다. 상상력과 창의력을 통하여 여러 가지 다른 형식들을 들 수 있을 것이고, 또 매우 유익하게 쓰일 수도 있을 것이다.

피해야 할 점들

정통적 설교의 결론은 항상 요점의 반복이거나 재진술이거나 이미 논의된 자료에 기초한 권면이나 권유였다. 만일 이것이 옳다고 한다면 당신은 결론에서 새로운 자료를 도입해서는 안 된다. 만일 새로운 자료가 결론에서 사용되고 있다면, 그것은 그 설교의 본론을 제대로 잘 정리하지 못했다는 증거가 된다. 결론은 새로운 내용을 덧붙이는 것이 아니고 설교의 마지막 한마디, 초점을 다시 맞추어 주는 한마디여야 하고, 지금까지 해 온 이야기를 마지막으로 한번 돌아보는 것이어야 한다.

두 번째 금기사항은 '결론적으로', '끝으로', '마지막으로' 라는 말들을 사용하는 것이다. 당신의 의도를 나타내지 않고 결론을 맺는 것이 가장 좋다. 샌스터는 말하기를, " '마지막으로' 라는 말 대신에 사용될 수 있는 동의어가 얼마나 많은지 정말 놀랄 만한 일이다. 그러나 이제 끝난다는 희망(!)을 안겨 주는 이 모든 자극적인 말은 피하는 것이 가장 좋다. 그냥 단순히 당신이 내리고자 하는 결론으로 들어가도록 하자."[27]

일반적으로 결론은 서론보다 먼저 준비된다. 설교가 거의 완성되고 난 뒤에 서론의 모습이 바로 정립될 수 있다. 논리는 분명하다. 서론이 참으로 그 설교를 소개하려고 하면 그 뒤에 오는 것이 무엇인지 분명해진 뒤에 그 위에 세워져야 하는 것이 마땅하다. 분명하고 흥미로운 서론과 간결하고 도전적으로 들리는 한마디 힘 있는 결론이 좋은 설교에 없어서는 안 될 요소라는 사실은 의심의 여지가 없다.

주〉

1) J. A. Broadus, On the Preparation and Delivery of Sermons, rev. Jesse Barton Weatherspoon (New York : Harper & Brothers, 1944), p. 101.
2) Karl Barth, The Preaching of the Gospel, trans. B. E. Hooke(Philadelphia : The Westminster Press, 1963), pp. 78-79.
3) W. E. Sangster, The Craft of the Sermon(Philadelphia : The Westminster Press, 1951), p. 124.
4) Henry Grady Davis, Design for Preaching(Philadelphia : Fortress Press, 1958), p. 187.
5) Sue Nichols, Word on Target(Richmond : John Knox Press, 1963), p. 29.
6) Ibid., p. 19.
7) James A. Winans, Public Speaking (New York : The Century Company, 1921), p. 194.
8) Sangster, op. cit., p. 135.
9) Davis, op. cit., p. 188.
10) Gray Cronkhite, Persuasion : Speech and Behavioral Change(Indianapolis : The Bobbs-Merrill Company, Inc., 1969), p. 193.
11) Ibid., p. 195.
12) Ibid., pp. 193-94.
13) Marold W. Kaser, "When People Ask the Way to Zion", Pulpit Digest (April 1970), p. 45.
14) John R. Claypool, "Strength Not to Faith", Pulpit Digest (February 1970), pp. 46ff.
15) Harry Emerson Fosdick, Riverside Sermons(New York : Harper & Brothers Publishers), p. 38.
16) Ibid., p. 247.
17) Roger Lovette, "A Faith of Our Own", Pulpit Digest(April 1970), p. 15.
18) Frank A. Nichols, "Resurrection Postscript", Pulpit Digest (April 1970), p. 11.
19) H. C. Brown, Jr., H. Gordon Clinard, and Jesse J. Northcutt, Steps to the Sermon (Nashville : Broadman Press, 1963), p. 126
20) Ibid., p. 121.
21) Glen E. Mills, Message Preparation : Analysis and Structure(Indianapolis : The Bobbs-Merrill Company Inc., 1966), p. 83.
22) Gene W. Aulenbach, "Get Thee Wisdom", Pulpit Digest(April 1970), p. 44.
23) Robert T. Oliver, The Psychology of Persuasive Speech, 2nd ed.(New York : Longmans, Green and Co., 1957), p. 339.
24) Davis, op. cit., p. 199.
25) P. T. Forsyth, Positive Preaching and the Modern Mind(London : Independent Press, Ltd., 1960), p. 46.
26) James S. Stewart, The Wind of the Sprit(Nashville : Abingdon Press, 1968), p. 19.
27) Sangster, op. cit., p. 149.

10장
내용의 전개

잘 조직된 설교는 의도된 형식대로 전개된다. 전통적으로 이 전개 과정은 서론, 본론, 그리고 결론의 차례로 구체화되어 왔다. 설교의 본론은 개관적 고찰, 뒷받침이 되는 자료와 논리와 정서에 대한 고찰, 그리고 스타일과 언어 문제를 포함한다. 이러한 설교를 구성하는 요소들을 이제 순서에 따라 고찰해 보자.

개관

일단 원자료가 손에 들어오면 설교의 살을 붙일 수 있는 골격을 발전시키게 된다. 개관을 해 보는 것은 설교자와 듣는 교인들 모두를 도와 줄 것이다. 그것은 설교자에게 산만하지 않게 해 주며, 질서와 사고의 방향을 설정해 준다. 생략과 탈선, 모순, 잘못된 강조, 증거도 없는 주장 등은 현저히 줄어들 것이다. 설교는 잘 짜여진 구조의 보호가 결여될 때 질서를 잃고 만다. 필립스 브룩스(Phillips Brooks)는 말하기를 "쓸 때의 참 자유는 법칙을 따를 때 온다. 그리고 설교의 개념을 철저히 만들면 만들수록 그 설교는 마치 잘 막아진 둑 사이로 흐르는 강물이 바로 흘러가듯이 더 자유롭게 흘러갈 것이다."1)라고 하였다.

정통적 설교는 '세 개의 대지와 하나의 시'로 구성되어야 한다는 데 대해서는 많은 우스운 이야기들이 있기는 하지만, 그래도 산만성을 줄이기 위해서는 개관적 고찰을 하는 것이 좋다. "돼지에 관하여"라는 리틀 메어리(Little Mary)의 수필은 이 문제에 관한 예를 보여 줄 것이다.

> 돼지는 우스운 동물이다. 그러나 몇 가지 유용성도 있다(그 유용성은 언급되지 않는다). 우리 개는 돼지를 좋아하지 않는다. 우리 개의 이름은 네로이다. 선생님은 어느 날 네로라는 악인의 이야기 하나를 읽어 주셨다. 우리 아버지는 착한 분이시다. 남자들은 유용하다. 남자는 여자와는 다르다. 우리 어머니는 아버지와 같지 않다. 어머니께서는 태양 주위에 생긴 고리가 태풍이 오고 있음을 의미한다고 말씀하신다. 그리고 이것이 내가 돼지에 관해서 알고 있는 전부이다. 2)

슬프게도 이와 비슷한 양식으로 행해진 설교가 실제로 있어 왔다.

설교에서 개관을 세우는 것은 사고 발전에 질서와 합리성을 주기 위해서이다. 비록 일부 사람들이 그것을 좋아하지 않고 조롱한다고 하더라도 유능한 설교자들은 점차 그런 것을 두려워하지 않게 된다. 올바로 이해된다고만 하면 구조는 목적이 아니라 수단임을 알 수 있다. 설교에서 툭툭 불거진 뼈대를 없애는 방법은 아예 골격을 제거해 버리는 것이 아니라 실질적인 살로 그것을 옷 입혀 버리는 것이다. 보통 원고로부터 자유하거나 또는 원고에 너무 매달려 있지 않을 수 있는 자유를 의미하는 설교할 때의 자유는 논리적이고 설교할 때 쉽게 생각날 수 있는 구조로부터 온다고 할 수도 있다. 어떤 사람들은 설교의 제목이나 구분점을 알려 준다. 다른 어떤 사람들은 그것이 딱딱하고 형식적이며 구식이라고 느끼기 때문에 주저하게 된다. 비록 설교자가 그 구분을 공식적으로 알려 줄 필요는 없다고 하더라도 청중이 설교의 발전 과정을 인식하도록 하기 위해서는 큰 어려움을 겪게 마련이다.

청중도 개관을 필요로 한다. 설교는 인쇄물로 주어지는 것이 아니다. 청중은 그 구분점을 볼 수 없고 앞뒤 관계를 알기 위해서 다시 어느 부분을 읽을 수도 없다. 따라서 설교는 말로 표현되는 지침을 필요로 한다. 그런 지침이 없을 때 혼동하게 되고, 흥미는 떨어진다. 대부분의 회중은 어떤 특정한 설교가 추구하고 있는 과정을 분명하고 정확하게 이야기해 주기를 바라고 있다고 가정하는 것이 안전하다. 설교는 일단 칠이 다 되면 완성된 상태로 눈앞에 주어지는 한 폭의 그림과는 다르다. 질서 있고 일관성 있는 과정을 거친 설교는 듣는 사람의 기억을 돕는다. 그 설교의 대지들은 일단 그 설교가 행해진 뒤에 그것을 들은 사람이 회상하는 과정을 도와 주는 기억의 갈고리 역할을 해 준다.

하나의 설교를 발전시켜 나가는 일은 틀림없이 힘든 작업이다. 그것은 시간을 필요로 한다. 예를 들어 어떤 설교가들은 구조를 짜는 데만 몇 시간씩 소비하기도 한다. 이렇게 몇 시간씩 시간을 소비하는 것은 문제가 된다. 그것은 너무 지나친 것이요, 함부로 시간을 소비하는 것이다. 그러나 주의 깊은 사고를 하는 데 적당한 양의 시간을 보내고 거기에 어울리는 노력을 하는 것은 설교자와 듣는 사람을 공히 도와 줄 의미 있고 분명하며 도움이 되는 구조를 만들어 가는 데 꼭 필요하다.

좋은 개관의 특성

1) **간결한 진술**. 기억하기 어려울 뿐만 아니라 청중을 혼란시킬 수

있는 복잡한 구나 번거로운 문장은 피하라. 로버트슨(F. W. Robertson)은 여러 관점에서 전형적 설교가라고 할 수 있지만 이 규칙을 어긴 사람이다. 그의 설교의 강점은 구조에 있지 않고 그의 설교를 장식하고 있는 풍부한 사상에 있다. 훌륭한 개관은 명쾌하고 산뜻하게 요점을 진술해 준다. 존 웨슬리의 청지기직에 관한 설교는 세 가지 대지(요점)를 가지고 있다. 그것은 "할 수 있는 대로 모든 것을 벌어라. 할 수 있는 모든 것을 저축하라. 할 수 있는 모든 것을 주어라."로서 주목할 가치가 있는 보기이다.

  2) **병행하는 진술**. 두운을 맞추거나 '산뜻한' 개관을 만들기 위하여 본문을 왜곡하였을 때 교인들은 억지로 만들었다는 감을 느낀다고 증언한 예가 많이 있다. 도움이 된다기보다 그것은 억지로 만든 범주로 변형되고 때로는 요점을 우습게 만들고 만다. 어떤 학생이 다음과 같은 시를 나에게 주었는데 분명히 설교에 쓰려고 두운법을 맞춘 서투른 시이다.[3]

    F장조의 노래(탕자)

    가고 싶은 곳에 마음대로 가고 까불고 싶었던 멍청이 친구
    사랑하는 아버지께 간청하여 제 몫을 갈라 달라 했네
    그리고는 먼 이국땅으로 도망하였지만
    어리석게도 믿을 수 없는 친구들과 어울려 그 모든 돈 탕진해 버렸구나.
    어리석을 때 친구들 다 도망하고 가난만 남았으니
    돼지우리에서 돼지 먹이는 신세로구나
    굶주림이 심하니 무엇이든 기꺼이 배를 채우리라.
    돼지 먹이인들 어찌 사양할까.
    "아, 아버지가 준 품삯이 훨씬 나았구나."

지쳐버린 도망자 쓸쓸한 발걸음 솔직한 현실을 보는구나.

실패로 좌절당하고 흉조로 가득 찼을 때

그래도 곧장 가족에게로 달려갔구나.

아버지의 발 앞에 꿇어 엎드려 절망적으로 부르짖는 말

"아버지여, 내가 이제 모든 것을 잃고 내 주변의 사랑마저 잃었나이다."

두운법은 도움이 될 수도 있고, 때때로 그렇지 않을 때도 있다. 그것은 흔히 택해진 성경 본문을 정확하게 나타내기보다는 설교자의 독창성을 보여 준다. 두운법이 자연스럽다면 그것은 좋다. 그렇지 않으면 피하라. 그러나 병행법은 발전시켜야 한다. 두 개의 요점은 짧고 셋째 것은 길다면, 둘은 형용사로 진리를 진술하고 하나는 그렇지 않다면, 우리가 보잘것없는 사고를 했다는 증거가 된다. 병행법은 교인들과 설교자를 모두 도와 주는 수단이다.

3) 균형 잡힌 진술. 개관을 전개해 나갈 때 균형 감각이 있어야 한다. 한 대지를 설교하는 데 절반의 시간이 주어지고, 남은 둘이나 세 개의 대지에 절반의 시간이 주어지는 설교가 있다면 그것은 균형을 상실한 것이다. 도날드 밀러(Donald G. Miller)는 말하기를 "균형의 상실은 항해의 위험이 되는 만큼이나 설교에도 위험한 것이다. 많은 설교가 한쪽으로 치우쳐 실은 화물의 희생물이 되어 왔다. 한쪽에다 진리의 짐을 너무 많이 싣는 것은 전복된 보트만큼 극적으로 보이지는 않을지 모른다. 그러나 설교학적으로나 신학적으로 볼 때 그것은 그만큼 파멸적이다."[4)]라고 하였다. 설교에서 지나친 고찰을 필요로 하는 대지가 있다면, 그것은 더 많은 대지로 나누어지든지, 아니면 그것만으로 하나의 설교로 되는 것이 마땅하다. 균형 잡히지 않은 설교는 균형을 위하여 다시 주조될 필요가 있다.

4) 상호 배타적인 진술. 개관에서 볼 수 있는 각 대지는 따로따로 주

의를 기울일 가치가 있는 분명한 관념이어야 한다. 각 대지가 다른 것에서 확연히 구별되는 관념을 보여 주는 이러한 분리성은 관념이 겹치는 것을 막아 준다.

5) 현대적 진술. 개관은 듣는 사람의 자기 동일화를 위하여 현재 시제로 진술되어야 한다. 베드로나 바울이나 모세를 직접 언급하는 셋 또는 네 개의 대지를 가진 설교는 회중이 일찍 문을 닫게 할 수 있는 설교이다. 성경의 진리는 그 보편적 적용을 강조하기 위해서라도 현대적 언어로 재진술되지 않으면 안 된다. 예를 들면 요한복음 4장을 본문으로 한 설교는 다음과 같이 발전될 수 있다. (1) 사마리아 여인은 용납될 필요가 있다. (2) 예수님께서는 사마리아 여인을 용납하였다. 그러나 이 구절을 보다 효과적으로 하려면 이렇게 바꾸어야 한다. (1) 우리는 용납될 필요가 있다. (2) 우리는 예수님께 용납되고 있다.

어떤 경우에는 아주 쉽게 개관할 수가 있다. 데이비드 리드(David H. C. Read)는 "일하라, 여가를 즐기라, 그리고 예배하라"는 설교에서 그의 사상을 세 개의 대지로 전개하였다. (1) 노동, (2) 여가 활용, (3) 예배.[5] 대부분의 설교는 이것처럼 쉽게 전개되지는 않는다.

다윗이 자신의 왕위를 탐내는 아들 압살롬으로부터 도피할 때 느끼는 내적 혼란을 묘사하고 있는 시편 3편을 본문으로 한 설교는 다음과 같은 형식으로 발전될 수 있다. (1) 인간의 불평, 1~2절, (2) 하나님의 위로, 3~4절, (3) 인간의 만족, 5~6절.

두 개의 대지로 구성된 설교는 첫째 대지를 과거에, 둘째 대지를 현재에 관련시켜 전개시킬 수 있다. 창세기 28:10~22을 본문으로 한 "하나님과의 약속"이라는 설교는 (1) 고대 약속법(야곱과 리브가가 에서를 속임), (2) 현대의 약속법(현대인은 계속 하나님과 약속을 맺고 있다.)으로 발전될 수 있다.

에베소서 5:18~20을 본문으로 한 "감사하는 마음"이라는 제목의 감사절 설교는 멀리 보는 형식으로 전개된다. (1) 하나님께 감사하라. (2) 항상 하나님께 감사하라. (3) 범사에 항상 하나님께 감사하라. 비록 이 개관이 평행적 진술은 아니라고 하더라도 간결하고 상호 배타적이며, 현대적이고 매우 성경적이다. 모든 개관이 여기에서 우리가 좋은 개관이 지니는 특성으로 열거한 모든 특징을 갖지는 않을 것이다. 어떤 규칙도 반드시 지켜질 수는 없다. 규칙이란 단지 우리가 설교를 무분별하게 발전시키지 못하도록 도움이 될 만한 지침을 제공할 뿐이다.

뒷받침이 되는 자료

건강한 사람은 건강한 골격과 건강한 근육이 결합될 때 가능한 것과 같이 설교도 건전한 구조와 본질적인 뒷받침을 주는 자료가 결합될 때 가능하다. 뒷받침이 되는 자료는 설명, 예증, 강조라는 세 가지 부류로 구분될 수 있다.[6]

I. 설명

정의는 분명하지 않거나 알려져 있지 않거나 오해된 관념이나 단어나 개념을 분명하게 해 주는 하나의 수단이다. 그것은 교인들을 위해서 분명히 해 줄 필요가 있는 '칭의'와 같은 신학적 용어일 수도 있다. 아니면 설교자는 현대적 상황에다 직접 관련시키려고 할 때 '죄'와 같은 개념을 정의할 수도 있다. 어떤 개념은 구분에 의해 더 분명해질 수도 있다. 한 개념을 각 부분으로 나누고 그 다음에 또 각 부분을 분석하는 것이다. '칭의'와 같은 개념은 하나님을 향한 차원과 사람을 향한 차원으로 분리되고 그 다음에 계속적인 분석을 통하여 분명해질 수 있다.

2. 예증

특별히 설득력 있는 설교가 되려고 하면 이런 유형의 자료의 뒷받침을 받아야 한다. 그것은 사실적이거나 가설적인 보기나 예화가 될 수도 있다. 만일 사실적인 것이라고 하면, 그것은 실제 삶의 상황을 그대로 취하여 설교에서 하나의 전형으로 사용하게 된다. 만일 가설적인 것이라고 하면, 그것은 전형적인 것이 될 수 있는 어떤 상황을 발전시키게 된다. 말하는 사람들은 어떤 진술이나 단순한 하나의 예가 그런 사건이나 보기의 전형이라는 것을 증명하기 위하여 다른 많은 사례들을 들 수도 있다.

비슷한 상황에 주의를 돌리기 위하여 어떤 명칭이나 장소나 사건을 나열하는 식의 예증보다는 더욱 확실한 실례를 사용하는 것이 성공적일 수 있다. 예증으로 사용되는 것은 다음과 같은 질문을 통하여 그것이 거기에 적절한가 하는 검증을 받아야 한다. 그 예증은 전개되고 있는 관념과 관련되어 있는가? 청중에게는 적절한 것인가? 그것은 전형적이라 할 수 있는가? 그러므로 지금 실례로 등장하고 있는 그 사람에게만 아니라 다른 사람들에게도 적용될 수 있는 것인가?

전형성을 나타내기 위해서 유추의 방법이 사용될 수도 있다. 비슷한 점이 많으면 많을수록 그것이 전형적이라고 받아들여질 수 있는 확률은 높아진다. 유추는 문자적일 수도 있고 비유적일 수도 있다. 문자적인 유추에서는 둘 또는 그 이상의 현상들이 본질적으로 비슷한 것들을 비교한다. 즉, 두 개의 정당이 비교된다든가, 두 개의 신학교가 비교된다든가, 아니면 두 가지 교리가 비교된다든가 하는 것이다. 그 대신 비유적인 유추에서는 "본질적으로 다르기는 하나 그럼에도 불구하고 어떤 비판적 공통 요소를 가지고 있는 현상들을 비교하여 다룬다."7)

어떤 경우의 유추는 유사성이 있기 때문이 아니라 단순히 통찰력을 얻기 위해서 사용될 수도 있다. 예를 들면 하늘나라에 관한 설교에는 이런 설명을 덧붙였다. "하늘나라는 월요일도, 아침도 없는 곳입니다." 반대로 지옥에 관한 설교에는 이렇게 덧붙였다. "지옥은 클럽 카(club car)없이 달리는 끝없는 기차 여행입니다."

통계 수치도 예증의 한 형식으로 사용될 수 있다. 통계 수치는 조심스럽게 다루지 않으면 안 되는 "성문화(成文化)되고 분류되어 있는 실례"[8]이다. 똑같은 원자료를 두 개의 다른 그룹이 자기들의 특정한 목적에 따라 왜곡하여 속임수를 선택하고 그것을 어떻게 해석하느냐 하는 문제가 수반되어야 한다. 만일 통계 수치를 사용한다면, 그것은 평판이 좋고 흥미 있는 자료로부터 얻은 것이어서 믿을 수 있고 분명한 것이어야 한다. 통계 수치가 듣는 사람이 관련될 때에 그것은 더욱 중요해진다. 예를 들면 어떤 선교부의 고아들을 지원해 달라는 메시지는 회중에게 호소력이 있었을 것이다. 그 설교자는 한국에 있는 고아 한 사람을 부양하는 데 한 달에 10불이면 된다고 했을지 모른다. 하루에 30센트만 하면 된다는 것을 생각할 때 이 말은 더욱 흥미로운 것이 되었을 수 있다. 그 다음에 이렇게 물어올 것이다. "당신은 하루 30센트로 무엇을 얼마나 할 수 있습니까?" 그러나 한국 고아 한 사람의 생애에 그 정도 투자를 해 주는 것은 필요를 느끼고 있는 고아들에게는 절대적인 도움이 된다는 사실이다. 빈곤에 관한 설교는 미국인의 20%가 연 수입 4,000불 이하로 살아야 하는 빈곤 상태에 놓여 있다는 점에 주목할지 모른다. "당신은 4,000불을 가지고 얼마나 많은 것을 살 수 있겠는가?"

3. 강조

설명이 분명히 하려는 의도로 행해지고, 예증이 증명하려는 의도로 행해지는 것이라고 하면, 강조는 그 관념을 결론지으려는 의도로 행해진다. 그것은 말로 밑줄을 치는 것과 같다고 할 수 있다. 책을 읽을 때는 이해가 될 때까지 다시 읽을 수도 있다. 그러나 말로는 그렇게 할 수 없다. 그러므로 현명한 화자는 반복법과 요점 반복, 그리고 재진술법 등을 이용한다. 여러 가지 조사를 통하여 얻어진 결론은 "주요 관념을 강조해 주는 것은 기억력을 증강시킨다."⁹⁾는 점을 암시해 준다. 사려 깊은 설교자는 다른 요점으로 넘어가기 전에 전개된 내용을 일별하는 기술을 습득할 필요가 있다. 그것을 사용하면 그 관념의 결론을 내리기가 쉬울 것이다.

인용법은 다른 형식의 강조법이다. 이 방법은 생기를 더해 주기는 하나 함부로 사용되어서는 안 된다. 불행하게도 어떤 설교는 "인용의 연속에 불과하다." 그러한 설교는 설교를 잘라내서 깁는 일로 전락시키고 말았다. 그리고 하나의 긴 인용구를 사용하기보다는 몇 개의 짧은 인용구를 이용하는 것이 더 낫다. 또 의도된 의미를 크게 손상시키지 않을 수 있다면 한 인용구를 짧게 만드는 것이 훨씬 도리에 맞다. 이와 같이 인용을 통해서 증거를 확실히 하려 할 때에는 인용되는 그 사람이 잘 알려져 있고 또 존경받는 사람인지 물어보는 것이 옳은 일이다. 만일 그런 사람이 아니라면 그 생각이 가치 있는 생각임을 분명히 해 주어야 한다. 만일 그 생각이 충분할 만큼 독특한 것이라면, 그 사람 이름을 인용하지 말고 그것을 사용하도록 하라. 단순히 "어느 책에 기록되기를" 또는 "어떤 사람이 말하기를" 아니면 "최근의 어떤 책에서는"이라고 암시하고 바로 인용구를 사용하라. 그 사람의 이름을 밝힐 때는 반드시 그것이 신뢰도를 높여 주어야지 혼동을 불러일으켜서는 안 된다. 만일 말한 사람이 마틴 루터라면 밝히는 것이 좋다. 반대로 잘 알려지지도 않은 16세기의 어느 가톨릭 추기경이 한 말이라면 그의 이름을 특별히 밝힐 필요는 없다.

이미 높은 인격을 가진 사람으로 신임을 얻은 존경받는 설교자라면 다른 사람의 말을 많이 인용하는 것이 자기에게 해가 될 것이다. 다른 사람들은 그가 가진 그런 높은 인격의 소유자가 아닐 수도 있고, 주의만 산만해질 수 있기 때문이다. 반대로 "아직 특질을 제대로 못 갖춘 설교자는 자기보다 높은 인격을 갖춘 다른 사람들의 증언을 인용하는 것이 바람직하다."[10]

뒷받침이 되는 자료들은 청중의 주의를 확보할 수 있도록 사용되어야 한다. 행동 과학주의자들에 따르면, 단순한 자극은 단지 5초 내지 8초 동안의 주의를 끌 뿐이다.[11] 주의를 확보하기 위해서는 청중의 생생한 관심에 호소하고, 구체적이고 생동적인 어떤 것에 호소하며, 미결 상태에 호소하여야(진부하거나 감상적인 데 빠지지 아니하고) 한다. 그리고 갈등관계를 이용하고, 친숙한 어떤 것이나 소설도 이용하며, 생생한 무엇이 있으면(생활이나 건강이나 명성이나 재산이나 일터에 영향을 미치는 것이면 무엇이라도) 그것도 이용하여야 한다. 그리고 제대로 이용할 수만 있다면 유머도 사용하여야 한다. 그 다음 이러한 내용적 요소들에 추가하여 말하는 사람의 행동이나 움직임에 따라 목소리의 높고 낮음이나 속도나 볼륨을 변화시킨다면 이것도 듣는 사람의 주의를 확보하는 데 도움이 될 것이다.

뒷받침이 되는 자료가 유용하게 사용되려면 믿을 수 있어야만 한다. 교인들이 감동을 받으려면 설교자를 믿지 않으면 안 된다. 사람들은 여러 가지 길을 통하여 믿는다. 그들은 감각을 통하여 그것을 깨달았기 때문에 – 볼 수 있다든지, 냄새를 맡을 수 있다든지, 느낄 수 있다든지, 들을 수 있다든지 – 믿는다. 용서를 직접 경험한다거나, 기도의 응답을 받는다거나, 외로움이나 가슴 아픈 일, 슬픔, 기쁨 또는 사랑을 경험함으로써 믿게 될 수도 있다. 따라서 사람들이 그것을 느끼고 있거나 경험하고 있을 때 그것에 관한 설교를 한다면 그들은 당신을 믿게 될 것이다.

상상으로 경험하는 대행 경험은 직접 경험 다음으로 중요하다. 그것은 신앙을 강화시켜 주는 강력한 수단이 될 수도 있다. 대행 경험은 말로 전해지는 직접 경험이 매우 사실적이어서 듣는 사람이 마치 자기가 실제로 그러한 경험을 하고 있는 것처럼 느끼게 될 때 일어난다. 설교자의 말에 담긴 상상력과 통찰력과 구체적인 심상으로부터 이러한 간접 경험은 나오게 된다. 사람들은 권위 있게 자기에게 주어지는 것을 믿는다. 일반적으로 정치계의 지도적 인물이나 담당 의사나 대학 교수나 신용 있는 목사의 증언은 잘 믿는다. 따라서 설교자는 그가 이용하는 자료들이 그 설교를 듣는 사람들에게 분명히 권위 있는 것이 되도록 하는 것이 좋다.

 사람들이 어떤 것을 믿게 되는 또 하나의 이유는 그것이 옳다고 확신하고 있기 때문이다. 목사가 수월한 대답이나 보잘것없는 사고에 젖어 있다면 그것은 듣는 사람들의 논리적 기대를 저버리는 결과가 된다. 그러므로 훌륭한 설교자는 지금 준비하고 있는 설교의 본문 말씀과 어울리는 여러 가지 자료와 예화 등을 이용하려고 노력한다.

논리와 정서

 아리스토텔레스는 언어로 표현되는 설득 양식이 세 가지 있다고 하였다. 그것은 에토스, 파토스, 로고스이다. "첫째 설득 양식은 말하는 사람의 개인적 특성에 따른 설득이요, 둘째 설득 양식은 청중을 어떤 구조의 정신으로 몰아갈 때 일어나는 설득이며, 셋째 설득 양식은 그 연설에 사용되는 언어가 주는 증거에 따른 설득이다."[12] 파토스에 관한 언급에서 그는 "그 연설이 듣는 사람의 감정을 흔들어 놓을 때 그들을 통해서 설득은 이루어질 수 있다."[13]고 한다. 로고스에 관해서는 "문제 삼고 있는 그 경우에 적절한 설득적 논쟁을 통하여 하나의 진리, 또는 명백한 진리를 우리가 밝혀냈을 때 설득은 그 연설의 결과로 남게 된다."[14]고 한다.

'에토스', '파토스', '로고스'라는 개념은 2,300년 이상이나 변함없이 그대로 남아 있다. 물론 이 개념들의 의미와 중요성에 있어서는 약간의 수정이 있었음도 사실이다. 아마 아리스토텔레스가 세운 이 체계에 일어난 가장 중요한 변화는 논리와 감정의 이분법을 의심하게 된 것이라 할 수 있다. 논리적 증거와 감정적 증거 사이에 중요한 차이가 있을 수 없다는 주장은 아마 현재 공신력을 잃어가고 있는 기능 심리학이 내세웠던 이분법의 오류에 기인할 것이다. 마틴 쉬어러(Martin Scheerer)는 말하기를 "원리상 행위는 결코 구분될 수 없는 지적·정서적·동인적(動因的) 구조 속에 깊이 새겨질 때 개념화될 수 있다. 아무리 작은 행위라 할지라도 동인과 정서와 지성의 각 요소가 이런 순서로 또는 저런 순서로 거기에 나타나 있는 것이다."[15]

어떤 설교를 할 때 논리가 늘어난다고 해서 정서적인 것이 줄어들어야 할 필요는 없다. 그리고 그 역도 성립한다. "가장 훌륭한 설득력 있는 설교는 아마 논리적이면서 가능한 한 감정에 호소하는 힘이 강한 그런 설교라 할 수 있다."[16] 실험을 통해서 얻은 증거는 논리적 논거가 감정적 호소나 일반적인 인상보다 더 영향이 크지는 않다는 것을 보여 준다.[17] 문제는 논리냐, 정서냐 하는 양자택일의 문제가 아니고 논리와 정서를 모두 갖추어야 한다는 것이다. 두 개념은 구분되어야 하는 것이 아니고 하이픈으로 연결되지 않으면 안 된다.

그러나 분석을 하기 위해서는 어떤 메시지는 이 면이 저 면보다 더 강조되고 있다고 생각하고 이들을 구분해 보기로 하자.

I. 논리

인간의 합리적 능력을 매우 강조하였던 버트란드 러셀(Bertrand

Russell)은 이렇게 주장하였다. "참으로 합리적인 사람은 어떤 신념에 도달하기까지 모든 관련되는 증거를 고려하는 습관을 기른다. 분명히 도달하기 어려운 것일 때 합리적인 사람은 가장 그럴듯한 의견에 무게를 두고, 그 대신 다소간의 가능성을 지닌 다른 것들은 가설로서 마음 속에 간직하기만 한다. 그 다음의 증거들은 그 가설이 바람직하다는 것을 보여 줄 수도 있을 것이다."[18] 이러한 목표는 권장될 뿐만 아니라 모든 설교자가 열망해야만 하는 목표이다. 인간의 합리성에 대한 신념을 긍정하는 것은 인간이 논리적 존재임을 긍정하는 것이다. 우리의 능력이 약하고 항상 성공하리라는 기대를 가질 수 없음을 인정하면서도 가능한 한 합리적이 되고 싶어한다.

일반적으로 설득 문제를 다루고 있는 책들은 논리적 구성을 옹호하든지 심리적 구성을 옹호하든지 한다. 조사를 통해서 얻은 증거는 어느 편도 지지하지 않는 것 같다. "(그러나) 쉽게 검증될 수는 없다고 하더라도 그들의 메시지와 그 메시지 안에 포함된 주장들이 논리적인 것으로 보인다고 하면 전달자들은 훌륭한 판단력을 가지고 있다는 증거가 된다."[19] 기대할 수 있는 그대로 높은 지성을 지닌 사람들은 그들의 추리 능력 때문에 논리적으로 주어지는 주장에 더 큰 영향을 입는 경향이 있다. 반대로 덜 지성적인 사람들은 그들의 비교적 낮은 지적 능력 때문에 영향도 적게 받는 것처럼 보인다.[20] 이러한 관점에서 호블랜드(Hovland)와 제니스(Janis)와 켈리(Kelley)는 다음과 같이 생각한다. "절정 상태는 청중이 친숙해 있는 문제를 다루고 청중이 깊은 관심을 느끼고 있는 데서 쉽게 오고, 반면에 반절정 상태는 친숙하지 못한 주제를 다룰 때와 청중이 관심을 가지고 있지 않을 때 쉽게 올 것이다."[21] 이것은 본질적으로 그런 관념이 친숙하지 못할 때나 청중이 그 주제에 관심을 보이지 않을 때는 그 설교의 주요 논지를 일찍이 설명해 버릴 것을 의미한다. 적은 논지들은 청중이 좋아할 때, 그리고 그 문제가 이미 감지되고 있는 곳에서 그 메시지의 후반부를 전할 때 쓸 수 있게 남겨질 수 있다.

이미 주목한 바와 같이 논리적으로 주어지는 주장은 연역법이나 귀납법의 형식을 취한다. 연역법은 설명하는 사람이 일반적인 생각에서 출발하여 개별적인 실례에 그것을 적용시켜 나가는 추리 과정이다. 귀납법일 때 설교자는 개별적인 생각에서 시작하여 결론을 얻기 위해 일반적인 원리로 발전시켜 나간다.

삶의 상황이나 문제를 중심으로 삼는 설교에서는 3단계의 논리적 체제를 사용한다. 즉, 진단으로 시작하여, 원인론으로 넘어가고, 처방을 내림으로 결론을 맺는다. 진단은 사실들의 묘사나 어떤 상태의 징후를 말한다. 원인론은 어떤 판단이나 의견을 가지게 하는 원인에 대한 탐구이다. 처방은 처리의 방안이요, 질병에 대한 해독제이며, "그 문제에 관하여 나는 무엇을 해야 하는가?"라는 질문에 대한 응답으로서 건강을 위한 계획이다.[22]

많은 피상적인 설교는 처방은 잘 하는데 진단에는 약하다. 반대로 사려 깊은 설교는 너무 많은 보상을 하려는 무의식적 시도 때문에 때때로 처방에는 올바른 주의를 기울이지 못하는 '분석의 마비 증세'에 빠지곤 한다. 오순절 날 베드로의 설교는 듣는 사람들로부터 "우리가 어찌할꼬?"라는 질문을 불러일으켰다. 그것은 항상 설교자가 있는 힘을 다하여 때로는 직접적으로, 때로는 간접적으로 불러일으켜야 하는 적절한 질문이다.

논리적 설교는 앞에서 이미 논의된 바와 같이 선택의 자유를 주어야 한다. 즉, 선택의 여지도 주고, 또 그 중에 어느 입장을 택할지 권면도 해야 한다. 자료 조사에 참여했던 사람들은 우리에게 다음과 같은 점을 알려 주었다. "듣는 사람이 이미 그 자료에 동의하고 있을 때, 그리고 나중에 그와 반대 주장을 하는 메시지에 접하지만 않는다면 일방적인 설교가 더 효과적이다."²³⁾ 양방 메시지의 역할은 듣는 사람을 면역시켜 후일에 부딪혀 올 모순되는 정보에 대처하게 한다.

논리적 방법은 다음과 같은 점을 포함한다. 통계 자료, 상세한 상황 분석, 비교, 유추, 일반화, 권위, 조건, 변화, 그리고 범주화나 소위 삼단 논법이라는 것 등을 통하여 주장을 편다. 설교자가 청중을 주의 깊게 분석해 보면 전개될 주장을 펴는 데 어떤 방법들을 이용하여야 할지 결정될 것이다.

2. 정서

> "나는 충분히 알지 못해." 허수아비는 명확한 어조로 대답했다. "내 머리는 알다시피 짚으로 채워졌어. 그것이 내가 오즈(Oz)한테 가서 지력을 좀 달라고 부탁하려는 이유야."
> "아, 알겠어." 양철 나무꾼(Tin Woodman)이 말했다. "그렇지만 말이다. 무엇보다도 지성이 세상에서 가장 좋은 것은 아니란다."
> "다른 게 뭐 있어?" 허수아비가 물었다.
> "지금 내 머리는 텅 비었어." 양철 나무꾼이 대답했다. "그러나 일단 내가 지성을 가졌을 때는 감정도 가져야 했어. 그래서 지금까지 둘 다 가지려고 노력해 왔지. 나는 감정을 가졌어야 했는데 그랬어."²⁴⁾

사람들은 아리스토텔레스 시대 이후로 그렇게 주장해 왔다. 이 논쟁은 더 이상 계속될 수 없다. 어느 한쪽은 선택할 필요가 없기 때문이다. 이제는 둘 중 어느 하나가 아니라 정서와 논리 둘 다인 것이다. 논리는 지성에 호소하고, 정서는 감정에 호소한다. 이 양자는 서로 얽혀 있고 상호 의존적이다. 제임스 힐먼(James Hillman)은 정서를 "전체적으로 개인과 관련되고 내적이고 의식적인 반사 작용을 포함하며 어떤 한정된 행동으로 유도하는 자극에 대한 반응"[25]이라고 정의한다. 정서는 두 가지 형태가 있다. 즐거움을 주는 감정과 괴로움을 주는 감정이다. 즐거움을 주는 감정에 속하는 것으로는 즐거움, 기쁨, 의기양양, 희망, 감사, 애정, 사랑, 자랑 등이다. 괴로움을 주는 감정은 분노, 두려움, 비난, 수치, 공포, 미움, 양심의 가책, 질투, 슬픔, 비애, 격노, 불안, 동정, 연민 같은 것들이다.[26]

아리스토텔레스는 세 가지 괴로움을 주는 감정을 추가한다. 분함, 경쟁, 호전성이 그것이다.[27] 연설에 나타나는 주정주의(主情主義)에 대한 비판은 잘 알려져 있다. 영화 산업이나 텔레비전이나 소설가나 드라마 작가나 일부 커뮤니케이션 이론가들에게 비친 것만으로도 그 점을 강조하기에는 충분하다. 아더 크루거(Arthur N. Kruger)는 증거에 대한 감정적 태도를 비판하는 데서 이렇게 말한다. "그것은 합리적 과정을 비하시키고, 자기를 지배하는 인간의 능력에 대한 믿음을 거의 보이지 않으며, 사기꾼의 기술을 찬양한다. 그리고 목적은 수단을 합리화한다고 생각하고 사회적 농간의 결과를 무시한다." 그는 덧붙여서 이렇게 말한다.

> "많은 작가들이 이때는 어떤 가치 있는 계획들이 받아들여져야 하는 때이고, 이러한 목적을 위한 가장 좋은 수단은 감정적 호소라고 주장함으로써 감정적 증명을 합리화시키려고 하고 있다. …… 물론 이러한 주장은 그것을 옹호하는 사람만이 무엇이 가치 있는지를 알고, 호소되고 있는 그것들은 이성을 통해서는 같은 결론에 도달될 수 없다고 가정하고 있다."[28]

크루거는 자기 주장을 너무 과장하고 있다. 그의 과장법은 의도적으로 만든 것이다. 그것을 만일 문자적으로 받아들인다고 하면 주장될 수 없는 말이다. 그러나 만일 감정적인 호소에 전혀 제한을 가하지 않는다고 하면 사람들을 하등동물들의 행동을 하게 하는 것이라는 주장은 옳다. 그렇다고 "모든 감정적 증명을 반대하는 것은 인간성 자체를 부인하려는 기도이다."[29] 크루거는 주정주의(主情主義)를 거부할 때 자기 자신의 말이 얼마나 감정적인지를 깨닫지 못하였다. 합리적으로 된다는 것은 당신이 감정적으로 될 수 없다는 말이 아니다. 합리성은 인간의 사고와 행위에서 정서적 요소를 배제해 버림을 의미한 적이 없다. 목표는 이성에서 감정을 제거해 버리는 것이 아니라 "적당한 감정을 자극하는 것이다."[30]

현명한 설교자는 이러한 목적을 달성하기 위하여 감정적 자료들을 조심스레 선택하여 사용하며 응용한다. 나는 정서적인 또는 감정적인 증거들을 선별하는 적절한 기준으로 다음과 같은 질문을 사용해 보도록 제안한다. (1) 그 증거나 정보는 진실한가? (2) 그것은 적절한가? (3) 그것을 사용하는 것은 윤리적인가? 유명한 교사요, 설교가인 두 사람의 증언을 들어보자. 아른트 할버슨(Arndt L. Halvorson)은 "정열이 없는 설교는 속사람을 움직이지 못하고, 노래를 부르지도 한탄을 하지도 아니하며, 승리의 감격을 외치지도 아니하고, 그렇다고 자비를 구하지도 아니하며, 믿음으로 기뻐 뛰지도 아니하고, 의미를 모색하지도 못하는 것이니 …… 거의 설교라고 불릴 수도 없는 것이다."[31]라고 한다. 그리고 생스터(W. E. Sangster)도 비슷한 이야기를 하고 있다.

> "범죄한 죄인이 십자가로 향한 길에서 모든 감정의 표현을 금지당하여 울 수도 없다거나, 용서받은 죄인이 십자가에서 돌아올 때 그 영혼 안에서 넘쳐 나오는 기쁨을 표현할 수도 없다고 상상하는 것은 불가능한 일을 요구하는 것이요, 그렇게 한다면 그것은 삶을 무의미하게 만드는 것이다. 염려하여 그것을 금한 사람들은 스스로 죄의 용서를 경험해 본 적이 있는지, 아니면 수천의 입술이 그 위대하신 구속주를 찬양하고 싶어하는 그 열망을 알고나 있는지 의심스러운 일이다."[32]

극장에서는 눈물을 흘리고, 텔레비전 앞에서 흐느끼며, 소설을 읽을 때 가슴의 무거운 짐을 벗어버리는 이 감정의 시대에 살면서 꼭 같은 사람이 예배를 드릴 때는 그런 표현을 전혀 할 수 없다고 하면 그것은 비극이다. 가장 탐구적이요, 본질적이며 삶의 특성을 묻는 질문을 던지는 복음은 인간의 가장 깊은 곳에서 인간과 조화를 이룬다. 복음이 이러한 삶과 의미와 소외와 죄와 목적과 성취라고 하는 중심 문제에서 사람과 만날 때 적당한 감정이 표현될 수 없다거나 표현되어서는 안 된다고 누가 말하겠는가? 사랑과 은혜와 구원과 인간의 운명이라고 하는 위대하고 살아 있는 문제를 말해 주는 설교는 이러한 진리들을 직접 전할 때 뱃속에서 우러나오는 것들을 제거해 버리는 것은 삶의 희화(戲畵)요, 삶의 복합성을 드러내는 것이다. 교회는 감정을 제거할 필요가 없고 오히려 그것을 적당하게 사용하도록 장려할 필요가 있다. 극단적인 감정은 물론 문제가 된다. 그리고 감정의 결여도 똑같이 문제가 된다. 굳어진 어떤 의식을 통하여 감정을 논리로 대치해 버린 교회들은 감정적 방종에 빠져 있는 가장 극단적인 신앙 단체들과 똑같은 실수를 범하고 있는 셈이다.

베팅하우스(Bettinghaus)는 하나의 은유까지도 얼마나 강력한 감정적 반응을 불러일으킬 수 있는지를 보여 준다. 몇 가지 예를 들면 (1) 징병법은 살인을 합법화하는 것이다. (2) 이 법안의 통과는 산림 지대에 대한 강간이다. (3) 합법화된 도박은 합법화된 범죄이다.[33] 1962년에 로빈스(Robbins)가 행한 연구 결과는 보고하기를, 두려움을 자아내는 커뮤니케이션은 공격하라는 교사(敎唆)이다. 그러므로 화자가 어떤 형식의 공격을 강요하려고 할 때에는 큰 두려움이 주는 호소가 특히 유용하게 이용될 수 있다고 한다. 크롱카이트(Cronkhite)는 말하기를 "화자는 큰 두려움을 안겨 주는 호소를 사용할 때는 언제라도 특별한 행동 계획을 제시하고 그 가능성과 효율성을 실증해 보여야 한다."[34]고 했다.

스타일과 언어

개관과 뒷받침이 되는 자료가 결정되면 성경적 설교를 발전시켜 나가는 데 있어서의 마지막 단계는 그 설교가 어떤 스타일로 구성되도록 할 것이냐 하는 점이다. 기능공과 예술가가 구별되는 곳이 바로 이 점에서이다. 아리스토텔레스는 말하기를 "훌륭한 스타일은 명백하지 않으면 안 된다. 이것은 분명한 의미를 전달하지 못하는 연설은 결국 연설이 반드시 전해야 하는 그것을 못 전하게 된다는 사실로 증명된다. 스타일은 또한 적절하지 않으면 안 된다. 천박하지도 턱없이 고상하지도 말아야 한다는 말이다. 시적 언어는 확실히 천박하지는 않으나 산문을 쓰기에는 적당하지 못하다."[35]

훌륭한 스타일이란 언어가 기술적으로 구사되어 말하는 사람의 신념과 정서적 경험이 그대로 듣는 사람에게 전달될 때 이루어진다. 일반적으로 효율적인 스타일을 발전시켜 온 사람들은 설교 원고를 완전하게 작성하였든지 아니면 원고를 쓰는 대신에 다른 그와 똑같은 효과를 나타낼 수 있는 수단을 이용하였든지 둘 중 하나는 했으리라고 생각되어 왔다. 헨리 그래디 데이비스(Henry Grady Davis)는 스타일을 갖추는 목표를 시로 표현하고 있다.

> 한 편 설교는 한 그루 나무 같으니
> 한 편 설교는 살아 있는 유기체
> 하나의 줄기처럼 건전한 하나의 사상이 있고
> 빛을 향해 뻗고 있는 자연스런 가지들이 있네
> 깊은 뿌리도 있어야 하는데
> 땅 위에 보이는 만큼이나
> 보이지 않는 부분도 많아야 하는 것

뿌리도 가지가 뻗는 만큼 넓게 뻗어야 하지

뿌리는 땅 속 깊이까지

삶의 갈등이라는 토양 속으로

영원한 말씀이라는 밑흙 속으로

예화는 잔가지 안쪽에서 싹터 오르는 새싹처럼

그러나 밝은 채색 연(colored kites)은 아니니

다른 사람의 사상의 바람에 끌리다가

이 가지들 사이에 얽혀 버리는…….36)

스타일은 본질적으로 언어요, 언어는 알파벳에 의존한다. 마샬 맥루한의 영향을 분명히 받은 것으로 보이는 존 쿨킨(John Culkin, S. J.)은 이렇게 말했다.

> 실재(實在)는 알파벳이라는 깔때기를 통하여 나온다. 실재는 한 번에 한 방울씩만 나온다. 그것은 방울방울 떨어져 있지만 계속해서 나온다. 그것은 조각 조각 나 있지만 직선을 따라 나온다. 그것은 분해되어 있고 단축되고 있다. 그것은 하나의 의미만 갖게 된다. 그것은 전망이나 관점의 영향을 받기 쉬워진다. 그것은 동일한 형태를 갖고 반복할 수 있게 된다.37)

언어의 목적은 말하는 사람의 마음속에 있는 그림과 비교될 수 있는 그림을 듣는 사람의 마음속에 그려 주는 것이라고 할 수 있다. 받아들여진 의미가 보내진 의미와 동등할 때 커뮤니케이션은 성공적으로 되었다고 할 수 있다. "말이란 지도와 같이 나타내고자 하는 경험이나 평가를 바로 표현했을 때 믿을 수 있다. 말이 그 표현하고자 하는 것을 적당히 나타내지 못할 때 혼동과 오해를 야기하기 쉽고 때로는 위험성까지도 내포하게 된다."38)

언어의 기본적인 기능 가운데 하나는 경험에다 이름(말)을 붙여 주는 것이다. 그러면 이 이름은 말하는 사람과 듣는 사람 사이에 의미 있는 커뮤니케이션이 이루어지도록 하는 수단이 된다. 의미는 말 속에 들어 있는 것이 아니다. 의미는 배워지는 것이지 하나님께서 주신 것이 아니다. 사람들이 어떤 말에 대하여 비슷한 의미를 가지는 것은 그들이 배워 온 경험이 비슷하였기 때문이다.[39] 우리는 제한된 언어로 하나님을 묘사하려 할 때 그 일이 실제로 얼마나 어려운 일인지를 깨닫게 된다. 결국 어떤 신학자들은 하나님에 관해서는 아무것도 이야기할 수 없다고 생각을 하고, 다른 어떤 신학자들은 하나님에 관해서 무엇이나 모든 것을 이야기할 수 있다고 생각한다. 윌리엄 호던(William Hordern)은 다음과 같이 우리의 기억을 되살려 주고 있다.

> 기독교 신앙에서 우리는 이 두 가지 오류의 사이에 있는 길을 발견할 수 있다. 기독교 신앙은 하나님의 초월성을 인정하기 때문에 말로 하나님의 신비를 잡을 수 있으리라고 결코 생각하지 않는다. 그러나 기독교 신앙은 하나님께서 스스로 계시하셨음을 믿기 때문에 하나님께 대하여 말할 수 있는 지식의 근본을 가지고 있노라고 확신하게 된다.[40]

제한은 있다. 그러나 절망은 없다. 커뮤니케이션은 몇 가지 심각한 문제에 직면하고 있다. 어떤 말도 한 가지 특정한 의미를 갖지는 못한다. 사전에 나오는 정의는 단순히 넓은 의미의 영역에서 전통적으로 사용되어 온 용례를 몇 가지 지적해 줄 뿐이다. 어떤 단어가 어떤 문장 속에 사용될 때는 언제라도 정확한 의미를 밝혀내기 위해서 그 단어의 문맥과 독자나 듣는 사람의 배경을 알아볼 필요가 있다.

하야가와(S. I. Hayakawa)는 그것을 생각하도록 묘사하고 있다. "당신의 미시시피 강은 결코 나의 '미시시피 강'과 동일할 수 없다. 우리가 서로 '미시시피 강'에 관하여 의사소통을 할 수 있다는 사실은 때때로 우리가 두 개의 다른 기억과 경험의 더미에 관하여 이야기하고 있다는 사실을 잊어버리게 한다." 일단 이러한 제한을 인정하고 나면, 커뮤니케이션을 가능하게 할 뿐 아니라 매우 의미 있게 해 주는 공동의 정보를 충분히 이용할 수 있게 된다. 하야가와는 계속하여 말한다.

> "코르지브스키스(Korzybskis)의 단순하면서도 힘찬 제안은 A_1은 A_2가 아니라는 공식에 따라서 모든 개념에 '색인 번호'를 붙이자는 것이다. 이것은 다음과 같이 부연 설명될 수 있다. 암소$_1$은 암소$_2$가 아니다. 암소$_2$는 암소$_3$이 아니다. 정치가$_1$은 정치가$_2$가 아니다. 플라자 호텔의 햄과 달걀은 스미티의 카페에서 파는 햄과 달걀이 아니다. 러시아의 사회주의는 영국의 사회주의가 아니다. 조의 신발 수선점의 사유 재산은 AT&T의 사유 재산이 아니다."41)

이러한 종류의 실례는 회의와 혼동을 일으키려고 의도된 것이 아니라 영어라는 언어를 사용할 때 나타나는 본질적인 제한을 보여 주려는 것이다. 언어는 위대한 힘을 가지고 있다. 말은 도움을 줄 수도, 방해할 수도, 격려할 수도, 고무할 수도, 속일 수도, 사로잡을 수도, 분열시킬 수도 있다. 문제는 말을 좋은 목적으로, 그리고 그 좋은 목적을 달성할 수 있는 방법으로 사용하는 것이다. 말을 함부로 사용하다가는 심각한 문제에 말려든다. "흑인은 게으르다."라든가 "유대인은 탐욕스럽다." 또는 "독일인은 고집쟁이다."와 같은 말을 쉽게 하거나 어떤 부류에 쉽게 넣어 버리는 것은 단지 우리의 언어에 대한 오해를 드러낼 뿐이다. 만일 그렇게 한다면 우리는 오늘날 존경받고 있는 인류학자가 아무도 옳다고 하지 않을 과오를 저지르게 된다. 즉, 민족간에는 단 한 가지 특징적 차이가 있다고 보는 과오를 범한다.42)

쉽게 공인된 오해에 빠지게 되는 언어의 여러 가지로 해석되는 본성 때문에 우리는 바람직한 의미를 얻을 수 있는 다음의 몇 가지 방법을 고려해 보는 것이 좋다. 재학습은 실제로 어떤 말이 무엇을 의미하는지 사람들에게 가르쳐 주는 교육 과정이다. 분류는 듣는 사람이 이미 알고 있는 어떤 범주가 특별한 문제에 통찰력을 줄 때, 그 범주 안에서 어떤 개념이 차지하는 위치를 강조해 준다. 부정은 듣는 사람에게 그가 관련되어 있지 않은 것을 말해 준다. 조작된 경우는 당신이 그렇게 하면 그 개념이 원래의 의미를 가지게 되리라고 말해 준다.

루돌프 플레쉬(Rudolf Flesch)는 언어를 단순화하는 실제적인 방법을 개발하였다. 즉, 마치 당신이 어떤 외국인에게 이야기하고 있는 것처럼 쓰고 말하라는 것이다. 그는 당신만큼이나 유능한 사람이기는 하나 다른 언어로 교육을 받아서 영어로 자기 자신을 충분히 표현해 볼 기회가 없었던 사람을 말한다.[43]

수 니콜스는 호소력 있는 자료의 세 가지 특징을 구별해 준다. (1) 그것은 절약을 낳는다. (2) 그것은 힘을 가진다. (3) 그것에는 미묘함이 있다.[44] 파울러(Fowler)는 몇 가지 실제적인 규칙을 주고 있다.

> "부자연스러운 말보다는 친숙한 말을 택하라.
> 추상적인 말보다는 구체적인 말을 택하라.
> 완곡한 표현보다는 단순한 말을 택하라.
> 긴 말보다는 짧은 말을 택하라.
> 라틴계의 용어보다는 순수 영어를 택하라.
> 이 규칙은 대체로 중요한 것부터 나열된 셈이다.
> 따라서 맨 나중 것이 가장 덜 중요하다."[45]

어휘 문제를 생각할 때 다음의 몇 가지 지침이 도움이 될 수 있다.

I. 정확하도록 노력하라

간결성과 검약은 서로 관련되어 있는 개념이다. 많은 말들이 의미가 불분명하다. 예를 들면 빠른 여행, 비싼 음식, 좋은 책, 나쁜 날씨 등이다. 당신이 전하고자 하는 정확한 의미를 나타내는 단어를 선택하라. 필요하다면 사전이나 동의어 사전을 참고하라. 캘리포니아 주 파사데나에 있는 풀러 신학교에서 얼마 동안 학장으로, 그 후에는 교수로 봉직한 바 있는 에드워드 존 카넬(Edward John Carnell)은 자기가 사용하는 어휘가 정확해야 한다는 필요를 깨달았다. 그는 매일 조그만 포켓 사전의 한두 페이지를 열심히 읽었다. 그래서 그는 매일 현재 쓰고 있지 않는 여러 개의 단어를 알게 되었다. 그는 새로 알게 된 단어를 그날 대화에서와 쓰는 글과 강의 시간에 사용하였다. 그렇게 함으로써 그것을 자기가 사용하는 어휘 속에 포함시킬 수 있었다. 결과적으로 어떤 상황에서라도 올바른 단어를 사용하는 것같이 보였다. 그는 결코 불분명해 보이지 않았다. 대신에 그는 자기가 전하고자 하는 정확한 의미를 지닌 단어를 선택하였다.

절약은 최소한의 음절을 사용하여 최대한의 효과를 거두는 일이다. 간결한 스타일은 짜내는 기계에다 단어들을 넣어서 문장 속에 불필요한 단어들이 들어가지 않도록 골라낸다. 간결한 스타일은 듣는 사람들이 보다 방심하지 못하도록 해 준다. 사람들은 모든 단어가 가치를 지니고 전체 메시지에 기여하고 있다는 사실에 감사한다. 전달자의 임무는 혼란을 일으키거나 잘못 인도하는 것이 아니라 이해되도록 하는 것이다. 우리가 말하는 것이 이해되도록 하기 위해서는, 그것을 듣는 사람의 마음속에 심어 주기 위해서는 정확하고 수정처럼 맑은 어휘를 발전시킬 필요가 있다. 성경을 읽을 때 당신은 성경이 그 단어를 사용하는 데 있어서 매우 경제적이라는 것을 알 수 있다. 예를 들어서 룻과 나오미 이야기를 생각해 보자. 거기에는 문학적 효과를 거두려는 어떤

노력도 보이지 않는다. 전체 이야기는 짧고 단조로운, 거의 스타카토
적인 문장으로 되어 있다. 목표는 단순히 음절의 길이를 잘라내어 줄
이는 것이 아니다. 그러다가는 효율성을 절감시킬지도 모른다. 목표는
우리가 전하려는 메시지를 가장 효과적으로 전해 주는 가장 짧은 단어
를 선택하려는 것이다.

아리스토텔레스는 단순히 어떤 사물에 이름을 붙이는 대신에 그것
을 묘사해야 한다고 했다. 예를 들면 "원이라고 말하지 말고 중심점에
서 둘레까지의 거리가 어느 쪽으로나 똑같은 평면이라고 하라."[46]는
것이다. 현대의 연설가들은 이러한 아리스토텔레스의 이론을 중요하
게 취하지 않으리라고 생각된다. 현대 언어를 사용할 때는 묘사는 물
론 정확성을 요구하기 때문이다. 일반적으로 말하면 어떤 사물에 이름
을 붙이는 것만이 필요하다. 완곡한 표현이나 불필요한 삽입구는 문어
체에서나 구어체에서나 바람직한 것이 못된다. 더욱이 설교를 위해서
는 칼 바르트와 같은 다변은 적당하지 않다.

루돌프 플레쉬는 조금 다르게 이 문제를 다루고 있다. 그는 당신의
대화를 원활하게 하는 데 도움이 될 만한 말들을 모아 보라고 한다. 그
것은 단순히 쉬운 말로 표현된 어려운 개념들이 아니라 오히려 일상
대화 속에 포함되어 있는 추상 개념들이다. 플레쉬는 말하기를, "그것
은 고운 톱밥을 채워 넣어 포장한 귀중한 물건이다. 당신이 좀 더 잘
이해하기를 원할 때에도 당신의 귀중한 생각들을 버리거나 바꿀 필요
는 없다. 보다 많은 톱밥을 사용하기만 하면 된다. 그것은 귀중한 물건
을 포장할 때 톱밥을 넣는 것만큼이나 단순하다."[47]고 한다. 그러나
이러한 군말을 많이 사용하는 방법은 약간 매력이 있을지도 모른다.
그러나 그것은 어두운 골목길로 우리를 인도할 것이다. 어려운 단어는
그 개념이 쉽게 이해되는 문맥에 들어가도록 하는 것이 더 중요하다.
다변 스타일 - 곧 군말이 많고 그 안에 톱밥을 많이 채워 넣은 - 을 발

전시키는 것은 별로 도움이 안 될지도 모른다.

2. 짧고 친숙한 말을 두려워하지 말라

설교자들이 범하는 일반적인 과오의 하나는 긴 말을 좋아하는 것이다. 심원한 사상은 이해될 수 없어야 한다는 말이 아니다. 깊은 사상은 이해될 수 없어야 한다는 생각이야말로 현학적인 태도이다. 그것은 말하는 사람의 유식함을 드러내려는 것 이외에 다른 어떤 커뮤니케이션과도 별 관계가 없다. 거추장스러운 말에 도취되어 단음절로 된 말이 의미를 전달하는 데 더 적합할 때에도 여러 음절로 된 말을 즐겨 쓰는 사람들은 듣는 사람의 반응이 어떠한지를 알아봄은 물론 왜 그런 말을 쓰게 되었는지 그 동기도 생각해 볼 필요가 있다. 한 번은 어느 신학교 교수가 이렇게 고백하였다. "신학교를 졸업하는 데는 3년이 걸린다. 그리고 그 배운 것을 활용하는 데는 10년이 걸린다." 문제는 많은 신학 전문 용어가 일반인에게 잘 알려지지 않고는 그것을 설교단에서 사용하였을 때 사람들에게 이해될 수 없다는 점이다. 구어와 문어는 동일한 것이 아니다. 글로 쓰는 것은 눈을 위해서이지 귀를 위해서가 아니다. 문어에는 더 많은 관념이 포함되어 있으며, 서로 다른 단어들과 어려운 단어들, 그리고 복잡한 문장들이 더 많이 쓰이고 있다.[48]

우리가 기대할 수 있는 대로 설문 조사를 통해서 얻어진 결론은 "그 말에 친숙해지는 것이 이해를 증진시킨다."[49]는 것이다. 줄르 로랑스 모로(Jules Laurence Moreau)는 우리에게 다음과 같이 상기시켜 주고 있다. "하나님이 그리스도 안에서 주어진 시간과 장소, 그리고 특수한 문화 속으로 구체적으로 들어오신 것처럼 그의 계시적 구속 행위에 관한 메시지도 그 세대의 문화에 들어가서 그 세대를 구속함으로써 각 세대 안에서, 그리고 각 세대를 위하여 구체화되지 않으면 안 된다."[50] 복음의 진리는 현재 시제의 언어, 곧 우리 시대의 언어로 표현되지 않으면 안 된다. 그것은 오늘을 위한 설교이지 어제에 관한 강의가 아니기 때문이다. 설교에 사용되는 생명력 있는 언어는 교인들이 친숙하게 알고 있는 말이 아니면 안 된다. 어떤 사람들은 설교에는 반드시 종교적 언어를 사용해야 한다고 생각한다. 그러나 이것은 기껏해야 조그만 이익이 있을 뿐이다. 종교적 진리라고 해서 반드시 비전(秘傳)의 언어를 사용하여 나타낼 필요는 없다. 마지막까지 분석해 들어간다면, 본질적으로 종교적 진리라고 할 수 있는 것은 없다. 단지 신앙적 또는 기독교적인 진리가 있을 뿐이다. 그러므로 설교자는 기독교 신앙의 영원한 진리를 나타내기 위하여 교인들이 쓰고 있는 언어를 사용하는 것이 마땅하다. 그러나 성경적 개념으로 만들어진 신학적 개념들이 그대로 사용될 수 있는 때도 있다. 그렇다고 한다면 그 개념들을 버리지 말고 한 음절이나 두 음절짜리 단어들로 이루어진 문맥 가운데 그 개념들을 넣어서 사용함으로써 그 문맥을 통하여 그것이 이해되도록 하는 것이다.

  문맥이 의미를 분명히 나타내 주기만 한다면 거의 누구라도 잘 알지 못하는 단어나 개념을 이해할 수 있게 된다. 한 번은 어떤 어린아이가 목사에 관하여 그 어머니에게 이렇게 이야기하였다. "그는 아무리 명석하다고 해도 지나치지 않을 거야. 엄마 나는 그가 하는 말을 다 알아들을 수 있거든." 이것은 가장 훌륭한 설교자였던 예수님께서 남겨 주신 전통이다. 예수님께서 쓰신 언어는 평이하고 잘 알려져 있는 말이었으며, 암시적이고 다채로운 것이었다. 그리고 "평범한 사람들이 그의 이야기를 즐겁게 들었다."고 한다. 심원한 사상들도 단순한 언어라는 옷을 입을 수 있고 또 그렇게 되어야 한다. 제임스 스튜어트는 말하기를, "오순절 날에 모든 사람들은 우리가 아는 대로 자기네의 방언으로 복음을 들었다. 그리고 그것은 지금도 설교를 효과적으로 만들 수 있는 기본적인 조건이다."[51)]라고 한다.

  우리는 짧고 잘 알고 있는 말을 사용하는 데 주의를 기울임과 동시에 짧은 문장을 사용하도록 노력하여야 한다. 루돌프 플레쉬는 한 문장에 17개 단어를 갖는 것이 하나의 상한적인 표준 문장이라고 말하고 있다. 문장이 그보다 더 길다면 그 문장의 구조를 살펴서 표준적인 길이의 문장이 되도록 짧은 문장들로 그것을 바꾸어야 한다는 것이다.[52]

3. 감각적인 단어들과 표현법의 친근성을 이용하라

그래디 데이비스의 「설교 계획」이라는 책에 나오는 다음 두 가지를 비교해 보라.

추상적 표현	감각적인 표현
비상 신호	요란한 사이렌 소리
그는 그들을 몹시 비난했다.	그는 말로써 그들에게 상처를 주었다.
우리는 죽음에 대한 생각을 회피한다.	우리는 죽음을 꽃으로 가장한다(Peter Marshall).
젊은이들은 생을 즐긴다.	젊은이들의 삶은 입술에는 달콤한 것이다.
예수님께서 누우셨던 그곳	싸늘한 돌판(Marshall)
예수님의 무덤 안의 냄새	세마포와 붕대, 그리고 향료, 밀폐된 공기와 피가 풍기는 이상한 냄새(Marshall)[53]

우리 대부분에게는 감각적인 말이나 상상력이 풍부한 표현을 이와 같이 쉽게 사용하는 일이 자동적으로 되는 것은 아니다. 그것은 타고난 능력이나 본유적 은사는 아니기 때문이다. 그것은 훈련하고 듣고 대하고 맛보고 우리 주변에 있는 모든 것을 인식하게 된 결과로 얻어진다. 날카롭게 삶을 꿰뚫어보는 훈련의 열매인 것이다. 당신이 받은 인상들을 기록해 두는 것이 반드시 필요할지 모른다. 표현되지 않은 인상은 흔히 무로 돌아가서 영원히 잊혀져 버리기 때문이다. 말로써 그림을 그리는 법을 배우라. 예수님께서도 '언덕 위의 동리', '아침의 날개'라는 말을 사용하셨다. 보스턴 대학 신학부의 딘 월터 뮤엘더

(Dean Walter Muelder)는 언젠가 기도하기를, "저희의 두려움에 떨고 있는 이 연약한 것들을 취하시어 용감한 증인의 튼튼한 근육으로 만들어 주소서."라고 했다. 브루스 틸리먼(Bruce Thielemann)이라는 글렌데일 장로 교회 목사는 어느 부활절 설교에서 "구름이 이쪽 지평선에서 저쪽 지평선까지 쿵쾅거리고 있었습니다. 그 다음에 하늘은 천둥으로 그 목구멍을 청소한 것입니다."라고 했다. 만일 당신이 어떤 주어진 상황에서 다른 사람들이 볼 수 있는 것만을 본다고 하면, 결국 당신은 그 문화의 피해자이지 대표자는 아니다. 날카로운 통찰력을 발전시키려면 훈련된 정신과 삶이 요구된다.

우리가 사는 시대는 영상의 시대이다. 텔레비전과 영화가 가장 일반적인 오락의 형식이 되었다. 삽화가 든 잡지의 시청각 교재가 교육의 수단이 되었다. 회화라는 말을 기술적으로 사용함으로써 설교자는 현대의 청중을 특징지어 주는 이 일반적인 취향에 참여할 수 있다. 현대인은 주로 눈으로 보는 틀에 맞는 사고 양식을 가지고 있다. 그리고 그가 익숙해 있는 그 사고 양식을 통해서만 설교자는 그에게 복음을 전할 수 있다. "상상력은 희미한 것을 현실적인 것으로, 초자연적인 것을 가능한 한 눈으로 볼 수 있는 것으로 만들어 준다."[54] 소설가들은 훌륭한 교사 역할을 한다. 플래너리 오코너(Flannery O' Connor)의 「지혜로운 피」라는 책은 무식한 산골 사람과 예수님과 함께한 싸움을 묘사하고 있다. 그 소설가의 언어는 "언제나 살아 있고 우울증을 없애 주며 뜨거운 피가 끓고 정열에 넘쳐 있으며 필요로 가득 차 있다. 이 번거로운 것 중의 어느 것도 오늘날 그릇 속에 담겨 있는 독일 신학을 번역하지는 못했다!"[55]

4. 진부한 표현에 빠지려는 유혹을 방지하라

이것은 정신이 잠들려는 확실한 표시이다. 그것은 지루한 설교에 이르는 보장된 지름길이다. 봅 뉴하트(Bob Newhart)는 그의 판에 박힌 코미디의 하나에서 어떤 고용주가 은퇴한 뒤에도 여러 해 동안 봉사해 온 어느 직원의 퇴임식에서 한 인사말을 묘사하고 있다. 거기에 사용된 언어는 진부하고 낡은 것이었다. 뉴하트는 이 고용주를 "케케묵은 사람"(Mr. Trite)이라고 불렀다. 그의 이름은 군단(Legion)이고, 그의 친척들만이 그 설교단 아래 자주 모인다.

이러한 식으로 쓰인 말의 예는 너무나 잘 알려져 있다. '대갈못처럼 죽은', '그림같이 아름다운', '욥의 인내' 같은 말이다. 사람들의 귀를 기울이게 하려면 당신은 청중이 평범한 사물을 새로운 안목으로 볼 수 있도록 도와 줄 필요가 있다. 그러면 그것이 그들에게 신선함과 새로운 생명력을 싹트게 해 줄 것이다. 낡고 진부한 언어로 표현되는 옛 진리는 죽어 가고 있다. 예를 들면 'be동사'의 동의어를 찾아보라. 또 '활기를 주다', '멈추다', '구성하다', '나타내다', '포옹하다', '싸다', '향상시키다', '기운을 북돋우다', '공식화하다', '발생하다', '스며들게 하다', '아련히 떠오르다', '증진시키다', '고동치다', '대리하다', '맛보다', '대치하다', '성공하다', '조롱하다'와 같은 말을 택해서 사용해 보라. 그것은 거의 비정통적일지 모른다. 문장 끝에 명제들을 사용해 보라. 부정사를 분해해 버려라. 우리는 영어 수필을 쓰고 있는 것이 아니다. 우리의 임무는 옛 것이나 평범한 것을 막론하고 신선하고 번거롭지 않은 언어를 사용함으로써 진리를 전하고 사람들에게 인상을 심어 주는 것이다. 대가들의 글을 읽어라. 세익스피어와 밀턴 같은 대가의 글은 물론 현대 작가들과 현대 설교가들의 글도 읽어라. 현대 설교가로는 조셉 파커, T. S. 엘리옷, 피터 마샬, 조지 버트릭, 랠프 소크맨 같은 이들이 있다. 이 모든 사람들은 표현의 대가들이다. 그들의 삶으로부터 불꽃이 당신의 삶으로 점화되게 하라. 그들의 표현법이 당신의 표현법을 채색하게 하라. 그리고는 쓰고 또 다시 쓰라. 모든 것을 기록하라. 주의 깊게 평가하라. 죽은 말, 게으른 말, 잠자는 단어를 제거해 버리라. 그 대신 새롭게 생생하고 그림 같은 언어를 사용하도록 하라.

5. 자신의 어휘력을 키워라

우연히라도 새로운 단어를 발견하게 되면 그것을 적어 두라. 그리고 그것을 다시 보고 대화에 사용하도록 하라. 당신이 새로운 단어들을 당신의 어휘에 더해 갈 때 자랑할 목적으로 그것을 사용하지는 말아라. 문맥을 단순화시키고 잘 알려진 문맥 속에 그 단어를 사용함으로써 사람들이 당신이 의미하는 바를 이해할 수 있도록 도와 주라. 이렇게 하면 쉽게 이해될 수 있을 것이다.

불규칙 변화하는 명사와 동사에 특별한 주의를 기울여야 한다. 어떤 문장에 생명을 부여하는 것은 동사이다. 문자 그대로 문장이 자연스럽게 하라. 비록 연구의 결과로 형용사는 명사에 영향을 미치고, 명사와 형용사가 결합되면 명사 안에 원래 포함되어 있던 의미는 사라진다는 것이 드러났다고는 하더라도 형용사는 그만큼 중요하지 않다.[56]

이 장에서 우리는 설교의 본론에 포함되어 있는 사상의 전개를 논의해 왔다. 우리는 아우트라인을 먼저 다루었다. 그것은 뒷받침이 되는 자료가 살이 되어 채워질 수 있는 구조가 되었다. 우리는 설명과 예증과 강조에 관해서 이야기하였고, 논리적 주장과 감정적 자료에도 주의를 기울였다. 그리고 우리는 스타일의 중요성을 강조함으로써 끝을 맺었다. 올바른 스타일을 갖출 때 관념들은 명확하고 적절하며 이해될 수 있는 언어로 표현된다. 우리는 그것을 말하지 않으면 안 되고 또 그것을 잘 말해야 한다. 우리의 목표는 진리, 곧 하나님에 관한 진리를 정확하게 전달하는 것이다.

주〉

1) Phillips Brooks, Lectures on Preaching, Reprint.(Grand Rapids : Baker Book House, 1969), p. 178.
2) Martin R. DeHaan in his devotional booklet, Daily Bread.
3) Unknown.
4) Donald G. Miller, The Way to Biblical Preaching(New York : Abingdon Press, 1957), p. 76.
5) David H. C. Read, "Labor, Leisure, and Worship", Pulpit Digest(September 1969), pp. 13-17.
6) Charles W. Lomas and Ralph Richardson, Speech : Idea and Delivery(Boston : Houghton Mifflin Company, 1956), for a development of these categories.
7) Otis M. Walter and Robert L. Scott, Thinking and Speaking : A Guide to Intelligent Oral Communication(New York : The Macmillan Company, 1968), p. 48.
8) Lomas and Richardson, op. cit., p. 98.
9) Wayne N. Thompson, Quantitative Research in Public Address Communication(New York : Random House, Inc., 1967), p. 63.
10) Gary Cronkhite, Persuasion : Speech and Behavioral Change(Indianapolis : The Bobbs-Merrill Company, Inc., 1969), p. 188.
11) Dale Leathers, Class Lecture, UCLA, Winter 1969.
12) Aristotle, The Rhetoric, trans. W. Rhys Roberts(New York : The Modern Library, 1954), pp. 24-25.
13) Ibid., p. 25.
14) Ibid.
15) Martin Scheerer, "Cognitive Theory", Handbook of Social Psychology, ed. Gardner Lindzey (Cambridge : Addison-Wesley Publishing Company, Inc., 1954), p. 38.
16) Cronkhite, op. cit., p. 42.
17) Thompson, op. cit., pp. 50-51.
18) Bertrand Russell, Sceptical Essays(London : George Allen and Unwin, Ltd.; New York : Barness and Noble, Inc., 1962), p. 32.
19) Erwin P. Bettinghaus, Persuasive Communication(New York : Holt, Rinehart and Winston, Inc., 1968), p. 160.
20) Carl I. Hovland, Irving L. Janis and Harold H. Kelley, Communications and Persuasion (New Haven : Yale University Press, 1964), p. 183.
21) Ibid., p. 120.
22) Henry Grady Davis, Design for Preaching(Philadelphia : Fortress Press, 1958), p. 223.
23) Bettinghaus, op. cit., pp. 156-57.
24) L. Frank Baum, "The Wizard of Oz", quoted by Don Fabun, The Dynamics of Change (Englewood Cliffs, N. J.: Prentice-Hall, Inc., 1967), p. 28.
25) James Hillman, Emotion(Evanston : Northwestern University Press, 1961), p. 8.
26) Raymond W. McLaughlin, Syllabus : Preaching to Persuade(Denver : Conservative Baptist Seminary), p. 17.
27) Aristotle, op. cit., p. 217
28) Arthur N. Kruger, "The Ethics of Persuasion : A Re-Examination", The Speech Teacher, XVI (November 1967), pp. 296, 303.
29) Alfred A. Funk, "Logical and Emotional Proofs : A Counter-View", The Speech Teacher, XVII (September 1968), p. 215.
30) Thomas R. Nilsen, Ethics of Speech Communication(Indianapolis : The Bobbs-Merrill Company, Inc., 1966), p. 49.
31) Arndt L. Halvorson, "Preaching Is for People", Lutheran Quarterly, XX(November 1968) p. 359.
32) W. E. Sangster, The Craft of Sermon Construction(Philadelphia : The Westminster Press,

1951), p. 55.
33) Bettinghaus, op. cit., pp. 139-41.
34) Cronkhite, op. cit., p. 184.
35) Aristoltle, op. cit., p. 167.
36) Davis, op. cit., p. 15.
37) John Culkin, S. J., "The New World of Marshall McLuhan", Mcluhan : Hot and Cool, ed. Gerald Emanuel Stearn(New York : Signet Books, 1969), p. 56.
38) Raymond W. McLaughlin, Communication for the Church(Grand Rapids : Zondervan Publishing House, 1968), p. 28.
39) Bettinghaus, op. cit., p. 135.
40) William Hordern, Speaking of God : The Nature and Purpose of Theological Language(New York : The Macmillan Company, 1964), p. 131.
41) S. I. Hayakawa, Symbol, and Personality(New York : Harcourt, Brace and World, Inc., 1963), pp. 8, 17.
42) Ibid., p. 23.
43) Rudolf Flesch, The Art of Plain Talk(New York : Collier Books, 1951), p. 195.
44) Sue Nichols, Words on Target : For Better Christian Communication(Richmond : John Knox Press, 1963), pp. 45, 61, 64.
45) Fowler's, The King's English, quoted by Rudolf Flesch, The Art of Plain Talk(New York : Collier Books, 1951), p. 58.
46) Aristoltle, op. cit., p. 176.
47) Flesch, op. cit., p. 47.
48) Joseph A. DeVito, "The Encoding of Speech and Writing", Speech Teacher, XV(January 1966), pp. 55-60.
49) Thompson, op. cit., p. 128.
50) Jules Laurence Moreau, Language and Religious Language : A Study in the Dynamics of Translation(Philadelphia : The Westminster Press, 1961), p. 194.
51) James S. Stewart, Heralds of God, Reprint.(Grand Rapids : Baker Book House, 1972), pp. 130-131.
52) Flesch, op. cit., p. 57.
53) Davis, op. cit., p. 272.
54) Prentice Meador, "Toward an Understanding of Today's Listener", Preaching, II (September October 1967), p. 41.
55) Arndt L. Halvorson, "Preaching Is for People", Lutheran Quarterly, XX(November 1968), p. 361.
56) Bettinghaus, op. cit., pp. 142-43.

11장
예화

　대개의 경우 예화를 잘 사용하느냐 못하느냐에 따라 평범한 설교와 뛰어난 설교가 구별된다. 잠시 지난 일을 생각해 보라. 어떤 설교가 가장 감명 깊었는가? 무엇이 그 설교를 특별히 의미 있게 해 주었는가? 하나의 예화(또는 몇 개의 예화)가 그 설교를 그렇게 오래 기억에 남도록 하는 경우가 흔히 있다. 이런 경험은 누구나 하게 되는 일반적인 경험이다. 예화를 사용하는 기본적인 이유가 세 가지 있다. 논리적인 이유와 심리적인 이유, 그리고 감정적인 이유가 그것이다.

　1) 논리적 이유. 예화는 다리 건축가의 역할을 한다. 적절한 예화는 성경 시대와 20세기 사이의 간격을 이어준다. 예를 들면 '속죄'와 같은 성경적 개념은 어떤 사람이 다른 사람에 대하여 죄를 지은 20세기 사건의 배경에 비추어 볼 때 가장 잘 이해될 수 있다. 제 3자가 그 사건에 개입되어서 사건 당사자들을 데려다가 보상을 해 준다는 것이다. 우리는 이것을 이해한다. 그러면 이해의 다리는 두 개의 전혀 다른 역사의 시대를 이어준다.

영의 세계와 육의 세계 사이의 간격도 역시 예화의 사용으로 이어질 수 있다. 훌륭한 선생이신 예수님께서는 누가 이웃이냐고 묻는 젊은이에게 보여 주기 위하여 비유를 사용하셨다. 아마 유대인이었으리라고 생각되는 한 사람이 매를 맞고 거의 죽을 지경이 되었다. 제사장과 레위 사람이 왔지만 지나가 버렸다. 반면에 미움의 대상이던 사마리아 사람 하나가 지나가다가 그 장면을 보고 도움을 필요로 하는 그 사람의 상처를 싸매주고 여관으로 데려다가 치료비까지 치러 주었다. 그리고는 예수님께서는 "누가 이웃이겠느냐?"고 물으셨다. 데이비스(Grady Davis)는 말하기를, "예화가 효과적으로 사용되려면 주장되고 있는 어떤 정해진 요점을 분명하게 해 주거나 뒷받침해 주는 이야기가 아니면 안 된다. 예를 든다는 말은 타동사이다. 단순히 예를 드는 것이 아니라 무엇인가를 예로 드는 것이다."[1]라고 했다. 예화는 우리를 알려진 것으로부터 알려지지 않은 것으로 옮겨가게 한다. 그리고 이해하고 있는 것으로부터 이해하지 못하는 것으로 옮겨가게 한다. 설명을 필요로 하는 예화는 전혀 예화가 아니다. 왜냐하면 예화의 목적은 설명을 돕는 것이므로 예화가 다른 설명을 필요로 해서는 안 되기 때문이다.

　예화는 정신적인 재연의 형태들 중 한 가지이다. 주장으로 진술된 진리를 예화로써 다시 말하는 셈이다. 그것은 지루함을 주지 않고 반복할 수 있게 해 준다. 현명한 설교자는 몇 가지 분명한 개념을 심사숙고하는 데 자신을 제한할 것이다. 그러면 이것은 장황하지도 않고 지루함을 주지도 않으면서 어떻게 달성될 수 있는가? 예화는 흥미를 유발시키면서 동시에 재연와 재진술을 통하여 이런 목적을 달성한다. 요점의 반복, 심지어는 똑같은 것의 반복조차도 이러한 뒷받침이 되는 자료(예화)가 있으면 효과적일 수 있다. "나는 처음에는 내가 무엇을 이야기할 것인지를 말하고, 그 다음에는 본 이야기를 해 주고, 그 다음에는 무엇을 이야기하였는지를 말해 준다."고 한 소박한 설교자의 말에도 몇 가지 의미가 있다. 예화는 설교자의 주장을 교묘하게 위장한 재진술이다. 적절하게 행해진다면 듣는 사람으로 하여금 진리에 대한 분명한 이해를 가지게 해 줄 것이다.

일화와 예화의 다른 형태들은 그냥 꾸밈없이 주어지는 개념들보다는 마음속에 오래 간직되는 경향이 있으므로 설교자가 예화를 사용하는 것은 듣는 사람의 기억력을 강화시켜 주는 셈이 된다. 그러므로 설교자는 반드시 직접 과녁을 맞힐 수 있는 적당한 예화를 선택해야 한다.

케이트 밀러(Keith Miller)는 "새 포도주의 맛"(A Taste of New Wine)이라는 글에서 기도할 때의 정직에 관해서 이야기한다. 언젠가 한 번 그가 기도하기를 "은혜로우신 주님, 이런 일을 저지르고 사는 저를 용서해 주옵소서. 저는 이런 사람이 되고 싶지 않습니다. 저를 용서하옵소서. 아멘."이라고 하였다. 그는 또 "나는 이제 그러한 기도를 더 이상 드리지 않는다. 나는 이제 '은혜로우신 주님, 이런 일을 저지르고 사는 저를 용서해 주옵소서. 저는 이렇게 하지 않을 수가 없습니다. 만일 더욱 나아가려고 한다면 동료들과의 관계를 끊지 않으면 안 됩니다. 저를 용서하옵소서. 이것이 저의 모습이기 때문이옵니다. 아멘.' 이라고 기도한다." 사람들은 이런 이야기를 기억한다. 그것은 기억에 오래 남는다. 예화는 앞에서 비추어진 진리로 사람들을 이끌어간다. 그러므로 예화가 정확해야 한다는 것은 결정적이다.

2) 심리학적 이유. 많은 훌륭한 설교는 도식으로 나타낼 수 있다. 그런 설교에는 도중 곳곳에 클라이맥스가 있다. 그리고 보통 중요한 곳, 또는 절정에서 결론을 맺는다. 한결같이 격렬하게 행해지는 설교는 교인들에게 너무 큰 부담을 준다. 정신적 숨을 쉴 여유나 가끔의 정신적 휴식을 주고 또 유머를 사용함으로써 회중의 심리적 필요를 만족시켜 줄 필요가 있다. 예화는 데이비스의 반대 주장에도 불구하고 이 역할을 해낸다. 데이비스는 말하기를, "한 가지 생각을 꾸준히 따라가면서

25분 동안 정신을 집중해서 듣는 것은 견딜 수 없을 만큼 어려운 일이 아니다."[2]라고 한다. 만일 모든 설교가 "다른 선택의 여지없이 주어지는 생각"을 25분 동안에 전하는 것이라면 우리는 데이비스의 주장에 동의할 수 있을 것이다. 일반적으로 시간이 길어질 때 현대인이 높은 수준의 관심을 유지할 수 있으리라고 생각하는 것은 오산이다. 현대 이론가들도 같은 이야기를 하고 있다. '숨을 쉬기' 위해서는 기분 전환이 필요하다. 평범한 교인들이 어떤 한 가지 주장에 귀를 기울일 수 있는 시간의 길이란 극히 제한되어 있다. 그러므로 새로운 개념을 소개하기 전에 잠시의 휴식을 주지 않으면 안 된다. 회중의 주의를 늦추어 준다는 것은 모험이 될 수도 있다. 언제나 엉뚱한 생각에 빠지게 할 위험이 따르기 때문이다. 그럼에도 불구하고 그런 기분 전환은 청중의 생각을 붙잡는 데 반드시 필요하다고 할 수 있다.

3) 감정적 이유. 우리는 우리가 사는 이 세계와 진리가 밀접한 관계가 있다는 것을 느끼게 할 필요가 있다. 복음은 논리적이요, 또한 감정적이다. 기독교 신앙은 알려지기만 하는 것이 아니라 느껴지는 것이다. 그것은 '내적 수준'에서 올바로 경험될 수 있다. 현실과 동떨어진 이야기만 하는 설교에 지친 어떤 평신도는 "나는 마치 내가 고린도 교회 교인이나 되는 것처럼 이야기하는 데 질렸고 지쳤습니다."[3]라고 했다.

적당한 감정을 통하여 개념들을 인간화시키는 것은 설교에 없어서는 안 될 요소이다. 사람들은 복음이 약속해 주는 생생하고 정서적으로 건전한 생활 속에 들어가기를 원한다. 많은 성공적인 설교가들은 어떻게 이러한 수준에 이르게 하는지를 알고 있었다. 무디는 교육을 얼마 받지도 못했고, 때때로 그의 신학적 지식이 보잘것없음을 드러내기도 했지만, 예화를 통하여 듣는 사람들의 마음을 어떻게 움직일 수 있는지를 알고 있었다. 스펄전과 필립스 브룩스, 빌리 그래함도 그러했다.

몇 년 전 루이스 에반스(Louis Evans)는 할리우드 제일 장로 교회의 목사로 봉직했다. 그의 교인 가운데는 유명한 외과의사 한 사람이 있었다. 민감한 기독인으로서 그는 자기의 생활을 통하여 하나님의 일하심을 깨닫고 있었다. 그리고 계속 하나님께서 자기를 선교 현장으로 부르고 계신다고 느끼고 있었다. 오랜 내적 갈등을 겪고 난 뒤에 그는 드디어 하나님의 음성에 복종하기로 하였다. 그는 지금은 잘 알려져 있으나 당시에는 별로 알려지지 않았던 한국으로 가서 의료선교부를 설립하였다. 그의 담임목사였던 에반스 박사가 세계 여행을 하는 중에 그를 방문하려고 한국에 들르게 되었다. 그가 도착하는 날 그의 의사 친구는 여덟 살 난 소녀의 수술을 준비하고 있었다. 결국 에반스 박사는 수술이 진행되는 조그만 방의 창을 통하여 수술 광경을 지켜보게 되었다. 몇 분이 반 시간이 되었고, 반 시간이 거의 세 시간이 되었다. 드디어 의사는 임시로 만든 수술실 수술대에서 물러 나와서, "이제 아이는 괜찮을 거야."라고 말하고, 간호원들에게 아이를 돌보라고 맡겼다. 그 다음 그는 밖으로 나와서 목사와 어울렸다. 한참 걷다가 에반스 목사가 물었다. "미국에서 이런 수술을 했을 때 대체로 얼마나 받았습니까?" "아마 500불에서 700불 정도였다고 생각합니다." 이야기를 나누면서 에반스 목사는 그의 입술이 긴장으로 인하여 자줏빛으로 변해 있고, 그의 손이 이 섬세한 수술의 정확한 작업과 긴장으로 인하여 떨리고 있음을 보았다. 그는 물어보았다. "이번 수술로는 얼마나 받게 됩니까?" "아! 그저 몇 센트지요. 그러나 거기에 하나님의 미소를 보태서 받지요!" 그리고 나서 의사는 그 목사의 어깨에 손을 얹고 가볍게 흔들면서 덧붙였다. "그러나 목사님, 이것이 바로 사는 것입니다."

이것이 바로 사람들이 보고 느껴야 하는 그런 진리이다. 너희는 충만한 삶을 살 수 있다고 하나님께서 말씀하실 때 사람들은 이론만으로가 아니라 실천적으로 어떻게 그렇게 살 수 있는지를 알고자 하는 것이다.

예화 자료의 이용

I. 형태

설교의 예화가 어떤 것이어야 하느냐에 관해서는 많은 혼란이 생긴다. 흔히 사용되는 예화는 일화에 속한다. 그러나 사실 예화는 그 이상이다. 그것은 일반적인 주장을 뒷받침해 주는 구체적인 실례이다. 이제 몇 가지 형태를 살펴보기로 하자.

1) **분출적 실례.** 이러한 것은 짧고 발전되지 않은 것이며, 일반적으로 여러 가지가 이어진다. 버트릭(Buttrick)은 자주 이런 방법을 사용했다. 그의 설교 "침묵의 소리"(The Sound of Silence)에서 취한 두 개의 보기는 도움이 될 것이다.

> 갑작스러운 큰 재해는 거의 치료할 힘이 없습니다. 우리 세대는 바로 이런 현실에 대처하지 않으면 안 됩니다. 마이애미는 한때 태풍으로 거의 황폐화되었습니다. 그러나 마이애미는 성도들의 동경의 목표가 아닙니다. 샌프란시스코는 지진으로 흔들리고 파괴되었습니다. 그러나 샌프란시스코는 천국 가는 '황금문'이 아닙니다. 시카고는 한쪽이 불로 타버렸습니다. 그러나 그것은 가치 없는 것들의 정화가 아닙니다.[4]

다른 하나의 보기는 다음과 같다.

> 무엇이 여러분에게 큰 감동을 주었는지 말해 주십시오. 그것은 지진이 아니라 아마 사소한 사건이겠지요. 여러분은 위를 쳐다보고 있는 엘리베이터 맨의 얼굴에서 모든 인간적인 동경의 전형을 보았습니다. 여러분은 롤랜드 헤이스가 부르는 "너 거기 있었는가? 그때에. 주가 십자가 위에 달릴 때"를 들었습니다. 여러분은 개가 차에 치이는 것을 보았습니다. 그리고 한 아이가 마지막 죽음의 경련

을 일으키고 있는 그 개를 껴안고 있는 것을 보았습니다. 그리고는 전쟁 마당에서 죽어 가는 사람들을 생각하였습니다. 여러분은 위대한 음악을 들었고 하나의 구절이 일주일 동안 여러분을 괴롭혔습니다.[5]

2) **말로 그린 그림**. 말로 그린 그림, 그것은 직유이다. 필립스 브룩스는 "불과 송아지"(The Fire and the Calf)라는 설교에서 놀랄 만한 직유를 사용하고 있다. "한 사람 한 사람의 인격은 …… 빈들에 서 있는 한 그루 나무와 같습니다. 모든 새가 거기서 몇 개씩의 열매를 따가는 것입니다."[6] 존 헨리 조웻(John Henry Jowett)은 "나는 언젠가 눈밭을 가로질러서 피를 흘리며 지나간 산토끼의 발자국을 보았습니다. 그것은 유럽 천지를 가로질러 건너간 바울의 발자국이었습니다."[7]라고 했다.

3) **유추**(analogy). 로마스(Lomas)에 따르면, 유추란 "여러 개의 보기를 비교하는 데 기초한 추리 방법이다."[8] 조셉 파커는 정규적으로 이런 보기를 들었다. 어떤 때 그는 이렇게 말했다. "감격이 없는 교회는 무엇과 같은가? 그것은 불을 뿜지 않는 베수비우스(Vesuvius) 산이요, 물이 없는 나이아가라 폭포이며, 태양 없는 하늘입니다."[9]

4) **알레고리**. 관대 씨(Mr. Greatheart), 고집 씨(Mr. Obstinate) 등의 이름을 쓰고 있는 존 번연의 「천로역정」은 이런 형의 본보기이다. 설교에서는 덕이나 악도 인격화될 수 있다. 성경에서 보기를 찾아본다면 요한복음 15장에서 포도나무와 그 가지 이야기를 생각할 수 있다.

5) **우화**. 가장 잘 알려진 것은 이솝우화이다. 이것은 삶에 관한 어떤 의미 있는 사실을 이야기해 주는 허구적 이야기이다.

6) **비유**(parable). 영적 진리를 소중히 간직하고 인간에 대한 하나님의 관계를 드러내 주는 이야기. 어림잡아 예수님의 사역 가운데 3분의 1은 비유를 사용하고 있다고 할 수 있다. 가장 잘 알려져 있는 비유로는 잃어버린 동전, 아흔 아홉 마리 양, 그물, 누룩, 돌아온 아들, 선한

사마리아인 등을 들 수 있다.

7) 역사적 사건. 이런 예를 이교 세계, 희랍 세계, 로마 세계, 르네상스, 종교 개혁, 중세기 등에서 역사적 모습 그대로 끌어낼 수 있다. 롤랜드 베인톤(Roland Bainton)의 「내가 여기 있나이다(Here I Stand)」라는 책은 중요한 예화의 가치가 있는 마틴 루터와 그의 시대에 관한 생생한 역사책이다. 제임스 스튜어트는 그의 설교에서 규칙적으로 역사적 사건의 예를 들고 있다. "그는 할 수 있다"(He Is Able)는 제목의 설교에서 그는 이렇게 말했다.

> 위험한 모험을 하려는 루터를 말리려고 독일의 제후들이 "아우크스부르크에는 지옥의 사자들이 있다."고 말했습니다. 그러나 개혁자 루터는 이러한 간절한 요청 가운데 어느 하나도 받아들이려 하지 않았습니다. 그리고는 "아우크스부르크에는 예수님께서 군림하고 계신다!"고 외쳤습니다.[10]

다른 곳에서 그는 이렇게 말했다.

> 실로 이 세상에는 여러분이 경시할 수 있는 일이 무수히 많습니다. 그리고 여러분이 관계를 맺을 필요가 없는 사건들도 수없이 많습니다. 그것들은 여러분을 강요하는 손길을 펴지 않습니다. 줄리어스 시저의 정책이나 14행 시의 기원, 워털루의 전술이나 혹성 내부의 성운의 움직임, 이러한 것들은 나의 일상생활 경험 속으로 직접 들어오지 않습니다. 나는 이런 것에 무관심할 수 있으며 무시할 수 있습니다. 그러나 이와 같이 무시될 수 없는 다른 일들이 있습니다.[11]

8) 세상에 알려지지 않은 이야기들. 이것은 미숙한 설교자들에게는 가장 인기 있는 예화의 자료로서 지나치게 쓰지만 않는다면 매우 유익한 예화의 형태이다. 어떤 설교자는 그들의 이러한 이야기를 너무 길

게 또는 너무 발전시키고 있다는 비난을 받는다. 이렇게 될 때 그 이야기는 수단으로서의 예화이기보다는 목적이 되고 만다. 예화는 다른 어떤 것에 주의를 모아 주기보다는 주의의 대상이 되고 마는 것이다.

일화는 일반적으로 자서전이나 전기, 또는 오늘날의 사건에서 얻어진다. 우리는 한 분 하나님으로부터 관심을 다른 데로 돌리게 해서는 안 된다. 그러기 위해서는 과도한 자기 과시가 되지 않도록 주의하지 않으면 안 된다. 하지만 자신의 예화를 지혜롭게 사용하면 그것은 가치가 있다. 어떤 평신도가 말하기를 "내가 주의를 기울이게 되는 설교는 일상생활 이야기를 해 주고 그 이야기를 이용하여 기독교인의 생활이 어떠해야 하는지 우리에게 밝혀 주는 설교다."[12]라고 했다.

루엘 하우(Reuel Howe)와 클라이드 리드(Clyde Reid)의 통찰력을 가진 케이트 밀러(Keith Miller)의 책이 인기가 있다는 것은 대부분의 사람들이 역사적인 예화나 문학적인 예화보다는 삶의 상황에서 얻은 예화를 더 좋아한다는 현상에 강력한 뒷받침이 된다. 청중과의 동일화에서 시작하는 설교가 효과적이라고 하는 주장을 뒷받침해 주는 것도 많이 있다. 그러므로 현대적인 삶의 상황에서 취한 예화가 가치 있다는 것은 분명해진다.

예화 자료의 수집

모든 설교자는 사물을 예증으로 쓸 수 있게끔 생각하기 위해서 삶에 대한 민감한 생각을 계발할 필요가 있다. 당신이 읽고 느끼고 행동하고 반응을 보이고 할 때 모든 삶의 국면들은 나중에 예화의 자료를 끌어낼 수 있는 하나의 저수지가 된다. 설교자 자신의 예화를 확보하라. 그것들은 예화 사전에서 볼 수 있는 그런 것들과는 질적으로 전혀 다를 것이며, 언제나 신선할 것이다. 예화집이라는 것들은 오늘의 생활과는 너무나 먼 거리에 있는 낡고 케케묵은, 그리고 믿을 수 없는 이야기들로 가득 차 있다. 제임스 스튜어트는 권면하기를 "설교에 쓰일 이야기를 모은 대형 전집은 파산한 지성의 최후 도피처이다. 가장 좋은 예화는 당신 자신의 독서와 관찰 …… 의 수확으로 얻은 것들이다. 그것은 설교자 자신이 모은 명예화집이 될 것이다."[13)]라고 하였다.

I. 자료

성경은 설교 예화의 가장 중요한 자료이다. 사람들이 성경 말씀을 한 번 들은 그대로 알고 있다고 생각하는 것은 잘못이다. 사람들은 마땅히 읽어야 하는 만큼도 성경을 읽지 않는다. 그들은 성경의 내용에 관해서는 무지하다. 성경에는 사람들이 모르고 있고 마땅히 예화를 통해서 배워져야 하는 생생한 진리들이 많이 있다. 아브라함과 요셉과 삼손과 룻과 사무엘과 다윗과 골리앗과 나아만과 게하시와 압살롬에 관한 많은 구약 이야기는 지금도 생명력과 흥미로 넘쳐 있다. 클로비스 채플(Clovis Chappell)은 "길의 분기점 – 모세"(The Forks of the Road- Moses)라는 설교에서 성경 이야기를 사용하였다.

> 모세가 이런 결단을 내린 것은 그를 사랑하던 사람, 곧 그가 큰 의무를 지고 있었던 그 여인에게는 극심한 실망을 안겨 주었습니다. 제 생각입니다만 우리는 한 번도 모세를 키운 어미인 이 애굽 공주에게 충분한 명예를 돌려주지 않았습니다. 일국의 공주였지만 이방인이었다는 사실 때문에 그 여인은 훌륭한 여인으로 생각되지 못했습니다. 그러나 이방인이라는 사실이 이 여인으로 하여금 훌륭한 어머니가 될 수 없게 하지는 않았습니다. 그것은 그 여인에게서 모성애를 빼앗지도 않았습니다. 나일 강에 떠 있는 이상한 상자를 발견했을 때, 그리고 그 안에 누워 있던 그 외로운 아이가 연약한 울음과 눈물로 그 여인의 가슴을 두드렸

을 때, 그 여인은 은혜와 사랑을 베풀었습니다. 그 여인은 이 어리고 집 없는 아이를 가슴에 안고 그를 보호하였습니다. 그가 생명을 구한 것은 실로 이 여인의 은덕이었습니다. 그가 왕실 대학에서 교육을 받을 수 있었던 것도 이 여인 덕택이었습니다. 그러므로 모세같이 위대한 정신을 소유한 사람일지라도 그를 이처럼 도와 주었고 사랑해 주었던 분을 실망시키는 일은 결코 쉬운 일이 아니었습니다.[14]

또 하나의 자료는 **전기와 자서전**이다. 훌륭한 예를 든다면 C. S. 루이스의 자서전 「예기치 않은 기쁨」(Surprised by Joy)과 마틴 루터 킹의 전기를 들 수 있다. 해리 에머슨 포스딕은 예화로 들기에 유익한 필립스 브룩스의 전기에 나오는 이야기 한 토막을 자세히 설명한다.

필립스 브룩스가 하버드 대학에서 상담 시간을 맡고 있던 옛날, 어떤 학생이 그의 사무실로 찾아와서 근심스러운 태도로 이렇게 말했습니다. "브룩스 박사님, 저는 제가 가진 의문 몇 가지에 관해 말씀을 나누고 싶습니다. 그러나 박사님의 신앙을 방해하고 싶지는 않습니다." 그러자 브룩스는 억제할 수 없는 듯한 웃음을 터뜨렸습니다. 그의 신앙을 방해하다니! 그는 실로 하나님만이 올바로 설명하실 수 있는 그런 영혼의 깊은 경험까지 알고 있었던 분이었던 것입니다.[15]

소설도 역시 도움이 된다. 「주홍글씨」, 「죄와 벌」, 「아담 비드」 같은 고전은 언제라도 풍부한 통찰력으로 넘친다. 해리 에머슨 포스딕은 "죄의 용서"라는 설교에서 이렇게 말한다.

조지 엘리옷의 "아담 비드"에 대한 이야기를 상기해 보십시오. 헤티 소렐은 예쁘고 허영심 많고 천박한 처녀였습니다. 아담 비드는 충실한 목수였고, 아더 도니돈은 부주의하고 충동적이며 그 대신 마음씨는 고운 부자였습니다. 여러분은 헤티에 대한 아담 비드의 순수한 사랑과 그녀와 결혼하고 싶어하는 그의 소망을 기억하고 있습니다. 그리고 헤티가 도니돈의 손에서 어떻게 파멸을 겪는지와 그녀의 불운한 아기, 그리고 그녀의 광적인 방랑생활을 기억하고 있습니다. 여러분은 또한 도니돈이 돌이킬 수 없는 것을 돌이켜 보려고 필사적인 노력을 하다가 아담 비드에게 가서 용서를 구하는 장면도 기억하고 있습니다. 아담은 용서합니다. 그러나 그것은 쉽지 않습니다. 아담은 말합니다. "영감님, 용서합니다. 거기에는 일종의 변상될 수 없는 상처가 남아 있습니다." 그렇습니다. 여러분의 죄는 다른 사람에게 고칠 수 없는 상처를 입힙니다. 이것을 기억하셔야 합니다.[16]

우화도 간과되어서는 안 된다. 당신은 "꼬마 병아리" 이야기를 회상할 수 있을 것이다. 그는 나뭇잎이 하나 떨어져 부딪히자 놀라서 농장 주변을 뛰어 돌아다녔다. 그는 칠면조 러키를 만나자 하늘이 무너져 내리고 있다고 이야기하였다. 그는 또 오리 러키와 암탉 페니에게도 임박한 운명에 대하여 이야기하였다. 마지막으로 그 문제가 무엇인지 즉시 알아차린 여우 록시가 왔다. 그리고는 "아 그래, 꼬마 병아리야! 내가 이런 때를 위해서 아주 적당한 장소를 마련해 두었단다."라고 했다. 그리고는 꼬마 병아리와 칠면조 러키, 오리 러키, 암탉 페니를 모두 자기 동굴로 초대했다. 그 다음 여우 록시는 아주 좋은 식사를 할 수 있었다. 이 이야기의 진리는 두려움에는 전염성이 있다는 것이다. 만일 우리가 이 전염성에 물들게 되면 그것은 우리를 파멸로 인도하게 된다.

일반적인 독서는 또 하나의 예화 자료를 제공한다. 「땅콩 비유와 땅콩 복음」을 쓴 로버트 쇼트(Robert L. Short)는 찰스 슐츠(Charles Schulz) 같은 기민한 신학자가 어떻게 만화를 통하여 진리를 생생하게 묘사하는지를 보여 준다. 그는 굿 올 찰리 브라운(Good Ol' Charlie Brown)을 통하여 결점을 묘사하고, 리누스(Linus)와 그의 담요를 통하여 안전의 필요를, 루시(Lucy)를 통하여 적대감을 그려준다. 엘리자베스 오코너(Elizabeth O' Connor)의 「내부 여행과 외부 여행」, 엘톤 트루블러드의

「선동적 우정」, 브루스 라슨(Bruce Larson)의 「삶의 모험」, 케이트 밀러(Keith Miller)의 「새 포도주 맛」, 「제 2의 만남」, 「용의 거처」 같은 문학 작품들은 지금도 유용하다. 해리 골든(Harry Golden)의 「즐기고 즐기라. 아메리카에서」와 「2센트짜리 평온을 위하여」 같은 책은 예화에 사용될 수 있는 재미있는 책이다. 예를 들면 골든은 어느 곳에서 배가 가라앉고 있는 동안 바다의 향수를 느끼고 있는 사람에 대한 기록은 없음을 설명하고 있다. 다른 책 「말콤 엑스가 말하다」는 흑인 사회에서 일어나고 있는 의미 있는 혁명 운동의 예를 보여 주는 자료에 속한다. 당신은 그들의 입술로부터 그것을 듣고 그들의 펜으로부터 그것을 읽을 수 있다.

설교집들은 영구적인 예화 자료이다. 조지 버트릭, 프랭크 보어햄, 랠프 소크맨, 데이비드 리드 같은 이들은 유익한 자료를 찾고 싶을 때 가장 좋은 예화를 제공해 주는 분들이다.

잡지도 역시 도움이 될 것이다. 「이터너티」, 「크리스처니티 투데이」, 「크리스천 센추리」, 「펄핏 다이제스트」 같은 신앙적 잡지들은 유익한 참고 자료가 될 것이다. 「펄핏 다이제스트」에 게재된 비숍 제랄드 케네디의 "출발선"은 참신한 예화를 필요로 하는 설교자들에게 특히 유익을 주어온 글이다. 「내셔널 지오그래픽」, 「새터데이 리뷰」, 「타임」, 「뉴스위크」, 심지어 「리더스 다이제스트」 같은 세속 잡지들도 설교자들에게 유익을 주는 것으로 증명되어 왔다.

신문. 하나를 선택해야 한다면 비록 약간 평범하더라도 가장 좋은 지방 신문을 구독하라. 당신이 지금 살고 있는 그 사회의 생활을 알도록 하라. 사람의 관심을 끄는 이야기들과 칼럼 필자들의 글을 읽어라.

관찰. 자연을 관찰하도록 하라. 당신 주변의 생활에 민감하라. 모든 정보를 잡을 수 있도록 당신의 안테나를 세우라. 능히 어린아이들은 훌륭한 예화 자료를 제공한다. 당신의 아이들이 자주 설교 자료를 제공해 왔을 것이다. 여섯 살 난 스티브는 잘 때 이렇게 기도했다. "주님, 이 세상을 보고 감사를 드립니다. 어머니, 아버지와 린을 축복해 주세요. 케빈과 빌리와 지미와 스튜어트와 조엘과 글렌과, 할아버지와 나바우만, 그리고 할아버지와 나나 존즈를 축복해 주세요." 그리고는 두 번째도 똑같은 기도를 드리고 세 번째도 똑같은 기도를 반복하였다. 나는 조용히 "아멘." 했다. 스티브가 눈을 떴는데 그의 눈은 상기되어 있었다. 그 아이는 나를 뚫어지게 보더니, "아빠, 아직 기도를 끝내지 않았어. 그리고 나는 아빠한테 이야기하고 있는 게 아니야."라고 했다. 그는 우리 중의 많은 사람이 간과해 버리는 무엇인가를 깨닫고 있었다. 기도는 하나님께 하는 것이기 때문이다.

개인적인 경험. 사람들과의 관계와 좋은 목양의 기회를 파괴할지도 모르는 이야기를 결코 하지 않으려고 하면 많은 조심을 하지 않으면 안 된다. 분별력을 가져라. 교인들 각자가 가지고 있는 개인적인 필요를 다른 사람들에게 알리지 말아야 한다. 반대로 브라운과 크리나드와 노드커트는 "설교자의 마음속에 있는 주제가 어떤 것이든 그는 자기의 과거 경험에서 가장 적당하다고 생각되는 것을 선택해 내는 데 집중할 수 있으며, 이것은 책과 연구의 냄새를 풍기는 것이 아니라 기쁨과 슬픔과 행복, 곧 삶 자체의 냄새를 풍긴다."[17)]고 한다.

조지 휫필드는 "불타는 떨기나무"라는 설교에서 이렇게 말한다.

> 우리가 고통을 당하는 때는 우리의 가장 좋은 때일 수 있습니다. 나는 무어필드와 케닝톤 공동체에서 더 편안함을 느꼈음을 알고 있습니다. 특히 썩은 달걀 세례를 받고 고양이와 개들이 덤벼들 때, 옷이 거의 지울 수 없을 만큼 더럽혀졌을 때 나는 더 편안함을 느꼈습니다. 편안히 지냈을 때보다도 이 불타는 떨기나무 속에서 더 큰 평안을 맛본 것입니다.[18)]

설교가 부분적으로는 하나님께서 당신 생애에 무엇을 하셨는가에 대한 증언이기 때문에 개인적 경험은 설교에 쓰기에 적절한 것이 된다. 그러나 당신 교인 가운데 누구라도 당신의 전기를 쓸 수 있을 만큼 당신 가족 이야기를 설교에 매번 내놓지 않도록 조심하라. 설교자에게 너무 많이 주의를 모으게 하면 교인들은 구주에 대한 초점을 바로 맞추지 못한다. 개인적인 경험 이야기를 할 때에는 긍정적인 이야기와 부정적인 이야기가 모두 포함되어야 한다. 그렇지 않으면 설교자는 항상 모든 시험에서 승리하는 자로, 모든 악의 정복자로, 그리고 그의 기도는 언제나 긍정적 응답을 받는 것으로 보일 것이다.

상상력이 또 다른 하나의 설교 자료가 된다. 예화를 만들어낼 수 있다. 그 설교가 목적하는 바를 적절하게 표현할 수 있는 예화를 구할 수 없다면 설교자 자신의 상상력을 통하여 예화를 창작할 수도 있다. "그 예화가 실제로 일어났던 일인 것처럼 꾸며지지만 않는다면, 그리고 나타내려는 진리가 실제로 일어난 사건에만 의존되는 것이 아니라면"[19] 예화를 창작하는 것은 무방할 것이다.

2. 수집 과정

항상 정신을 차리고 있어라. 다음에 쓸 자료를 미리 준비하라. 이것이 기억력의 부족을 도와 줄 것이다. 이 과정에는 신문과 잡지, 안내지와 인쇄물 등에서 필요한 것들을 오려내는 것도 포함된다. 당신에게 속한 것은 무엇이나 샅샅이 뒤져서 오려내고 모아 두어도 좋다. 어떤 때는 복사를 해 둘 필요가 있을 때도 있다. 다른 사람의 자료로부터 필요한 것을 발견했을 때는 복사를 해야 한다. 다른 사람의 잡지나 책이나 저널에서 자료를 오려낸다는 것은 분명히 비도덕적이다. 그러므로 나는 후일에 유익하게 쓰일지도 모르는 자료들을 적어 넣을 4×6인치짜리 카드를 주머니에 넣고 다니라고 권한다. 당신의 책과 간행물들을 색인해 두는 것도 좋을 것이다. 당신은 책 매 페이지의 여백에다 요점을 기록해 두어도 좋다. 그리고 매 책 뒤에다가 당신 자신의 색인 표를 만들어 두는 것이 유익할 것이다. 당신이 그 책을 다시 보려고 할 때 몇 페이지에 무엇이 있는지, 그리고 특별히 관심 있는 개념들이 어디에 있는지를 알려 주는 색인 표를 만드는 것이다.

예화 자료의 선택

파일 시스템을 잘 이용해야 한다. 어떻게 이용하느냐 하는 문제는 각자가 좋아하는 대로 할 일이다. 그러나 이용해야 한다는 것만은 절대 필수적이다. 내가 막 신학 수업을 시작했을 때 위스콘신에 있는 어느 목사님이 나에게 자기의 예화 파일 시스템을 보여 주셨다. 그때 이후로 나는 그것을 계속 이용해 왔는데, 그것은 융통성 있고 간단하며 비싸지 않은 시스템이다. 당신은 하나의 마닐라지로 된 폴더를 준비한다. 그 안에 당신은 20개의 예화를 넣을 수 있다. 각 예화에는 1에서 20까지의 번호를 붙여 둔다. 그 다음 그 폴더에는 'A-1'이라는 표를 붙인다. 그러면 그 안에 든 자료들은 '1A-1', '2A-1', '3A-1' 식으로 해서 '20A-1'까지 된다. 그 다음 당신은 구멍 뚫린 작은 카드(도서관 목록 카드와 같은)를 준비하여 주제에 따라 꼬리표를 붙여 분류가 되게 하고 한눈에 그 분류를 볼 수 있게 한다. 그리고 모든 새로 수집된 예화는 이 카드에 기재한다. 이 카드들이 이 시스템의 열쇠가 된다. 예를 들면 당신의 첫 예화가 어린이에 관한 것이라면 당신은 그것을 카드에 기록하여 알파벳 순서로 '어린이'라는 꼬리표가 붙어 있는 곳에 끼워 넣는다. 그 카드 상단에는 '1A-1'이라고 표시되어 있고 예화의 내용이 한 줄 정도로 간단하게 적혀 있다. 만일 이 시스템을 다각도로 이용하려면 예를 들어, '정직'이라는 꼬리표가 붙어 있는 곳에다 같은 카드를 만들어 끼워 둔다. 그 카드에도 '1A-1'과 한 줄 정도의 그 예화를 소개하는 글을 적어 둔다. 이런 카드는 당신이 필요하다고 생각되는 대로 얼마든지 많이 만들어 넣을 수 있다. 단순히 관계되는 주제마다 카드를 하나씩 만들어 넣으면 된다. 첫 폴더가 차게 되면 둘째 폴더를 준비하여 'A-2'라고 표시하라. 셋째 것은 'A-3'이 될 것이다. 폴더 번호를 어디까지 붙여 갈 것이냐 하는 문제는 당신이 선택할 문제이다(A-10까지 하든 A-100까지 하든). 그 다음 당신은 'B-1', 'B-2', 'B-3' 등으로 계속해 나갈 수 있다. 한 가지 범주를 더 만들고 싶으면 꼬리표가 붙은 카드를 한 장 더 만들면 된다. 당신은 열쇠가 되어 주는 이 카드 시스템이 있는 한 새로운 폴더만 늘여 가면 된다.

당신이 어떤 파일 시스템을 가졌거든 그것을 이용하라. 물론 당신은 성경 연구를 먼저 해야 한다. 주석적 연구와 강해하는 일이 파일 시스템에 의존하는 것보다 선행되어야 한다. 일단 이 일이 다 되고 난 뒤에 예화 자료를 선별하여 이용하여야 한다. 당신이 필요로 하는 주제에 가서 찾아보라. 그것은 설교의 주제와 맞는 것이어야 한다. 냉정해져라. 당신에게 정말 흥미 있고 진리를 생생하게 표현해 주며 설교에 쓰일 가치가 충분히 있는 좋은 예화를 얻을 수도 있을 것이다. 그러나 그것이 주제와 잘 맞지 않거든 다음번에 사용하도록 미루어 두라. 위험한 일은 "하나의 일화가 그것 자체를 위하여, 그리고 그것이 가진 본래적 흥미 때문에 자주 사용되고 있다는 점이다. 그러면 그것은 그 이야기 자체에 관심을 집중시키는 것이지 예화로서의 역할을 하고 있는 것이 아니다."[20]

마지막 몇 가지 제안

1) 매 대지에 예화를 사용하라. 찰스 콜러(Charles W. Koller)는 "매 대지마다 하나의 좋은 예화를 쓰는 것이 적당하다."[21]고 한다. 존 베어드(John E. Baird)는 거기에다 "예화는 아주 중요하기 때문에 당신은 다음의 규칙을 따르지 않으면 안 된다. 곧 이야기할 만한 가치가 있는 모든 요점은 상세한 예화로 설명될 가치가 있다."[22]고 덧붙인다. 예화라는 말을 오직 일화에만 한정한다면 그들은 둘 다 옳다. 그러나 만일 그들이 일반적인 예화를 이야기하고 있다면 그들이 하고 있는 이야기는 적당하지 못하다. 만일 당신이 유추나 보기, 역사적 이야기들이나 또는 여기저기에서 분출되어 나오는 예화들을 의미하고 있다면 많은 것이 사용되어도 좋다. 만일 우리가 하나의 길고 세밀한 일화를 말하는 것이라면 한 대지에 한 예화 이상은 결코 사용하지 말아야 한다. 어떤 설교가는 "너무 많은 예화를 사용하는 것은 너무 많은 보석을 달고 다니는 부인과 같다. 그것은 아름다움을 더해 주기보다 오히려 감소시킨다."고 했다. 우리는 모두 예화 열거식 설교를 들은 경험들이 있을 것이다. 그런 설교에서는 싫증이 나도록 예화가 예화의 꼬리를 물고 나온다.

2) 예화를 완전히 기억하라. 회중의 눈을 보면서 진행되는 동시에 듣는 이들을 완전 사로잡는 것이 좋은 예화이다. 예화를 읽고 있다면 그것은 그 예화를 망치는 것이다. 반면에 감정적 표현을 섞어가며 예화를 이야기하는 것은 그것을 살리는 것이다.

3) 예화를 짧게 하라. 예화는 목적을 위한 수단이지 목적이 아니다. 스펄전의 말과 같이 그것은 창문이지 집이 아니다. 시카고에 있는 어느 목사는 20분이나 걸리는 예화를 설교에 사용하였다. 그는 자기 집 뒤뜰에 쓰러진 나무 이야기를 하였다. 비록 그 예화는 전체 설교에서 보

면 주변적인 이야기에 불과했지만, 그 설교는 결국 그 예화의 범위를 벗어나지 못했다. 예화가 설교를 위해서 이용된 것이 아니라 반대로 설교가 그 예화에 이용되고 말았다. 예화는 짧지 않으면 안 된다.

4) 요점을 유지하라. 상황에 맞지 않는 예화는 아무리 좋은 것이라도 나쁜 예화이다. 언제나 긍정적인 예화만 필요한 것은 아니다. 부정적인 예화도 똑같이 중요하다. 만일 설교자가 긍정적인 것이든 부정적인 것이든 간에 실제로 일어났던 예를 들 수 없다면 가설적인 예화를 만들어서 사용해도 좋다. 문제는 단순히 하나의 예화가 아니라 자기 명제를 뒷받침해 줄 수 있는 예화여야 한다는 점이다.

5) 실제적인 것이 되게 하라. 예화는 현실적이어야 한다. 신실한 교인들을 실망시키는 예화는 그것이 이상적이라는 비난을 받고 있다. 우리는 신앙생활을 해 나가는 이야기를 하고 있다. 누구에게 이 이야기를 하고 있는가? 단순한 믿음을 통하여 브리스톨(Bristol)에 있는 고아원에 수백만 불을 보내 주었던 조지 뮬러(George Mueller) 같은 사람을 ─ 비록 고의로는 아니라고 하더라도 ─ 우리는 기독교인이 따라야 할 하나의 귀감으로 삼는다. 우리는 기도에 관해서 이야기할 때 24시간을 꼬박 무릎을 꿇고 기도하였던 프레잉 하이드(Praying Hyde) 같은 사람의 경험을 이야기할 수 있다. 프레잉 하이드와 우리 사이의 차이는 문제 삼지 않는다. 우리는 '헌신된 교인'을 이야기할 때 허드슨 테일러(Hudson Taylor)나 스터드(C. T. Sudd)를 회상시키기도 한다. 결과는 어떠한가? 우리의 일상 경험과는 너무나 거리가 먼 이러한 위대한 이상적 인물들의 이야기는 좌절과 실망을 낳는다. 예화는 사람들이 "다음 단계는 내가 어떻게 해야 할까?"라는 질문에 대답할 수 있도록 도와 주는 것이어야 한다. 사실 이 질문에서부터 설교는 시작되어야 한다. 하나님의 은혜로 내가 할 수 있는 다음 단계는 무엇일까? 예화는 교인들을 도와서 지금 바로 그들이 신앙의 순례 길을 가면서 취할 수 있는

명백하고 현실적인 단계를 직접 보게 해 주어야 한다.

주 〉

1) Henry Grady Davis, Design for Preaching(Philadelphia : Fortress Press, 1958), p. 255.
2) Ibid., p. 257.
3) Reuel. L. Howe, Partners in Preaching(New York : The Seabury Press, 1967), p. 32.
4) Andrew W. Blackwood, The Protestant Pulpit(Nashville: Abingdon Press, 1947), p. 181.
5) Ibid., p. 181.
6) Ibid, p. 135.
7) W. E. Sangster, The Craft of Sermon Illustration(Philadelphia : The Westminster Press, 1950), p. 27.
8) Charles W. Lomas and Ralph Richardson, Speech : Idea and Delivery(Boston : Houghton Mifflin Company, 1956), p. 95.
9) James S. Stewart, The Wind of the Spirit(Nashville : Abingdon Press, 1968), p. 190.
10) Ibid., p. 165.
11) Ibid., p. 177.
12) Howe, op. cit., p. 31.
13) James S. Stewart, Preaching(London : The English Universities Press, Ltd., 1955), p. 126.
14) Blackwood, op. cit., p. 187.
15) Harry Emerson Fosdick, Riverside Sermons(New York : Haper and Brothers, 1958), p. 155.
16) Ibid., p. 297.
17) H. C. Brown, Jr., H. Gordon Clinard, Jesse J. Northcutt, Steps to the Sermon(Nashville : Broadman Press, 1963), p. 89.
18) Blackwood, op. cit., p. 38.
19) Brown Clinard, Northcutt, op. cit., p. 77.
20) Davis, op. cit., p. 256.
21) Charles W. Koller, Expository Preaching Without Notes(Grand Rapids : Baker Book House, 1962), p. 82.
22) John E. Baird, Preparing for Platform and Pulpit(New York : Abingdon Press, 1968), p. 114.

12장
설교의 전달

　예수 그리스도의 복음은 선포된 복음이다. 설교를 목사 혼자서 하는 것이 아니고 교인들이 함께 그 설교에 참여하기까지는 그 설교는 정말 설교일 수 없다. 목사는 자기 메시지를 다른 사람들에게 전하기까지는 설교자라고 할 수 없다. 아무리 잘 다듬어진 설교 원고라도 그것은 아직 설교가 아니다. 그것은 준비에 불과하다. 설교는 설교자와 교인들 간의 창조적인 사상 교환이다. 필립스 브룩스는 우리에게 설교는 진리와 인격 두 가지 모두라는 점을 일깨워 준다.[1] 진리는 원고 안에 포함되어 있을 수 있다. 그러나 그것은 설교자의 인격과 합해져서 듣는 사람들에게 전달되어야 설교가 된다.

　행동 과학의 범주에서 볼 때 생각의 일치란 쉽지 않다. 복잡한 변수와 상황이 평범한 일들도 복잡하게 만든다. 그러므로 " '어떻게 설교하는 것이 바람직한 결과를 가져오는가? 아니면 그 설교의 어떤 면이 바람직한 결과를 낳는가?' 하는 문제에 관한 모든 연구는 동일한 결론, 곧 실제로 설교를 잘하는 것이 중요하다는 결론에 도달하게 된다."[2]

이것은 흥미로운 일이다.

실제로 말씀을 어떻게 전하느냐 하는 것이 이처럼 중요함에도 불구하고, 그것은 흔히 설교 준비 과정에서 가장 소홀히 다루어지고 있다. 설교 내용을 준비하는 데는 부지런히 여러 시간을 바치는 목사들도 실제로 설교를 전달하는 일을 위한 자기 계발에는 별로 주의를 기울이지 않는다. "모든 참다운 설교는 창조와 부활이라는 두 가지 면을 모두 갖추지 않으면 안 된다. 설교는 먼저 연구를 통하여 창조되지 않으면 안 된다. 그 다음에는 주간의 첫날(주일)에 그것은 죽은 상태에서 살아나야 한다."[3]는 주장은 지금도 우리가 긍정하지 않을 수 없는 점이다. 자기 계발을 잘하지 못하는 사람들은 여러 가지 자기 합리화를 시도하고 있다. 그들은 흔히 주장하기를 당신은 설교단에 서게 될 때, 있는 그대로의 당신 자신이 되지 않으면 안 된다고 한다. 따라서 설교를 실제로 하는 연습은 기계적 훈련이요, 일부러 꾸민 것이라고 한다. 그러나 있는 그대로의 자신이 되어야 한다는 것이 옳다고 하더라도 최선의 자기가 될 의무는 있다.

쓰는 것과 말하는 것은 별개의 문제이다. 전자의 특성이 연속성이라면 후자의 특성은 직접성이다. 말을 잘하는 것과 글을 잘 쓰는 것은 전혀 다른 문제이다. 말을 잘한다는 평가를 받기 위해서는 청중을 이해시키고, 그들로부터 반응을 얻어내야 한다.[4] 대중을 상대로 이야기해야 하는 사람은 불리한 위치에 있다. 듣는 사람은 쉼표나 대문자, 또는 마침표 같은 눈에 보이는 부호를 볼 수가 없다. 그는 단지 귀로 듣는 소리와 눈으로 보는 표정과 설교자의 동작만으로 이해해야 한다. 다른 어떤 것도 해석하고 이해할 수 있도록 그를 도와 줄 수 없다. 듣는 사람은 전해지는 진리를 직접 파악하지 않으면 안 된다. 돌아가서 다시 읽어 볼 기회는 주어지지 않는다. 그러므로 전하는 사람은 전하는 내용을 알아들을 수 있게 잘 말해야 하고 잘 표현해야 하고 효과적으로 전해야만 한다. 그렇지 않으면 실패하고 만다.

비언어의 전달

커뮤니케이션은 음성을 통해서 이루어지기도 하지만 비음성적 수단을 통해서도 이루어진다. 흔히 말이 아닌 다른 동작들은 아무렇게나 하든지 아니면 우발적으로 행한다. 그러나 맥루한이 "매체는 메시지이다."라고 할 때 이러한 비음성적 차원의 중요함을 긍정하고 있다. 여기서 비록 과장이 좀 있다고는 하더라도 요점은 명백하다. 유명한 인류학자 에드워드 홀은 말하기를 "신체 언어를 통하여 하는 말에 덧붙여서 우리는 끊임없이 우리의 실제 감정을 침묵의 언어, 곧 행동 언어로 전하고 있다."[5]고 한다. 사람과 사람 사이에서 행해지는 의사 전달 과정에 전형적으로 사용되는 다음과 같은 비언어적 형식들에 주의해야 한다. 즉, "소리의 억양, 때때로 사용되는 과장된 발음, 헛기침, 하품, 웃음, 울음, 약해지는 소리와 강해지는 소리, 손과 팔의 동작, 얼굴의 표정과 표정의 변화, 몸의 자세, 움직이는 속도, 움직이는 태도"[6] 등에 주의해야 한다.

듣는 사람이 메시지를 해석할 때는 비언어적 요소들이 중요한 역할을 한다. "만일 우리가 말로 전하는 메시지와 비언어적 수단을 통해 전달되는 메시지가 상반된다고 하면, 듣는 사람은 어느 것을 우리가 참으로 전하려고 하는지 판단하여 선택하지 않으면 안 된다."[7] 예를 들어서 우리는 연인들 사이에서 이루어지는 다음과 같은 상황을 생각할 수 있다. 젊은 청년이 연인에게 키스를 요구하고, 처녀는 "안 돼."라고 답할지 모른다. 그러나 억양과 눈의 표정으로 보아서는 실제 대답이 "글쎄, 좋아."라고 해석할 수 있는 그런 자극적인 태도로 대답할 수 있다. 설교자도 말로는 사람과 사람들 사이의 사랑의 필요성에 관해서 이야기하면서도 사랑과는 전혀 반대되는 어떤 것을 제시하는 듯한 어조, 곧 불쾌한 태도로 그것을 이야기할 수 있다. 교인들은 말로 전하는 메시지를 믿으려고 할 것인가? 아니면 표정으로 전하는 메시지를 받으려 할 것인가? 열의도 없고 무관심한 태도로 믿음을 설교한다는 것이 가능할까? 어떤 사람은 "아니오. 그는 불신을 설교하고 있소."라고 말할지도 모른다. 그러면 그가 불신에 관해서 무슨 이야기를 하고 있다는 것인가? "아니다. 그렇지 않다. 그의 말은 완벽할 만큼 정통적이다. 그러나 그의 태도가 불신을 전하고 있다."[8]

토마스 샤이델(Thomas M. Scheidel)은 말하기를, "말하는 사람의 용어는 강한 것을 나타내지만 그 자세는 약함을 보여 줄 수 있다. 불안정한 손, 눈과 눈이 마주치지 않는 것이 말로 전해진 내용보다 더 많은 것을 전해 줄지도 모른다."[9]고 한다. 미국인들은 자신들의 관용구의 일부가 되다시피한 동작이나 억양을 잘 사용한다. 눈과 눈썹, 손과 얼굴, 그리고 몸 전체를 사용할 때 그것은 듣는 사람들에게 귀로 들은 내용만큼이나 많은 의미를 전해 준다. 흔히 비언어적 요소들은 메시지의 감정적인 면을 나타내 준다. 정확히 무엇을 말했느냐가 아니라 그것을 말한 태도가 어떠했는가 하는 것이 정말로 중요한 점이다. 심리학자 알버트 메라비언(Albert Mehrabian)은 다음과 같은 공식을 확립하였다. 곧 "메시지의 총체적 결과 = 7%의 말을 통한 전달 + 38%의 소리를 통한 전달 + 55%의 얼굴로 전한 메시지"[10]라는 공식을 만들었다.

말하는 사람이 언어적 수단과 비언어적 수단 두 가지를 통하여 청중에게 메시지를 전하고 있는 동안, 그의 앞에 앉아 있는 사람들은 비언어적 방법을 통하여 말하는 사람에게 의사를 전달하고 있다. 이와 같은 듣는 사람 편의 생각은 때때로 이해되기도 하지만 흔히는 이해되지 않고 있다. 피드백은 반드시 일어나지는 않는다. 일반적으로 이야기하는 줄거리가 이해된다고 하더라도 경우에 따라서는 오해되고 커뮤니케이션 과정의 효율성을 저해하는 단서가 될 수도 있다. 그러므로 목사는 비언어적 통로를 통하여 자신이 오해하고 있음을 드러내 보이는 교인들을 찾아보는 것이 반드시 필요할지 모른다. 목사는 그들에게 가서 이렇게 말할 수 있을 것이다. "여러분의 비언어적 표현들이 나에게 전해지고 있습니다. 그것들은 무엇을 의미합니까?"

설교하는 사람이 어떻게든 그 상황에 대처할 수 없을 때는 다른 사람의 의견을 들을 필요가 없을지 모른다. 교인들 가운데 한 사람이 설교 도중에 잠과 싸우고 있다고 하자. 그것은 설교 내용이 잘 전해지지 않기 때문이 아니라 그가 너무 많은 일을 하느라 잠을 적게 잤기 때문일지도 모른다. 반대로 설교자는 실내 온도를 조절한다거나 예배당 안의 공기를 바꾼다거나 청중의 피드백을 도울 수 있는 다른 환경 요소를 조정할 수 있다. 한마디로 말해서 설교자는 비언어적 수단으로라도 부정적인 피드백을 보일 수 있는 가능성을 최소화시켜야 한다는 말이다.

이제 실제로 설교를 할 때 이용되는 몇 가지 비언어적 요소들을 살펴보기로 하자.

I. 옷과 외모

외모는 중요하다. 설교자는 자기의 외모에 관심을 가져야 한다. 그것이 성공적인 설교가 되도록 도와 줄 수 있기 때문이다. 예를 들면 유행에 무관심하다거나 너무 민감한 반응을 보이는 것은 잘못되었으며, 결국 사람들에게서 메시지에 대한 주의를 뺏어 버릴지도 모른다. 듣는 사람들이 이런 이유든 저런 이유든 설교자의 외모에 관심이 끌려 버릴 때 그의 옷차림은 부적당한 것이라 할 수 있다. 가운이나 예복을 입는다면 이 문제는 매우 단순하다. 그러나 자유 교회의 전통에 속한 사람에게는 옷 입는 일이 중요한 관심사에 속한다.

설교할 때에는 어떤 옷을 입어야 하는가? 보수적이고 위엄이 있으며 '정상적'인 것이 좋다. 사려 깊은 사업가들이 입은 옷을 주의해 보라. 한편으로는 변덕스러움을 피하고, 다른 한 편으로는 외모에 너무 무관심하지 말라. 설교단에 설 때 반드시 검은 복장을 해야 한다는 법은 없다. 그러나 선홍색 복장이나 노란 복장을 하고 설교단에 서는 것은 아마 현명하지 못한 일이 될 것이다. 모험적인 복장보다는 차라리 양복을 입어라. 그 대신 양복은 깨끗하고 구겨지지 않아야 한다. 매 주일 세탁하고 다림질을 해야 할지도 모른다. 그러나 그것은 가치 있는 지출이다.

교인들의 주의를 산만하게 하는 것으로는 펜과 연필과 수첩 등을 많이 넣어 불룩한 주머니, 비뚤어지거나 느슨하게 맨 넥타이, 천박한 손수건, 번쩍거리는 보석 등이 있다. 나로서는 양말목이 내려가서 맨 다리를 드러내놓는 설교자를 볼 때가 가장 민망스러운 때이다. 어떤 평신도는 이렇게 이야기해 주었다. "나는 목사님께서 스타일을 위한 최소한의 기준까지 무시하고 있기 때문에 목사님의 설교를 듣는 데 상당한 어려움을 느낍니다. 나는 목사님의 털이 많은 큼직한 다리가 쑥 나와 있는 것을 차마 볼 수가 없습니다." 어떤 잡지에 한 남자와 한 여자가 서로의 눈을 들여다보고 있는 장면을 그린 광고가 실려 있었다. 두 사람이 모두 한 가지를 제외하고는 정장을 하고 있었다. 그 남자가 짧은 양말과 발목도 가리지 못하는 짧은 바지를 입고 있었던 것이다. 광고문은 이러했다. "오, 저 추하고 번들거리는, 그리고 털이 부숭부숭한 정강이. 저것이 유행의 병이다. 장딴지가 발목으로 기어내리지 못하도록 양말을 사는 데 충분한 관심을 가지지 못한 때문이다."[11] 예배를 주관할 때에는 장딴지까지 가릴 수 있는 긴 양말을 신는 것이 바람직한 일이다.

옷과 외양은 상황과 청중과 메시지와 설교자의 인격과 체격에 조화되어야 한다. 머리는 단정해야 한다. 잘 빗고 자주 감아서 비듬이 보이지 않게 하고 불쾌감을 주지 않아야 한다. 머리 모양을 어떻게 하느냐 하는 것은 유행의 표준이 각기 다르기 때문에 그 사회에 어울리는 헤어 스타일을 택해야 한다. 남자는 깨끗하게 면도를 해야 한다는 것도 흔히 권해 온 일이다. 끊임없이 변해 가는 상황에서도 몇 가지 표준을 여기에 제시한다. 수염이나 구레나룻, 또는 콧수염은 용납된다. 그리고 어떤 대학 사회에서는 권장되기까지 한다. 그러나 대부분의 도회지와 근교, 그리고 시골 지역의 교인들은 '깨끗하게 깎은 모습'을 더 좋아한다. 하여간 설교자는 메시지를 전달하는 과정을 불필요하게 방해하는 요소가 하나도 없도록 하기 위해서 그 사회의 표준에 민감하여야 한다.

 물론 청결을 유지해야 한다. 주일 아침에 목욕하는 일과 몸에 냄새가 나는 사람이 방취제를 쓰는 일은 메시지를 효과적으로 전하는 데 결정적 역할을 할지도 모른다. 입에서 냄새가 나는 경우에는 어떻게 할까? 어떤 설교자가 눈을 번쩍이며 "전혀 숨을 못 쉬는 것보다는 구취가 나는 편이 낫습니다."라고 할 때 그에게서 깨끗하고 신선한 냄새가 나야 한다는 것은 절대적이다. 치약, 목을 가다듬는 약, 그리고 박하 향기 같은 것이 도움이 될 것이다. 빌리 그래함 전도단에서 일하는 상담역들은 집회가 개회되어 있는 동안 줄곧 박하 향기를 사용하도록 충고받는다. 간단히 말해서 좋지 못한 음식, 마늘, 양파 또는 다른 냄새가 독특한 음식을 섭취하는 데서 오는 모든 냄새를 방지하라. 맛은 좋을지 모르나 냄새는 아주 나쁠 수 있다. 집에서나 예배당 앞자리에서나 교회 문간에서 인사를 해야 하는 사람이라면 나쁜 냄새를 피워서 남을 불쾌하게 하는 일은 없어야 한다.

2. 자세와 몸의 움직임

 고대 웅변 학교의 지나치게 까다로운 규칙을 다시 만드는 잘못을 범할 위험을 안고서라도 무엇이 적당한 자세인지 여기에서 몇 가지를 제시해 보려고 한다. 어깨는 뒤로 약간 젖히고 긴장을 풀어 내려뜨려라. 두 어깨가 수평을 유지하도록 하라. 머리는 앞으로 너무 내밀거나 뒤로 너무 젖히지 말라. 고개를 옆으로 갸우뚱해 있지 말라. 가슴은 긴장됨이 없이 바로 펴져 있어야 한다. 엉덩이는 너무 앞으로나 뒤로나 옆으로나 빼지 말라. 성경봉독대나 강대상에 기대는 것과 같은 특별한 행동도 피해야 한다. 이런 자세는 '친밀감'을 높여 준다고 하더라도 자연스러운 호흡을 방해하고 설교자가 게으르다는 인상을 주게 된다.

마이크의 위치와 성경봉독대의 높이 같은 물리적인 면들도 좋은 자세를 유지하는 데 관계될 수 있다. 모든 교회는 조정할 수 있는 성경봉독대가 붙은 설교단을 갖추어야 한다. 불행하게도 봉독대는 흔히 현재의 목사만을 생각해서 만들어져 있다. 만일 현재의 목사의 키가 작다면 후임자는 원고를 보기 위해서 긴장하게 될지 모른다. 현재 목사의 키가 크다면 후임자는 방석을 두고 서지 않으면 안 될 것이다. 관리위원회는 이 중요한 점을 기억하지 않으면 안 된다.

설교를 시작할 때 설교자는 설교단에 올라가야 한다. 그리고 설교에 회중의 주의를 집중시키기 위하여 단 위에 선 뒤 몇 초 동안 기다려야 한다. 그는 정상적이고 자연스러운 호흡을 취하고, 체중이 양발에 고루 가게 몸의 균형을 잡으며, 사람들의 표정을 둘러보고, 그 다음에 명쾌하게 잘 준비된 첫 마디를 시작해야 한다.

적절한 시설만 갖추고 있다면 온몸을 앞으로 뒤로 옆으로 움직여도 잘못될 것은 없다. 그러나 몸을 비틀거나 급히 다니거나 제자리에서 뛰거나 흔들거려서는 안 된다. 의미 없는 동작을 함부로 하는 것은 분위기를 매우 산만하게 한다. 너무 뻣뻣하거나 몸이 굳어 있는 것도 똑같이 피해야 한다. 단 한 가지 규칙은 움직이려면 단호하게 움직이라는 것이다. 분명하게 걸음을 옮기고 움직이고 돌라는 것이다. 급히 다니거나 기대거나 미끄럼을 타지는 말라. 그리고 움직임은 말로 전하고 있는 메시지와 일치되어야 한다. 만일 전하고 있는 메시지에 적합하기 때문에 움직인다고 하기보다 습관적으로 당신이 움직인다고 생각되면 가만히 서서 설교하라. 만일 움직임이 말로 전달되는 내용으로부터 자연스럽게 나오는 것이라면 자유롭게 표현하도록 하라.

3. 제스처

제스처(gesture)라는 언어도 중요하다. 여러 가지 분명하고 의미 있는 상징들이 제스처를 통해서 전해질 수 있다. 일반적으로 설교가 처음 시작되었을 때에는 제스처를 써서는 안 된다. 아직 교인들이 준비되어 있지 않기 때문이다. 사람들은 먼저 그 메시지와 그것을 전하는 설교자에게 열중되어야 한다. 일단 설교자와 교인들이 모두 설교에 몰두하게 되면 제스처는 전체 설교 과정에서 매우 적절하게 이용된다. 어떤 설교학 교과서는 이렇게 말한다.

> 모든 제스처의 기초가 되는 네 가지 전통적인 제스처가 있다. 이것은 손과 팔로 표현된다. 집게손가락 제스처는 어떤 자리를 가리키거나 가벼운 강조를 나타낸다. 불끈 쥔 주먹은 극적이고 강한 강조를 의미한다. 손바닥을 위로 하고 팔을 드는 제스처는 긍정을 나타내고 호소하는 감정을 의미하기도 한다. 손바닥을 아래로 한 제스처는 불만이나 거부, 또는 경멸을 나타낸다. 이 전통적인 동작들의 변형과 결합으로 이루어지는 '설명하는 제스처'는 전하는 감정에 따라 무수히 많이 있을 수 있다.[12]

제스처는 어떤 사람에게는 매우 쉽고, 어떤 사람에게는 매우 어렵다. 어떤 제스처를 하든 간에 당신의 제스처가 자연스러운가를 확실히 하라. 웅변술에서 가르치는 과장된 극단은 피하라. 원고에는 적당한 제스처를 기록해 두는 자리가 없다. 제스처가 저절로 되면 좋다. 그러나 그렇지 못하더라도 괜찮다. 제스처가 고정되어서는 안 된다. 그것은 전해지고 있는 메시지에 온 마음을 다 쏟을 때 아주 자연스럽게 나와야 한다.

좋은 제스처의 특성으로는 어떤 것들이 있는가? 제스처는 확실히 명확하여야 한다. 하든지 말든지 하라. 절반의 제스처는 아무 가치가 없다. 그것은 명확하고 의미 있는 동작이어야 한다. 함부로 손을 놀리거나 팔을 휘두르면 언제라도 분위기는 산만해진다. 이런 동작을 연속한다는 것은 단순히 분위기를 교란시키는 것에 불과하다. 그런 팔운동을 잘하는 사람에게는 팔을 자유자재로 이용하는 것을 배울 때까지 설교단에 손을 얹고 있으라고 충고한다. 교인들은 '얼굴을 실룩거리는 설교자', '넥타이를 자주 졸라매는 설교자', '바지를 가끔 치켜 올리는 설교자'들을 볼 때도 산만해진다.

제스처는 변화하는 특징을 가지고 있어야 한다. 똑같은 제스처를 여러 번 사용하는 안일한 태도에 빠져들기는 매우 쉽다. 그러므로 사려 깊은 비판을 해 줄 수 있는 사람이나 아내, 교회 직원, 또는 신실한 친구에게 정기적으로 부탁을 해서 주의를 요하는 무엇이 있는지 알아보아야 한다. 나는 전에 어떤 별난 교수 이야기를 들은 적이 있다. 그는 강의가 절정에 이르게 되면 공중에다 원을 하나 그리는 버릇이 있었다. 그리고는 일단 절정에 이른 뒤에는 집게손가락으로 계속 그 원을 찌르는 것이었다. 학생들은 제스처의 도움을 받기보다는 이 동작을 그렇게 하지 않으면 따분한 강의가 되겠기에 그것을 막으려는 우스운 동작이라고 생각하였다. 예상될 수 있는 것이 아니라 변화가 필수적인 것이다.

제스처는 적당한 시간에 행해져야 한다. 너무 일찍 하거나 너무 늦게 하는 제스처는 진리를 굳혀 주기보다는 혼동을 일으킨다. 한마디로 말해서 제스처는 설교자의 전체적인 진리 표현의 고유한 한 부분으로서 설교로부터 자연스럽게 흘러나와야 한다.

4. 회중과의 시선 교환

설교는 대화의 한 형식이다. 그것은 설교를 듣는 사람들에게 알려지지 않으면 안 된다. 교인들은 단순히 흐릿한 한 집단으로 볼 때 설교자는 자기 자신의 생각과 원고에 너무 집중하고 만다. 유능한 설교자는 청중의 반응을 알고 있어야 한다. 스티븐슨과 디일은 이렇게 이야기한다.

> 당신이 사람들과 말할 때에는 그들을 한 사람 한 사람씩 둘러보라. 그리고 그들이 무언중에 당신에게 들려주는 말이 무엇인지 보도록 하라. 스스로 듣는 사람들과의 대화에 끌려들도록 하라. 어떤 목사들은 몇 안 되는 교인들을 앞에 두고 마치 이천 명의 군중 앞에 선 것처럼 설교한다. 작고한 찰스 스펄전은 이천 명을 앞에 두고도 마치 한 사람에게 개인적으로 이야기하는 것처럼 설교했다고 한다.[13]

설교자는 독백으로 설교를 읊고 있는 것이 아니기 때문에 사람들의 눈을 바라보아야 한다. 단순히 보는 것이 아니라 그들이 어떤 반응을 보이고 있는지 읽을 수 있도록 보아야 한다. 목표는 단순히 몸에 붙은 눈이 그곳을 향하는 것이 아니라 정신적인 눈이 그곳을 향하는 것이다. 듣는 사람으로 하여금 설교자가 자기를 생각하고 있으며 자기에게 개인적으로 말해 주고 있다고 느끼도록 하는 관계가 이루어져야 한다. 원고에 매달려 있는 설교자에게는 이러한 목표를 달성한다는 것이 어렵다. 한 연구에 의하면, 예상할 수 있는 바와 같이 청중은 얼굴과 얼굴을 마주보는 상황에서 눈과 눈이 마주치는 관계를 유지하는 것을 좋아한다.[14]

설교자는 청중 한 사람 한 사람을 계속하여 적당히 응시하여야 한다. 개인 개인과 이런 관계를 맺기에 청중이 너무 많을 때는 전체적으로 대표적인 청중을 둘러보아야 한다. 밑을 내려다보거나, 창밖을 내다보거나, 청중의 머리보다 더 높은 곳을 바라보지 말아야 한다. 그리고 어떤 한쪽이나 몇몇 사람만을 집중해서 바라보고 다른 사람은 무시해 버리는 일도 있어서는 안 된다. 메시지를 주의 깊게 잘 준비하고 또 그런 대로 실제 메시지 전달도 잘하는 사람이 청중의 머리보다 높은 예배당의 뒷벽을 바라본다고 하자. 비록 그가 전하는 진리가 중요하다고 하더라도 전달되는 과정에서 듣는 사람들은 거리가 멀게 느끼게 될 것이다. 눈과 눈이 마주치지 않을 때 설교자와 회중 사이에 번쩍여야 하는 전기 불꽃 같은 것은 결코 일어나지 않는다. 설교자는 표현의 공백과 바라봄으로 이루어지는 강력한 시선 교환(eye contact) 사이의 균형을 유지하기 위해 노력해야 한다. 한 사람의 청중을 바라보고 1~2초 동안 적당히 멈추었다가는 다른 사람에게로 넘어가라. 이렇게 하지 않고 너무 빨리 눈을 움직여서 어떤 개인에게 충분히 눈을 주지 않으면 불안한 인상을 주게 된다.

눈과 눈이 마주치는 것을 방해하는 기계적인 요소들에도 주의를 기울여야 한다. 안경은 때때로 번쩍인다. 특히 조명의 각도가 맞지 않을 때 그러하다. 균형 잡히지 않은 조명이나 다른 부적당한 조명, 설교단과 회중석 사이의 맞지 않는 각도, 청중에게서 너무 멀리 떨어져 있는 설교자의 위치, 이 모든 것이 그런 문제를 일으킨다. 눈과 눈이 마주치지 않을 때 장애 요소가 생겨난다. 교인들이 설교자를 고무시켜 주어야 한다. 그들이 그렇게 할 수 있도록 그들을 바라보라. 눈과 눈의 마주침은 설교자로 하여금 자기가 전하는 메시지의 효과를 해석할 수 있는 기회를 준다. 모든 사람들에게 자신이 중요하며 당신은 자기에게 말씀을 전하는 데 관심을 가지고 있다는 인상을 주라.

언어를 통한 전달

앞에서 이미 우리는 설교에 사용되는 언어에 대하여 이야기하였다. 이제 목소리 자체에 관해서 이야기해 보자. 스펄전이 한 번은 이렇게 한탄하였다.

> 그 목소리를 참기 어려운 데도 목회하고 있는 형제들이 있다. 그들은 사람들을 격노케 하거나 아니면 잠의 천국으로 보내 주는 사람들이다. 어떤 최면도 잠재우는 속성을 지닌 설교에 미칠 수는 없다. 무한한 참을성을 하나님께로부터 받은 사람이 아니라면 아무도 그런 설교에서 오래 참고 귀를 기울일 수는 없다. 자연은 잠을 통해 그 희생자를 해방시켜 주는 것이다.[15]

슬프게도 이런 일이 자주 일어난다. 몇 가지 음성에 관한 문제는 주의할 만한 가치가 있다.

I. 속도

정상적인 말의 속도는 1분에 125~190단어(영어)를 말하는 속도이다. 200단어를 넘어서면 잘 알아듣기가 힘들어진다.[16] 설교자는 설교에 생동감을 줄 수 있을 만큼 속도를 유지하여야 함과 더불어 분명한 발음과 분명한 이해를 위해서 충분한 여유도 가지지 않으면 안 된다. 적절한 속도란 듣는 사람이 설교에 흥미를 유지할 수 있도록 변화 있고 또 충분할 만큼 빠른 것이다. 교인 수가 증가하고 실내의 음향 효과를 높이기가 점차 어려워짐에 따라 속도는 그 특수 상황에 적응될 수 있도록 늦추어져야만 한다.

2. 음량

어떤 설교자는 강조를 하려고 하면 그냥 소리를 지른다. 그러나 설교가 단순히 소리 질러 외치는 것의 연속이 되면 전혀 강조는 되지 않는다. 오히려 때로는 볼륨을 줄이는 것이 바람직한 강조를 가져다 줄 수 있다. 그러나 불행하게도 이 방법은 거의 이용되지 않고 있다. 속도나 형태의 변화도 설교자가 원하는 만큼 강조하는 데 도움이 될 수 있다. 그리고 우리는 볼륨을 신앙적 정열과 혼동해서는 안 된다.

3. 어조

설교단에 올라선 사람들이 흔히 범하는 한 가지 실수는 소위 설교자의 어조 또는 목사의 가락이다. 이 채색 유리로 장식된 듯한 목소리는 습관적으로 높은 어조를 유지하는 것으로 특징지을 수 있다. 즉, 그것은 "서술문도 의문문처럼 들리게끔 한다. …… 설교자는 마치 의문문을 말할 때처럼 직설법 문장의 끝을 올려서 발음한다.[17]

4. 강조

말을 통하여 강조를 나타내는 한 가지 형식이 있다. 그것은 중요한 단어에는 힘을 주어 발음하고 덜 중요한 단어들에는 그렇게 하지 않는 강조법으로 알려져 있다.[18] 네드라 뉴커크 라마르는 「기록된 말을 이야기하는 법」(How to Speak the Written Word)이라는 유익한 책을 썼다. 그는 그 책에서 말하기를 유능한 설교자들은 일반적으로 공중 앞에서 이야기하는 사람들이 흔히 빠지기 쉬운 두 가지 함정, 곧 너무 극적인 말과 특색이 없는 말을 사용하지 않았다고 한다. 이 두 가지는 똑같이 나쁜 것이다. 날조된 감격은 쉽게 간파된다. 그런 설교자 앞에서 청중은 당혹감을 느낀다. 교인들은 떠벌이 협잡꾼에게서 흔히 느끼던 경멸감을 설교자에게서 느끼고 괴로워한다. 이런 일이 설교단에서 일어날 때 그것은 특별히 가증스럽다. 교인들이 믿을 수 있어야 하는 설교자는 자기가 전하는 진리의 화신이어야 한다. 설교하는 방법이 잘못되면 설교 자체를 의심하게 된다. 흔히 실수는 고상한 의도에서 온다. 설교자는 교인들이 자기의 메시지에 감격해 주기를 바란다. 그러나 그런 자연스러운 감격을 사람들에게서 찾아볼 수 없을 때 그는 이런 날조된 감격을 추구하게 된다. 그러나 결과는 거기에 상응할 만큼 비참하다. 반대로 설교자는 단순히 어떤 연극에 등장한 배우 정도가 되었을지도 모른다. 그는(연극 방법론 학교의 쇼에 참여한) 한 배우가 되어 버렸다. 그는 이제 자연스러운 언어적 수단과 비언어적 수단을 모두 동원하여 자기의 고유한 방법을 계발해 내는 인격체는 아닌 것이다.

흐릿하게 복음을 전하는 것은 확실히 용서받지 못한 죽음에 이르는 죄이다. 매우 중요한 진리를 '여러 개 선택'(multiple choice)형으로 전하는 것은 하나의 변칙이다. 프로 농구 팀이나 야구 팀, 그리고 하키 팀의 업적에 대해서는 열광해 마지않는 설교자가 어떻게 설교단에서는 그렇게 맥이 빠질 수 있는지 그것은 하나의 수수께끼이다. 우리는 복음을 탓해서는 안 된다. 복음은 사람들에게 삶과 죽음의 문제에 관하여 이야기해 주는 것이다. 우리는 감히 교인들을 비난해서도 안 된다. 그들은 무엇인가 감격할 만한 이야기를 듣고자 한다. 우리는 모든 책임을 설교자에게 돌리지 않을 수 없다. 그는 너무 자의식적이고 실제를 드러내서 공격을 받을까 두려워하며 기대를 의심의 눈으로 보고 있을지 모른다. 그는 복음으로 하여금 자기의 삶을 충분히 변화시킬 수 있게 하지 못했을지 모른다. 아니면 – 감히 이렇게 생각해도 좋을까? – 그는 설교자의 사명을 감당하기에 적합하지 못한 사람일지도 모른다.

이상적으로 말한다면 사람들을 변화시키는 복음은 설교자를 먼저 변화시켜야 한다. 설교자가 복음을 받아들여 변화되어야 하며, 자신을 영적 완전과 영적 생명력의 보고가 되게 해야 한다. 그의 자연적(초자연적으로는 변화되었다고 하더라도) 자아는 극적이거나 감동적이 아니며, 그렇다고 아무 특색도 없고 물에 물탄 것 같지도 않다. 그는 하나님과의 만남을 통하여 중요한 사람이 되며, 교인들을 위하여 의미 있고 삶을 변화시키는 만남을 이루도록 하는 사람이다. 이러한 일이 일어날 때 설교자는 자신과 복음과 교인들에게 진실해질 수 있다. 사람들은 그것을 보고서야 알지만, 설교자는 그것을 보지 않고도 알아야 한다. 제임스 스튜어트는 이렇게 말한다.

> 부활하신 그리스도를 통하여 옛 모습을 알아볼 수 없을 만큼 삶을 변화시킬 수 있는 한 능력이 세상으로 들어왔다. 이것은 인간의 입술이 전하지 않으면 안 되는 가장 중대한 메시지이다. 그것은 다른 모든 진리를 무의미하게 만들어 버린다. 그것은 그 능력 안에서 큰 감동을 주며 그 이적으로 모든 것을 무너뜨린다. 이와 같은 주제를 틀에 박힌 죽은 목소리로 전한다는 것은 결코 있을 수 없는 일이다.[19]

설교의 전달 방법

설교학의 전통은 세 가지 설교하는 방법을 가르쳐 준다. 그것은 메모도 없이 하는 법, 원고를 가지고 하는 법, 메모를 가지고 하는 법이다. 이제 이것을 순서에 따라 살펴보자.

I. 메모도 없이 하는 법

이러한 관점에서 본다면, 설교는 어떤 기록된 자료나 원고나 메모에 의존하지 않고 전해지는 기독교적 주제에 관한 활기에 넘치는 담화이다.

기록된 자료 없이 하는 설교는 원고를 준비하지 않는 설교이다. 그 대신 사상과 생각들은 설교자의 마음속에서 깊이 생각되고 조직된다. 이렇게 설교하는 대부분의 설교자들은 약간의 메모나 원고를 미리 준비하기는 하나 그것을 서재에 두고 설교단에 올라간다. 만일 임시변통으로 하는 설교라면 정확한 말까지 준비한 원고에 의존할 수 없다. 이런 경우의 원고 쪽지는 표현을 좀 더 완전하게 하려는 시도이거나 생각을 자기 마음판에 확실하게 심으려는 것이다. 그것을 외우지는 않는다. 이외에도 설교단에서 생기에 넘치는 모습으로 원고를 완전히 외워서 하는 설교 형식도 있다. 임시변통 설교와 흔히 혼동되기는 하지만 즉석 설교는 별개의 문제이다. 즉석 설교는 준비가 전혀 없이 하는 설교이다. 그 대신 임시변통 설교는 비록 완전히 의존할 만한 준비는 없다고 하더라도 어느 정도의 준비를 해서 하는 설교이다.

제럴드 케네디는 많은 사람을 대표하여 기록된 준비물 없이 하는 설교에 견줄 만한 것은 없다고 한다. "그것은 충분한 가치를 지니고 있다. 많은 훌륭한 설교자들이 그의 능력의 상당 부분을 원고를 쓰거나 메모를 만드는 데 바쳐 버렸다."[20]

원고 설교의 이점과 불리한 점을 열거한 뒤에 존 브로더스(John A. Broadus)는 결론 짓기를 임시변통 설교만이 "그의(설교자의) 능력을 자유롭게 발휘하게"[21] 해 준다고 했다. 찰스 콜러(Charles W. Koller)는 거기에 덧붙여서 이렇게 말한다.

> 언제나 있었던 바와 같이 원고나 충분한 메모로부터 효과적인 설교를 하는 목사들이 있다. 또 어떤 사람들은 설교 원고를 완전히 읽기도 한다. 그러나 같은 설교자가 만일 그 원고에서 자유로울(note-free) 수만 있었다면 훨씬 더 효과적인 설교를 할 수 있었을 것이다. 이것은 역사가 명백히 증명해 주는 바이다.[22]

그러나 그의 증명은 경험적 증거를 갖고 있지 않다. 비록 많은 이론가들이 기록된 준비물 없이 하는 설교를 극구 추천하고 있다고 하더라도 실지로 설교하는 설교자 편에서는 이 방법을 별로 받아들이지 않고 있다. 최근 어느 교단에서 행한 설교에 관한 조사 보고는 이 방법을 쓰고 있는 설교자가 스무 명에 한 명 꼴도 되지 않음을 보여 주고 있다.[23]

기록된 준비물에 매이지 않는 설교를 주장하는 사람들은 이러한 설교를 준비할 때 유의해야 할 세 가지 요소를 강조한다. (1) **채우기** (saturation). 설교자는 자기가 이용하는 자료에 철저히 친숙해질 필요가 있다. 키케로(Cicero)의 말과 같이 "자기가 이해하지 못하는 주제에 관해서는 아무도 능변을 토할 수 없다." (2) **조직**. 그것은 단순하고 명백하며 자연스럽고 질서가 있어야 한다. 산만한 이야기는 상기해 내기가 어렵다. 그러므로 구조는 아주 명백하여야 한다. 스튜어트는 말하기를 "설교할 때의 자유는 구조의 치밀성에 직접 비례하여 변할 것이다. 만일 당신 머릿속에 설교의 모든 부분을 명확히 그려 넣을 수 있는 설교를 준비할 수 있다면 원고의 지배는 소용없을 것이다."[24]라고 했다. (3) **암기**. 좋은 기억력은 주로 훈련의 결과로 얻어진다. 잘 알려진 어떤 설교자는 자기 원고를 충분히 습득하는 데 매 설교에 단지 두 시간씩만을 소비한다. 콜러는 "순수한 기억력 앞에서는 피할 길이 없다."[25]고 말한다. 그는 설교하는 과정에서 채우기는 50%, 조직이 40%, 암기는 단지 10% 정도만을 차지한다고 한다. 기록된 준비물 없이 하는 설교자들은 비록 원고 준비나 세밀한 메모를 틀림없이 준비했다고 하더라도 설교할 때의 상황의 필요에 따라서 준비된 메시지의 어느 대목에서라도 자유롭게 벗어날 수 있다.

2. 원고를 가지고 하는 법

많은 유능한 설교자들은 설교 원고에 의존해 왔다. 어떤 사람들은 예를 들어서 조나단 에드워즈(Jonathan Edwards)의 "진노하신 하나님 수중(手中)에 든 죄인"이라는 잘 알려진 설교가 원고 설교, 그것도 그가 정성스레 읽은 원고 설교였다는 사실을 발견하고 놀란다. 헨리 슬로안 코핀(Henry Sloan Coffin)은 이렇게 설명했다. "나는 많은 사람들이 내가 원고 없이 설교하는 것을 더 좋아한다는 것을 알고 있다. 그러나 나는 또한 주어진 시간 안에 내가 보다 많은 것을 이야기해야 하며, 원고 없이 할 때보다 더 정확하고, 더 훌륭한 문장으로 이야기해야 한다는 것도 알고 있다."[26] 원고를 가지고 설교하는 사람이나 원고 없이 설교하는 사람이나 간에 규칙적으로 원고를 쓰는 것은 가치 있는 일이다. 원고를 쓰는 사람은 다음과 같이 말한 존 베어드(John Baird)의 지혜를 인정하는 사람이라고 생각한다. 그는 말하기를 "당신의 구어체는 당신의 문어체와는 전혀 다르지 않으면 안 된다. 당신은 많은 실제적인 연습의 결과로 당신의 구어체를 확실히 하기까지는 원고를 쓰려고 해서는 안 된다."[27]고 한 것이다. 이것은 훌륭한 충고이다. 너무나 자주 설교자들은 문어체의 원고를 들고 설교단에 올라온다. 이것은 책이나 기고에는 훌륭하지만 설교에는 적합지 않다. 설교는 입으로 전하는 수필이 아니다. 그것은 명확한 구어로 전달되는 메시지이다. 구어체를 발전시켜야 한다. 일단 구어체의 준비가 다 되어야 기록된 원고가 건전한 훈련이 된다.

3. 메모를 가지고 하는 법

설교자들이 가장 흔히 이용하는 방법이 메모를 사용하는 방법이다. 조금 앞서 언급한 그 조사 연구에서 밝혀진 바로는 열 사람의 설교자 중에 여덟 사람이 설교할 때 어떤 형태이든 메모를 이용한다고 했다.[28] 어느 장로교 목사는 이렇게 말하고 있다.

나는 수년 동안 메모도 없이 설교하는 것을 자랑으로 여겨 왔다. 그러나 드디어 나는 다음과 같은 사실을 깨닫게 되었다. 나는 확신에 찬 목소리로 내가 전하고자 하는 그 생각을 전하는 데보다는 다음에 무엇이 와야 하는가를 기억해 내려는 데 더 많은 정신적 정력을 소모하고 있었던 것이다. 사실 정신적 피로로 인하여 내가 메모만 없는 것이 아니라 생각도 없이 설교하고 있다는 것을 발견한 적이 여러 번 있었다. 이제 나는 눈에 띄지 않게 이용할 수 있는 메모를 사용함으로써 훨씬 긴장을 풀 수 있으며 회중과 더 좋은 관계를 유지할 수도 있게 되었다. 결국 중국 격언(格言)대로 "가장 약한 먹이 가장 강한 기억력보다 강한"[29] 것이다.

메모도 없이 할 것인가? 메모를 이용할 것인가? 아니면 원고를 이용할 것인가? 하는 각 개인에게 부딪혀 온 딜레마를 어떻게 해결할까? 루엘 하우(Reuel Howe)는 계속 목회 연구소(the Institute for Advanced Pastoral Studies)에서 일한 경험으로부터 이렇게 말해 준다. 사람들은 비록 원고 그대로 할 때보다 짜임새가 좀 덜 완벽하더라도 설교자로부터 직접 전해지는 설교, 얼굴과 얼굴을 정말 맞대고 만나는 설교를 더 원하고 있다는 것이다. 그는 사람이란 가능한 한 부담스러운 것이 없어야 한다고 생각한다. 이것은 설교자가 원고 없이 설교해야 한다는 뜻이 아니라, 설교자와 회중 사이에 가능한 한 가장 자유로운 관계를 유지할 수 있는 방법으로 설교해야 됨을 의미한다. "그 관계는 원고보다 더 중요하다. 복음이 상관적인 것이기 때문이다. …… 나는 설교가 만남이라고 믿는다. 그것은 단순히 원고를 전달해 주는 것이 아니다."[30]

우리는 아마 너무나 자주 커뮤니케이션되는 사실이 아니라 그 형식에 초점을 맞추어 왔다고 하겠다. 형식 전달(form-delivery)이라는 병균에 감염되어 온 설교자들은 단순하고 솔직한 복음의 전달을 약화시켜 왔을 것이다. 교인들은 복음이 전달되는 방법에 감동되지도 않고 거기에 관심을 두지도 않는다. 궁극적인 분석을 해 본다면 설교를 원고를 보고 하거나 메모를 이용하여 하거나 읽거나 메모도 없이 하거나 하는 것은 정말 중요하지 않다. 이러한 질문들은 요점과는 거리가 멀다. 회중을 생각하고 택한 방법이라면 어느 방법이라도 가치가 있다. 미니애폴리스에 있는 웨스트민스터 교회의 담임 목사인 존 베이츠(C. John L. Bates)는 30페이지나 되는 원고를 그대로 설교하는 데도 그의 복음 전달은 감탄할 만하다. 댈러스 신학교(Dallas Theological Seminary)의 하워드 핸드릭스(Howard Hendricks) 교수는 아무런 역반응 없이 흔히 원고 설교를 한다. 이와 반대로 원고 없이 설교하는 어떤 설교자들은 정확성 없이 두서없는 말을 늘어놓는 경향이 있으며 효과 면에서 의심을 살 만한 설교를 한다.

존 낙스(John Knox)의 말은 옳다. "어느 특정한 설교자가 어떤 방법을 택하느냐 하는 것은 개인적 커뮤니케이션이라는 복음의 본성에 위배되지 않는 한 실제로는 중요하지 않다. 즉, 설교자와 듣는 사람 사이에 개인적 만남이 이루어지고 쌍방이 모두 이것을 느낀다면 방법은 상관없는 것이다."[31] 설교자가 듣는 사람들과 만남을 유지하고 있다면 방법은 이차적이라는 말이다. 커뮤니케이션이 중요한 문제이다. 그러므로 각자가 자기의 사역에서 이 목적을 달성할 수 있는 방법을 찾아내지 않으면 안 된다.

설교의 길이

설교의 길이는 때에 따라 다르다. 로버트 리(Robert G. Lee)는 웅변적인 남침례교(Southern Baptist) 설교가로서 흔히 한 시간이나 그보다 더 길게 설교했다. 언젠가 그는 "짧은 설교(sermonettes)는 작은 설교자

(preacheretters)에 의해서 행해지고 그런 설교자는 난쟁이 기독교인을 만들어낸다."고 했다. 미네소타의 세인트폴에 있는 베델 대학(Bethel College)의 로버트 스미스(Robert Smith) 교수는 보통 한 시간 이상이나 설교한다. 그러나 사람들은 그의 설교를 들을 가치가 있다고 느낀다. 반면에 주일 대예배를 여러 번 드리는 큰 교회를 섬기고 있는 어떤 목사들은 12~15분 정도의 설교를 한다. 아마 대체로 평균치의 설교라면 20~30분 정도의 길이일 것이다. 그러나 어떤 조사는 그 연구의 대상이었던 전형적인 설교자가 주일 대예배 설교를 하는 데는 30~40분이 걸렸다고 한다.[32]

안절부절 못하면서 부주의하며 안정이 없고, 심지어 원망까지 잘하는 교인들을 확신시킬 수 있는 틀림없는 방법은 당신의 설교를 테니슨(Tennyson)의 졸졸 흐르는 시냇물 – "쉬지 말고 흐르고 흐르고 흘러라." – 처럼 되게 하는 것이다. 옥스퍼드의 윌리엄 스텁스 주교(Bishop William Stubbs)는 무엇에 관해서(about) 설교해야 하느냐고 묻는 목사보(牧師補, curate)에게 "하나님에 관해서(about) 설교하고, 20분쯤(about) 설교하라."[33]고 대답했다. "보일 수 있도록 일어서서, 들릴 수 있도록 이야기하고, 감사하다는 말을 들을 수 있도록 끝맺어라."는 옛날 금언(金言)이 있다.

전자 시대의 충격에 관심을 가지고 있는 어떤 설교가는 이렇게 말했다. "무릇 설교하는 사람은 어제의 사람이 아니라 오늘의 사람인 교인들에게 말씀을 전하지 않으면 안 된다. 사람들의 수명은 더욱 길어졌지만 귀를 기울여 이야기를 듣는 시간은 더욱 짧아졌다. 그러므로 우리는 더 짧은 문장으로 더 짧은 설교를 하지 않으면 안 될 것이다."[34] 가장 좋은 조언은 사람들을 보아야지 시계를 보지 말라는 것이다. 사람들이 주의를 기울일 수 있는 시간은 길지 않다. 당신의 설교의 흥미나 회중의 주의를 과장하지 말라. 그들 스스로 더 듣고 싶다는 느낌을 가지도록 내버려

두라. 그리고 좀 더 일찍 끝냈으면 좋겠다고 느끼지 않게 하라.

설교단에서의 두려움

설교자가 잘 걸리는 병은 불안이다. 어떻게 설교자는 이 문제에 대처해 나갈 수 있을까? 나는 10대 소년 시절에 조그만 교회에서 앞에 나가 설교할 기회가 있었다. 내가 두려워하고 말을 더듬거리며 다리가 후들거리는 것을 보고 그 목사님은 야단을 치셨다. "너는 사람들을 두려워하고 있다. 그것은 죄이다. 너는 하나님보다도 너 자신을 의지하고 있는 것이다." 나는 그후 몇 년이 지나고 나서 이 충고의 말씀을 자주 생각해 보았다. 그 말씀의 의도는 좋았다. 그러나 잘못된 것이었다. 약간의 떨림은 필요할 뿐만 아니라 절대 필수적인 것이다. 손에 땀을 쥐지 않고 약간의 두려움도 없이 설교단에 올라갈 수는 있다. 그러나 그것은 기관(器官)에서 흘러나와야 하는 필수 아드레날린이 없는 것과 같고, 효과적인 커뮤니케이션에 없어서는 안 될 자신의 메시지가 전염성을 갖는 감격이 없는 것이다. 목사가 완전히 긴장이 풀려서 설교단에 올라간다면 그것은 하나님을 그만큼 의존하는 것이 아니라 자기 자신의 능력에 대한 확신을 가지고 있다는 명백한 증거이다.

나의 제한적 지식으로는 대부분의 유능한 설교자들도 일종의 설교적 불안을 경험한다. 그것은 뱃속이 이상할 수도 있고 두통일 수도 있으며, 손에 땀이 날 수도 있고 이와 비슷한 다른 어떤 경험일 수도 있다. 그렇다고 설교단에 올라서는 사람에게서 이런 점을 찾아보려고 이것이 그런 것이려니 하고 추측해서는 안 된다.

나는 이러한 염려하는 마음을 무시하고 싶지 않다. 그러나 과도한 두려움이나 과도한 불안 문제는 신중하게 다루지 않으면 안 된다. 존 베어드는 당신이 그 메시지에 열정을 가지고 있고 또 당신에게 많은 의미를 주는 주제를 선택한다고 하면, 그것은 당신으로 하여금 입을 열게 해 주고 그 메시지에 열중하게 해 주리라고 한다. 그는 또 "당신의 청중의 입장에서 생각해 보라. 당신의 생각들이 그들에게 얼마나 중요한 것인지, 또 그들의 생활에 얼마나 생명력을 주는 것인지를 기억하라. 그리고 당신의 메시지에 열중하라."[35)]고 한다. 보다 기계적인 이야기를 한다면,

> 심호흡을 하라.
> 혀와 턱의 긴장을 풀어라.
> 좋은 자세를 유지하라.
> 손과 팔목의 힘을 빼라.
> 어깨가 자연스러운 위치에 와 있게 하라.
> 머리와 목의 힘을 빼라.
> 하품을 해 보라.[36)]

같은 것을 들 수 있겠다.

개인적으로 도움이 될 만한 방법이 있다면 무슨 방법이라도 사용하라. 어떤 사람들은 메시지를 전하기 전에 식사를 적게 하는 것이 긴장을 푸는 데 도움을 준다고도 한다. 어떤 사람들은 피아노를 친다. 어떤 사람은 노래를 부른다. 필요하다면 넘치는 정열을 좀 태워 버릴 수 있는 방법을 찾아보라. 그래서 설교단에 올라갈 때는 당신의 상태가 최상의 상태가 되게 하라. 나의 생각으로는 긴장을 푸는 데는 철저한 설교 준비와 메시지에의 몰두만큼 도움이 되는 것은 아무것도 없다. 그 다음에 하나님께 의존하라. 당신이 할 수 있는 일을 다했으면 성령님께서 당신을 통해서 말씀해 주시도록 의탁할 수 있다.

주 〉

1) Phillips Brooks, Lectures on Preaching, Reprint.(Grand Rapids : Baker Book House, 1969), p. 5.
2) Wayne N. Thompson, Quantitative Research in Public Address and Communication (New York : Random House, Inc., 1967), p. 83.
3) Dwight E. Stevenson and Charles F. Diehl, Reaching People From the Pulpit(New York : Harper & Row Publishers, 1958), p. 57.
4) Henry Grady Davis, Design for Preaching (Philadelphia : Fortress Press, 1958), p. 265.
5) Edward T. Hall, The Silent Language!(Greenwich, Conn.: Fawcett publications, Inc., 1969, copyright 1959), p. 10.
6) George A. Borden, Richard B. Gregg, Theodore G. Grove, Speech Behavior and Human Interaction(Englewood Cliffs, N. J. : Prentice-Hall, Inc., 1969), p. 84.
7) Ibid., p. 62.
8) Anthony Schillaci, O. P., "The Use of Motion Picture in Preaching", Preaching, II (March-April 1967), p. 18.
9) Thomas M. Scheidel, Persuasive Speaking(Glenview, III. : Scott Foresman and Company, 1967), p. 54.
10) Flora Davis, "How to Read Body Language", condensed from Glamour, in Reader's Digest (December 1969), p. 128.
11) Advertisement in McCall's magazine, May 1970.
12) H. C. Brown, Jr., H. Gordon Clinard, Jesse J. Northcutt, Steps to the Sermon (Nashville : Broadman Press, 1963), p. 184.
13) Stevenson and Diehl, op. cit., p. 59.
14) Martin Cobin, "Response to Eye-Contact", Quarterly Journal of Speech, XLVIII(December 1962), p. 418.
15) Spurgeon's Lectures to His Students, p. 199.
16) Thompson, op. cit., p. 88.
17) John E. Baird, Preparing for Platform and Pulpit(New York : Abingdon Press, 1968), p. 132.
18) Note Nedra Newkirk Lamar's book, How to Speak the Written Word, Which discusses this in thorough fashion.
19) James S. Stewart, Preaching(London : The English Universities Press, Ltd., 1955), p. 38.
20) Gerald Kennedy, His Word Through Preaching(New York : Harper & Brothers Publishers, 1947), p. 88.
21) John A. Broadus, On the Preparation and Delivery of Sermons(New York : Harper & Brothers Publishers, 1944), p. 334.
22) Charles W. Koller, Expository Preaching Without Notes(Grand Rapids : Baker Book House, 1962), p. 34.
23) J. Daniel Baumann, Preaching Within the Evangelical Free Church of America, unpublished Th. D. dissertation(Boston University School of Theology, 1967), p. 142.
24) Stewart, op. cit., pp. 158-59.
25) Koller, op. cit., pp. 85-97.
26) Henry Sloan Coffin, Here Is My Method, ed. Donald MacLeod, p. 58.
27) Barid, op. cit., p. 22.
28) Baumann, op. cit., p. 142.
29) Irvin Shortness Yeaworth, "The Minister's Workshop : Preach Biblical Themes", Christianity Today(April 1, 1966), p. 35.
30) Reuel Howe, "The Responsibility of the Preaching Task", Preaching, IV(November-December 1969), pp. 16- 17.

31) John Knox, The Integrity of Preaching(New York : Abingdon Press, 1957), p. 63.
32) Baumann, op. cit., p. 143.
33) As cited in W. E. Sangster, The Craft of Sermon Construction(Philadelphia : The Westminster Press, 1959), p. 179.
34) Peter H. Eldersveld, "The Pulpit and Our World", Christianity Today, VII(June 7, 1963), p. 4.
35) Baird, op. cit., p. 168.
36) Jean DeSales Pertram-Cox, "Relaxation : An Approach to Platform Poise", The Speech Teacher, XIV(September 1965), pp. 235-36.

3부

삶의 변화

■ 제13장 · **설교의 목적** ■ 제14장 · **변화의 역학** ■ 제15장 · **적용** ■ 제16장 · **대화 설교**

■ 제17장 · **성령님의 역할**

13장
설교의 목적

　설교마다 무엇인가 달성해야 할 목표가 있어야 한다. 문제는 그 목표가 무엇인가 하는 것이다. 벤자민 래시는 어느 토요일 저녁 일찍 다음날 하려는 설교를 그 부인에게 읽어 주었다. 그러자 그의 부인은 이렇게 물었다. "여보, 당신은 왜 그 설교를 하려고 하세요?" 그는 기가 죽어 서재로 돌아갔다. 왜냐하면 그 질문에 대답할 말이 없었기 때문이다. 그 다음 그는 준비되었던 원고 뭉치를 휴지통에 버리고 아내의 질문에 답할 수 있는 새로운 설교를 준비하느라고 밤늦게까지 서재에 머물러 있었다.[1]

　목적을 묻는 질문은 설교 준비를 시작할 때에 설교자가 생각해야 하고, 만족할 만한 대답을 얻기까지 떠나지 말아야 하는 질문이다. 데일은 언젠가 이렇게 말했다. "많은 젊은 설교자들은 설교 준비를 한다고 앉았을 때, '갈 바를 알지 못하고 떠난' 아브라함처럼 출발한다."[2] 문제는 단순히 이것이다. 즉, 당신이 아무 목표도 갖고 있지 않다고 하더라도 어떤 지점에 우연히 이르게 될 수도 있기는 하다는 것이다. 그러나 현명한 설교의 여행가는 여행길에 오르기 전에 목적지를 결정하는 법이다. 오늘의 설교자도 마찬가지이다. 해리 에머슨 포스딕은 설교와 강의의 차이점을 정확하게 지적해 주었다. 강의는 주로 분명히 설명되어야 하는 주제에 관심이 있는 반면, 설교는 주로 성취되어야 하는 목적에 관심이 있다.[3]

이 책의 앞부분에서 이미 우리는 어떤 설교라도 행동(삶)의 변화를 일으키고자 하는 명백한 목적이 있어야 한다고 했다. 그것이 설교다운 설교라면 사람들로 하여금 바람직한 방향으로 삶을 변화시켜 가고자 하는 결단을 내리게 할 것이다. 삶이 변화되어 가야 할 방향은 많이 있다. 그중에는 교회생활에서 볼 수 있는 구원, 소명, 예배, 찬양, 고백, 세례, 교인으로의 등록, 봉사 등이 포함되며, 또한 심리적·정서적 건강에 관한 모든 것이 포함된다. 올바른 설교는 생활 양식의 변화를 목표로 삼는다. 듣는 사람이 중립이 되거나 무관심해지도록 내버려두는 설교는 실패작이다.

한때는 다음과 같이 일반적 연설의 목적들을 설명하는 것이 유행이었다.

> 많은 경우 연사는 자기가 전하려는 주제를 설명해 줌으로써 단지 듣는 사람들에게 알려 주려고만 할 것이다. 어떤 경우에는 듣는 사람들을 기쁘고 즐겁게 해 줌으로써 즐기게 할 것이다. 기념식 같은 데서는 어떤 개인이나 단체의 공적이나 덕을 기림으로써 듣는 사람에게 감명을 주려 할 것이다. 논쟁적인 문제에 관한 이야기를 할 때에는 신념을 심어 주거나 변화시키려고 노력함으로써 확신을 추구할 것이다. 행동으로 옮겨져야 하는 경우에는 연사 자신이 바람직하다고 생각하는 그것을 듣는 사람들이 행하도록 유도하려고 노력함으로써 사람들을 설득하려 할 것이다.[4]

이러한 생각은 주로 기능 심리학에 의존한 것으로 지금은 좋은 평을 듣지 못하게 되었다. 예를 들면 어떤 사람들은 주장하기를, 설득이 따르지 않는 연설은 아예 없다는 것이다. 어떤 의미에서 이것은 사실일지 모른다. 우리는 14장에서 이 설득 문제를 좀 더 세밀히 다루게 될 것이다. 이 장에서는 현대 설교의 네 가지 명백한 목적만을 다루게 된다.

형 태	청 중	기 능
1. 케리그마적(Kerygmatic)	불신자	구원
2. 교훈적(Didactic)	신 자	가르침
3. 치유적(Therapeutic)	신 자	치료(개인적)
4. 예언적(Prophetic)	신 자	치료(사회적)

엄격한 의미에서는 케리그마, 곧 '복음의 선포'만이 신약에서 설교라고 불린다. 그러므로 어떤 사람들은 "내용과 형식 양면에서 신약의 케리그마를 바로 전달하는 설교를 제외하고는 현대 교회에서 정당하다고 할 수 있는 설교는 없다."[5]고 주장해 왔다.

또한 현대 이론가들은 불신자를 회개시켜 예수 믿게 하는 것 이외에도 말씀의 사역은 다른 몇 가지 목적을 가진다는 점을 지적해 주었다.[6] 믿음 안에서 양육될 필요가 있는 기독교인들도 있고 신자들의 생활과 넓게는 사회생활에서 해결되지 않으면 안 되는 문제들이 있다는 것이다.

로날드 낙스는 정통적 가르침에서 벗어나서 교회사에 있어서 이단으로 낙인 찍혀 버린 여러 흐름을 연구한 뒤에 이렇게 말한다.

> 이 모든 시대에 있어서 이단적이라고 불리는 것들은 기독교 생활이나 교리의 한 면을 택하여 그것이 마치 전체인 양 다루고 있다. 즉, 당신이 기독교 과학자라고 하면 신체적 질병이 전체라고 생각하고, 강신술사라고 하면 죽음에서 소생시키는 것이 전체라고 생각한다. 도나티스트들은 특별한 경건을 위해 순교를 선택하였

다. 그리고 기독교 역사는 오도된 영웅주의에 관한 독특한 기록과 같은 비정상적인 것들로 가득 차 있다.[7]

이것은 매우 뚜렷한 하나의 통찰이다. 복음의 사역자들은 흔히 진리의 한 부분을 택하여 마치 그것이 진리의 전체인 양 다루어 왔다. 그러나 만일 설교자의 임무가 전체 복음을 선포하는 것이라면 이용되는 설교의 형태들이 서로 균형을 이룰 필요가 있다. 복음을 전하라는 소명과 은사를 부여받은 목사라고 할지라도 사회에 대하여 무관심해 버리는 사치에 빠져서는 안 될 것이고, 똑같은 논리로 사회를 향하여 그 병증을 경고해 주는 예언자적 목회자도 복음을 전파하라는 사명을 면제받을 수는 없다. 균형 잡힌 목회는 전인적 필요에 부응해야 한다. 즉, 개인적 필요는 물론 사회적 필요를 충족시키고, 구속적인 면과 더불어 치유적인 면을 모두 갖추어야 한다. 최근에는 전문화되어 가는 경향이 일고 있다. 일부 교회들은 이런 경향에 따라 복음이라는 약도 제한된 수의 '영적' 질병만을 위하여 조제하고 있다. 그러나 사람들의 필요가 복잡해졌기 때문에 교회도 보통 의사와 같은 사명을 기꺼이 감당해 내고 복음적 설교, 교리적 설교, 치유적 설교, 그리고 예언자적 설교를 균형 있게 하려고 노력하는 목사를 필요로 한다. 이런 모든 필요가 현대 교인들의 필요이기 때문이다. 목사가 한 가지만을 따로 떼내어 강조하고 다른 면을 건드리지도 않는다면 그것이 바로 '이단' 이다. 모든 환자들이 지금 도움을 요청하고 있기 때문이다.

케리그마적 설교

케리그마적 설교는 복음의 선포 또는 복음적 설교라고도 불린다. 오순절에 행해졌던 베드로의 설교는 케리그마의 기본적 요소들을 갖추고 있다(행 2:14-38).

1. 예수님의 죽음과 부활과 승천에 관한 선포, 이것을 예언의 성취로 보았으며, 여기에 대한 인간의 책임을 이야기한다.
2. 예수님을 주와 그리스도라고 선포하는 종합적 평가
3. 회개하고 죄 용서함을 받으라고 하는 권면

복음의 선포란 "하나님께서 그리스도 안에서 세상을 자기에게 화목하게 하셨음"(고후 5:19)을 선포하는 것이다. 그것은 죄와 사슬에 매여 스스로 헤어날 길이 없는 사람들을 위하여 '복된 소식'을 전해 준다. 그것은 회개하고 믿으려고 하는 사람들에게는 하나님의 용서를 안겨 준다. 기독 교회사는 이러한 사실에 대한 웅변적 증거라고 할 수 있다. 선포는 부끄러워할 것 없는 복음적 설교이다. 그것은 사람들을 불러 그리스도이신 예수님을 구주와 주로 받아들이는 개인적 결단을 내리게 한다. "나를 따라오너라. 내가 너희로 사람을 낚는 어부가 되게 하리라."(마4:19)고 하신 예수님에게서 하나의 실마리를 얻어 복음적 설교가 나갈 수 있는 몇 가지 방향을 상론해 보기로 하자.

(1) **그물을 끌어올림**. 빌리 그래함의 전도 운동은 주로 그물을 끌어올려 사람들이 응답할 수 있는 기회를 주는 방법이다. 그것은 결단을 촉구하는 분명한 부름을 포함한다. 이런 형태의 설교는 "지금 당신은 오겠느냐?"로 날카롭게 질문한다. 많은 교회들이 제도주의의 미묘한 압력에 희생물이 되어 버렸기 때문에 다음과 같은 사실을 생각해 보는 것이 적합할 것이다. 즉, 사람들에게 그리스도를 위하여 무엇을 해야 할지 분명히 하라고 촉구하는 지적이고

감정적이며 교구 중심적인 복음 전파에 우선순위를 주지 않으면 안 된다는 생각이다.

(2) **고기를 유인함**. 이것은 준비하는 작업이다. 많은 복음적 사업은 새로운 신자가 와서 결단을 내릴 수 있게 하는 기초 작업이며 준비 작업이다. "나는 심었고 아볼로는 물을 주었으되"(고전 3:6)라고 바울이 말한 고린도 교회의 상황에서 우리는 그 전례를 찾을 수 있다.

(3) **어부를 훈련시킴**. 평신도 전도 운동은 결코 사치가 아니다. 지금까지도 그런 일이 한 번도 없었다. 도리어 그것은 필수적인 것이다. 평신도 전도자들을 만들려면 시간을 내어 훈련시키는 것은 물론 설교자로부터 기도로 준비되고 정성들여 선포되는 설교가 요구된다. 사람들은 일반적으로 자기의 신앙을 남에게 전하는 것을 주저하고 두려워한다. 그러므로 목사 자신의 열정과 모범을 보이는 것이 결정적이다. 다른 사람들을 전도 운동에 가담시키려고 하는 목사는 자기 자신이 복음 전도자가 되지 않으면 안 된다. 주목할 만한 예는 플로리다의 포트 로더데일에 있는 코랄 리지(Coral Ridge) 장로 교회의 담임 목사 제임스 케네디에게서 볼 수 있다. 그는 전도 중심 교회의 공격적 프로그램으로 교인들을 지도해 왔다.[8]

오늘날 복음적 설교를 하나의 가치 있는 교구 목회 형태로 지킬 필요가 있다. 이것은 대중 전도 운동에 대한 평판이 좋지 않았기 때문에 부분적으로는 옳은 말이다. 당신 교회에서 지도급 평신도들을 모아놓고 특별전도 운동의 가능성을 이야기해 보라. 그러면 대체로 한쪽에서는 일종의 저항이 일어나게 될 것이다. 일부 전도자들은 우수한 능력을 지닌 경제가라는 의심을 사고 있다. 그들은 주님의 모범을 따라야 한다고 고백은 하면서도 마태복음 6:33을 문자적으로 받아들지는 않았다. 전도자들이 상당한 경제적 지원을 요구할 때 평신도들은 그것이 마음에 걸린다. 다른 어떤 사람들은 '흥행업'을 하고 있다는 죄책감을 느끼기도 했다. 그것은 교회의 전도 운동에 할리우드적 요소가 너무 많이 흘러들어 와 특정인들을 강조하고 책략에 의존하게 되었음을 의미한다. 일부 전도자들의 전도 운동에서는 이런 면이 명백히 드러났다. 헬무트 틸리케는 그들을 "구원 기술자"[9]라고 부르고 있다. 덧붙여서 사람들은 단순히 특별 전도 집회에 한 번 참석했을 때와 같은 요구를 가지고 교회로 오는 것이 아니다. 때에 따라 너무나 많은 요구가 있고 상대해야 하는 너무나 많은 경쟁적 세력들이 있는 법이다. 이러한 문제들 때문에, 그리고 다른 문제들이나 지나친 생각들 때문에 목사들은 적절한 교구 전도를 엉뚱한 방향으로 이끌어온 것이다.

어떤 사람들은 "도대체 왜 전도 설교가 선포되어야 하는가?"라고 묻는다. 그 대답은 아주 간단하다. 누가복음 24:46~47에 기록되기를 "또 이르시되 이같이 그리스도가 고난을 받고 제 3일에 죽은 자 가운데서 살아날 것과 또 그의 이름으로 죄 사함을 얻게 하는 회개가 예루살렘으로부터 시작하여 모든 족속에게 전파될 것이 기록되었으니"라고 되어 있다. 사람들의 기본적인 영적 곤궁이 설교자의 양심에 호소하고 있다. 억지 이론은 우리를 흐릿하게 만들지 모른다. 사람들은 궁극적으로 의의 심판장이신 하나님 앞에 서 있으며, 그들의 영원한 운명이 결정되고 있다. 하나님께서는 단지 두 가지 구별을 하실 뿐이다. 즉, 누가 그의 자녀이며 누가 아니냐 하는 것이다. 설교자는 여기에서 발뺌할 수 없다. 복음적 설교는 그리스도께서 그것을 명령하셨고 사람들이 그것을 요구하기 때문에 반드시 필요하다.

가치 있는 복음적 설교는 몇 가지 특질을 갖추어야 한다.

(1) **그것은 하나님의 거룩하심을 선포한다.** 비록 일반적으로는 이런 빛에서 고찰되지 않는다고 하더라도 이사야서 6장은 특별히 복음적이다. 많은 경우 프로테스탄티즘이 잃어버리고 있는 요소가 바로 사람이 거룩하신 하나님 앞에 서 있다는 점이다. 하나님께서는 우리를 사랑하신다. 그러나 그가 거룩하시기 때문에 우리에게도 정의를 요구하신다.

(2) **그것은 하나님의 은혜를 강조한다.** 에베소서 2:8~9은 하나님께서 주도권을 가지고 계심을 가르쳐 준다. 하나님 자신이 복음 전도자이시다. 사람들은 자기들의 증거와는 모순되게 '주를 발견하지' 못한다. 예수 그리스도는 잃어버린 자를 찾아 구원하려고 오셨다(눅 19:10). 우리가 하나님의 은혜를 강조할 때 스스로를 구원하려는 생각의 헛됨을 강조하는 것이 된다. 자기 힘으로 구원을 얻는다는 신학, 인간의 공덕, 선한 업적, 의식 존중주의 등은 무시된다. 하나님께서는 결코 1파운드의 선한 업적이 있다 하여 1파운드의 구원을 주시는 것은 아니다. 이와 같이 구원을 현금 등록기의 처리로 얻어지는 것처럼 본다면 그것은 비성경적이다. 그리스도만이 사람의 필요를 충족시켜 주시는 유일한 분이시다.

(3) **그것은 케리그마적이다.** 사도행전 2:14~42은 그리스도 중심성을 확립해 주었다. 즉, 그의 십자가의 부활, 그리고 회개와 믿음을 촉구하는 부름이 중심이 되어 있다. 성경은 그리스도 없는 기독교와는 거래를 트지 않는다. '값싼 은혜'의 자리도 없고 '안일한 신앙주의'의 자리도 없다. 믿음에 이르는 길은 회개를 통하는 길 뿐이다.

(4) **그것은 전인에게 호소한다.** 무지는 장려될 수 없다. 우리는 엉터리 주석과 억지로 만든 유형론으로 가득 찬 설교에도 불구하고(때문이 아니라), 하나님께서는 어떤 사람들을 구원하셨다는 것을 인정

하지 않을 수 없다. 이 구원은 성령의 주권을 힘입어 얻은 것이지 사람과 그의 어리석음 때문에 얻은 것은 아니다. 복음적 설교는 지적으로 존경할 만한 것이어야 한다. 조지 버트릭은 "교회 문턱은 사람이 그의 머리를 안으로 들이밀 수 있을 만큼 충분히 높아야 한다."[10]고 했다. 또한 복음적 설교는 감정을 위해서도 적당한 배출구를 제공해야 한다. 정서적으로 메말라 버렸고, 그래서 흔히 피로에 지쳐 있는 시대에 있어서는 감정도 적절하게 처리되어야 한다. 여기에서 복음은 사람에게 무엇인가 정서적인 가치 있는 것을 제공한다. 복음은 또한 의지적인 것이기도 하다. 기독교는 의지적 행동을 요구한다. 기독교는 결코 무관심한 대상일 수는 없다.

(5) **그것은 이중 초점을 갖고 있다.** 단순히 멀리해야 할 지옥과 얻어야 할 천국만 있는 것이 아니다. 이러한 사실들도 옳기는 하지만 "아들이 있는 자에게 생명이 있고"(요일 5:12)라고 하는 것도 똑같이 옳다. 구원은 분명히 미래적이다. 그러나 그것은 또한 지금 여기의 실재이기도 하다.

(6) **그것은 응답할 기회를 제공한다.** 즉, 어떤 형태이든 권면이 따른다. 클리프톤 알렌은 그것을 잘 말해 주고 있다. "권면은 영혼들을 사로잡으려는 책략이 아니다. 그것은 결과를 보증하려는 주문도 아니다. 그것은 정통을 확립하자는 의식도 아니다. 그것은 단순히 사람들을 만나고자 하시는 그리스도의 부름이다. 그는 사람들을 만나실 때 구원을 주시고, 주님으로 섬길 것을 요구하시며, 그를 섬기는 특권을 허락하신다."[11]

어떤 교회들은 매 예배 때마다 초대의 순서를 가져왔다. 교인들 가운데 아직 믿지 않는 사람들이 섞여 있다면 이것은 적절한 순서라 할 수 있다. 그러나 많은 경우 그것은 전혀 불필요한 순서이다. 이런 순서를 넣으려면 이 초대에 적절한 주제가 있어야 한다. 설교의 본문이나 주제나 목적과의 관련도 없이 그런 초대의 말이 설교에 함부로 덧붙여져서는 안 된다. 설득의 윤리는 속임수나 농간을 피할 것을 요구한다. 사람들의 머리가 다 숙여지고 눈은 모두 감겨 버렸을 때, 손을 들라고, 그리고 그들의 신실함을 보이기 위하여 앞으로 나오라고 요구하는 것은 비윤리적이다. 성령님의 역사하심과는 아무 관계도 없이 사람들을 강단 앞으로 몰아 내세우는 모든 의심스러운 기술들을 버리지 않으면 안 된다.

다양한 권면의 방법을 관심 있는 목사들은 이용할 수 있다. 가장 흔히 이용되는 권면의 방법인 강단 앞으로 불러내는 것은 결심한 것을 확인하는 적절한 방법이다. 그 방법을 사용할 때에 그것은 설교와 일치되어야 한다. 그리고 그 권면의 주제는 미리 준비되어야 하며, 단순하고 분명하며 감동에 따라 이루어져야 한다. 사람들은 지금 그들이 응답하고 있는 그것을 정확히 알아야 한다. 런던에 있는 만인 교회(All Soul's Church) 목사인 존 스토트는 예배 후에 모임을 가진다. 거기서 질문하고 싶은 사람들은 질문하게 되고 복음적 권면의 단순함을 맛보게 된다. 그리고 개인적 필요에 따라 적절히 다루어진다. 그 목사의 서재는 사람들이 와서 토의하고 결단을 내리게 하는 훌륭한 장소가 된다. 이 방법은 니고데모의 이름이 군대임을 인정한다. 교회에서 모일 경우 목사는 때때로 교회 문을 나가 묻는 사람들을 기다리고 있는 자기 서재로 즉시 가고 싶을 것이다. 다른 하나의 방법은 사람들로 하여금 묻고 싶은 것이나 의논하고 싶은 것을 카드에 써서 헌금 주머니에 넣도록 하거나 문간에서 목사에게 건네주도록 하는 방법이다. 그 다음에 목사와 그는 주간에 만날 수 있는 약속을 하면 된다.[12]

(7) **그것은 성령님께 의존한다.** 만일 그것이 하나님께 속한 것이라면 그것은 위장된 인기주의나 무드 음악이나 감정적 예시나 의지의 조작 같은 의심스러운 기술을 요구하지는 않는다. 성령 하나님께서 사람들을 그리스도에게로 인도하실 것이다.

(8) **그것은 계속적으로 보살필 의무를 요구한다.** 우리가 결심한 것을 그대로 유지하려고 할 때 이것은 매우 어려우면서도 본질적인 것이다. 여기에 관해서는 두 가지 의견이 흔히 받아들여지는 것 같다. 새로운 결신자를 주간에 만날 수 있는 다른 한 사람에게 맡기는 방법이 그 첫째요, 새 신자들을 하나님의 자녀가 되는 생생한 체험을 시작하고 있는 다른 사람들과 함께 작은 모임을 가질 수 있게 하는 것이 둘째이다.

(9) **그것은 대부분 설교자의 일에 속한다.** 복음을 전하는 데 빠지는 것이 한 사람의 태도를 변화시키는 데 필요한 행위인 것처럼 보인다. 교인들도 설교자들도 모두 냉랭할 수 있다. 그들에게 복음 전파의 불길이 당겨질 필요가 있다. 목사는 근처의 다른 목사에게서 불을 붙여 올 필요가 있을지도 모른다. 복음 전파의 정열을 가진 목사로부터 불을 붙여 오는 것이다. 그 다음에 그는 자기 교인들에게 그 불을 붙여 줄 수 있을 것이다.

교훈적 설교

소위 교리적 설교라는 것에 대한 평신도들의 반감은 흔히 볼 수 있는 현상이다. 일부 교인들로부터 열광적인 반응을 얻는 대신 이러한 반감을 사기 때문에 어떤 설교자들은 보다 교인들이 좋아하는 형태의 설교, 특히 삶의 상황에 적합한 설교 쪽으로 기울어지게 되었다. 교인들이 교리적 설교라고 생각하는 것의 대부분은 신학적 추상, 곧 삶의 현장에서는 현금 가치가 별로 없는 '말로 쌓은 성곽'이다. 그런 설교는 생활에 적용될 가능성이 낮으며 결국 그것대로 굳어지고 말 것이다.

교리적 설교 중에는 신학교 강의 노트를 고쳐 놓은 설교도 있다. 과학적 분석과 분명한 논리, 그리고 신학자의 전문 용어로 가득 찬 일종의 신학 논문인 것이다. 전혀 생각을 하지 않는 것은 아니지만, 교인들의 마음 바탕과 필요, 그리고 관심은 별로 생각하지 않는다. 실존주의에 관해서는 너무 많은 이야기를 하면서도 실제 생활에 관해서는 너무 적게 이야기하며, 구원론에 관해서는 너무 많은 이야기를 하면서도 구원에 관해서는 거의 이야기하지 않는다.

교리적 설교는 흔히 따분한 편이다. 교리적 설교라고 반드시 무미건조하지는 않다. 그러나 샌스터가 지적한 대로 어떤 사람들은 "어떤 주제를 택하더라도 무미건조하게 만들어 버린다. 그들의 건조시키는 능력은 무한하다. 그러나 교리가 원래 건조한 것은 아니다."[13] 그런 설교를 하는 설교자들이 그들의 가능성을 충분히 계발해 내지 않았기 때문에 이런 형태의 설교는 단조로운 강론이 되고 만다. 설교자가 감격에 젖지 못하는 것이 교인들에게 전염된다. 그 설교자가 이런 설교를 하는 것은 어떤 책이나 설교학 교수가 그런 주제로 복잡한 설명을 그에게 해 주었기 때문이다.

왜 교리적 설교가 필요한가? 브로더스는 "교리, 곧 가르침은 설교자의 주요한 임무이다."[14]라고 한다. 기독 교회 안에 엄청난 무지가 존재한다. 기본 개념들이 오해되고 있다. 기독교 대학의 입학 시험 결과는 교회에 다니는 젊은이들이 얼마나 무지한지를 보여 주고 있다. 그들은 어린 시절을 청소년 그룹이나 교회학교에서 보냈으며, 성경을 어떻게든 가르쳤으리라고 생각되는 교회에 다닌 젊은이들인 데도 말이다. 사람들은 그들의 신앙을 모르고 있다. 그들이 기본적인 성경적 교훈에 무지한 것은 사실이다. 그러나 다른 한편 생각 있는 많은 사람들이 교리적 진리와 의미 있는 씨름을 해 보고 싶어하는 것도 사실이다. 그들은 '행복에 관한 설교' 만으로 만족하지 못하는 것이다.

교리적 설교란 '사람과 관계되는 하나님에 관한 진리'를 강단에서 체계적으로 해설해 주는 것이라고 정의될 수 있다. 그것은 불트만의 지금 여기서의 관심을 신중히 취하되 그의 인류학적 관심의 우선은 주장하지 않는다. 순수한 의미로 말한다면 비교리적 설교라고 하는 것은 아예 있을 수 없다. 왜냐하면 모든 기독교의 설교는 하나님의 계시를 순수하게 전개해 보이는 것이라고 하면 어느 만큼이라도 신학적 내용을 포함하지 않으면 안 되기 때문이다.15) 예를 들면 이스라엘의 광야 생활에 관한 설교까지도 죄의 교리나 심판의 교리, 또는 은혜의 교리에 대한 간접적 증언인 것이다. 아브라함에 관한 설교는 믿음의 교리에서 결코 멀리 벗어날 수 없을 것이다. 그리고 창조에 관한 설교는 결코 하나님의 구속적 관심에서 멀리 벗어날 수 없다.

교리적 설교의 특징은 다음과 같다.

그것은 본질적으로 교육적이다. 그것은 성경적 관념이나 복음적 개념을 건전한 주석과 교회의 전통의 빛에 비추어서 발전시키는 것이다. 본래 그것은 교육적인 설교이다. 그것은 성경이 이 주제에 관하여 무엇을 가르치고 있는가라는 질문에 대답해 준다. 도드(C. H. Dodd)를 문자적으로 따르는 사람들은 초대 교회에서의 설교와 가르침 사이를 엄격히 구별한다.16)

나는 다음과 같이 묻고 있는 존 낙스의 생각에 동의한다. "그의 '설교'와 '가르침' 사이는 도드가 생각하는 것만큼 엄격하게 구별되는 것인가? 더욱이 설교자의 기능과 교사의 기능이 초대 교회 생활에서 실제로 나누어져 있었는가?"17)라고 묻는 것이다. 교리적 설교를 하는 설교자는 도드가 불행하게도 구별하고 있는 그것을 섞어 버린다. 당신에게 감동을 주는 고무적 설교나 치유적 설교, 또는 인상적인 설교와는 상반되는 교리적 설교는 지식을 보다 더해 주는 것이다. 따라서 지식과 이해에 강조점을 둔다.

그것은 반드시 실천적이어야 한다. 이러한 면이 무시되거나 신중하게 고려되지 않을 때 교리적 설교에 대한 반감만 고조된다. 그것은 정말 그렇다. 브루너의 「사도신경에 관한 설교집」 서문에는 이런 말이 나온다. "이 열두 편의 설교를 쓰는 의도는 그리스도이신 예수님을 믿는 믿음이 어떤 의미에서 사도신경에서 언급되는 사실들을 포함하는지를 보여 주고, 이 신앙이 개인적으로든 사회적으로든 우리의 생활에서 어떤 의미를 가지는지를 보여 주려는 것이다."[18]

파머(H. H. Farmer)는 말하기를 교리적 설교는 "생활에 관한 기독교적 해석을 충분히 해 주지 않으면 안 된다. 동시에 우리가 그렇게 많은 이야기를 해 온 구체성과 관련성, 그리고 나와 너의 직접적 관계를 상실하지 말고 이렇게 해야 한다."[19]고 했다.

신학적 진리가 20세기 사람들의 기본적 필요와 관련되어야 한다는 요구는 이 사람들뿐만 아니라 모든 훌륭한 교리적 설교자에게도 주어진다. 관련성은 반드시 있어야 하지만 실제로 관련성이 없을 경우에까지 그것이 현대적 의미를 갖는 것처럼 하기 위해서 교리 자체를 묽게 만들어서는 안 된다. 현대성은 선포되는 진리의 고유한 것이 아니면 안 된다.

교리적 설교의 한 가지 목적은 신앙을 일깨우는 것이다. 훌륭한 복음적 설교는 반드시 그렇지 않다고 하더라도 흔히 훌륭한 교리적 설교이기도 하다. 필립스 브룩스는 이렇게 설명했다. "교리를 설교하라. …… 당신이 알고 있는 모든 교리를 설교하라. 그래서 더욱더 많은 것을 영원토록 배워라. 그러나 사람들이 그것을 믿도록 하기 위해서가 아니라 그것을 믿음으로 구원을 얻도록 하기 위해서 항상 그것을 설교하라."[20] 그리스도를 구주로 믿는 믿음은 설교의 구성이나 설교자의 능력이나 예배의 감정적 분위기가 아니라 본질적인 교리 설교 위에 세워질 필요가 있다. 교리 설교는 복음에 부딪히게 할 수 있는 가장 좋은 설교 형태이다. 그것은 또한 믿음을 확인하는 데도 도움이 된다. 교회가 세상의 빛과 소금이 되기 위하여 지적으로 갖추어 가는 것은 정의를 내리고 명확히 하며, 성경 말씀을 주의 깊게 해석하는 것을 통해서이다. 교리적 설교의 목표는 기독교인을 성숙시키려 함이다. 그렇게 함으로써 그들은 그들 안에 있는 믿음에 대한 답을 얻을 수 있게 된다.

교리 설교는 내용에 초점이 맞추어져야 한다. 초보 설교자는 하나의 설교에서 한 가지 교리 전체를 다루는 것을 자기가 할 이야기가 충분하다는 보증으로 삼을지 모르지만, 하나의 설교에 한 가지 교리 전체를 담으려는 것은 바람직한 일이 아니다. 한 가지 교리의 작은 한 면만을 다루라. 그 이상 하지 말라. 논리적 초점이 맞추어져야 한다. 예를 들어서 회개의 교리를 취해 보자. 한 설교는 회개의 본성을 고찰할 수 있다. 그 다음 다른 설교들에서 계속하여 회개의 결과, 회개의 동기, 회개의 의무 등에 관해서 설교할 수 있다. 어떤 본문이 그 교리에 관해서 무엇을 말해 주는지를 단순히 생각함으로써도 초점을 맞출 수 있을 것이다. 본문이 스스로의 한계를 결정하는 것이다.

교리적 설교는 보통 다음 세 가지를 포함해야 한다. (1) 관심을 끌 만한 어떤 필요의 강화, (2) 정의, 주석, 해석, 예증, (3) 그 교리의 현대 생활에의 적용.

중요한 교리라고 두려워하지 말라. 명백한 교리나 독특한 교리를 찾을 필요는 없다. 기본적인 것들을 설교하라. 듣는 사람들의 상황이 결정적으로 중요하다. 만일 신앙적인 미숙이 문제라면 고린도 교회(고전 3:2)에 주어졌던 것과 같은 것을 듣는 사람들은 필요로 할 것이다.

고무적인 목적을 위해서는 교리 설교의 기술을 보여 주는 몇 편의 전형적 설교를 읽어 보면 큰 도움이 될 것이다. 적어도 거기에는 도날드 베일리의 "그리스도 안에 있는 하나님", 제임스 스튜어트의 "선포되어야 할 믿음", 헬무트 틸리케의 "세계의 시작은 어떻게" 같은 설교가 포함되어야 한다. 폴 리즈, 윌리엄 바클레이, 파머, 데이비드 리드의 설교도 주목할 만한 설교들이다.

마지막으로 교리적 설교는 그것이 현대의 필요에 대한 하나의 해답으로 보일 때라야 흥미를 불러일으킬 수 있다. 추상적 진리에는 아무도 귀를 기울이지 않을 것이다. 그러므로 성경의 가르침을 현대의 필요에 관련시켜라. 그러면 사람들은 기꺼이 들을 것이다.

치유적 설교

많은 기독교인들이 병들어 있다. 어떤 사람들은 신경증에 걸려 있다. 모두가 상처를 안고 있다. 어떤 설교의 대가는 "회중석의 모든 줄마다 하나의 병든 가슴이 자리 잡고 있다."고 주장했다. 치유적 설교는 과거 어느 때보다도 오늘날 더 필요로 한다. 그것을 '목양적 설교'라고 부르든지 '삶의 상황 설교'라고 부르든지 '치유 설교'라고 부르든지 그런 것은 중요하지 않다. 무엇보다도 중요한 것은 당신이 사람들의 병을 고치기 위해서 설교하고 있다는 점이다. 그러한 모든 설교는 인간 본성과 인간의 행위에 대한 이해에 바탕을 두어야 한다. 또한 그것은 건전한 심리학을 배경으로 하여야 한다. 이 말은 설교에 심리학적 개념들이 사용되어야 한다는 뜻이 아니다. 사실 대부분의 전문 개념들을 피하는 것이 더 좋다. 심리학에 관한 지식은 없어서는 안 된다. 그러나 설교에서 사용되는 언어는 사람들이 보통 사용하는 것이어야만 한다.[21]

치유적 설교는 일반적으로 다음과 같이 해야 한다.

그것은 어떤 문제나 어려움을 인정한다. 그것은 불안, 슬픔, 미움,

질투 같은 것들을 말한다. 삶의 상황 설교의 대제사장으로 인정받고 있는 해리 에머슨 포스딕의 말을 빌리면 다음과 같다.

> 모든 설교는 어떤 문제-마음을 혼란에 빠뜨리고 양심을 무겁게 하며 생활을 어지럽히는 생생하고 중요한 문제-의 해결을 그 주요 과제로 삼아야 한다. 그리고 이와 같이 현실적인 문제를 다루고 거기에 작은 빛이라도 비추어 주며 어떤 개인들을 도와서 실제적으로 그것을 통하여 자기의 갈 길을 찾게 해 주는 설교라면 결코 흥미가 없을 수가 없다.

그는 계속하여 이렇게 말한다. "사람들이 자기 자신과 자기 자신의 문제와 그것을 해결하는 방법에 관심을 가지는 것만큼 중요한 것은 아무것도 없다. 이것이 기본적인 것이다. 그것을 무시하는 설교는 결코 교인들에게 하나의 잔물결조차도 일으킬 수 없다." 그리고 "설교는 삶과 죽음의 문제를 안고 있는 개인들과의 씨름이다. 이 문제에 대한 생각이 설교자의 마음과 방법을 지배하기까지는 웅변도 그에게는 별 소용이 없을 것이요, 신학은 전혀 소용 없는 것이 되고 말 것이다."[22]

그것은 어려움을 규명하고 한계를 정해 준다.

그것은 있을 수 있는 부당한 해결책들을 보여 준다.

그것은 그 문제와 관련되는 성경의 진리를 밝혀 준다. 즉, 그것은 하나님께서 문제의 해결자이시며 해결책을 주신다는 것으로 결론을 맺는다.

기대할 수 있는 바와 같이 이러한 설교는 문제를 다른 사람들에게 드러내 놓는다. 그러므로 어떤 사람들은 그것이 있지도 않은 문제를 만들어낸다고 주장한다. 가짜 심리학자가 어떤 질병을 묘사할 때처럼 설교자가 듣는 사람들 사이에 그러한 병을 만들어낸다면 이런 말을 할 수도 있다. 이런 현상은 간호사 훈련 과정에서 흔히 일어난다. 어떤 질병의 모든 증세를 연구하는 동안 어떤 간호사들은 자기도 그런 비슷한 증세를 가지고 있다고 느끼기 시작한다. 그래서 그들은 교수가 이야기하던 그 병에 자기가 걸린 것은 아닌가 하고 걱정한다. 이와 같이 치유설교도 맞지 않는 신학에다 많은 심리학적 요소를 섞어 넣음으로써 과오를 범한다. 지각 있는 목사라면 자기 자신의 한계를 인정하고 자기가 진지하다는 무슨 표를 내지 않고 이야기하며, 겸손하게 혹시 자기가 잘못 인도해 가고 있지 않은가 관찰할 것이다.

삶의 상황 설교는 흔히 상담의 문을 열어 준다. 그런 설교는 사람들에게 설교자가 인간적이며, 그러므로 누구라도 접근할 수 있고 서로 이해할 수 있다고 이야기해 준다. 그러면 듣는 사람들은 설교자를 찾게 된다. 하워드 클라인벨은 좋은 설교인가 아닌가를 판별하려면 그 설교의 결과 얼마나 많은 사람들이 그 설교자에게 상담을 요청해 오는지를 보면 된다고 말한다.[23] 비록 다른 요소들을 가지고 평가할 수 있다고 하더라도 이것은 하나의 중요한 평가 기준이 된다고 하겠다.

삶의 상황 설교는 많은 상담과 심방에 의존하고 있다. 설교자가 일반적으로 인간 본성을 잘 알지 못하고 또 교인들과 친숙하지 못하다고 하면 그의 설교는 피상적일 수밖에 없을 것이다. 교인들은 설교를 위한 자료이다. 당신이 직접 그들 사이에서 살고, 그들의 소리를 들으며, 그들의 맥박을 피부로 느끼고, 그들이 당하는 위기 속으로 들어갈 때 당신은 그들과 감정을 통할 수 있다. 그때에만 당신은 치유 설교를 올바로 할 수 있다. 이때 설교자의 관심은 주제나 본문이 아니라 사람들에게 있다. 주제에서 관심이 일어나는 것이 아니라 목적에서 관심이 일어난다. 해리 에머슨 포스딕이 말한 대로 "그런 설교는 그룹 단위로 하는 개인 상담이다."[24] 제랄드 케네디는 이렇게 기록하고 있다. "우리의 메시지는 실의에 빠진 자를 고쳐 주고, 두려워하는 자에게는 확신을 심어 주며, 각자가 스스로 중요하다고 느끼게 해 주고, 사람이 어떻게 올바른 삶을 살 수 있는지를 선포해 주는 것이다."[25]

사회 – 예언자적 설교

　　미국이 전례 없는 사회 변동을 경험하고 있을 때 많은 교회들은 이상할 만큼 예언자적 사명을 감당하지 않으려 하였다. 여러 인종이 복잡하게 얽히어 살고 있는 이 사회 한가운데 섬이나 되는 것처럼 여기저기 솟아 있는 교회들 중의 일부는 인종 문제에 관하여 침묵을 지키고 있다. 노동 문제로 어려움을 겪고 있는 사회에서도 흔히 교회는 그 문제를 인식하거나 거기에 처방을 제시하기를 두려워한다. 전쟁과 국제적 불안에 사로잡혀 있는 나라에서도 너무나 흔히 그 안에 있는 교회들이 그 문제를 거의 건드리지 않고 있다. 단지 가끔 그것을 인정할 뿐이다. 대중 매체들은 국내적인 문제와 국제적인 문제들에 관하여 이야기하고 있는데 교회의 대부분은 전혀 다른 문제만을 붙들고 있다. 사람들은 많은 문제를 안고 교회로 온다. 그리고는 '교회가 만들어 낸' 또 다른 문제들에 대한 답을 얻어서 돌아간다. 많은 설교자들, 특히 복음주의자들이 사회 – 예언자적 설교를 바로 하지 못하는 이유는 무엇인가? 모든 경우에 다 옳다고는 못하더라도 다음 사항들이 암시될 수 있다.

(1) **초연성**. 교회와 관련된 활동, 모임, 소명, 상담, 설교 준비에 몰두하다 보면 목사는 그가 속한 사회에 어떤 형태로든 의미 있는 관계를 맺는 것이 어려울 때가 자주 있다.
(2) **부적당한 학구적 훈련**. 오늘날까지도 신학교에서는 대체로 목사 후보생 훈련 과정에서 사회 윤리, 사회 문제, 그리고 사회학의 역할 등을 귀중하게 다루어 오지 못하였다.

(3) **신학적 자유주의를 사회적 관심과 동일시하는 경향.** 우리 시대에는 대부분의 사회 개혁가들이 자유주의자이기는 하나 모든 자유로운 사상을 가진 목사가 사회 개혁에 관심을 갖고 있는 것이 아니며 모든 사회 개혁을 부르짖는 목사들이 자유주의자도 아니다. 흔히 복음주의자들이 제기하는 질문을 그렇게 강조하다 보면 잘못된 의미에서 사회 복음을 강조하는 데로 나아갈 수 있지 않는가 하는 것이다. 낡은 사회 복음 문제 때문에 사회적 문제와 직면하기를 꺼리고 있는 것이다.

(4) **사회에 관한 회의주의.** 많은 현대 교회들은 사회 문제를 바로잡아 보려는 시도는 헛된 것이며 상황은 점차 악화될 뿐이라고 확신하고 있다. 그들은 사회 구원은 성취될 수 없는 것이라고 느낀다. 그것은 불가능하다는 말이다. 그들에게 있어서는 현대 교회에 맡겨진 지배적인 과업은 개인 전도이다. 그러므로 사회적인 문제에 연루되는 것은 어리석은 일이요, 헛된 일이라고 생각한다.

(5) **종말론적 관심.** 미래적인 곳에 눈을 돌림으로써 지금-여기에 관련되는 것에 반드시 관련되어야 한다는 생각이 없어진다. 사회학자 데이비드 모베르그는 "너무나 자주 그가 오심을 기다리는 것이 그가 오시기까지 해야 하는 일의 자리를 차지해 버린다."[26)]고 한다.

(6) **정치는 더러운 것이라는 뿌리 깊은 감정.** 교회의 순수성이 사회와 관련을 맺음으로써 위협을 받는다. 교회 지도자들은 교회가 본래 정치적 경향을 띠고 있는 사회 문제에 관하여 무슨 선포를 하는 것이 현명한 일인지 아닌지를 생각하고 있다.

(7) **자리에 대한 두려움.** 사회 문제들은 어떻게 될지 모른다. 그러므로 혹자에 따르면 현명한 입장은 침묵을 지키는 것이다. 왜 교회가 그런 문제로 분열되어야 하는가? 예언자는 그런 문제에 관하여 용감하게 말할지 모른다. 그러나 목회하는 목사가 그렇게 했다가는 일

자리를 잃고 말았을 것이다. 그에게는 '복음을 선포하는' 것이 가장 안전한 길이다.

생각 있는 기독교인들이 보기에 사회적–예언자적 설교를 하느냐 마느냐의 문제는 현대의 '복음을 전하는 설교자'가 단순히 선택할 수 있는 성질의 것이 아니다. 몇 가지 이유로 그것은 절대불가결한 것이다.

(1) **성경의 가르침이 그것을 요구한다.** 예수님께서는 "네 이웃을 네 몸과 같이 사랑하라."(눅 10:27)고 하셨다. 사도 요한에 따르면 사람은 자기의 이웃을 섬길 때 그것이 곧 하나님을 섬기는 것이라(요일 2:10–3:18)고 한다. 마태복음 25장에 기록되어 있는 심판은 굶주린 자에게 먹을 것과 목마른 자에게 마실 것, 나그네에게 머물 수 있는 자리를, 그리고 헐벗은 자에게 입을 옷을 주느냐 않느냐에 따라, 그리고 병든 자와 옥에 갇힌 자를 돌아보느냐 않느냐에 따라 결정된다. 에베소서 2:10에서 사도 바울은 우리가 "선한 일을 위하여" 구원을 받는다고 선포한다. 야고보서 1:27에는 "정결하고 더러움이 없는 경건은 곧 고아와 과부를 그 환난 중에 돌아보는" 것이라고 되어 있다. 예수님께서는 병든 자와 눈먼 자와 절름발이를 고치시며 죽은 자를 일으키시려고 다니셨다. 그의 사역은 사랑의 사역이었다. 이 형태는 그리스도와 같이 되라고 가르치는 모든 목회의 규범으로 남아 있어야 한다.

(2) **우리의 역사가 그것을 요구한다.** 전통적으로 보수주의자들은 사회 문제에 관심을 가져왔다. 술, 담배, 성 문제, 이혼, 도박, 문학, 고아, 노인 문제 등이 그들의 관심사였다. 19세기의 미국에 관한 연구에서 티모시 스미스는 복음적 신학과 사회 활동 사이의 긴밀한 상관관계를 지적하고 있다.[27] 우리가 지금 와서 거기에서 물러서는

것은 일관성 없는 처사이다. 기독교의 관심은 지금도 빈곤과 실업과 핵전쟁과 정신 질환과 인구 폭발과 사회 생태학과 인종 분규와 범죄 문제 등에까지 뻗히지 않으면 안 된다.

(3) 우리의 인간성이 우리를 사회에 관련시킨다. 사람이 된다는 것은 사회적 관련을 갖는다는 말이다. 진공에서 생명은 유지될 수가 없다. 데이비드 모베르그는 "사회 문제들은 개인적이다."[28]라고 했다. 우리는 고용과 주거와 교통과 식량을 위해서 다른 사람에게 일일이 의존하고 있다. 세상에 나누어 주지는 않고 거두어들이기만 하는 것은 이기적이다. 선한 사마리아인의 이야기는 우리의 이웃일 필요를 느끼고 있는 바로 그들임을 명백히 해 준다. 중립은 불가능하다. 활동하지 않음은 있는 그대로의 상태를 암암리에 인정해 버리는 셈이기 때문이다. 우리가 그 일을 하지 않는다면 다른 사람들이 그 일을 대신 하든지, 아니면 아예 행해지지 않을 것이다.

물론 우리는 예언자들이 인기가 없다는 점을 인정해야 한다. 저항은 때때로 종교 기관에서 나온다. 확정된 이익이 위태롭게 되기 때문이다. 인종 문제에 관한 설교를 하고 무차별의 방책을 제시해 보라. 그러면 사람들은 틀림없이 부동산의 잠정적 평가절하에 관하여 물어올 것이다. 그들은 이렇게 물어온다. 당신의 아들이나 당신의 딸이 만일 흑인과 결혼한다면 당신은 어떻게 느끼겠습니까?

설교자는 순회 설교자가 아니다. 예언자는 그의 메시지를 선포하고 다른 곳으로 옮겨갈 수 있어도 설교자는 말을 하고 그 자리에 남아 있지 않으면 안 된다는 점을 인정하여야 한다. 그러므로 교회에서 목회자로서의 예언자는 사람들이 자기 설교를 듣게 하는 권리를 확보하여야 한다. 그는 성경적 진리와 교회의 교리에 깊고 확고하게 의존하고 있다는 자신의 신임장을 얻을 수 있는 방법으로 설교하지 않으면 안 된다. 그는 이러한 메시지를 필요로 하고 있는 바로 그 사람들과 사이가 나빠지지 않도록 조심해야만 한다. 동의하는 사람들을 위해서라면 그들은 당신이 이야기를 끝낸 뒤에도 동의할 수 있다. 그러나 생각이 바뀌어야 하는 사람들은 아주 조심스럽고 주의 깊게 다루어질 필요가 있다. 당신이 기독교 신앙과 그들의 복지를 위한 관심에서 그러한 이야기를 하고 있다는 인정을 받아야 한다.

설교자로서의 예언자 정신이 결정적인 문제일 수도 있다. 어떤 목사도 마치 자기는 전혀 편견이나 고집이 없는 사람인 것처럼 설교단에 서서는 안 된다. 우리 모두가 시작해야 하는 출발점은 실패의 고백이다. 그런 설교는 적대감을 병적으로 불러일으키지 않고 틀림없이 건전하게 행해질 것이다. 데이비드 벨검은 이렇게 말했다.

> 당신이 죄인들에게 임할 지옥불과 유황불에 관하여 설교한다고 하자. 그런데 만일 당신이 IBM 타자기를 사려고 할 때 교회 서무부에서 이를 인정해 주지 않았다는 사실 때문에 이런 설교를 했다고 하면 교인들은 곧 그것을 알게 될 것이다. 그들은 당신의 예언자적 설교가 의(義)와는 아무런 관계도 없다는 것도 알게 될 것이다. 또 사람들은 당신이 테니스장에 가서 해소해야 할 성질의 문제를 해결하기 위하여 설교단을 이용하고 있다는 것도 알게 될 것이다. 반대로 만일 당신이 우리 사회의 도덕적 부패로 말미암아 많은 사람들의 생활 속에 일어나고 있는 죄의 참상과 개인적 비극을 바라보고 마음이 간절하여 그런 설교를 한다고 하면, 당신은 예루살렘을 바라보고 울 수도 있을 것이요, 성전에서 돈 바꾸는 자들을 몰아낼 수도 있을 것이다.[29]

이제 사회적–예언자적 설교를 위한 몇 가지 지침이 될 만한 것들을 고찰해 보자.

(1) **문제점을 알라.** 적절한 탄약도 없이 설교라는 총을 쏘지 말라. 문헌들을 읽어라. 심리학자들, 사회학자들, 저명한 신학자들, 그리고 현대의 상황을 주의 깊게 분석하는 분석가들이 쓴 글로부터 많은 것을 얻을 수 있다. 그러한 모든 문헌이 정보의 저수지를 채워 줌으로써 설교자가 이러한 문제들에 관한 설교를 준비하려 할 때 그는 그 저수지로부터 자료를 얻을 수 있게 된다. 설교자는 문제의 양면 가운데 어느 한쪽을 택하기 전에 그 문제의 양면을 면밀히 연구하여야 한다. 그가 자기의 입장을 충실하게 나타내고 그것을 잘 지키려고 하면 그는 반대자들의 주장도 잘 알지 않으면 안 된다. 예를 들어 평화주의자는 모든 강경론자들이 피 흘리기를 좋아하고 한줌의 사랑도 없이 미움으로만 가득 차 있지는 않다는 것을 인정하는 것이 좋다. 마찬가지로 강경파의 사람은 모든 평화론자가 책임감이 없거나 비기독교인은 아니라는 것을 인정하는 것이 좋다. 인종 문제 때문에 일어나는 시위에 관해서는 그 시위의 주동 인물들이 무력적 무정부 상태를 좋아하지 않고, 무조건 재산을 파괴하는 경향을 띠지도 않으며, 공산주의의 음모에 자극을 받은 것도 아니라는 점을 인정하는 것이 좋다. 어느 시대에나 설교자로서의 예언자는 그가 사는 사회의 맥박을 짚어보고 그 우상을 찾아내어 그것들과 싸우며 그 다음에 사람들을 이 우상으로부터 돌이키어 살아 계신 하나님을 섬기게 하라고 부름 받고 있다.

그것은 인권 문제나 인종 문제일 수 있다. 전통적인 기독교에서 이례적인 것 중의 하나는 우리가 사도신경을 완전히 받아들이면서도 동시에 흑인을 미워할 수 있다는 사실이다. 우리의 신조들은 때때로 생활의 적용이라는 점에서 결함을 갖는다. 그러한 사회 안에서 우리는 무엇을 해야 하는가? 확실히 교육과 주거와 고용 문제에 있어서는 누구나 균등한 기회를 가지고 선택할 수 있는 자유가 주어져야 한다. 우리는 소수 민족들도 기업주가 될 수 있도록 격려해 줄 필요가 있다. 설교자는 사람들이 용감하게 결단을 내릴 수 있게 해 주어야 한다. 설교자의 이야기는 분노로부터가 아니라 순수한 기독교적 관심으로부터 우러나와야 한다. 그것은 전쟁과 평화의 문제일 수 있다. 전쟁은 어떤 때에 실제로 정당성을 갖는가? 어떻게 전쟁을 할 것인지 말 것인지를 결정하는가? 평화주의는 하나의 가능성에 불과한가? 우리는 적어도 평화주의에는 세 가지 가능한 동기가 있음을 가르쳐 주어야 한다. 공포에 기인하는 것이 그 첫째이고, 생명에 대한 높은 경외심과 폭력이나 고통을 싫어하는 데서 나온 것이 그 둘째 동기이며, 마지막으로는 순수한 기독교적 헌신과 관심에서 우러나온 것이 그 셋째 동기이다.

그것은 빈부의 문제일 수 있다. 유물론적이고 '황금을 하나님으로 섬기는' 일들이 많은 기독교인들의 양심을 무디게 만들어 왔다. 희생이란 많은 목사들에게 있어서 시대에 뒤떨어진 구시대의 유물이 되어 버렸다. 소중한 가치들이 흔히 기독교적인 것과 동일시되었다. 그리고 번영을 누리고 사는 사람은 자신이 하나님 나라에서도 한 모퉁이를 차지한 것처럼 느낀다. 그러나 역사는 우리에게 거룩함과 부, 또는 불의와 가난 사이에는 아무 상관이 없음을 가르쳐 주고 있다. 사실 그 반대가 오히려 진실인 경우가 가끔 있다.

인간은 구체적으로 도움을 받으려면 맡겨진 일을 해야 하고 경건한 안개를 만들어내지는 말아야 한다. 이런 종류의 설교에는 일반적인 것보다 세부적인 것이 더 중요하다. 이 점을 격언으로 삼아라 – 한번 세부적인 것을 선택하면 비판도 감수해야 한다.

(2) **전체 복음을 설교하라.** 개인적 – 개별적 관심(구원, 헌신, 생활의 정화와 동기)과 사회적 – 예언자적 관심(인종, 빈곤, 전쟁, 부유, 노동, 생태학 등) 이 두 개의 복음을 대표한다는 인상을 주지 말아라. 복음은 오직 하나이며 개인적인 면과 사회적인 면이 있을 뿐이다. 자유주의자들은 사회적 행위의 기초를 무시함으로써 흔히 과오를 범해 왔다. 즉, 그리스도이신 예수님을 통한 개인 구원이 사회적 행동의 기초임을 무시한 것이다. 반대로 보수주의자들은 인간의 전체적인 필요에 대한 책임을 무시함으로써 흔히 과오를 범해 왔다. 그들은 때때로 한 사람을 그리스도 예수 우리 구주에게 소개하는 것으로 필요한 모든 일을 했다는 인상을 주어 왔다.

(3) **자신이 완전하지 못함을 고백하라.** 기술적인 세부 사항까지 완벽하게 할 수는 없다. 시간과 훈련은 불가피하게 한 사람이 할 수 있는 것과 준비를 통하여 취급될 수 있는 것을 제한해 줄 것이다. 때로는 모호한 점이 남아 있기도 한다. 단지 원리들이 제시될 뿐이지만 그것을 필요로 하는 사람들이 스스로 결단을 내릴 수 있게 해 준다. 그리고 그러한 모든 설교는 겸손하게 행해져야 한다. 진리를 왜곡할 가능성을 인정하는 것이다.

(4) **기독교인들로 하여금 행동으로 옮기게 하라.** 정신적으로 동의하는 것만으로는 부족하다. 훌륭한 목사로서의 당신의 개인적 – 사회적 관련을 직접 모범으로 보여 주어 당신의 관심을 나타내라. 목자는 인도하는 사람이다. 교인들에게 모험과 오해가 올 수도 있음을 가르치라. 당신의 교인들이 적당한 동기를 얻기 위하여 '지체하지' 못하도록 하라. 선한 행동을 낳는 부적절한 동기는 적당한 동기가 없어서 수동적이 되어 결국 아무것도 이루지 못하는 것보다는 낫다.

사회적 설교에 접근할 수 있는 두 가지 방법이 있다. 첫째는 직접적인 방법으로 사회 문제에 대하여 정면 공격을 가하는 방법이다. 문제들을 제시하고 직접적으로 그것을 논하는 것이다. 그렇지 않으면 간접적인 방법을 취할 수도 있다. 여기서는 원리들을 가르쳐 주고 사람들이 적용할 수 있도록 맡겨 둔다. 어떠한 기도도 특별하게 취해지지는 않는다. 당신은 회중을 모욕하기보다는 그들이 스스로 결단을 내렸다고 느끼도록 해 준다. 당신은 모든 것을 다 말해 버리기보다는 암시만 하라. 다른 무엇보다도 성경적 진리로 당신의 생각을 보증하도록 하라. 교인들에게 기독교 신앙과 다른 것과의 차이점을 알려 주라. 호세아, 아모스, 이사야, 예레미야, 또는 예수 그리스도의 예언적 말씀들을 다시 읽어라. 성경의 뒷받침이 없는 사회적 설교는 결코 설교라고 할 수 없다.

설교의 목적은 무엇인가? 설교의 목적은 전인으로서의 한 사람에게 말씀을 전하는 것이다. 그 사람은 무엇보다도 그리스도이신 예수님의 능력을 통하여 구원을 받아야 하는 사람이요, 그리스도이신 예수님께서 구주로서 자기 생활에 들어오시게 하겠다는 결단을 내리는 사람이다. 그는 또한 기독교 신앙에 관하여 가르침을 받을 필요가 있는 사람이다. 그 다음에 그는 '길르앗의 향유'로 고통을 달래며 상처를 치료할 수 있는 격려를 필요로 한다. 마지막으로 그는 하나님께서 그에게 하실 한 가지 말씀을 가지고 계신다는 것을 알 필요가 있다. 그 말씀은 그가 사는 사회에 관한 말씀이요, 그 사회 안에서 한 사람의 기독교인으로 살아가는 그의 위치에 관한 말씀이다.

교회는 네 가지 설교의 모든 분야를 자유자재로 이용할 줄 아는 설교자를 필요로 한다. 한 가지에만 불필요한, 그리고 잘못 맞추어진 초점을 두고 다른 것들은 아예 돌아보지 않는 근시안적 목회는 복잡한 인간 상황에 맞을 리가 없다.

할 수 있는 대로 최선을 다하라. 성령님의 능력 주심에 따라 '하나님의 전체적인 계획'을 설교하도록 하라.

주 〉

1) Donald G. Miller, The Way to Biblical Preaching(New York : Abingdon Press, 1957), p. 112.
2) Ibid., p. 123.
3) Harry Emerson Fosdick, The Living of These Days(New York : Harper and Brothers, 1956), p. 99.
4) Dorothy Mulgrave, Speech : A Handbook of Voice Training, Diction, and Public Speaking (New York : Barnes and Noble, Inc., 1954), p. 21.
5) Henry Grady Davis, Design for Preaching(Philadelphia : Fortress Press, 1958), p. 106.
6) John Knox, Integrity of Preaching(New York : Abingdon Press, 1957); Robert Mounce, The Essential Nature of New Testament Preaching(Grand Rapids : Wm. B. Eerdmans Publishing Co., 1960); and Robert C. Worley, Preaching and Teaching in the Earliest Church(Philadelphia : Westminster Press, 1967).
7) Ronald A. Knox, Enthusiasm(New York : Oxford University Press, 1950).
8) See D. James Kennedy, Evangelism Explosion(Wheaton, Ill.: Tyndale, 1969).
9) Helmut Thielicke, Encounter with Spurgeon(Philadelphia : Fortress Press, 1963), p. 1
10) George Buttrick, Jesus Came Preaching(New York : Charles Scribner's Sons, 1931), p. 73.
11) Clifton J. Allen, Church Administration(February 1964), p. 12.
12) Note the article by LeRoy Patterson titled "Is the Altar Call a Sacred Cow?", Eternity (December 1967), p. 15.
13) W. E. Sangster, The Craft of Sermon Construction(Philadelphia : The Westminster Press, 1951), p. 43.
14) J. A. Broadus, On the Preparation and Delivery of Sermons, revised by Jesse Burton Weatherspoon(New York : Harper and Brothers, 1944), p. 60.
15) Frank Colquhoun, "The Priority of Preaching", Christian Foundations, 2(Philadelphia : The Westminster Press, 1965), pp. 52-53.
16) C. H. Dodd, The Apostolic Preaching(New York : Harper and Brothers, 1950).
17) John Knox, The Integrity of Preaching(New York : Abingdon Press, 1957), p. 49.
18) Emil Brunner, I Believe in the Living God(Philadelphia : The Westminster Press, 1961), p. 13.
19) H. H. Farmer, The Servant of the Word(New York : Charles Scribner's Sons, 1942), p. 143.
20) Phillips Brooks, Lectures on Preaching, Reprint(Grand Rapids : Baker Book House, 1969), pp. 128-29.
21) See Charles F. Kemp, Life-Situation Preaching(St. Louis : The Bethany Press, 1956), p. 11-27, for a helpful introduction to life situation preaching.
22) Harry Emerson Fosdick, "Waht Is the Matter with Preaching?", Harper's Magazine, 157(July 1928), pp. 134, 139, 141.
23) Howard J. Clinebell, Jr., Mental Health Through Christian Community(New York : Abingdon Press, 1965), p. 86.
24) Harry Emerson Fosdick, The Living of these Days, p. 94.
25) Gerald Kennedy, His Word Through Preaching(New York : Harper and Brothers , 1947), p. 185.
26) David O. Moberg, Inasmuch(Grand Rapids : Wm. B. Eerdmans Publishing Company, 1965), p. 19.
27) Timothy L. Smith, Revivalism and Social Reform(New York : Abingdon Press, 1957).
28) Moberg, op. cit., p. 62.
29) David Belgum, "Preaching and Stresses of Life", Lutheran Quarterly, XX(November 1968), p. 358.

14장
변화의 역학

변화는 항상 인간 드라마의 한 부분을 차지해 왔다. 개인이나 사회나 기관을 막론하고 끊임없는 변화를 겪고 있다. 현대 생활에서 다른 것이 있다면 그것은 변화의 속도이다. 그리고 그런 변화가 모든 삶의 장에서 점차 빨리 일어나리라는 전망을 갖는다. 관심 있는 사람들은 이렇게 묻는다. 어떤 변화가 일어나고 있는가? 그 변화는 유익을 주는 것인가? 그것은 좋은 것인가? 그것은 삶을 긍정하는가? 아니면 부정하는가? 우리는 무엇을 할 수 있는가? 만일 우리가 이러한 변화의 과정에 참여자가 되려고 한다면 변화의 역학을 이해하는 것이 중요하다.

설득. 설득이라는 개념은 수사학자들이 사람들을 변화시키는 기술을 묘사하기 위하여 사용한 개념이다. 설득은 성경에 나오는 최초의 설명들에서도 명백히 볼 수 있다. 창세기 이야기는 이브의 식단에 금지된 실과를 포함시키고자 하는 뱀의 시도를 묘사하고 있다. 아브라함은 하나님을 설득하여 소돔을 구하려고 하였다. 모세는 바로를 설득하여 이스라엘 백성들을 구출하려 하였다. 요나나 이사야나 예레미야도 다른 성경적 설득가들에 속한다. 설득의 과정은 오늘날까지도 약화되지 않고 계속되고 있다. 모든 광고 산업은 설득이라는 과업에 사로잡혀 있다. 부모, 교사, 변호사, 목사 – 이 모든 사람들이 매일매일의 생활 속에서 다른 사람들을 미리 정해 놓은 목표로 이끌고 가려는 설득의 과정과 관계를 맺고 있다.

행동 과학자들의 입장에서 본다면 설득은 "말하는 사람과 듣는 사람이 결합되어 있는 하나의 활동이다. 그리고 그 활동을 통하여 말하는 사람은 의식적으로 귀로 들을 수 있고 눈으로 볼 수 있는 상징적 기호를 전달함으로써 듣는 사람의 행동에 변화를 일으키려고 한다."[1] 설득에 대한 또 하나의 정의는 그것이 "미리 정해진 목표를 향해 가도록 사람들에게 자극을 줌으로써 생각과 행동을 고치게 하려는 의식적인 시도이다."[2]라고 한다. 우리의 목적에 비추어서 정의를 내린다면 "설득이란 어떤 사람들의 행위를 변화시켜 예정된 목표를 향하여 나가게 하려는 의식적 시도이다." 이 정의는 설득을 '의식적'인 시도라고 하는 데 주목해야 한다. 그것은 우연히 이루어지는 일이 아니다. 그러나 설득하는 과정은 본질적으로 자유로워야 한다. 다시 말하면 설득은 맹종적인 행위가 아니다. 설득은 한쪽에서 메시지를 전하고, 자유롭게 거기에 응답할 수 있는 다른 쪽에서 그것을 받아들이는 것이다. 또 설득은 이 '대상'이 행동하고 변화시킬 수 있는 능력을 가지고 있다고 가정한다. 거기에 덧붙여서 설득은 사람들이 실제로 자기 행동 양식을 변화시키려고 시도하게 될 것이라고 가정한다.

'의미들의 만남'으로서의 커뮤니케이션은 이야기되고 있는 것에 대한 이해를 의미한다. 이것은 반드시 태도나 의견이나 행위의 변화를 포함하지는 않는다. 반대로 설득은 성공만 한다면 필연적으로 어떤 변화를 일으킨다. 이러한 수정 또는 변화가 설득되는 사람의 생활에서 이루어지려고 하면 먼저 설득시키는 사람의 마음속에 그것이 확립되어 있어야 한다. 어떤 사람들은 모든 말이 설득적이라고 주장한다. 말은 변화를 추구한다는 것이다. 아마 이 말은 진실일 것이다. 고무적인 연설조차도 태도를 변화시켜 준다는 점에서 설득적이다. 비록 그 변화라는 것이 단순히 재강화에 불과할지라도 변화가 일어난 것이기 때문이다. 많은 상황에서 변화가 일어나고 있다는 데는 거의 모두가 동의하고 있다.

하여간 모든 설교는 그 본질상 설득적이다. 그것은 사람들을 여러 가지 의견에 마주치게 한다. 그것은 그들에게 결단을 내리게 한다. 그것은 중립의 자유를 허락하지 않는다. 에릭 호퍼는 변화를 논의하면서 변화가 관계되어 있는 반종교적 본성에 주목하고 있다.

> 인간의 본성에는 원래 변화에 대한 저항감이 있다고 생각하는 것이 …… 합리적이다. 우리는 새로운 것을 두려워하고 있을 뿐만 아니라 우리가 현실적으로 변화할 수는 없다고 확신하고 있다. 그리고 우리가 새로운 것에 적응할 수 있는 방법은 오직 커다란 자극을 받아서 새로운 자기 자아를 발견함을 통해서일 뿐이라고 확신하고 있다. 환언하면 철저한 변화는 새로운 탄생과 새로운 자아형성을 일으킨다.[3]

변화의 이론

I. 페스틴저의 인식의 모순

레온 페스틴저(Leon Festinger)가 만들어낸 인식의 모순이라는 개념은 하나의 균형 이론이다. 그가 말한 다음 세 항목은 이 이론을 이해하는 데 도움이 될 것이다.

(1) 만일 두 개의 인식적 요소가 서로 관련을 맺고 있다면 그 사이의

관계는 모순이거나 일치이다.
(2) 모순(또는 일치)의 크기는 그 인식 요소들의 가치나 중요성이 증가함에 따라 커진다.
(3) 모순은 그 모순을 줄이거나 없애려는 압력을 일으킨다. 줄이려는 압력의 힘은 그 모순의 크기에 따라 다르다.[4]

그는 두 가지 동시적 인식이 적합할 때는 일치가 일어나고, 적합하지 않을 때는 모순이 일어난다고 한다. 모순이 일어나면 이 인식들이 적합해지도록 하려는 노력을 하게 된다. 개인은 "그가 허용할 수 있는 모순의 정도를 제시할 수도 있고, 모순되는 요소들을 자기의 의식의 배경 뒤로 감추어 버릴 수도 있다. 그는 그러한 모순의 결과를 무시하거나 자기의 신념을 자기가 받아들인 증거와 일치하도록 바꾸거나, 아니면 모순을 빚어낸 요소들 중의 어느 하나를 거절할 수도 있다."[5]

모순에 관한 신학적 예를 든다면 두 가지 성경적 진리 – 하나님의 주권과 사람의 자유 의지 – 가 빚어내는 잘 알려진 패러독스를 들 수 있다. 신학의 역사를 통하여 이 인식적 모순은 여러 가지 방법으로 해결책이 모색되어 왔다. 어느 한쪽을 무시해 버리는 방법, 허용할 수 있는 모순의 정도를 제시하는 방법, 긴장과 패러독스가 불가피하다고 주장하는 방법, 또는 하나에 초점을 맞추고 다른 하나는 강조하지 않는 방법 등이 이용되어 왔다.

로저 브라운은 이 이론에 덧붙여서 그가 '구별의 원리'라고 부르는 태도의 변화를 강조해 왔다. 즉, S를 S_1과 S_2로 구별하는 것이다. 예를 들면 다음과 같다.

흑인은 정신적으로 열등하고 게으르며 더럽다고 믿고 있는 어느 남부의 백인이 …… 총명하고 부지런하며 멋쟁이로 생긴 흑인을 만난다. 그러나 그는 공개적으로 (심지어 은밀히라도) 자기가 잘못 생각하였음을 인정하는 좀 더 고통스러운 방법을 택하지 않고 단순히 교육을 받은 흑인과 받지 못한 흑인으로 구별해 버릴 수 있는 것이다.[6]

언제나 표면적인 일은 그가 구별을 통하여 표면상에 드러난 모순의 정도를 줄여 버린 것이다.

비록 개인에게서 일어나는 변화에 관한 도움이 되는 이론이라고 하더라도 이 인식적 모순 이론은 상당수의 사람들이 모순되는 삶을 살면서도 이 사실에 직면하여 거의 어떤 해결책을 찾으려 하지도 않고 살고 있음을 인식하지 못할 때 과오를 범하는 것이다. 또 그것은 모든 것을 그렇게 범주에 맞추어 다룰 수 없는 데도 불구하고 모든 것을 설명함으로써 그 경우를 강조하고 있다.

2. 보울딩의 심상론(心象論)

사람은 외부에서 오는 정보를 받아들이는 능력만 가지고는 다른 하등동물과 구별될 수가 없다. 인간의 눈과 귀는 아마 다른 포유동물의 눈과 귀보다 전혀 더 낫다고 할 수 없고 인간의 코는 그 중에서도 특히 더 못하다고 하겠다. 그러나 인간은 상징을 사용하는 동물이다. 인간이 누리는 가장 큰 영광은 정보를 크고 복잡한 심상으로 조직해 나가는 데 있다.

케네트 보울딩(Kenneth E. Boulding)에 따르면, "행위는 그 심상에 의존한다."[7] 심상은 "세계의 어떤 부분에 대한 가치 지향적 비전이다. 그것은 경험적인 '지식'과 비경험적인 '지식'의 총체이다. 그 지식은 사람이 자신과 다른 사람들과 사물들에 관하여 가지는 지식으로, 다른 사람들과 관련되어 있는 사물들을 향한 그의 행위를 결정지어 주는 것이다."[8]

의사 전달이라는 목적을 위해서는 반드시 이 심상들을 서로 나누어 가져야 한다. 설득하는 사람이 가진 심상과 설득되는 사람의 심상이 서로 다를 때 소외 현상이 일어난다. 보울딩의 말을 빌리면, "어떤 메시지의 의미는 그것이 다른 사람의 심상에 일으키는 변화이다." 어떤 메시지가 어떤 심상에 부딪혔을 때 다음 네 가지 중의 어느 하나가 일어날 수 있다.

> 첫째로, 그 심상이 아무런 영향을 받지 않고 그대로 있을 수 있다. …… 둘째로, …… 그것은 단순한 첨가라고 묘사될 수 있는 어느 정도 규칙적이고 명확한 방법으로 그 심상을 변화시킬 수 있다. …… 셋째 형태의 심상의 변화는 …… 혁명적 변화라고 표현될 수 있다. …… 그런 변화를 보여 주는 극적인 예는 회개이다. …… 그 메시지가 그 심상에 줄 수 있는 네 번째 결과는 그 메시지가 그 심상을 명확하게 할 수 있다는 것이다. 즉, 전에는 좀 덜 확실한 것으로 간주되던 것을 보다 확실한 심상으로 만들어 주며, 전에는 모호하게 보이던 어떤 것을 좀 더 분명하게 볼 수 있는 것으로 변화시켜 주는 것이다.[9]

심상은 사실에 대한 심상과 가치에 대한 심상으로 구별될 수 있다. 사실에 대한 심상은 예를 들면 혼전 성관계는 흔히 있는 현상이라는 심상이다. 가치에 대한 심상은 혼전 성관계는 죄이다라는 심상이다. "가치에 대한 심상은 어느 정도 더 좋고 어느 정도 더 나쁜가에 따라서 세상에 대하여 우리가 가지고 있는 심상의 여러 부분을 평가하는 것과 관련된다. …… 그것은 경제학자들이 복지 기능이라 부르는 것이다."[10]

사회는 '공공 심상'에 의해 함께 결합되어 있다. 그것은 "그 그룹에 참여하고 있는 개인들이 그 심상의 본질적 특성을 함께 나누어 가지고 있음을 의미한다."[11]

하야가와는 이렇게 주장한다. 인간 행위의 근본적 동기는 많은 사람들이 가르치는 대로 자기 보존이 아니라 상징적 자아의 보존이라는 것이다. 그는 말하기를, "만일 어떤 사람이 자기를 어떤 기업의 장으로 상징화하면 그는 천만 불이나 천 백만 불 또는 천 이백만 불의 돈을 소유하지 않으면 안 된다. 만일 어떤 사람이 자신을 용감한 운동가로 상징화한다면 그는 자기의 기술과 용기를 명백히 보여 줄 수 있는 그런 묘기를 실행하지 않으면 안 된다."12) 보울딩은 그것이 어떤 유기체나 조직체의 현재의 행위라고 불릴 수 있는 것을 실제로 결정해 주는 심상이라는 점을 인정한다. "심상은 하나의 장 역할을 한다. 그 장에서 가장 높이 평가되는 부분을 향하여 행동이 이루어진다. …… 우리는 우리의 행동의 결과에 대한 어떤 심상에 따라서 행동한다." 그는 이렇게 결론을 맺는다. "전체적인 설득술은 다른 사람의 심상에 있는 약점을 알아내고 잘 조직된 상징적 메시지를 전할 때 그것을 이용하는 기술이다."13)

3. 버크의 공재론(共在論)

케네트 버크(Kenneth Burke)는 현대 인문학자의 한 사람으로서 그의 커뮤니케이션에 대한 철학적 견해는 비록 때때로 모호하게 진술되기는 하여도 매우 자극적이다. 그는 사람들이 서로에게서 분리되어 있으며 동시에 통일을 추구하고 있다고 주장한다. 사람들은 사회의 기초가 되는 가치와 신념을 서로 나누어 가지기 위하여 함께 오지 않으면 안 된다. 만일 사회가 하나로 통일되려고 하면 커뮤니케이션의 필요, 특히 설득의 필요도 있을 것이다. 사람이란 합리적이며 또한 상징을 사용하는 동물이다. 그는 상징을 만들고 사용하고 또 오용하기도 한다. 커뮤니케이션의 본질은 호소를 목적으로 상징을 사용한다는 점이다. 버크에 따르면 동일화를 통해서 커뮤니케이션이 일어난다. 동시에 존재하는 공재의 기호를 통하여 어떤 사람이나 사물이나 생각의 정체를 확립한다. 그는 이렇게 말한다.

A는 그의 동료 B와 동일하지 않다. 그러나 그들의 관심이 결합되어 있는 한 A는 B와 동일시된다. 반대로 그들의 관심이 결합되어 있지 않을 때까지도 그가 두 사람의 관심이 같다고 생각하거나 그렇게 믿도록 설득된다고만 하면, 그는 B와 자신을 동일화시킬 수 있을 것이다.

여기에 본질의 모호성이 있다. B와 동일화된다는 점에서 A는 자신이 아닌 다른 사람과 '본질적으로 하나'가 된다. 그러나 동시에 그는 독특한 존재로 그대로 남는다. 그리고 그는 개인적 동기의 장으로 그대로 남는다. 그러므로 그는 결합되어 있기도 하고 분리되어 있기도 하다. 하나의 분명히 다른 본질이면서 다른 사람의 본질을 공유하는 것이다.[14]

'공재성'이라는 말은 주의 만찬을 묘사하는 루터교의 용어에서 왔다. 로마 가톨릭 교회의 '화체'라는 개념은 떡과 포도주가 '실제로' 그리스도의 몸과 피가 됨을 의미한다. 루터교는 그들의 공재 교리에 따라서 예수 그리스도는 분명히 떡과 포도주와는 다르지만 동시에 동일성을 갖는다고 가르친다. 버크는 두 사람의 개인이 결코 같은 사람이 될 수는 없지만 그들은 공통성과 동일성을 갖는다고 말한다.

　수사학자는 어떤 의미에서 청중의 의견을 변화시키지 않으면 안 될는지 모른다. 그러나 다른 점에서 생각하면 그가 자기의 청중과 자신을 동일화시켜 나가는 능력에 따라 그의 성공은 좌우된다. "다른 의견들을 움직이는 지렛대의 받침을 받쳐 주기 위해서는"[15] 그들의 의견 가운데 몇 가지가 필요하다. 자기 의사를 전달하려는 현명한 사람들은 의식적으로든 무의식적으로든 간에 자기의 논의 가운데 공재성의 기호들을 포함시켜 왔다. 그것은 청중과 일치하지 않는 점이 현실적으로 있다고 하더라도 많은 것을 공유하고 있음을 청중에게 가르쳐 준 것이다. 설득하는 사람이 목적을 달성하기 위해서는 듣는 사람들과 서로 뜻을 같이하는 점들을 공동으로 가야 하는 길로 삼아야 하고, 또한 이것을 인정하고 따르지 않으면 안 된다.

월터 피셔는 케네트 보울딩과 케네트 버크의 개념들을 취하여 통합시키고 이렇게 결론을 맺는다.

> 어떤 사람은 다음과 같은 점에서 수사학적인 담론이 설득적이라고 가설을 세울지도 모른다. 즉, 그 이야기가 어떤 주제에 관하여 만들어 준 심상이 청중이 이미 가지고 있는 심상과 일치할 때, 또 그 이야기가 청중에 관하여 가지고 있는 심상이 청중 각자가 가지고 있는 자기에 대한 심상과 일치할 때, 그리고 그 메시지에 담겨 있는 심상과 전달자가 그 메시지를 전할 때 가지고 있는 심상이 청중의 마음을 끌 때 그 이야기는 설득력을 가지게 된다. 수사적 커뮤니케이션은 '공재성의 기호'라는 수단을 통하여 그 목적을 달성한다. 그 공재성의 기호들은 십중팔구 즉각적으로 받아들여지거나 거부되거나 한다.[16]

이것은 설교자에게 교인들과의 공동의 전통이나 공동의 권위, 또는 공동의 삶의 양식을 이용하라고 가르쳐 준다.

변화의 형태

설득자의 메시지에 대한 반응은 다양하다. 즉, 주장된 방향으로 분명히 눈에 띌 만큼 큰 행동의 변화를 일으키는 때가 있는가 하면, 부정적인 반응이나 극단적인 논쟁을 불러일으키기만 하고 전혀 어떤 변화도 일으키지 못하는 경우도 있다. 변화는 주목할 만한 가치의 전이, 태도의 변화, 또는 어떤 형태의 새로운 행동 양식이라고 표현될 수 있다. 호블랜드와 제니스는 설득의 주요한 네 가지 결과를 이야기한다.[17]

(1) **의견** : 태도 안에서의 변화 또는 태도와 가치에 대한 개인의 언어화.
(2) **인식** : "어떤 사람이 뉴욕의 빈민가를 지나가면서 거기에 사는 사람들은 모두 더럽고 누더기를 걸친 주정뱅이 낙오자들이라고 볼 수 있다. 그러나 그 가난한 사람들 사이에서 일해 온 어느 사회사업가의 연설을 듣고 난 이후로 그는 똑같은 그 사람들을 정신이 온전하고 깨끗하기는 하나 낡은 옷을 입고 있다고 볼 수 있는 것이다."[18]
(3) **영향을 미침** : 감정적 상태의 변화(기분, 웃음, 눈물, 등골을 타고 오르내리는 듯이 느끼는 전율 등).
(4) **행동의 변화** : 한 개인의 명백한 신체적 행동의 변화. 특별한 후보자에게 표를 던진다거나 특정한 교회에 기부금을 낸다거나 가난한 사람에게 먹을 것을 주고 옥에 갇힌 사람을 찾아보는 등의 일이 행동의 변화를 보여 주는 형태들이다. [19]

변화에 대해 논의하다 보면 보통 세 가지 유사한 요소-태도, 신념, 가치-를 인정하게 된다. 이제 차례로 이들을 살펴보자.

(1) **태도**. 태도는 일반적으로 활동이나 반응이나 행동에 이르는 경향성이라고 생각된다. 그것은 긍정적이거나 부정적인 느낌, 영향, 또는 우리가 어떤 대상이나 사건에 대하여 내리는 평가이다. 로버트 올리버는 태도를 간단히 설명한다면 "미리 결정된 목표를 향하여 주어진 상황에서 언제라도 행동으로 옮길 수 있는 준비성"[20]이라고 할 수 있다고 한다. 실제 행동과 태도는 똑같을 수 없다. 행동은 명백히 밖으로 나타나는 것이고, 태도는 하나의 경향성이다. 덧붙여서 말한다면 어떤 사람의 태도와 그의 활동 사이에 항상 완전한 일치가 이루어지지는 않는다는 말이다. 그의 태도는 설문조사를 통해 측정될 수 있다. 그러나 그의 밖으로 드러나

는 행위는 그 태도와 일치하지 않을 수도 있다. 그럼에도 불구하고 태도에 대한 생각을 "어떤 개인의 심리적 상태와 그의 밖으로 나타나는 행위 사이의 개념적 다리"21)로 받아들이는 것도 도움이 되는 것 같다. 사람의 태도는 그것이 원래 목표하던 그 기능을 다하지 못할 때 변하게 된다. 태도는 신념이나 가치보다 더 쉽게 변한다. 태도는 이 세 가지 중에 가장 안정되지 못한 것이다.

(2) **신념.** 어떤 사람의 신념이란 그가 참되다고 생각하는 것들이다. 그의 불신은 그가 잘못이라고 생각하는 것들이다. 어떤 사람이 주어진 신념에 매달리게 되는 것은 그의 호기심이 더 이상 움직이지 않고 능동적으로 탐구해 볼 만한 다른 주제에 관해서도 별 흥미를 가지지 못할 때이다. 그러할 때 우리는 그가 현재의 신념에 충실하다고 할 수 있다. 태도가 경향성이라면 신념은 태도를 통하여 표현된 위탁받은 행동이다. 신념은 가치의 구체적 표현이다. 가치는 때때로 추상적인 것들이다. 어떤 신념은 소박한 것이다(예를 들면 태양은 내일도 떠오를 것이다). 어떤 신념들은 권위에서 오기도 한다. 기독교 신앙은 대체로 이러한 성질의 것이다(예를 들면 예수님은 제 3일 만에 죽은 자로부터 부활하셨다. 구원은 은혜를 통하여 믿음에 의하여 얻어진다. 영혼 불멸은 기독교의 희망이다. 들어가야 할 천국과 멀리해야 할 지옥이 있다 등). 다른 어떤 신념들은 간접적인 정보를 기초로 해서 형성된다. 그 다음에 임의의 취향에 따라 얻어지는 앞뒤가 맞지 않는 신념도 있다. 신념은 기초가 되었던 권위가 의심스러워지거나 더 이상 권위를 가지지 못할 때 변하게 된다. 그리고 기초가 되었던 간접적인 정보가 용납될 수 없는 것으로 판명되었을 때와 앞뒤가 맞지 않는 신념들이 삶을 살아가는 데 불필요하다고 생각되었을 때도 태도는 변한다.

(3) **가치.** 가치는 이 세 가지 중 가장 안정되어 있으며 가장 변하지

않는 것이다. 밀턴 로키취는 이렇게 정의한다. 가치는 "어떤 특정한 태도나 대상이나 상황에 얽매이지 않는 긍정적이거나 부정적인 추상적 이상이다. 그것은 이상적 행동 양식과 이상적인 마지막 목표에 관한 개인의 신념을 표명한다."[22] 다른 사람들은 가치가 하나의 표준이라고 한다. 의식적으로든 무의식적으로든 간에 우리가 어떤 선택을 할 때 기초로 삼는 표준이라는 것이다. 가치는 사람들이 믿고 있는 바를 나타낸다고 한다. 어느 것이 옳고 어느 것이 그르며, 어느 것이 중요하고 어느 것이 중요하지 않으며, 어느 것이 지혜롭고 어느 것이 어리석으며, 어느 것이 선하고 어느 것이 나쁘며, 어느 것이 정의롭고 어느 것이 불의하며, 어느 것이 위대하고 어느 것이 천박하며, 어느 것이 아름답고 어느 것이 추하며, 어느 것이 진실이고 어느 것이 거짓된 것인가 하는 신념을 나타낸다는 것이다. 그러므로 개인들이 취하는 선택의 기초에 이 가치가 놓인다는 말이다.[23]

월터 피셔는 가치의 16개 범주를 구별하고 있다.

① 청교도와 개척자의 가치. "그 자체를 위한 향락은 비도덕이다."
② 개인의 가치. "우리는 모든 개인의 고결함과 가치를 귀중하게 여겨야 한다."
③ 성취와 성공
④ 윤리적 평등
⑤ 기회의 균등
⑥ 노력과 낙관주의
⑦ 효율성, 현실성과 실용주의
⑧ 권위의 거부
⑨ 과학과 세속적 합리성. "과학적 지식을 충분히 이용하는 합리적 인간은 다른 모든 동물 가운데서 경제적 부를 누릴 수 있게 되었다."

⑩ 사회성

⑪ 물질적 위안

⑫ 최대화. "가장 큰 것은 항상 가장 좋은 것이다."

⑬ 외적 일치

⑭ 유머

⑮ 관대함과 이해심

⑯ 애국심. "그것을 사랑하든지 버리든지 하라." 아니면 "그것을 바꾸든지 잃어버리든지 하라."[24]

이것은 가치 있는 것으로 규정되는 이상적인 행동 양식 – 진리, 미, 정의, 이성, 겸손, 명예, 행복, 자유 – 을 약간 변화시켜 일반적으로 열거한 것이다. 모든 사람은 중요성에 따라 가치의 계급이나 순서를 나타내 주는 하나의 가치 체계를 가지고 있다. 어떤 사람에게는 진리와 미와 자유가 가장 높은 가치로 생각될 것이요, 다른 어떤 사람에게는 번영과 질서와 청결이 가장 높은 가치로 생각될 수 있다. 신념과 태도와 가치가 함께 조직되어 한 사람 안에서 기능적으로 통일성 있는 하나의 체계를 형성한다. 사람은 신념에 의해서 현실적으로 표현되고 그 다음에 태도를 통하여 명백하게 인지되는 일련의 가치를 가진다는 말이다.

변화는 역순서로 일어난다. 태도와 신념과 가치는 순서대로 변화한다. 잘 형성된 태도와 신념과 가치를 지니고 있는 사람이 실제 행동에서도 그것을 잘 유지한다는 것은 사회 심리학의 중요한 발견이다. 태도가 극단적이면 극단적일수록 그 태도의 변화는 그만큼 더 어려워진다.[25] 설득하는 사람은 미리 결정되어 있는 방향으로 듣는 사람들을 움직여 갈 수 있는 가치를 강화하고 이 움직임을 방해할 수 있는 가치들을 약화시켜 나가야 할 것이다.

변화의 다른 몇 가지 형태를 구별해 보는 것도 도움이 될지 모른다.

교체 행동은 어떤 한 행위로부터 그것을 대신하는 다른 행동으로 움직여 감을 의미한다. 예를 들면 불신앙에서 신앙으로 바뀐다든지, 기도하지 않던 사람이 기도하게 된다든지, 술 취해 살던 사람이 술을 먹지 않게 되는 등이다. 어떤 행위는 부가적이기도 하다. 그것은 특별히 무엇을 대신하는 행위가 아니다. 그 사람에게 새롭기는 하나 현재의 어떤 행위 대신에 하는 행위는 아닌 것이다. 어떤 변화는 순전히 지방적이다. 예를 들면 많은 북부 지방 사람들은 대중목욕을 한다. 그러나 담배 피우는 기독교인은 경멸한다. 반대로 남부 사람들은 담배를 피우기는 하지만 함께 목욕을 하지 않으려 한다. 어떤 변화는 일시적이다. 유럽을 방문 중인 절대 금주가도 로마에서는 포도주를 마실지 모른다. 그러나 자기 나라로 돌아가서는 그대로 금주할 수 있다. 어떤 변화는 단순히 계절적이다. 여름에 야구를 하고 가을에 축구를 하고 겨울에 농구를 하는 아이가 있다고 할 때, 그의 가치나 신념이나 심지어 태도를 바꾸었다고 그 아이를 비난할 수는 없다. 그것은 전혀 그런 종류의 변화라고 할 수 없다. 가치의 변화는 기초적인 변화요, 지배적이던 애착심이 변하는 것을 의미한다. 지역적, 일시적, 계절적 변화는 환경에 따른 변화이다. 그런 변화는 형태상의 변화이지 전혀 가치의 변화를 의미하지는 않는다. 이러한 변화는 단순히 고정되어 있거나 확립되어 있는 가치를 적용하거나 표현하는 방식이다.

변화를 일으키는 영향력

목표 지향적 커뮤니케이션으로서의 설득은 일반적으로 동일화하는 단계를 가진다. 첫째 단계는 주의를 끌어서 유지하는 단계이다. 둘째 단계는 필요한 것들이나 문제점들을 선별하는 단계이다. 셋째 단계는 필요를 충족시키고 문제를 해결해 주는 해결책 제시의 단계요, 넷째 단계는 행동을 요구하는 단계이다. 존 듀이는 다섯 단계가 있다고 하였다. (1) 어려움을 느끼는 단계. 무엇인가 잘못되었음을 깨닫고 변화의 필요를 감지하는 단계. (2) 그 어려움의 원인을 분석하고 필요를 규명하는 단계. (3) 그 필요를 충족시킬 수 있는 방법의 모색. (4) 그 방법들을 평가하여 적어도 그 환경 하에서 가장 좋은 것으로 생각되는 한 가지를 선별하는 단계. (5) 선택한 해결책을 실천에 옮기는 단계.[26] 변화를 일으키는 데 영향을 미치는 것들은 무수히 많다. 그것들은 설득자가 사용하는 각 단계에 들어와 영향을 준다. 이제 그 중 몇 가지를 고찰해 보자.

I. 필요성

설득은 필연적으로 어떤 필요와 불확실성, 불평등, 문제점, 불만족, 불행, 또는 부적당 같은 것을 따로따로 구별하지 않으면 안 된다. 보울딩은 "생활이 혼란되고 실재 신앙의 과정에 불만을 느끼는 곳에 변화에 대한 추구가 있다."[27]고 한다. 인간의 필요를 일반적으로 나열하면 보통 희망, 판단, 즐거움, 인지, 경청, 치료 등을 들 수 있다. 매슬로우는 다섯 가지 기본적인 필요가 있다고 하고 그 순서를 다음과 같이 제시한다. (1) 신체적 필요, (2) 안전, (3) 소속감과 사랑, (4) 존경, (5) 자기실현이 그것이다.[28]

설득당하는 사람 편에서 자기의 필요를 설득될 수 있는 상황에 가져올지도 모른다. 그는 도움을 구하고 있는 추구자로서 "나를 도와 주시오."라고 할 것이다. 반대로 설득하는 사람 편에서 필요를 만들어내고 설득당하는 사람의 태도가 '그것을 증명해' 줄지도 모른다. 그 다음에는 다시 설득자는 실재 필요를 강조하거나 규명하며, 초점을 맞추거나 확인하며, 세련되게 하거나 수정할 수 있다.

청중 분석이라는 형식에 민감한 목사는 교인들의 필요를 해결해 보려고 노력한다. 설교의 사명은 듣는 사람들의 마음속에 의문을 일으키고 복음이라는 답을 주는 것이다. 드와이트 스티븐슨은 인간의 영적 필요를 다음과 같이 인정한다.

> 우리는 우르에서 부름 받아 나온 아브라함이다. 그러나 우리는 약속의 땅에 절반밖에 오지 못했다. 우리는 이제 돌아갈 수는 없다. 그리고 앞으로 나갈 의지도 없다. 천사보다 조금 못한 것이 우리의 운명이다. 가끔 짐승보다도 훨씬 못한 자리에 빠지는 것도 우리의 운명이다. 이 비극적 긴장에 빠지지 않는 것은 인간이 아니다. 인간의 운명이나 그의 타락이 갈 수 있는 길이 그 길뿐이기 때문에 비극인 것이다. 이 나그네 길을 가고 있는 인간에게 말씀하시기 위하여 하나님께서는 그리스도 안에서 이 비극적 상황 안으로 들어오셨다.[29]

2. 자료

행동의 변화는 흔히 설득이 진행되는 상황에서 제시되는 자료의 영향으로부터 온다. 이 자료는 논리적일지 모른다. 그리고 비합리성과 모순성을 줄이고 대신 타당성과 가능성을 높일 것이다. 그것은 정서적이거나 또는 실존적으로 방향지어져 있을지도 모른다. 그런 자료는 죄책과 불안과 불확실성과 모순되는 감정은 물론 행복과 기쁨과 평화와 평정도 전할 수 있다. 실존적 자료는 생활이 변화되고 사람들이 상한 마음을 고침 받아 온 상황에 대한 결정적인 증거들을 제공해 준다. 자료는 또한 권위에 의하여 특징지어질 수도 있다. 권위의 영향은 선생과 학생, 부모와 자녀, 고용주와 고용인, 또는 설교자와 교인들과 같은 상황에서 쉽게 볼 수 있다. 또한 더 높은 수준의 교육을 받은 사람들은 비교적 낮은 교육만을 받은 사람들보다는 논리적 논의에 의해 설득되기가 쉽다는 점을 인정하여야 한다.[30] 아무리 좋은 증거라도 실제 설

교하는 과정이 적절하지 않으면 안 된다. 아무리 좋은 증거라도 설교를 잘 하지 못하면 비효율적이다.[31]

3. 동기

사람들의 생활은 여러 가지 이유로 변화한다. 동기도 극적으로 다르다. 사람들에게 강제성을 띠는 몇 가지 동기는 자아와 건강과 육체적 번영과 자기 보존과 권력이나 부를 누리려는 욕망과 명성과 자기 존경과 자기 가족이나 공동체나 민족이나 종교 단체의 복지를 지향하는 것들이다. 브렘벡과 호웰은 동기를 일반적인 다섯 가지 부류로 구분한다. (1) 이익, 건강, 안전과 같은 생존 동기. (2) 가정, 교회, 국가, 민족 안에 속한 사회적 승인 동기. (3) 일치 동기. 어린 시절에 형성된 공포감으로부터 발전된 사회적 승인에 대한 부정적 형태. (4) 우월 동기. 남보다 뛰어나려 하고 경쟁적이며, 앞서려고 다투고 지배하고자 하며, 특권을 얻으려 하고 권위를 추구하는 것. (5) 성적 동기. (6) 혼합 동기. 이것은 앞의 다섯 가지를 혼합한 것이다.[32] 성공적인 설득자가 되려고 하면 이러한 동기들을 아는 것은 물론 이 동기들이 어떻게 왜 발생하는지도 알아야 한다. 또 성공적인 설득자는 주어진 청중 안에 작용하고 있는 동기가 어떤 동기들인지도 알아야 한다. 월터 피셔는 공중연설에서 볼 수 있는 네 가지 주요 동기에 대하여 이야기해 준다.

(1) **확언** : 연설자가 잠정적으로 자기를 믿고 있는 사람들에게 이야기하면서 그들이 새로운 심상을 가지게 하려고 노력할 때, 확언은 그 어떤 심상이 생겨나는 것과 관계된다. 우드로우 윌슨의 국제연맹 주창이 그 한 예이다.

(2) **재확언** : 이것은 하나의 심상을 재생시키는 것과 관련된다. 그것은 이미 청중이 가지고 있는 쇠약해진 신앙을 전달자가 소생시켜

보려고 하는 상황을 나타낸다. 링컨의 게티즈버그 연설이나 마틴 루터 킹의 연설 "나에게는 꿈이 있습니다." 같은 것이 여기서 훌륭한 예가 된다.

(3) **정화** : 이것은 바로잡는 것과 관련된다. 여기서 전달자는 하나의 이데올로기를 고상하게 하려고 한다. 존 F. 케네디의 휴스턴 행정 연설은 이런 성질의 것이다.

(4) **전복** : 이것은 기존의 동기를 몰래 해치는 것과 관계된다. 이것은 전달자가 어떤 이데올로기를 파괴해 버리려고 할 때의 상황을 의미한다. 안토니의 장례식 연설은 이런 종류의 것이다.[33]

불행하게도 사람들이 그들의 충동이나 동기를 그 좋아하는 순서대로 배열하는 경향이 있다고는 하더라도 어떤 동기가 주어진 상황에서 가장 중요한 동기가 될 것인지에 대한 보장은 아무것도 없다. 사도들은 그리스도 안에 나타난 하나님 중심의 동기에 호소하였다(롬 12:1, 15:30, 고전 1:10, 10:31, 고후 10:1, 살전 2:11-12).

4. 기준

모든 설득력 있는 메시지는 특별한 견해로부터 받아들여지고 행동으로 옮겨진다. 예를 들어 주일 아침 어떤 사람은 가난한 사람들에게 나누어 주는 것이 훌륭한 생각이라고 설교하는 목사의 말에 동의할지 모른다. 그러나 월요일 밤 꼭 같은 사람이 낮은 계층의 사람들에게 돈을 나누어 주는 것은 단지 그들로 하여금 좀 더 많은 것을 구하게 할 뿐이라고 느낄 수 있다. 그의 행동은 일관성이 없다. 그것은 두 가지 참조되는 그룹이 고려될 때 설명될 수 있다.[34]

긍정적인 준거 집단(역자 주 : 개인이 그 속에 수용되기를 바라는 집단)이라는 것은 어떤 개인이 참여하고 싶거나 소속되어 있는 그룹을 말한다. 부정적인 준거 집단이라는 것은 그 반대로 그가 참여하고 싶지 않거나 피하고 싶은 그룹을 말한다. 예를 들어 어떤 교회의 위원회가 극빈자 구제 문제를 결정하려 할 때 두 가지 그룹으로 나누어질 수 있다. 한 사람은 긍정적인 기준을 가지고 존 버치 협회(John Birch Society)에 관하여 이야기할 수 있다. 반대로 다른 어떤 사람은 이것을 부정적인 기준으로 사용할 수 있다. 꼭 같은 사실이 다른 기준을 사용하였기 때문에 양극단으로 흐르게 된 것이다. 듣는 사람의 태도와 신념을 변화시키는 데 관심을 가지고 있는 전달자들은 회중 각자의 표준 관점과 그들이 따르고 있는 기준이 무엇인지를 바로 인식하여야 한다. 정치적인 기준은 분명히 영적인 어떤 것에 관하여 결단을 내리게 하려고 애쓰는 전달자의 노력을 방해할지도 모른다. 전체적인 결단과 반응은 외부와의 관련 때문에 영향을 받기도 한다. 불행하게도 어떤 사람들이 주어진 메시지를 평가하는 데는 어떤 기준을 실제로 이용하게 되리라고 정확하게 예언할 수는 없다. 그러나 전달자가 청중 가운데 있을 수 있는 준거 집단들에 관한 어떤 정보를 가지고 있다면, 그의 메시지는 그런 준거 집단에 속한 사람들의 주의를 끌 수 있다. 왜냐하면 그는 자신을 듣는 사람들과 동질화시키려고 할 뿐 아니라 공동의 기준을 가지려고 노력할 것이기 때문이다.

  기준과 정확히 꼭 같은 영향을 주지는 않지만 그와 비슷한 영향을 주는 것으로는 소위 그룹 압력이라고 불리어온 것이 있다. 어떤 그룹에 속한 일부 개인들이 그 그룹에서 이탈할 때는 흔히 형벌이 가해지고, 뜻을 같이하지 않는 개인들에게는 압력이 가해진다. 그 그룹이 매우 중요한 그룹으로 간주될 때 그 압력도 그만큼 더 커진다. 이와 같이 사람들은 때때로 일치해야 한다는 압력의 영향을 받아 변할 수도 있다. 어떤 사람이 한두 가지 관점에서 그 그룹과 뜻을 같이하지 않는다고 하더라도 그 그룹에 참여하고자 원한다면 바로 이러한 그룹 압력이 그의 행동의 변화를 요구할 수 있다.

5. 참여

수동적인 관찰과 대조되는 능동적 참여는 배움의 길을 열어 준다. 존 듀이는 행함으로 배운다고 하였다. 어떤 사람이 능동적으로 어떤 역할을 한다면 그는 변화에 관련되어 있다고 할 수 있다. 윌버 쉬람은 이렇게 말해 준다.

> 어떤 주제를 설정할 때 거기에 나오는 정보를 받아들이려고 노력할 정도로 사람들을 참여시킬 수만 있다면 …… 거의 의심할 여지없이 학습과 태도 변화가 일어나리라고 믿어도 된다. 어떤 주제를 제시할 때 바람직한 태도를 표현할 수 있는 수단들을 이용할 수 있다면 …… 편지를 쓰라든지, 어떤 클럽에 가입하라든지, 퍼레이드에 참가하라든지 한다면 아마 그 태도는 좀 더 쉽게 뿌리박을 것이다.[35]

참여만큼 설득력 있는 것은 거의 없다. 만일 내가 행동의 변화를 원한다면, 나는 변화되어야겠다는 결단을 내릴 때에 내가 하고 싶은 그런 행동을 하는 사람들과 같이 행동할 필요가 있다. 어떤 사람을 변화의 과정에 관련되게 해 보라. 그러면 그는 스스로 설득시킬 것이다. 자기 의견을 전달하려는 사람들은 복음 전도자 빌리 그래함의 지혜를 인정해 왔다. 그는 의식적이든 무의식적이든 간에 학습 이론의 가치를 인정하고 있는 것이다. 그는 단순히 사람들에게 그리스도를 위하여 결단을 내리라고 요구하지 않는다. 그는 이런 요청을 청중에게 할 때에는 결단을 내리는 사람은 앞으로 나오라고 광장이나 홀의 앞자리로 나오라고 한다. 참여하는 편에서 보면 이러한 참여는 바람직한 응답을 쉽게 하도록 하며 더욱 빠르고 효과적인 학습에 임하도록 해 준다.

설득자가 요청하는 참여는 사리에 맞는 몇 가지 단계를 거쳐야 한다. 커다란 변화를 요구하는 설득력 있는 커뮤니케이션은 더 작은 단위로 세분될 수 있고 그때에 보다 나은 결과를 기대할 수 있다는 말이다. 재강조하는 것이 분명한 응답을 얻는 데 도움이 된다. 찬양이나 본질적인 보상이나 다른 어떤 형태로라도 긍정적으로 재강조할 수 있는 기회가 주어진다면 설득자는 결단과 변화를 일으키는 데 훨씬 유리한 조건을 갖게 된다. 재강조의 형식은 긍정적일 수도 있고 부정적일 수도 있다. "그러나 부정적인 재강조보다는 긍정적인 재강조가 더 좋은 결과를 빚는 것같이 보인다."[36]

6. 자아참여

무재퍼 셰리프와 칼 호블랜드의 연구는 자아관련의 정도가 크면 클수록 커뮤니케이션을 통한 의견 변화가 일어날 가능성은 더 적어진다는 점을 보여 준다. 반대로 자아의 참여 정도가 적으면 적을수록 변화할 수 있는 잠정적 가능성은 더 커진다.[37] 다시 말해서 변화에 마음을 열고 있는 정도가 크면 클수록 그 사람이 변화될 수 있는 가능성도 커지는 것이다. 어떤 주제나 행위에 대하여 마음을 닫고 있다고 하면 그 사람이 변화할 수 있는 가능성은 훨씬 줄어들고 만다. 그러므로 거부인자가 가장 높은 곳에 자아관련도 가장 높다고 하겠다.

케네트 세레노의 연구에서는 자아관련을 크게 맺고 있는 사람이 적게 관련되고 있는 사람보다 설득자가 주장하는 방향으로 태도를 바꾸는 일이 드물다는 것이 밝혀졌다.[38]

7. 대중 매체

마샬 맥루한은 그의 모든 글에서 우리는 우리를 둘러싸고 있는 매체에 의하여 비록 조금이라고 하더라도 변화되고 있다고 주장해 왔다. 우리는 "우리가 보는 것을 따르고 있다."는 것이다. 맥루한에 따르면 이 변화는 인식되는 일이 드물다. 그러나 중요한 의미를 가진다. 메시지들은 우리에게 영향을 준다. 우리는 그것을 안다. 매체는 우리에게 영향을 주는 데도 우리는 일어나는 변화의 중요한 특성조차도 모르고 있다.

베렐슨과 스타이너는 대중 매체가 커뮤니케이션에 설득력 있는 영향을 미친다는 점을 지지할 만한 명백한 증거가 없다는 것을 강조함으로써 맥루한의 이론에 이의를 제기해 왔다.39) 그러나 맥루한에 대한 다른 많은 비판가들과 마찬가지로 베렐슨과 스타이너도 자기들의 주장을 펴기 위해서 편견에 근거한 수단들을 이용하였으며, 오히려 맥루한의 이론에 많은 진리가 포함되어 있다고 하는 것이 옳다고 생각된다.

그러면 왜 변화는 일어나는가? 일반적으로 필요를 느끼는 것이 변화에 선행된다. 어떤 개인이 어떤 것을 선택하면 그것이 자기의 필요를 충족시켜 주리라고 생각했을 때 그의 태도는 바꾸어진다. 그 다음에 이것은 우리가 지금까지 살펴온 한 가지 변화, 또는 복합된 변화의 형태로 표현된다. 그것은 새롭고 신선한 사상이나 자료, 증거들이나 권위나 논리나 변화된 생활과 대면하는 것일지도 모른다. 그리고 지금의 생활 양식으로는 불만을 불러일으키는 어떤 행위를 충족시켜 준다는 약속 때문인지도 모른다. 이와 비슷하게 어떤 새로운 생활 태도가 충분히 매력 있는 것일 때 그것은 지금의 태도에 덧붙여질 수도 있다. 그러나 그것은 대치 행동이라고 할 수는 없다.

변화는 어떤 점에서 일어나는가? 그것은 B(새로운 행동)를 지지하는 증거의 무게가 논리적으로, 그리고 정서적으로 A(현재의 행동)를 택할 때보다 더 무거울 때 일어난다. 그렇지 않으면 B를 지지하는 어느 만큼의 증거를 거절하거나 거부하거나 논박하거나 합리적으로 물리치거나 부인할 수 없을 때 일어난다. 다시 말해서 변화는 필요가 너무나 강해서 이에 대한 어떤 해결책을 찾고 있고, B가 이용할 수 있는 것으로 알려진 선택의 여지 가운데서 가장 좋은 것으로 보일 때 일어난다.

변화의 속도와 지속 기간

변화는 하나의 과정인가, 아니면 직접적인 반응인가? 변화가 강제로 일어나지 않는다면 그것은 언제나 하나의 과정이라 할 수 있다. 그러나 어떤 사람이 예수 그리스도의 복음이 전해지는 것을 듣자 단번에 전도자에게 응답을 보이면서 전에 자기는 그런 말씀을 들은 적이 전혀 없다고 강력히 주장할 때 이것은 예외라고 해야 할 것이다. 물론 이전의 어떤 경험이 그런 결단을 내릴 수 있는 기초가 되었다거나, 개인이 감명을 받거나 즉각적인 응답을 보이도록 만들 필요가 느껴진 것이 드러났을 수도 있다. 하여간 변화의 과정은 필요가 인식되거나 처음으로 느껴지는 그 순간에 시작된다.

사도행전 9장에 따르면 사도 바울은 그의 일생에 있어서 근본적이며 즉각적인 변화를 겪었다. 그 특징을 든다면 갑작스러움, 180도의 전환, 뜻밖의 변화, 전생애의 변화 등이라고 할 수 있다. 때때로 이런 일이 일어난다. 일반적으로 그것은 복음이 전해지는 지역에서 적용된다. 그러한 변화는 시간이 걸리기도 한다. 복음의 전파나 교육이나 다른 어떤 사건들이 있고 나서 그 결과는 시간이 걸려서야 나타난다. 진리는 필요한 시간이 되었을 때 폭발하는 시한폭탄이다. 아마 대부분의 변화는 점진적으로 일어난다. 고린도 후서 3:18에서는 이렇게 말하고 있다. "우리가 다 수건을 벗은 얼굴로 거울을 보는 것같이 주의 영광을 보매 저와 같은 형상으로 화하여 영광으로 영광에 이르니 곧 주의 영으로 말미암음이니라."

많은 변화란 누적된 영향이 빚은 결과요, 수많은 영향이 충격을 준

결과이다. 일반적으로 변화된 행동은 여러 가지 요인들로부터 나타난 결과이다. 그 요인들이 영향을 미쳐서 그런 변화가 실제로 일어나게 한 것이다. 찰스 켐프는 변화가 갑자기 일어난다고 가정해서는 안 된다고 한다. 그 변화는 점차적으로, 그리고 무의식 중에 영향을 주기 시작하였던 많은 설교나 사상들의 결과일지도 모르기 때문이다.

> 카알 드 쉬바이니쯔는 사회사업가의 한 사람으로서 「어려움에 처한 사람들을 돕는 기술」이라는 고전적 가치가 있는 작은 책자에서 이렇게 지적하고 있다. 사람들이 오늘의 그들이 되기까지에는 오랜 시간이 걸렸다. 그러므로 우리는 갑작스러운 변화를 기대해서는 안 된다는 것이다. 그는 또 때에 따라서는 "몇 달과 몇 년의 노력을 요할지도 모른다."고도 하였다. 설교자는 바로 실제적이어야 한다.[40]

어떤 변화는 너무나 느리게 일어나기 때문에 거의 눈에 띄지 않기도 한다. 그러나 그것도 분명히 변화는 변화다. 지속적인 행동의 변화를 위해서는 강제하기 때문에, 또는 감정적인 변화 때문에 일어나는 그 변화가 가치의 변화에 기초하여 일어나야 하는 것이 필수적이다. 변화가 가치의 조정에 의해 뒷받침을 받지 못한다고 할 때 그 사람은 변화를 일으키게 한 강제 요소가 제거되거나 감정적 경험이 끝나면 바로 이전의 행동 양태로 되돌아가고 말 것이다. 지속적인 변화는 변화된 가치의 구조 위에 세워져야 한다. 변화된 상태와 변화되기 전의 상태는 분명히 상호 배타적인 것이 아니라 오히려 때때로 동시적이다. 그래서 규칙적으로 서로 영향을 준다. 예를 들면 예배 분위기를 조성하는 음악과 능력 있는 설교, 능란한 기술을 다 동원하여 드리는 전도 집회 동안에 어떤 사람은 어떤 감정 상태에 빠져서 응답한다. 그러나 아직 그는 의미 있는 이해나 확신이나 순수한 욕망이나 필요의 느낌 같은 것은 없을지도 모른다. 하여간 집회 기간 동안에는 응답을 보였지만 조금 시간이 지나고 나면 그는 원래의 회개하지 않았을 때의 생활로 돌아가고 만다. 그는 확고하지 못한 기초 위에서 짧은 기간 동안의 변화만 경험하였다. 마태복음 13장의 씨 뿌리는 사람의 비유에는 네 가지 종류의 흙이 나온다. 그것은 열매를 맺을 수 있는 모든 토양을 묘사하고 있다. 열매를 맺고 못 맺고 하는 차이는 경작과 준비 상태에 있었다.

때에 따라서 결단이 늦어질 수도 있다. 심리학자들은 이러한 현상을 '보류된 종결'이라고 부른다. 정치가들이 벌이는 8월의 선거 운동은 의미 있는 것이지만, 선거가 실시되는 11월까지 그것은 실제로 의미를 갖지 못한다. 씨 뿌리는 사람으로서의 설득자는 이런 형태의 설득까지도 결단을 내리고 행동에 옮기도록 촉구해야지 단순히 '씨를 뿌리는' 데 머물러 있어서는 안 된다. 때때로 최후의 결단을 미루어 둘 수 없을 때도 있고, 미루어 둔다면 비윤리적인 때조차도 있다. 선거일의 오후 7시 30분이 되었는데 당신은 아직 투표하지 않았다고 하자. 투표소는 8시에 문을 닫는다. 그러면 당신이 책임 있는 시민이라면 지체한다는 생각은 할 수도 없을 것이다. 당신이 골목길로 차를 몰고 갈 때 어린아이 하나가 골목으로 불쑥 뛰어든다고 하자. 결단은 모든 증거를 기다리는 사치를 허락하지 않는다. 당신은 브레이크를, 그것도 급히 밟을 것이다. 그렇게 하는 것이 분명히 옳은 일이다. 그러나 때로는 회색 지대가 있다. 당신의 창조주를 만날 준비를 하라는 호소는 때때로 윤리적으로 문제가 된다. 설득하는 사람도, 설득당하는 사람도 언제 그 창조주를 만나게 될지 절대 확실하게 말할 수는 없다. 오 분일 수도 있고, 오십 년이 걸릴 수도 있을 것이다. 젊은이의 논리일 수도 있다는 당신 편의 시간표에 따른 지체는 갑작스레 수정하지 않을 수 없게 된다. 예를 들면 전쟁이나 자동차 사고나 질병이 언제 닥칠지 모르기 때문이다. 꼭 같은 증거로 설득자는 공포 모티브를 이용하여 언제 죽음이 임할지 모른다고 하는 죽음의 잠재성을 교묘하게 사용할 수도 있다.

요약해서 말한다면 변화가 즉각적으로 일어날 것인지, 연기될 것인지, 아니면 서서히 일어날 것인지를 미리 알 수는 없다고 하겠다. 주어진 설득 상황에는 이 모든 변화의 형식이 잠재해 있다. 청중이 즉시 깃발을 들고 시가행진에 들어가지 않기 때문에 실패하였다고 느끼는 설득자가 있다면 이것은 분명히 불행한 일이다.

설교를 통한 변화

설교의 궁극적 목표는 정보의 전달이 아니라 사람들의 변화이다. 단순히 자료 교환을 하는 것이 목표가 아니라 행동의 변화를 일으키는 것이 목표이다. 이것은 설교가 듣는 사람의 태도와 신념과 가치를 변화시키기 위해서 행해진다는 뜻이다. 듣는 사람 편에서는 자기의 태도나 가치나 신념을 언어적 수단과 비언어적 수단을 통하여 설교자에게 보여 주고 있는 것이다. 설교는 근본적 변화를 요구한다. 단순히 삶의 형식의 변화만이 아니라 실존을 위한 완전히 새로운 기반을 요구한다.

제임스 스튜어트는 이렇게 말한다. "당신 앞에 있는 모든 영혼이 그 자신의 필요를 이야기하고 있음을 기억하라. 만일 그리스도의 복음이 그런 필요를 해결해 주지 못한다면 세상의 그 어떤 것도 그것을 해결할 수 없다는 것을 기억하라. 결과를 목표로 삼으라. 굉장한 역사가 일어나리라고 기대하라."[41] 성경은 변화가 일어날 수 있다고 가정하고 있다. 예수님께서는 유대인의 지도자 중의 하나인 니고데모에게 이렇게 말씀하셨다. "진실로 진실로 네게 이르노니 사람이 거듭나지 아니하면 하나님 나라를 볼 수 없느니라"(요 3:3). 바울은 고린도 교회를 향하여 쓰기를 "그런즉 누구든지 그리스도 안에 있으면 새로운 피조물이라. 이전 것은 지나갔으니 보라 새 것이 되었도다."(고후 5:17)라고 했다. 또 에베소 교회에 보내는 편지에는 "너희가 그 은혜를 인하여 믿음으로 말미암아 구원을 얻었나니 이것이 너희에게서 난 것이 아니요, 하나님의 선물이라. 행위에서 난 것이 아니니 이는 누구든지 자랑치 못하게 함이니라. 우리는 그의 만드신 바라. 그리스도 예수 안에서 선한 일을 위하여 지으심을 받은 자니 이 일은 하나님이 전에 예비하사 우리로 그 가운데서 행하게 하심이니라."(엡 2:8-10)고 했다.

베드로는 사람에게 "신의 성품에 참여하는 자"(벧후 1:3-4)가 되도록 허락하시는 하나님의 능력을 이야기하였다. 신약에서의 변화는 매우 흔히 볼 수 있는 일이다. 가장 특징적인 것으로는 변화 또는 회개의 개념이 있는데, 이것은 사도행전 9:35과 15:19에서와 같이 사람이 하나님께로 돌아서는 것을 말한다. 때때로 변화는 다른 하나의 회개와 관련되기도 하고(행 3:19, 26:20), 믿는 것과 관련되기도 한다(행 11:21). 변화를 움직임으로 말하기도 한다. "어두움에서 빛으로"(행 26:18), 우상으로부터 하나님께로(살전 1:9), 헛된 것으로부터 살아 계신 하나님께로(행 14:15) 등을 말하는 것이다. 바울은 "언제든지 주께로 돌아가면 그 수건이 벗어지리라."(고후 3:16)고도 한다.

때때로 회개와 관련되고 있는 성경적인 변화는 "하나님께로 돌아섬을 말한다. …… 이것은 마음의 변화 이상이요, 어떤 경험을 하는 것 이상이다. 그것은 '돈다'(turn)는 말이 암시하는 바와 같이 새로운 생활 양식으로의 구체적인 변화를 말한다. 자기의 가던 길에서 돌아서서 새로운 방향으로 나아가는 것이다."[42] 설교자가 다른 사람을 변화시키려고 할 때 그도 변화 속에 사로잡혀 있어야 한다. 크롱카이트는 말하기를, "설득자는 자기 자신이 어느 정도까지 설득될 수 있는 가능성을 받아들이지 않은 채 다른 사람을 설득하려고 해서는 안 된다."[43]고 한다.

제자들의 설교는 그들 자신이 성장할 수 있는 기회를 제공해 주었다.

우리는 우리가 가르치지 않으면 안 되는 것만을 실제로 잘 알고 있다. 우리는 다른 사람들에게 조리 있게 이야기하거나 설명해야 하는 만큼 배우거나 이해하지는 않고 있다. 우리는 우리가 표현해 온 것들에 대한 깊이 있고 지속적인 인상만을 간직한다. 다른 사람에게 설교하는 가운데 제자들 자신이 강화되는 것이다.[44]

변화(또는 설득)의 윤리

설득의 윤리에 관하여 큰 논쟁들이 일어났다. 사람의 감정적인 면에 호소할 때 흔히 그 설득은 비윤리적이라고 주장되고 있다. 다른 사람들은 이름을 부르는 것, 화려한 일반성, 전이, 감사장, 평범한 사람들의 접근, 카드 속임수, 밴드웨이건 기법 같은 것들을 비윤리적인 것이라고 고발한다.[45] 부정직이 비윤리적이라는 데는 일반적으로 동의하고 있다. 고의적인 속임수에는 변명의 여지가 없다. 그리고 목적은 생각지도 아니하고 의도적으로 청중을 오도하는 데도 변명할 말이 없다. 목적은 수단을 정당화시켜 주지 않는다. 당신이 정직한 확신에서 이야기하고 있을 때 사람들에게 듣게 할 권리가 있다. 그러나 거짓이나 조작된 것을 말하고 있다면 당신은 비윤리적이고 당신의 말은 들을 가치가 없는 것이다. 값싸고 일시적인 성공은 기록이 될지 모르나 그 희생이 너무나 크다.

당신의 의도를 청중에게 속이는 것도 비윤리적이다. 말하는 사람이 듣는 사람들을 위한 하나의 목표, 미리 정해진 목적을 가지고 있으면서 이러한 의도에 관하여 청중을 속이려고 할 때 그는 비진리를 가지고 농락한 셈이다. 그의 목적은 공명정대하고 정직하여야 한다. 때때로 복음으로의 초대도 비윤리적인 경우가 있다. 목사는 모두 머리를 숙이고 눈을 감고 있는 동안에 단순히 손만 들라고 부탁할 것이다. 그

후 바로 그 예배 시간에 똑같은 사람들에게 앞으로 나오라고 부탁할 것이다. 회중 앞에서 그들의 결단이 신실함을 보이라고 부탁할 것이다. 그러한 행위는 완전히 비윤리적이어서 기독교에서 사용할 가치가 없는 것이다.

공공연히 하든지 은밀히 하든지 개인의 기본적인 응답의 자유를 침해하거나 그의 자기 결정권을 빼앗아 버리는 설득도 역시 비윤리적이다.[46] 말하자면 설득자가 설득당하는 사람의 인격을 격하시키고 그에게 선택의 자유를 주지 않는 것은 비윤리적이라는 말이다. 모든 설득은 거부될 수 있어야 한다. 환언하면 말하는 사람은 듣는 사람에게 동의하든지 동의하지 않든지, 변화가 되든지 되지 않든지 자유를 주어야 한다는 것이다. 만일 그러한 자유를 주지 않는다고 하면 그는 비윤리적이다. 윤리적인가 아닌가 하는 문제는 반발을 받아들일 때 침착하게 거리낌 없이 하느냐를 측정해 보는 것으로 판별할 수 있다. 윤리적인 전달자들은 설득되는 사람의 안에 있는 자기 결정의 능력을 강화시켜 주는 방법을 이용한다. 하나님의 종은 비록 그 메시지를 거부하고 받아들이지 않는 사람일지라도 받아들여야 할 의무를 지고 있는 사람이다.

주 〉

1) Thomas M. Scheidel, Persuasive Speaking(Glenview, Ill. : Scott, Foresman and Company, 1967), p. 1.
2) Winston Lamont Brembeck and William Smiley Howell, Persuasion : A Means of Social Control (Englewood Cliffs, N. J. : Prentice-Hall, Inc., 1961), p. 24.
3) Eric Hoffer, quoted by Don Fabun, The Dynamics of Change(Englewood Cliffs, N. J. : Prentice-Hall, Inc., 1967), p. 28.
4) Leon Festinger, A Theory of Cognitive Dissonance(Stanford, Calif. : Stanford University Press, 1957), pp. 18, 78.
5) George A. Borden, Richard B. Gregg, Theodore G. Grove, Speech Behavior and Human Interaction(Englewood Cliffs, N. J. : Prentice-Hall, Inc., 1969), pp. 46-47.

6) Gary Cronkhite, Persuasion : Speech and Behavioral Change(Indianapolis : The Bobbs-Merrill Company, Inc., 1969), pp. 60-61.
7) Kenneth E. Boulding, The Image(Ann Arbor : The University of Michigan Press, 1956), p. 6.
8) Walter R. Fisher, Class Notes, "Recurrent Motives in Communication"(Los Angeles : University of Southern California, 1969), p. 2.
9) Boulding, op. cit., pp. 7, 8, 10.
10) Ibid., p. 11.
11) Ibid., p. 64.
12) S. I. Hayakawa, Symbol, Status, and Personality(New York : Harcourt, Brace and World, Inc., 1963), p. 37.
13) Boulding, op. cit., pp. 115, 134.
14) Kenneth Burke, A Grammar of Motives and a Rhetoric of Motives(Cleveland : The World Publishing Company, Meridian Books, 1962), pp. 544-45.
15) Ibid., p. 56.
16) Fisher, op. cit., pp. 2-3.
17) C. I. Hovland and I. Janis, eds., Personality and Persuasibility(New Haven, Conn. : Yale University Press, 1959), pp. 1-28.
18) Hovland and Janis, op. cit., pp. 1-28.
19) Scheidel, op. cit., p. 41.
20) Robert T. Oliver, The Psychology of Persuasive Speech, 2nd ed.(New York : Longmans, Green and Company, 1957), p. 44.
21) Erwin P. Bettinghaus, Persuasive Communication(New York : Holt, Rinehart and Winston, Inc., 1968), p. 22.
22) Milton Rokeach, Beliefs, Attitudes, and Values(San Francisco : Jossey-Bass Inc., Publishers, 1968), p. 124.
23) Otis M. Walter and Robert L. Scott, Thinking and Speaking 2nd ed.(New York : The Macmillan Company, 1968), pp. 217-18.
24) Walter R. Fisher, Class Notes, University of Southern California, Winter 1969.
25) Cronkhite, op. cit., p. 139.
26) John Dewey, How We Think(Boston : Heath, 1910).
27) Boulding, op. cit., p. 172.
28) A. H. Maslow, Motivation and Personality(New York : Harper and Brothers, 1954), Chapter 5, "A Theory of Human Motivation."
29) Dwight E. Stevenson, In the Biblical Preacher's Workshop(Nashville : Abingdon Press, 1967), p. 33.
30) Cronkhite, op. cit., p. 138.
31) James C. McCroskey, "A Summary of Experimental Research on the Effects of Evidence in Persuasive Communication", Quarterly Journal of Speech, LV(April 1969), p. 175.
32) Brembeck and Howell, op. cit., pp. 83-91.
33) Fisher, op. cit., pp. 4, 8, 10, 12, 15, 16.
34) Bettinghaus, op. cit., p. 37.
35) Wilbur Schramm, The Process and Effects of Mass Communication(Urbana : University of Illinois Press, 1961), p. 213.
36) Bettinghaus, op. cit., pp. 56-57.
37) Muzafer Sherif and Carl I. Hovland, Social Judgment(New Haven : Yale University Press, 1961), p. 196.
38) Kenneth K. Sereno, "Ego-Involvement, High Source Credibility, and Response to a Belief-Discrepant Communication," reprinted from Speech Monographs, XXXV(November 1968, No. 4).
39) Scheidel, op. cit., p. 56. Cf. Berrard Berelsen and Gary A. Steiner, Human Behavior : An

Inventory of Scientific Findings(New York : Harcourt, Brace and World, Inc., 1964), pp. 287, 542, 575.
40) Charles F. Kemp, Life-Situation Preaching(St. Louis : The Bethany Press, 1956), pp. 26-27.
41) James S. Stewart, Preaching(London : The English Universities Press, Ltd., 1955), p. 42.
42) J. Marsh, "Conversion", The Interpreter's Dictionary of the Bible, 1. George A. Buttrick, ed. (New York : Abingdon Press, 1962), p. 678.
43) Cronkhite, op. cit., p. 205.
44) Michel Philibert, Christ's Preaching and Ours, trans. David Lewis(Richmond, Va. : John Knox Press, 1964), p. 29.
45) Alfred McClung Lee and Elizabeth Briant Lee, eds., The Fine Art of Propaganda (New York : Harcourt, Brace and Co., 1939), pp. 23-24.
46) Paul W. Keller and Charles T. Brown, "An Interpersonal Ethic for Communication", Preaching, V (January-February 1970), pp. 33-40.

15장
적용

　설교는 적용을 잘 하느냐 못하느냐에 따라 성패가 결정된다. 사실 설교가 어떤 형태로든 적용하는 면이 없다고 하면 과연 그 사람을 설교자라고 해야 하는가 하는 의문도 생긴다. 어떤 사람들은 - 나도 그렇게 믿는다. - 적용하는 면이 없는 설교는 하나의 선언이거나 독백이지 설교가 아니라고 주장해 왔다. 스펄전은 "적용이 시작되는 곳에서 설교도 시작된다."[1]고 하였다. 예수 그리스도의 복음은 결코 앞 세대에서 다음 세대로 단순히 전해질 수 있는 그런 정보만은 아니다. 오히려 복음은 듣는 사람들을 불러 모아 자기 속마음을 살피게 하고 하나님과 만날 수 있게 해 주는 것이다. 충실한 석의와 주의 깊은 설명을 다했다고 하더라도 실제 생활에 적용되는 복음을 가볍게 다룬다면 그것은 비난받아 마땅하다. 어떤 행동이나 결단을 일으키지 못하는 설교는 설교의 기본적인 규범의 하나를 이루지 못한 것이다. 앞에서도 살펴본 바와 같이 설교는 "행동의 변화를 일으키려는 명백한 목표를 가지고 한 사람이 다른 사람들에게 성경적 진리를 전달하는 것이다."

적용은 신학이나 주석이 아니며 신학적 주석도 아니다. 어떤 설교자가 요한복음 3:5에 나오는 '물'은 회개에 이르게 하는 세례였던 요한의 세례와 관계된다고 가르칠 때 그는 역사적, 문화적, 문법적인 문제에 속하는 주석 작업을 하고 있다고 하겠다. 마태복음 16:18 말씀은 여러 가지로 해석될 수 있다고 가르칠 때도 마찬가지이다. 로마 가톨릭 교회는 이 구절을 베드로에게 주어진 권위가 교황에게 그대로 승계된다고 가르치며 칼빈은 교회가 베드로의 신앙고백 위에 건설된다고 주장했다는 것을 설명해 주는 것이다. 또 에베소서 2:20의 은유로부터 베드로가 열두 제자의 대표격이었다고 설명하려 할 때에도 그것은 신학에 관련되어 있는 것이지 적용에 관련되어 있지는 않다. 신학과 주석은 적용을 위한 기초이지 결코 적용 자체는 아니다.

더욱이 적용은 사도들이 요엘서 2:28~32을 취하여 그것을 오순절에 적용시키고(행 2:15-16), 시편 16:10을 취하여 그것을 그리스도에게 적용시킨(행 2:31) 것과 같은 것을 의미하지는 않는다. 현대 설교자들은 약속과 성취의 예를 들 때도 진리를 적용하지 않고 있다. 그러면 적용이란 무엇인가?

적용은 **개인적**이다. 그것은 오순절 날 베드로의 설교 후에 일어난 질문, "우리가 무엇을 해야 하리이까?"(행 2:37)라는 질문에 답을 하는 것이다. 그것은 분명히 상대적인 문제이다. 듣는 사람은 듣는 사람 자신의 관점에서 복음과 자기와의 관계를 찾으려 한다. 설교자의 관점에서 보면 그것은 복음과 그의 청중과의 관계이다. 그것은 언제나 개인적이다. '당신'이지 '그들'이 아니다. 산상 설교(마 5:1-7:29)에서 예수님께서는 '너희'라는 인칭 대명사를 100번 이상이나 사용하셨다. 여기에는 역시 자주 쓰인 '너희의'라는 말은 포함되지 않았다. 예수님의 메시지는 개인적 성격을 띤 것이었다. 그것은 청중에게 어울리는 것이었다. "주일 아침 설교가 제자들의 교훈을 위한 도구로 이해되기까지 그것은 목적을 상실하고 있는 것이며 결코 그 의미도 찾지 못할 것이다."2) 설교자의 관심은 듣는 사람들에게 있어야 한다. 그들의 필요는 무엇인가? 하나님 앞에서 그들의 상태는 어떠한가? 그리스도의 주님 되심이 그들에게 무슨 의미를 가지는가? 듣는 사람들은 "그러면 무엇인가?"라고 물을 권리가 있다. 거기에 대한 대답이 준비되어 있지 않다면 그것은 설교가 아니다. 복음은 개인들에게 전해지는 것이고, 적용은 그런 사실을 강화해 준다.

적용은 또한 **현재 시제**로 되어야 한다. 그것은 단순히 무엇을 할까가 아니라 지금 무엇을 해야 하는가이다. 복음은 특별히 청중과 직접 관계되어야 한다. 적용이 미래 시제로 되는 것은 아주 드물게 있을 수 있다. "예수님의 가르침에서 그의 태도와 말에 나타난 권위는 서기관들의 가르침과는 다른 점이었을 것이다. 즉, 서기관들은 아마 오늘날 많은 설교자들이 하는 것과 같이 과거 시제로 가르쳤을 것이다."3) 설교는 단순히 "주님께서 이렇게 말씀하셨다."가 아니라 "주님께서 이렇게 말씀하시고 있다."라야 한다는 말이다. 이러한 면이 없이는 설교는 과거에 대한 공허한 메아리로 들릴 것이다. 복음의 진리는 메시지가 전해지고 있는 이 유동적이고 소란하며 혁명적인 시대에 구체화되지 않으면 안 된다. 기원전이나 또는 기원후 1세기 당시의 상황에 계시되었던 진리가 이제 현재 우리가 사는 우리 시대로 들어와야 한다. 예레미야는 기원전 6세기의 팔레스타인과 바벨론과 이집트에 살던 사람들을 상대로 하나님의 말씀을 외쳤다. 예수님께서는 갈릴리와 유대 지방에 살던 1세기 사람들을 상대로 말씀을 전하셨다. 그러므로 모든 시대의 설교자들은 "복된 소식을 그 지방 고유의 색으로 칠하지 않으면 안 된다."4) 그렇게 함으로써 그는 그의 시대가 안고 있는 실질적 필요에 대처해 나갈 수 있다. 그러나 반드시 그 시대 사람들이 자기들에게 적절한 것이라고 생각하는 그것을 전하라는 말은 아니다. 예수님께서는 말씀을 전하셨고 십자가에 못박히셨다. 사람들은 그의 메시지가 적절하지 못하다고 느꼈다. 어떤 의미에서 그들은 옳았다. 그의 메시지는 그들의 요구 사항과 관계없었고, 그들이 바라던 것과도 맞지 않았다.

　적용은 또한 **역동적**이어야 한다. 주석은 고착된 형식이다. 말하자면 주석의 진리는 아무리 세월이 흘러도 변함없이 그대로 있는 것이다. 설교에서의 주석 작업도 설교되고 있다는 것을 무시한다면 마찬가지이다. 강해도 마찬가지이다. 성경이 지니고 있는 신학적 진리는 보편성과 무시간성을 띠고 있기 때문에 만들어질 수도 있고 고정시켜 둘 수도 있다. 여기서 변화라는 것은 관련되지 않는다. 그러나 적용은 환경과 그것을 듣는 사람들과 시간과 문화와 주어진 환경의 필요에 의존되어야 한다. 진리는 변하지 않는다. 우리는 언제라도 이웃을 사랑해야 한다. 그러나 적용은 변하지 않을 수 없다. 이웃이 누구인가? 언제 사랑하라는 것인가? 어떤 상황에서 어떤 관점으로부터 사랑하라는 것인가? 그것은 어떤 모습으로 표현되어야 하는가? 등의 질문이 나올 수 있다. 베드로가 오순절에 모여든 군중을 향하여 "회개하고 세례를 받으라."고 전하는 내용을 담고 있는 사도행전 2:38 말씀조차도 적용하는 데는 시간의 제약을 받는다. 사람들은 언제라도 회개하지 않으면 안 된다. 그것은 진리이다. 그러나 무엇을 회개하라는 것인가? 죄는 사람마다, 각 세대마다, 각 문화마다 서로 다른 복합 형태를 지니고 있다. 오래 묵은 설교 원고를 찾아내서 다시 생각해 보거나 써 보지도 않고 적용을 위해서 바꾸어 보지도 않고 그대로 설교할 수는 없다. 주석과 주해와 신학은 그것이 정확하기만 하다면 근본적으로 변함없이 그대로 있어야 한다. 반대로 적용은 역동성이 있어야 하고 이것이 존중되어야 한다. 설교는 하나님에 관한 진리를 전한다. 그 진리는 지금 그들의 환경에서 그들의 현실적인 필요를 안고 내 앞에 직접 서 있는 그 사람들과 관계되는 진리이다. 적용은 결코 고정된 형식으로 주어질 수 없다.

「설교의 단계」라는 책의 저자들은 설교 준비를 할 때 도움이 될 만한 한 가지를 제시한다. 백지 한 장을 준비하여 가운데 선을 긋고 한쪽에는 그 본문에서 발견해 낸 진리들을 적어 넣고 다른 한쪽에는 이 진리들과 생활과의 관계를 적어 보라는 것이다.[5]

성공적인 적용의 특성

모든 전달자는 최선을 다하여 최고 수준의 설득력을 가지도록 노력하여야 한다. 동시에 그는 듣는 사람들과의 사이가 나빠지지 않도록 조심하여야 한다. 그들을 소외시키지 않고 변화시키는 것이 그의 목표이다. 그러므로 가능한 한 성공적인 변화의 사자가 되려고 하면 내가 무엇을 해야 하는가 하는 질문을 해 보아야 한다. 폴 틸리히는 사람들이 복음에 관하여 결단을 내리고자 할 때 직면하지 않으면 안 되는 걸림돌들이 있다고 한다. 이 걸림돌 가운데 잘못된 걸림돌을 제거해 주는 것이 설교자의 과업이다. 즉, "우리가 복음을 전할 때 이용하는 잘못된 방법과 우리의 무능력을 제거해야 한다. 우리가 하지 않으면 안 되는 일은 잘못된 걸림돌을 극복하는 것이다. 그렇게 함으로써 사람들이 바른 걸림돌에 직면하게 하고 진정한 결단을 내릴 수 있게 해 주는 것이다."[6] 우리는 너무나 자주 복음이 적절하게 전해지지 않았기 때문에 사람들이 그것을 거부하고 있음을 발견하게 된다.

성공적인 적용이라면 다음과 같은 특징들을 갖추고 있어야 한다.

I. 공동의 가치에 대한 호소

조사 연구자들은 다음과 같은 가설을 세운다. "커뮤니케이션은 이미 현존하는 태도를 강화시켜 줄 때 매우 성공적으로 이루어지는 것 같다.

또 커뮤니케이션은 전에 아무것도 없던 곳에 새로운 태도를 가지게 하는 데도 상당한 역할을 한다. 그러나 이미 가지고 있는 깊이 뿌리박힌 태도를 변화시키려고 할 때 그것은 대체로 실패하고 만다."[7] 만일 이 가설이 옳다면 – 많은 사람들이 이것을 옳다고 주장하고 있다.– 그것은 우리가 청중이 가지고 있는 가치를 올바로 인식하고 우리의 메시지를 이 가치에 맞추어 나갈 때 적용이라는 작업이 가장 잘 이루어진다는 것을 의미한다. 말하는 사람의 태도가 듣는 사람들의 태도와 다를 때 메시지는 무시되거나 거부되거나 곡해된다. 때에 따라서 어떤 메시지는 쓸데없이 거부된다. 문제는 설득하는 사람 편의 오해에 있다. 이미 공동으로 가지고 있는 가치에 기초된 메시지를 전하면서 그는 이 공통성을 분명히 밝히지 않았던 것이다. 대신에 그가 주장하고 있는 행동과 청중의 행동 사이의 모순되는 점에 주목하였다. 그는 마땅히 이미 가지고 있는 공동의 가치와 신념과 태도에 주의를 모음으로써 시작했어야만 했다. 일단 주의가 모아지고 난 뒤에 그 다음에 그가 제안하는 행동이 현명한 행위임을 보여 줄 수 있었을 것이다. 이런 방법으로 설득하는 사람은 설득당하는 사람들과 협력하게 된다. "당신은 다른 사람들을 설득하여 그들이 원래 하려고 했던 것보다 훨씬 많은 것을 하도록 설득할 수 있다. 그러나 단지 당신이 그들을 도와서 그들 자신의 길을 따라서 당신의 결론을 향해 가도록 인도할 때에만 그러할 것이다."[8]

이것은 교묘한 술책이 아니다. 그것은 공동의 가치와 공동으로 가지고 있는 신념과 그와 맞먹는 태도가 바로 새로운 행동과 새로운 실천과 새로운 헌신이 이루어지는 기반이 된다는 것을 이해하는 것이다. 만일 우리가 어떤 사람에게 지금 그가 있는 곳에서 그가 가야만 하는 곳으로 당장 옮겨 가라고 말하면서 그렇게 해야 하는 근거를 제시하지 않는다면 결국 우리는 변화의 가능성을 줄이는 셈이다.

하나의 예만 들어도 충분할 것이다. 사회 – 예언적인 문제에 관한 설교는 본질상 논쟁을 불러일으키기 쉽다. 그러나 설교자가 청중에게 지금 자기의 주장이 성경에 대한 신앙에서 나온 것이며, 예수 그리스도의 메시지에 충실히 따르려고 할 때 생기는 것임을 밝혀 준다면 논쟁은 줄어들 것이다. 즉, "내가 받아들이는 것처럼 성경과 그리스도를 받아들이고 있는 당신은 이것이 의미하고 있는 것도 인정하게 된다."는 말이다. 이러한 단계가 없다고 하면 청중은 곧 적대감을 나타낼지도 모른다. 제시된 메시지가 현재 그들이 하고 있는 행위와 다르기 때문이다.

2. 주의 깊은 청중 분석에 기초할 것

청중 분석을 제대로 못한 설교는 어떤 점에서나 아무런 가치가 없다. 주제를 택할 때, 발전시켜 나가는 방법과 주석과 설명을 할 때 그 어느 때라도 청중 분석은 중요한 자리를 차지한다. 모여든 청중에게 메시지를 적용시킬 때의 청중 분석은 가장 중요한 자리를 차지한다. 적절한 적용이 되도록 하려면 청중 분석은 필수적이다. 전하는 진리가 가능한 도움이 되도록 하기 위해서는 회중의 본성과 필요를 상당히 자세하게 알지 않으면 안 된다. 청중 분석을 제대로 하지 않을 때 설교자는 "이미 복음을 받아들인 사람들에게 복음을 전하거나 분명히 알고 있는 것을 가르치며, 묻지도 않은 질문에 대답을 하거나 적절하지도 못한 문제를 논의하는 셈이 되며, 가렵지 않은 곳을 긁어 주는" 결과를 낳게 된다. 그것은 청중을 심층에까지 아는 것만이 아니라 그 지식을 어떻게 건설적으로 이용할 수 있는가 하는 것도 찾아내야 하는 문제이다. 그러므로 설교자는 그의 인식 기능이 지혜와 상호 보완되도록 하여야 한다.

3. 현대 언어를 사용할 것

전달자는 청중의 문화적 사고 양식을 무시할 수 없다. 제임스 셀러는 우리가 후기 기독교 사회를 향해서 목회하고 있다고 한다. 그가 말하는 이 사회에서는 교회에 다니는 사람마저도 외부인이 되고 만다는 것이다.9) 전통적인 기독교의 상징이 "외부인들이 이해할 수 있는"10) 새로운 상징으로 바꾸어야 한다는 말이다.

현대 작가들은 사람들이 이해할 수 있는 언어로 말하는 놀랄 만한 일을 해냈다. 그들은 우리 시대를 "출구 없는 황무지"라고 하였다. 이 시대는 "불안의 시대"이다. 어떤 사람은 "우리 시대의 신경증적인 특성"이라고 하였고, 다른 어떤 사람은 우리가 "허무와 만나고 있다."고 주장한다. 이러한 상징적 표현들은 쉽게 이해된다. 만일 복음이 현대인들에게 적용되려고 하면 그것은 반드시 현대인들이 직접 경험해 온 그 경험으로부터 직접 나온 언어로 표현되어야 한다. 이것은 설교자가 회중과 꼭 같이 되지는 않으면서 그들의 관심사에 참여할 수 있을 정도로 설교자와 회중이 동일화될 것을 요구한다. 그러므로 기독교의 복음은 자신을 현대적이게끔 해 온 설교자에 의해서 현대적인 언어로 현대가 안고 있는 필요에 적용되는 것이다.

4. 실천적일 것

적용은 회중의 손이 직접 미치는 곳에서 이루어져야 한다. 이상주의가 아닌 현실주의가 적용의 특징이 되어야 한다. 때때로 설교에서 제안되는 것들은 너무 많은 요구를 하고, 듣는 사람들에게는 불가능한 일들이며, 자극을 주기보다는 오히려 실망을 안겨 주는 것들이다. 이러한 설교 중의 어떤 것들은 부분적으로만 응답하는 것이 훨씬 더 실행 가능한 때에도 완전한 응답을 요구한다. 어윈 베팅하우스는 "설득력 있는 전달자가 유도해 내고 싶어할지도 모르는 여러 가지 일들이나 반응들은 좀 더 작은 단위로 나누어질 수 있고, 오히려 이때에 완벽한 응답을 기대하고 있었을 때보다 더 좋은 열매를 거둘 수도 있다."11)고 하였다. 설교의 적용을 위한 청중 분석의 가치는 아무리 강조해도 지나치다고 할 수 없다. 우리 교인들의 현재 상태는 어떠한가? 그들에게서 무엇을 기대할 수 있을까? 그들의 현재의 조건에서 그들은 어디로 갈 수 있으며 얼마나 멀리 갈 수 있는가? 그러므로 설교에서의 적용은 그들의 현재의 조건과 가능한 변화와 관련되어야 한다. 다음 단계는 무엇인가? 나는 무엇을 할 수 있는가? 설교는 기독교 진리의 실천을 위한 유익하고 합리적인 길잡이를 제공하여야 한다. 예를 들면 대부분의 교인들은 기도에 관한 실천적인 제안을 좋아하고, 그들의 신앙과 기독교 윤리와 기독교인의 가정과 비슷한 관련 주제들에 관한 실천적인 제안을 환영한다.

적용의 형태

설교는 세 가지 형태로 나누어질 수 있다. 듣는 사람들에게 직접 적용시켜 나가는 설교와 간접적이거나 암시적인 적용을 하는 설교와 전혀 적용을 하지 않는 설교가 그것이다. 지금까지 논의해 온 것들에 비추어 보면 적용을 전혀 하지 않는 설교가 엄격한 의미에서 설교일 수 있는가라는 심각한 질문을 제기할 수 있다. 이런 것을 설교의 범주에 넣어야 한다는 사람들은 설교자의 임무가 단순히 "하나님의 권능에 찬 행위를 자세히 설명해 주는 것"이라고 주장한다. 이런 형태의 '설교들'은 성경적으로, 주석적으로, 그리고 신학적으로 강점을 지닌다. 그러나 실천적인 면에서는 비참할 정도로 불완전하다. 그들은 이 실천적인 일은 성령님께 맡겨야 한다고 주장한다. 사람들에게는 응답하라고 하지도 않는다. 사람들은 그냥 선포되는 것을 듣기만 하면 된다. 어떤 사람은 "이런 식으로 설교한다는 것이 가능한가?"라고 의문을 제기한다. 왜냐하면 교리적, 신학적, 성경적 가르침에도 항상 실천을 암시하는 본성이 있기 때문이다. 하여간 적용 없이도 복음을 선언하고 선포하는 일이 가능하다고 하면(나는 신중하게 보류해 둔다.) 그것을 신학 논문이라고 부르든지, 교리적 논의라고 이름짓든지, 신앙적 강의라고 불러야 할 것이다. 우리의 기준에 비추어서 그것은 설교가 아니다. 설교는 직접적으로나 간접적으로나 복음을 적용하는 것이다.

I. 직접 적용

훳셀은 "적용을 위해서는 암시하거나 넌지시 비추기보다 명확히 하는 것이 더 좋다."[12]고 한다. 예를 들면 "당신은 구원을 필요로 하는 죄인이다.", "당신은 용서를 배우지 않으면 안 되는 기독교인이다.", "당신은 기독교인이다. 그러므로 이웃 사랑을 배우지 않으면 안 된다."와 같이 하라는 것이다. 예수님께서 말씀하실 때는 듣는 사람들에게 분명한 요구를 하셨다. 그는 사람들에게 그물을 던지라고 하셨고, 침상에서 나오기를 원하셨으며, 식사 때 자신을 초대하거나 자기를 따르라고 하셨다. 무엇인가 중대한 일이 벌어졌으리라는 데 의심의 여지가 없었다. 예수님께서는 무엇인가가 성취되기 위해서 명확해지기를 바라셨다. 하비 콕스는 이렇게 말했다.

> 오늘날 우리의 설교는 능력을 상실하였다. 왜냐하면 그 설교는 사람들을 오늘날 일어나고 있는 새로운 실재에 직면시키지 못하기 때문이다. 그리고 그 부름들은 어떤 특수한 상황과의 관계에서보다는 일반적인 의미로 행해지고 있기 때문이다. 그러나 매우 특수하지 못한(특수한 상황에 맞지 않는) 선포를 도대체 성경적인 의미에서의 설교라고 생각할 수 있을까?[13]

이러한 형태의 설교는 여러 가지 형식을 취한다.

(1) **설명.** 이러한 형태의 설교는 방침을 주의 깊게 규정하였다. 그것

은 문제를 분명히 밝혀 주고 청중에게 기대되는 응답에 관하여 모호한 점이나 혼동되는 점을 최소한으로 줄여 준다. 빌리 그래함의 전도 사역은 이런 성질의 것이다. 그의 설교는 어떤 사람이 기독교인이 되려 하거나 그가 이야기한 실제 속으로 들어오려고 할 때 취하지 않으면 안 되는 명백한 단계로 결론을 맺는다. 무엇이 기대되는지에 관해서 거의 혼동이 일어나지 않는다. 예를 들어 어떤 성찬 예식의 설교는 이렇게 행해질 수 있다. "우리가 함께 이 예식에 참여할 때에 우리 모두 우리의 죄를 고백합시다. 그리고 십자가 위에서 그리스도께서 희생되심으로 말미암아 우리에게 주어진 생명의 선물로 인하여 하나님께 감사합시다." 여기서는 모든 것이 명백하고 혼동될 것이 거의 없다.

이런 성질에 대해서는 많은 수사가들의 항의가 있어 왔다. 1970년 5월에 나는 어느 젊은 수사학자가 UCLA(캘리포니아 주립 대학교) 캠퍼스에서 이렇게 말하는 것을 들었다. "미국은 월남에서 무책임하게 행동하여 왔고 지금은 캄보디아에서 그렇게 하고 있습니다. 학생들은 캔트 스테이트 캠퍼스에서 죽임을 당해 왔습니다. 이제 우리 모두 ROTC 건물로 행군해 갑시다." 반응은 즉각적으로 일어났다. 그들은 ROTC 건물 앞에 이르자 창문에 돌을 던지고 문을 부수고 건물 내부의 기물을 파괴하였다. 설득자에게 보인 반응은 즉각적이었고 명확하였다. 그 젊은이는 주의 깊고 심지어 소심하게 보이기까지 했지만 조금도 혼란됨이 없이 그 단계들을 자세하게 설명하였던 것이다.

이사야는 그의 환상과 여호와로부터의 계시를 기록한 설교에서 이렇게 말했다. "너희는 스스로 씻으며 스스로 깨끗하게 하여 내 목전에서 너희 악업을 버리며 악행을 그치고, 선행을 배우며 공의를 구하며 학대받는 자를 도와 주며 고아를 위하여 신원하며 과부를 위하여 변호하라"(사 1:16-17). 예레미야 7:1~10:25 사이에 기록되어 있는 예레미야의 "위대한 성전 설교"에서는 그는 그것이 주께로부터 온다고 함으로써 듣는 사람들에게 직접 적용을 행하고 있다. "너희가 만일 길과 행위를 참으로 바르게 하여 이웃들 사이에 공의를 행하며, 이방인과 고아와 과부를 압제하지 말며 무죄한 자의 피를 이곳에서 흘리지 아니하며, 다른 신들을 좇아 스스로 해하지 아니하면 내가 너희를 이곳에 거하게 하리니 곧 너희 조상에게 영원 무궁히 준 이 땅에니라"(렘 7:5-7). 베드로도 오순절에 행한 설교에서 이들과 꼭 같이 명백하게 밝혔다. 사람들은 "우리가 무엇을 해야 하겠느냐?"고 물었다. 그때 그의 대답은 "너희가 회개하여 각각 예수 그리스도의 이름으로 세례를 받고 죄 사함을 얻으라. 그리하면 성령을 선물로 받으리니"(행 2:38)였다.

(2) **질문.** 설교자가 청중에게 하는 질문은 직접 적용의 형식이 된다. 설교자는 "어떻게 응답하시겠습니까?", "당신은 무엇을 하시겠습니까?"라고 물을지 모른다. 어떤 의미에서 질문은 간접적이기도 하다. 왜냐하면 질문은 듣는 사람에게 선택의 여지를 남겨 주며, 비록 암시되어 있다고 하더라도 특별히 무엇을 하지 않으면 안 된다거나 어떤 식으로 결정해야 한다고는 말해 주지 않기 때문이다. 그러나 개인적인 결단이나 응답을 하게 한다는 점에서는 직접적이다. 질문을 이용하여 적용하는 방법은 매우 평범한 방법이다. 그러므로 너무 많이 사용하여 유용성을 상실해 버리지 않도록 분별 있게 사용되지 않으면 안 된다.

(3) **과장법.** 과장법은 청중을 무기력 상태에서 일깨워 어떤 활동이나 반응을 보이도록 하려는 것으로 퍽 도움이 되는 직접 적용의 형식이다. 말하는 사람은 강도에 있어서나 범위에 있어서나 문자적인 반응을 기대하지는 않는다. 산상 설교에서 예수님께서는 "너

희 눈이 너희를 실족케 하거든 빼어 내버리라." 그리고 "너희 손이 너희를 실족케 하거든 찍어 내버리라."고 하셨다. 그는 제자의 길이 지니는 근본적인 성격을 말씀하신 것이다. 그의 말씀은 결코 문자적으로 적용되게 하려는 의도에서 하신 것이 아니었다. 항변조의 문체도 흔히 같은 형식을 취한다. 말하는 사람은 "그 도시를 불살라 버리자."고 할지도 모른다. 그러한 직접 적용은 사람들을 무기력함에서 일깨워 어떤 활동을 하게 하려는 것이지 전적으로 제안된 것을 받아들이게 하려는 것은 아니다.

2. 간접 적용

직접 적용은 당신이 하지 않으면 안 되는 것을 첫째, 둘째, 셋째 하면서 일일이 열거한다. 그것은 밖으로 표현되며 명백하고 직접적이다. 암시적이거나 간접적인 적용은 특정한 방향으로 자극을 주지만 그 자신이 특수한 결단을 내리는 것은 듣는 사람에게 맡겨 둔다. 그것은 모든 상황의 특수성을 인정하고 설교가 시작한 것을 성령님께서 완성하시도록 맡겨 둔다. 밖으로 분명히 표현하기보다는 오히려 그것을 미묘하게 표현한다. 흔히 그것은 그 경우를 일반적인 관계에서 진술하고, 듣는 사람이 그것을 특수한 상황에 적용해 가도록 맡겨 둔다. 이 방법을 사용하는 데는 그럴 만한 이유가 있다.

프랭크 댄스는 이렇게 주장한다. "세상에서 가장 설득력 있는 일은 참여이다. 내가 어떤 사람의 행동의 변화를 원한다면 그가 자신의 행동을 바꾸겠다는 결단을 내리도록 하지 않으면 안 된다. 단순히 그에게 바꾸라고 말해 주는 것만으로는 그의 행동을 변화시키지 못할 것이다."14) 이와 같이 사람들은 변화의 과정에 들어서게 되며 스스로를 설득하게 된다. 언젠가 칼 로저스는 이렇게 주장하였다. "결과적으로 상당한 변화를 일으키는 것은 자기가 발견하고 자기에게서 동기를 얻은 행위뿐이다."

15) 칼 라슨은 머빈 지글러가 행한 흥미로운 연구를 보여 준다.

> 그의 의문은 "설교가 효율성을 잃어버리는 이유는 무엇인가?" 하는 것이었다. 지글러의 연구 결과 가운데 하나는 회중의 일상생활에 적용시켜 보려고 하는 설교는 예외 없이 회중으로부터 거부되는 설교였다는 것이다. 거부의 빈도와 강도는 정확히 그 설교 안에 포함되어 있는 일상생활에 적용시키는 부분의 크기와 비례하였다는 것이다. 나는 이것을 보고 사람들이 자기 자신의 일상생활에 적용해 보려는 것 ― 신앙적이든 다른 어떤 것이든 간에 ― 을 점점 더 싫어하게 되었다고 생각하게 되었다. 그리고 이런 종류의 처방은 어떤 한 사람이 다른 사람들에게 그들이 어떻게 살아야 하는지 바로 이야기해 줄 수 있는 위치에 있다는 것을 암시하고 있다.16)

비록 우리가 지글러의 연구가 타당한지를 판단할 수 있는 위치에 있지 않고, 또 라슨이 내린 결론의 모든 부분을 그대로 받아들이지 않는다고 하더라도 요점만은 분명해졌다. 즉, 어떤 사람들이 생각하는 것처럼 직접 적용 방법이 항상 바람직한 방법은 아니라는 것이다. 개리 크롱카이트는 커뮤니케이션 연구가의 한 사람으로서 이렇게 이야기한다. "태도의 변화를 가장 크게 일으키려고 하면 청중에게 새로운 행동의 정당성을 알려 주되 기대하는 그 행동을 유도해 내기에 적당할 만큼만 알려 주어야 한다. 그렇게 하면 그들은 그 뒤에 오는 태도의 변화를 통하여 그들이 가지고 있는 다른 의견들을 점점 줄여갈 것이다."17)

그러나 이러한 증거들은 그리 중요하지 않다. 훌륭한 설교는 명백히 보이는 적용을 할 필요가 없다. 단지 밖으로 드러나지 않고 미묘하며 암시적인 적용을 통해서 때때로 그 목적을 달성하며, 그렇게 함으로써 훨씬 큰 효과를 거두기도 한다. 설교자는 하나님과 사람 사이의 만남을 도와 주는 산파가 되는 것이다. 사람은 응답하지 않으면 안 되고,

설교자는 돕지 않으면 안 된다. 결코 설교자가 대신하여 응답을 해 줄 수는 없다. 암시적인 적용의 일반적인 네 가지 형태를 살펴보자.

(1) **예증**(Illustration). 성경의 세계와 현대 세계 사이의 간격을 메우기 위해서 구체적인 실례를 현대 생활로부터 끌어낸다. 이 형식의 적용은 암시적이고 밖으로 분명히 드러내지 않기 때문에 그 작용도 그 예증이 듣는 사람에게 동일성을 갖게 하는 능력이나 버크가 '공재성'이라고 부르던 것에 정비례한다. 다시 말하면 실례로 드는 것은 독특한 것이 아니라 전형적이어야 하고, 꾸며낸 이야기보다 더 이상한 그런 것이 아니라 믿을 수 있는 것이어야 하며, 오래된 것보다는 현대적인 것, 있을 것 같지 않은 이야기보다는 가능한 이야기, 수사적이기보다는 삶의 현실에서 일어나는 이야기여야 한다. 주의 깊게 전달된 실례는 설명을 필요로 하지 않는다. 설명을 필요로 하는 것이라면 벌써 잘못된 것이다. 단순하게 전달된 실례가 그 나름의 적용 형식이 되는 것이다.

(2) **복수 선택**. 이런 경우에 설교자는 가능한 몇 가지 선택할 수 있는 가능성을 제시해 주고, 그 다음에 듣는 사람이 그중 하나를 선택할 수 있게 한다. 엘리야는 갈멜산 위에 모여온 이스라엘 사람들에게 이렇게 말했다. "너희가 어느 때까지 두 사이에서 머뭇머뭇하려느냐? 여호와가 만일 하나님이면 그를 좇고, 바알이 만일 하나님이면 그를 좇을지니라"(왕상 18:21). 여호수아 24장에 기록되어 있는 여호수아의 설교에서도 그는 세 가지 가능성을 제시하고 있다. "여호와 하나님", "너희 열조가 강 저편에서 섬기던 신"과 "아모리 사람의 신" 가운데서 선택하라는 것이다(수 24:14-15). 또 이사야는 이스라엘 백성들에게 이렇게 말하였다. "너희가 즐겨 순종하면 땅의 아름다운 소산을 먹을 것이요, 너희가 거절하여

배반하면 칼에 삼키우리라. 여호와의 입의 말씀이니라"(사 1:19-20). 현대 설교자들도 이용할 수 있는 기회나 듣는 사람들에게 개방되어 있는 선택의 여지를 제시함으로써 그들과 꼭 같이 해 나갈 수 있다. 그 다음에 여러 가지 증거와 개인적인 필요를 기초로 하여 듣는 사람 자신이 결정하도록 한다.

(3) 서사 설교. 때때로 잘 준비되고 주의 깊게 행해진 전기(biographical) 설교는 듣는 사람들에게 극적 경험을 하게 하며, 흔히 무의식적으로나마 집으로 가는 길에 생각나게까지 해 준다. 서사 설교(혹은 이야기식 설교)는 다음과 같은 주제로 행해질 수 있다. 아브라함과 그의 믿음, 다윗과 그의 정욕과 탐욕과 인내, 요나와 그의 편협한 민족 의식, 삭개오와 그가 그리스도를 만났을 때 보여 준 회개, 베드로와 그의 신앙고백과 예수님을 부인함, 유다와 배반, 도마와 의심, 데마와 세상에 대한 사랑 등의 주제를 택할 수 있을 것이다. 여기에 제시한 것들만이 아니라 성경에 나오는 수많은 인물들이 간접적이고 미묘한 적용의 형식을 제공해 준다. 그리고 설교자가 적용을 위한 몇 가지 요점을 덧붙여야겠다고 생각할 때 서사 설교는 상당히 약화되고 만다. 지혜롭게 행해진 서술적 설교에는 설교 전편을 통하여 이러한 감추어진 암시적 적용이 행해진다. 그러므로 일부러 적용한다고 부언함으로써 듣는 사람을 모욕할 필요는 없다.

(4) 간증. 설교자는 자기 자신의 결단을 증거함으로써 메시지를 간접적으로 적용시킬 수 있다. 그는 자기가 고백하고 있는 복음이 자기에게 어떤 의미를 가지는지 사람들에게 이야기한다. 여호수아는 "나와 내 집은 여호와를 섬기겠노라."(수 24:15)고 했다. 또 바울은 아그립바 왕 앞에서 전한 메시지에서 "오늘 내 말을 듣는 모든 사람도……나와 같이 되기를 하나님께 원하노이다."(행 26:29)라고 하였다.

어떤 방법이 가장 좋은가? 직접적인 방법인가? 아니면 간접적인 방법인가? 오늘의 비판적인 청중에게는 간접적인 방법이 점점 더 가치 있는 것으로 생각되는 것 같다. 호블랜드, 제니스와 켈리는 다음과 같이 결론짓고 있다.

> 고도의 지성을 소유한 사람들로 구성된 청중에게는 자세하게 설명된 전제들이 별 의미를 가지지 못하며, 그런 사람들은 전달자가 내린 결론에서도 별 유익을 얻지 못한다. 반대로 조금 덜 지성적인 사람들에게는 그냥 전제만 던져 주어서는 스스로의 힘으로 정확한 결론에 도달하지 못하는 것 같다.[18]

복음과 그 의미를 분명히 알게 하는 것과 그것을 적용할 때 사람과 성령님이 하는 역할을 바로 인식하는 것 사이에 균형을 유지할 필요가 있다. 미묘하고 간접적인 적용은 중요한 가치를 지닌다. 그러므로 좀 더 평범한 직접 적용과 더불어 발전시키지 않으면 안 된다.

설교 안에서의 위치

설교의 적용은 설교 안의 어디에서나 행해질 수 있다. 그러나 인쇄되어 나온 설교들을 분석해 보면 적용이 설교를 시작할 때 나오기도 하고, 메시지 전체를 통하여 여기저기서 나오기도 하며, 설교의 결론 부분에 가서 나타나기도 한다.

I. 시작 부분

'기본 형식'의 설교는 본질상 연역적이기 때문에 흔히 서론에서 하나의 명제를 제시한다. 어떤 의미에서 이것은 검토되고 있는 성경적 진리의 적용이다. 일반적으로 그것은 설교의 뒷부분에 가서 초점이 맞추어지고 개인화된다. 그러나 형식적인 면에서는 첫머리에서 하나의 새싹처럼 진술된다고 할 수 있다. 때때로 그것은 당신이 설교의 본론에서 무엇을 말해야 하는지를 보여 주며, 당신이 왜 이렇게 응답해야 하는지에 대한 이유를 생각하게 해 준다. 처음의 명제에서 진술된 적용은 설교의 본론에 가서 연역적으로 증명되고 그 다음 결론에 가서 흔히 요약된다. 나사렛에서 행한 예수님의 설교는 다음과 같은 말씀으로 시작된다. "이 글이 오늘날 너희 귀에 응하였느니라"(눅 4:21). 주님께서는 이사야 61:1~2을 읽으시고 책을 덮으셨다. 그리고는 앉으셔서 그의 첫 말씀, 곧 적용의 말씀을 하셨다.

예레미야의 성전 설교에는 듣는 사람들에게 직접 적용을 행하고 있는 서론이 있다. "너희 길과 행위를 바르게 하라. 그리하면 내가 너희로 이곳에 거하게 하리라. 너희는 '이것이 여호와의 전이라. 여호와의 전이라. 여호와의 전이라.' 하는 거짓말을 믿지 말라. 너희가 만일 길과 행위를 참으로 바르게 하여……"(렘 7:3 이하).

고넬료의 가정에서 행한 베드로의 설교는 "참으로 하나님은 사람의 외모를 취하지 아니하시고 각 나라 중 하나님을 경외하며 의를 행하는 사람은 하나님이 받으시는 줄 깨달았도다."(행 10:34–35)라는 명제로시 작되었다. 그 다음에 베드로는 그리스도의 지상에서의 사역, 곧 그의 십자가에 못박히심과 부활과 메시야로서 하나님에 의해 기름부음 받으심 등의 이야기를 전개한다. 그리고 그 설교는 특별한 적용으로 끝맺는다. 그 적용은 처음에 명제로 진술되었던 적용에서 나왔다. 즉, "저를 믿는 사람들이 다 그 이름을 힘입어 죄 사함을 받는다."(행 10:43)는 것이다. 반응은 즉각적으로 일어났다. 성령님께서 이방인에게도 내려오신 것이다. 이것을 보고 유대인들은 놀랐다. 그리고 고넬료의 집에 속한 많은 사람들이 세례를 받았다.

2. 설교의 중심 부분

많은 설교는 그 메시지 전체를 통하여 곳곳에 직접적이든 간접적이든 간에 적용을 시도하고 있다. 전형적 형식은 다음과 같다.

서론 – 흥미의 확보, 주제 소개, 방향 설정
Ⅰ. 대지
    A. 그때 – 주석(정의, 설명, 신학, 역사 등)
    B. 지금 – 적용(예화와 권면)
Ⅱ. 대지
    A. 그때
    B. 지금
Ⅲ. 대지
    A. 그때
    B. 지금
결론 – 요약(요점의 반복, 마지막 적용의 말)

아모스의 메시지는 이스라엘에 대한 심판을 말하는 것으로(암 3:11-6:14) 전체 메시지 도처에 적용을 포함하고 있다. 첫 부분에서 그는 이스라엘이 하나님께로 돌아오는 데 실패하였음을 주목한다. "너희는 벧엘에 가서 범죄하며, 길갈에 가서 죄를 더하며, 아침마다 너희 희생을, 삼 일마다 너희 십일조를 드리며 …… 이스라엘 자손들아, 이것이 너희의 기뻐하는 바니라"(암 4:4-5). 설교의 가운데쯤 가서 이스라엘에게 회개를 촉구한다. "여호와께서 이스라엘 족속에게 이르시기를 '너희는 나를 찾으라. 그리하면 살리라.'"(암 5:4). 그는 이스라엘 사람들이 집을 짓기는 하였지만 거기에 살지는 못하리라는 사실에 관하여 언급한다. 그들은 포도나무를 심기는 하였으나 그 포도주를 마시지는 못할 것이라고도 한다. 이 모든 것이 그들의 죄 때문에 오는 결과였다. 그는 계속하여 "너희는 악을 미워하고 선을 사랑하며 성문에서 공의를 세울지어다. 만군의 하나님 여호와께서 혹시 요셉의 남은 자를 긍휼히 여기시리라."(암 5:15)고 한다. 이 설교의 마지막 부분에 가서는 또 다른 하나의 적용이 행해진다. "네 노래 소리를 내 앞에서 그칠지어다. 네 비파 소리도 내가 듣지 아니하리라. 오직 공법을 물같이 정의를 하수같이 흘릴지로다"(암 5:23-24).

산상 설교(마 5:1-7:29)는 과거와 현재 사이의 흥미로운 대조가 연속된다. 적용은 전체 메시지의 도처에 퍼져 있다. 특히 흥미로운 부분은 5:21~48이다. 여기서 예수님께서는 제 6계명에 관해서 말씀하신다. "너희가 들었으나" 대신에 "나는 너희에게 이르노니"로 말씀하신다. 이 말씀은 제 7계명과 맹세에 관한 교훈과 보복에 관한 교훈, 그리고 이웃 사랑에 관한 교훈에서도 꼭 같이 나온다. 예를 들면 "또 네 이웃을 사랑하고 네 원수를 미워하라 하였다는 것을 너희가 들었으나 나는 너희에게 이르노니 너희 원수를 사랑하며 너희를 핍박하는 자를 위하여 기도하라."(마 5:43-44)고 하셨다.

잘 발전시킨 서술형 설교도 역시 전체 메시지의 도처에 적용이 나타난다. 미묘한 요소들이 전체 설교의 이곳저곳에 스며들어 있는 것이다. 그러나 여기에는 직접 적용은 행해지지 않는다.

3. 결론

어떤 설교는 결론에 이를 때까지 적용을 보류해 둔다. 분명히 대부분의 설교에서 설교자는 결론을 맺는 그 몇 분까지 적용을 전적으로 미루어 두지는 않는다. "그는 철두철미하게 그 결론을 향하여 꾸준히 움직여 왔을 것이다. 그리고 주의 깊게 준비된 이 마지막 결론은 그를 목표 지점, 곧 문제의 결말에 이르게 해 줄 것이다."[19]

오순절에 행한 베드로의 설교(행 2:14-43)는 이스라엘의 역사, 곧 애굽의 압제생활, 광야에서의 방랑, 약속의 땅에 들어옴, 사울 왕을 세움, 다윗과 그를 통하여 그리스도가 오심, 그의 선구자 세례 요한, 그리스도의 죽음과 부활, 부활 후의 나타나심 등을 자세히 설명함으로써 시작된다. 이러한 설교의 본론으로부터 바울은 결론 부분에서 적용을 꾀한다. "그러므로 형제들아, 너희가 알 것은 이 사람을 힘입어 죄 사함을 너희에게 전하는 이것이며, 또 모세의 율법으로 너희가 의롭다 하심을 얻지 못하던 모든 일에도 이 사람을 힘입어 믿는 자마다 의롭다 하심을 얻는 이것이라."(행 13:38-39)고 한 것이다.

아덴에 있는 아레오바고에서 유식한 사람들에게 행한 바울의 설교(행 17:22-34)는 본론에서 미묘한 적용을 하였다. 그러나 직접 적용은 결론 부분에 이르렀을 때에야 행해진다. "알지 못하던 시대에는 하나님이 허물치 아니하셨거니와 이제는 어디든지 사람을 다 명하사 회개하라 하셨으니 이는 정하신 사람으로 하여금 천하를 공의로 심판할 날을 작정하시고 이에 저를 죽은 자 가운데서 다시 살리신 것으로 모든 사람에게 믿을 만한 증거를 주셨음이니라"(행 17:30-31).

몬로에 의해서 널리 퍼지게 된 계속 자극을 주는 형식의 설교는 꼭 한 번의 '그러므로'를 사용하여 아주 자연스럽게 결론을 맺는다. 그것은 청중에게 특별한 적용을 함으로써 논리적으로 끝을 맺는다.

바울은 로마인들에게 보낸 편지에서 귀납적 형태의 메시지를 전한다. 그는 11장까지 신학적인 자료(죄, 구원, 성령님 안에서의 생활, 성화 등)를 그들에게 주었다. 그 다음에 12장부터는 윤리적 적용으로 되어 있다. "그러므로 형제들아, 내가 하나님의 모든 자비하심으로 너희를 권하노니 너희 몸을 하나님이 기뻐하시는 거룩한 산 제사로 드리라. 이는 너희의 드릴 영적 예배니라. 너희는 이 세대를 본받지 말고 오직 마음을 새롭게 함으로 변화를 받아 하나님의 선하시고 기뻐하시고 온전하신 뜻이 무엇인지 분별하도록 하라"(롬 12:1-2).

　설교에서 적용을 어디에다 둘 것인가 하는 문제에 대한 엄격한 원칙을 정할 수는 없다. 그것은 어디에 나와도 좋다. 그러나 설교자가 선택한 발전 형태에 비추어서 조심스럽게 다루어져야 한다는 것만으로 족할 것이다. 연역적 설교는 그것으로 시작할 것이고, 귀납적 설교는 대체로 그것으로 결론을 지을 것이다. 또 서사(narrative) 설교는 가끔 그것을 설교의 도처에서 가진다. 물론 변화와 합성도 흔히 있는 일이고 시도할 수도 있다.

흔히 범하는 실수

　몇 가지 결점이 적용 문제에 있어서 설교자를 괴롭히는 것 같다. 어떤 사람들에게 있어서 그 문제는 예견 가능성이라는 것이다. 이런 일은 설교자의 적용이 상상력을 잃어버린 것으로 생각될 때, 그리고 모든 것이 정해진 형식을 따라 전개되기 때문에 회중이 결코 놀라움을 느끼지 못할 때 일어난다. 어떤 평신도가 자기 목사에 관하여 이렇게 말했다. "그의 설교의 앞부분을 듣고 나면 나는 그 설교의 뒷부분을 설교할 수 있습니다. 그가 무엇을 말하려고 하는지 훤히 알고 있기 때문입니다." 이것은 불행한 일이다. 그는 유용한 형식을 가지고 살아간다기보다는 치명적이라고 할 수 있는 상태에서 죽어 가고 있는 것이다.

　다른 하나의 결점은 청중을 모욕하는 것이다. 이런 일은 설교자가 이미 명백한 것을 자세히 설명해 보려고 애를 쓸 때 일어난다. 청중 스스로의 힘으로도 발견할 수 있었던 일을 그들에게 말해 주는 것은 교인들에 대한 모욕이다. 그것은 교인들의 능력과 지혜에 대한 판단을 잘못 내렸기 때문에 생긴다. 실제로 그는 "어리석은 사람들아, 들으라. 여기 내가 의미하는 바가 있다. 그리고 여기 여러분이 하지 않으면 안 되는 일들이 있다."고 말하고 있는 셈이다. 대부분의 사람들에게는 일부러 적용하려고 노력할 필요가 없다. 우리의 설교를 듣고 있는 사람들은 목석으로 된 사람들이 아니기 때문이다. 그들은 모든 생각을 발전시켜 주어야 하고 설명해 줄 필요가 있는 어쩔 수 없는 어린아이들이 아닌 것이다.

> 내가 말하고 있는 그것 안에 생명과 실체가 들어 있다면 듣는 사람 스스로가 자기의 형편에 그것을 적용시켜 나갈 것이다. 내가 그를 알고 있는 것보다는 그가 자기 자신을 더 잘 알고 있다. 그리고 때때로 내가 적용시킬 수 있는 것보다 그가 자신에게 그것을 더 잘 적용할 수 있다. 그가 스스로 끌어내는 결론은 아마 그와 좀 더 많은 관련을 가질 것이요, 내가 줄 수 있었던 어떤 것보다도 저항감을 적게 느끼리라는 것은 확실한 일이다.[20]

또 다른 하나의 흔히 있을 수 있는 설교자의 결점은 그들이 적용을 도덕적 부가물로 변질시켜 가만히 두면 도움이 될 만한 설교에다 덧붙이고 있는 점이다. 그들은 '설교조'의 첨가를 해서 귀에 거슬리게 하고 유치하게 만들어 버린다.

마지막으로 말하고 싶은 것은 변화는 하나님의 역사하심에 속한다는 점이다. 동시에 하나님께서는 설교자들을 부르셔서 충성스러운 청지기가 되어 복음을 선포하라고 하셨다. 바울이 빌립보 교회에 보낸 편지를 보면 긴장을 분명히 느낄 수 있다. "두렵고 떨림으로 너희 구원을 이루라. 너희 안에서 행하시는 이는 하나님이시니 자기의 기쁘신 뜻을 위하여 너희로 소원을 두고 행하게 하시느니라"(빌 2:12-13). 이것이 바로 모든 설교자가 일할 때 가져야 하는 흥미로운 패러독스이다. 그는 복음을 전하고 선택할 수 있는 가능성을 밝히 제시하며, 응답할 수 있는 기회를 제공하는 데 충실하여야 한다. 그리고 동시에 하나님께서 성령을 통하여 자기의 일을 수행하시도록 맡겨 두어야 한다.

　다니엘 워커가 말한 대로 "교인들은 주일날 교회에 와서 거기서 보낸 그 한 시간 동안에 일어난 일을 통하여 감동을 받고 돌아가기보다는, 거기서 보낸 그 한 시간 때문에 앞으로 일어날 일이 무엇인가를 생각하는 데서 감동을 받고 돌아가야 한다."[21]

주 〉

1) Faris D. Whitesell, Power in Expository Preaching(Fleming H. Revell Company, 1963), p. 91.
2) Michel Philibert, Christ's Preaching-and Ours, trans, David Lewis(Richmond, Va. : John Knox Press, 1964), p. 40.
3) Henry Grady Davis, Design for Preaching(Philadelphia : Fortress Press, 1958), p. 208.
4) James. T. Cleland, Preaching to Be Understood(New York : Abingdon Press, 1965), p. 77.
5) H. C. Brown, Jr., H. Gordon Clinard, Jesse J. Northcutt, Steps to the Sermon(Nashville : Broadman Press, 1963), p. 59.
6) Paul Tillich, "Communicating the Christian Message : A Question to Christian Ministers and Teachers", Theology of Culture, Robert C. Kimball, ed.(New York : Oxford University Press, 1959), p. 213.
7) George A. Borden, Richard B. Gregg, Theodore G. Grove, Speech Behavior and Human Interaction(Englewood Cliffs, N. J. : Prentice-Hall, Inc., 1969), p. 241.
8) Robert T. Oliver, The Psychology of Persuasive Speech, 2nd ed.(New York : Longmans, Green and Co., 1957), p. 111.
9) James E. Sellers, The Outsider and the Word of God(Nashville : Abingdon Press, 1961), p. 21.
10) Ibid., p. 23.
11) Erwin P. Bettinghaus, Persuasive Communication(New York : Holt, Rinehart and Winston, Inc., 1968), p. 63.
12) Whitesell, op. cit., p. 92.
13) Harvey Cox, The Secular City(New York : The Macmillan Company, 1966), pp. 122-23.
14) Frank Dance, "Communication Theory and Contemporary Preaching", Preaching, III(September-October 1968), p. 31.
15) Donovan J. Ochs, "Videotape in Teaching Advanced Public Speaking", The Speech Teacher, XVII(March 1968), p. 111.
16) Carl Larson, "Factors in Small Group Interaction", Preaching, III(November-December 1968), pp. 18-19.
17) Gary Cronkhite, Persuasion : Speech and Behavioral Change(Indianapolis : The Bobbs-Merrill Company, Inc., 1969), p. 58.
18) Carl I. Hovland, Irving L. Janis, and Harold H. Kelley, Communication and Persuasion(New Haven : Yale University Press, 1964), p. 103.
19) Davis, op. cit., p. 193.
20) Ibid., pp. 206-7.
21) Daniel D. Walker, Enemy in the Pew?(New York : Harper and Row Publishers, 1967), p. 94.

16장
대화 설교

　현대인은 대화를 매우 중요한 것으로 생각하게 되었다. 이러한 발전은 불가피한 것이다. "행함으로 배운다."는 철학의 영향을 입은 교육가들은 강의를 세미나로, 개인 학습 경험을 그룹 학습 경험으로 대치해 왔다. 교육의 어떤 장도 이런 물결에 물들지 않은 곳이 없다. 대화라는 풍조는 모든 수준의 교육, 곧 초등학교로부터 대학에 이르기까지 모든 교육에 영향을 미쳐 왔다.

　우리가 살고 있는 이 전자 시대는 대화 의식을 가진 사회를 만들어 가는 데 도움을 주어 왔다. 마샬 맥루한은 주장하기를 "뜨거운 매체(연설, 신문, 또는 라디오)는 차가운 매체(세미나, 개인적 메시지를 전달해 주는 전화, 또는 오후 텔레비전 프로에 나오는 연속극 같은 것들)가 주는 영향과는 전혀 다른 영향을 받는 사람들에게 준다."고 한다. 뜨거운 매체는 정확한 지식을 얻는 데는 큰 도움이 안 되나 참여도는 높다. 전체 사회는 거의 무의식적으로 우둔과 초연함의 특권을 누리던 구텐베르크의 시대로부터 시작해서 TV 어린이와 그가 보여 주는 '참여의 신비'로 특징지어지는 수

많은 관련을 맺어야만 살아갈 수 있는 이 전자 시대에 이르기까지 변화되어 왔다. 그 사회는 "매체는 마사지이다."라는 마샬 맥루한의 격언이 주는 진리를 깨달아 왔다.

교회와 교회의 설교가 이런 영향을 받아 왔다고 하더라도 아무도 놀라지 않을 것이다. 설교의 결과로 아무 일도 일어나는 것 같지 않다는 사실을 슬퍼하고 있는 목사들은 이제 틀에 박힌 따분한 설교에서 벗어나 무엇인가 새로운 생기를 불어넣어 주어야 한다. 이러한 상황에서 대화 설교는 대안의 하나로 나타났다. 어떤 빈정대기 좋아하는 사람들에 따르면 이것을 찬양하는 이유는 설교하기를 좋아하지도 않고 또 설교해 보아야 들어 줄 교인이 없는 일부 설교자들의 설교자로 부적합한 성격 때문이라고 한다. 다른 한편에서 보면 그것은 대화 시대의 특성과 심각하게 씨름해 온 적극적인 운동이기도 하다. 교회 안에서의 그러한 움직임은 커뮤니케이션 이론가들의 지지를 받고 있다. 그들은 오랫동안 커뮤니케이션은 하나의 쌍방 과정이라고 주장해 왔다. 보내온 사람과 받는 사람(설교자와 듣는 사람)은 역동적 관계를 맺고 있다. 설교는 쌍방 통행로이다. 능동적인 설교자와 수동적인 교인들의 관계가 아니라는 말이다. 설교자는 능동적이어야 하고 듣는 사람은 수동적이어야 한다는 이 독백의 망상은 우리 시대에 와서 도전을 받고 있다. 바로 이것이다. 교인들은 신앙적 정보를 수동적으로 앉아서 받아들이기만 하는 데 만족하지 못하고 있다. 교인들도 약간의 활동이라도 바라고 있고, 또 그렇게 할 자격이 있다.

웨인 톰슨은 이렇게 말한다. "태도를 변화시키는 데는 어떤 방법도 보장될 수가 없다. 그러나 지금까지의 연구 결과가 일관성 있게 보여 주는 것을 보면 '변화를 일으키는 데는 토의가 효과적인 것으로 보인다.'는 말이 그래도 적절하고 많은 지지를 받는 일반적인 주장이라고 하였다."[1] 수동적으로 구경만 할 때보다는 참여하고 관계를 맺을 때에 태도의 변화는 더 쉽게 일어나는 것 같다.

리비트와 뮤엘러는 이렇게 결론을 맺는다. 즉, "피드백은 정확도를 높여 주고 더 많은 자료를 제공하며, 듣는 사람들로 하여금 자기가 하고 있는 일에 대한 확신을 갖게 한다."[2]는 것이다. 그룹 다이나믹스는 그룹 활동에서 개인 간의 상호 작용이 얼마나 가치 있는지를 보여 주고, 심리학자들은 자기 동일화와 카타르시스와 관련을 맺는 것이 얼마나 가치 있는 일인지를 가르쳐 준다. 이러한 여러 가지 증거들의 축적된 결과들이 대화 설교 운동의 든든한 배경이 되고 있다.

성경적 선례

대화관계로서의 커뮤니케이션은 새로운 것이 아니다. 대화는 히브리 예배 의식에서 이미 사용되었다. 시편은 흔히 성전 예배나 회당 예배에서 이야기로 되거나 읊어지거나 노래로 불렸다. 예배 의식은 말하는 사람들이나 노래하는 사람들 간의 화답이 이루어지는 데서 발전되었다. 시편 24편과 시편 136편에서 그 예를 볼 수 있다. 선지자 이사야는 회원들에게 하나의 극적인 명제를 제시하였다. "여호와께서 말씀하시되 오라 우리가 서로 변론하자"(사 1:18). 이것은 서로 경험을 나누고 응답하여 상호 작용을 하는 기회를 가지고 대화를 나누자는 호소였으며, 하나님의 용서의 가능성을 가지고 자기 이해의 기초로 삼으라는 호소였다.

알버트 윈드햄은 "설교는 원맨쇼가 아니다"라는 제목의 미간행 석사 논문에서 이렇게 이야기하고 있다.

복음서에 나오는 약 125개의 교훈 기사 가운데 거의 54%는 듣는 사람에 의해서 시작되었다. 그리고 그 뒤에 나오는 교훈도 강의나 설교가 아니라 질문과 대답과 반대와 동의와 거부로 된 대화였다.[3]

복음들은 대화들로 가득 차 있으며 반면에 길고 화려한 설교에는 별로 관심이 없다. 사도들은 장터나 회당에서 복음을 전할 때 끊임없이 살아 있는 듯한 대화에 열중하고 있다. 오순절에 베드로가 설교를 끝냈을 때 사람들이 "형제들아, 우리가 어찌할꼬?"(행 2:37)라고 물었던 것은 아주 자연스럽게 이루어졌을 것이다. 신약 교회의 민주적인 성격은 이런 형태의 참여가 가능했음을 시사한다. 고린도 교회에서는 기독교 메시지를 서로 나누어 가지는 행위가 정상적이었던 것 같다. "너희가 모일 때에 각각 찬송시도 있으며 가르치는 말씀도 있으며 계시도 있으며 방언도 있으며 통역함도 있나니 모든 것을 덕을 세우기 위하여 하라"(고전14:26). 이것은 혼자서 모든 것을 다해야 한다는 정신을 가진 목사가 지배하는 예배를 위한 공식이 아니라, 신앙을 생활에 적용하기 위하여 평신도들이 질서 있게 상호 작용할 수 있게 하려는 하나의 제안이다. 사람들은 성령님의 감동을 받은 대로 자기의 경험을 다른 사람들에게 전해 줄 자유가 있었다. 에베소서 4:15~16은 이러한 태도와 실천을 보여 준다. "오직 사랑 안에서 참된 것을 하여 범사에 그에게까지 자랄지라. 그는 머리니 곧 그리스도라. 그에게서 온몸이 각 마디를 통하여 도움을 입음으로 연락하고 상합하여 각 지체의 분량대로 역사하여 그 몸을 자라게 하며 사랑 안에서 스스로 세우느니라."

시간이 흐름에 따라 공식적인 것이 비공식적인 것을 몰아내었고, 대화는 독백에게 길을 비켜 주었다. 웨인 오츠는 이런 후퇴 현상을 추적하고 있다.

> 기독교 메시지는 원래 쌍방 통행적 대화로 선포되었다. 그때의 기독교인들은 하

나님께서 그리스도를 죽은 자 가운데서 살리실 때 행하신 일들에 대한 증인들이었다. 하나님께서는 그들을 어둠에서 불러내어 살아 계신 그리스도의 면전에서 하나님을 아는 지식의 빛으로 인도하셨다. 그리고 그들의 증거를 들은 사람들은 자유롭게 그들과 대화를 나누며 그들에게 묻기도 하고, 이 모든 일들에 비추어서 성경의 의미를 토론하기도 하였다. 그러나 서구 세계의 수사적 학풍이 기독교의 메시지를 지배하게 되었을 때 기독교의 설교는 아주 다른 어떤 것으로 바뀌고 말았다. 웅변이 대화를 대신해 가는 경향이 일기 시작한 것이다. 그리고 웅변가의 위대함이 예수 그리스도의 깜짝 놀랄 만한 사건을 대신하여 버렸다. 그리고 설교자와 교인들 간의 대화는 독백에 눌리어 사라져 버렸다. 단지 오순절 교회와 가두 설교와 정신병원에서만 기독교 설교자는 청중으로부터 오는 반응이나 질문 때문에 방해를 받는다. 만약 주일 아침 설교 시간에 어떤 사람이 일어나서 "형제들아, 우리가 어찌할꼬?"라고 한다면 어떤 일이 일어날까 하고 사람들은 생각해 본다.[4]

대화 설교의 정의

웹스터 사전은 대화란 "둘이나 그 이상의 사람들이 …… 이야기를 나누거나 추리해 나가는 것이다."라고 한다. 그것은 "둘이나 그 이상의 사람들 사이에서 이루어지는 회화이다." 그것은 상호 담론의 형식을 띤다. 루엘 하우는 이렇게 이야기한다.

대화는 의미가 서로 통하는 사람들 간의 이야기와 그 응답이다. 그것은 정상적으로 그 관계를 방해하는 모든 장애 요소가 있음에도 불구하고 이루어진다. 그것은 있는 그대로의 자기를 다른 사람에게 알려 주고자 하며 동시에 있는 그대로의 다른 사람을 알고자 하는 사람들 간의 상호 작용이다.[5]

폴 틸리히가 지적한 대로 그것은 "하나의 참여이다. 참여가 없는 곳에 커뮤니케이션도 이루어지지 않는다."⁶⁾

대화 설교는 참여의 필수성을 가정하고 있기 때문에 여러 가지 수단을 통하여 사람들 사이의 이러한 역동적 상호 작용을 성취하려 한다. 톰슨과 베네트는 대화 설교를 "공적 예배라는 환경에서 이루어지는 하나의 행위"라고 정의했다. "공적 예배에서 둘이나 그 이상의 사람들이 설교나 메시지와 같은 언어를 통한 의사 교환에 참여하는 것이라"는 말이다.⁷⁾

이제 우리의 목적에 비추어서 대화 설교를 넓은 의미에서 고찰하기로 하자. 베네트는 대화 설교를 공적 예배 경험에서 일어나는 것에만 한정해 버렸다. 그러나 대화는 예배에 분명히 필수 불가결한 것은 물론 예배에 부수되는 것이기도 하다. 대화 설교는 단순히 제시만 하는 것이 아니다. 그것은 형식을 갖춘 설교를 위한 준비와 그 뒤에 오는 토의나 반응을 모두 포함한다. 그리고 그것은 공식적 예배 도중에 비공식적으로 하는 회중의 토의일 수도 있다.

윈드햄이 내린 정의는 좀 더 폭이 넓다. 아마 더욱 도움이 될 것이다. 그에 의하면 대화 설교는 "하나님의 말씀을 자기 자신들과 세상에게 선포할 때에 목사와 교인들의 협력적 노력이다."⁸⁾

대화 설교는 목사와 교인들, 하나님의 말씀과 사람들의 필요 사이의 상호 작용을 촉진하는 하나의 모험이다. 프랭크 댄스는 "참여 설교"라고 부르기를 좋아한다. "설교는 한 사람이 하는 것이 아니라 믿음의 공동체가 합창으로 하는 것이다. 한 사람 한 사람 모두가 사람과 하나님 사이의 이 커뮤니케이션에서 한 가지씩의 역할을 한다."⁹⁾

대화 설교는 단순히 교인들과 설교자가 상호 작용을 하는 행위는 아니다. 그것은 하나의 태도이다. 설교 준비를 할 때 루터는 한 사람의 독일 소년과 한 사람의 독일 소녀를 눈앞에 그려보려고 항상 노력했다. 그리고 그들이 무엇이라고 말할 것인지를 주의해서 생각해 보았다. 그들은 이해할 수 있을까? 그들은 어떤 질문을 할 것인가?

해리 에머슨 포스딕은 1928년에 쓴 글에서 설교는 이러해야 한다고 했다.

> 설교는 설교자와 그의 교인들 사이의 협력적 사업이어야 한다. 어떤 사람이 교인들의 생활과 사고에서 현실적인 문제점을 발견하고, 그 문제를 해결해 보려고 노력할 때 그는 자신이 독단적으로 생각하고 있는 것이 아니라 그들과 협력적으로 생각하고 있는 자신을 발견하게 된다. 그의 설교는 자신이 그들의 위치에 서서 그들이 그 문제를 스스로 해결해 나갈 수 있도록 도와 주려는 노력의 결과이다.[10]

"미래는 …… 하나의 모험이라고 묘사될 수 있는 설교 형태에 속한다. 그런 설교에서는 설교자와 그의 회중이 서로 협력하여 생각한다."[11]고 한 점에서 그는 분명히 옳았다. 훌륭한 선생은 학생들을 위해서 생각하지 않고 학생들과 더불어 생각한다. 설교단에서도 마찬가지이다. 때때로 설교자는 다음과 같이 말함으로써 설교단으로부터 대화적 태도를 나타낼 수 있다. 즉, "그러나 여러분 가운데 몇 사람은 이렇게 말할 것입니다." 아니면 "불가피하게 제기되는 몇 가지 문제점을 생각해 봅시다." 또는 "여러분 가운데 몇 사람은 최근에 이러한 경험을 해 왔습니다. 그리고는 우리의 무엇을 할 수 있느냐고 묻고 있습니다."라는 말을 통하여 대화의 문을 연다. 대화적 태도는 자기 교인들 사이를 민감하게 움직이는 대화적인 사람의 경험을 기초로 하여 얻어진다. 그렇게 함으로써 그는 인간 실존을 특징지어 주는 여러 가지 삶의 문제들을 그들과 더불어 경험할 수 있게 된다.

"대화적인 사람은 진리를 다른 사람들과 상관시켜 볼 줄 아는 개방된 사람이다. 반면에 독백적인 사람은 다른 사람들을 진리와는 별개의 사람들로 보며, 그들을 무관한 존재들로 취급한다. 대화적인 사람은 자기를 쉽고 분명하여 모호함이 전혀 없는 해답을 나누어 주는 사람으로 보려 하지 않고 한 사람의 탐구하는 동료로서의 역할을 다하려고 노력할 것이다."12) 대화는 하나의 방법 그 이상의 것이다. 그것은 하나의 원리이다. 그것은 사람들에게 접근하는 하나의 방법이다. 대화에 참여한다는 것은 반드시 말하는 사람이 여러 사람이어야 한다는 말은 아니다. 그러나 이해심과 개방성과 감정 이입은 반드시 있어야 한다. 비록 독백적 형식의 설교를 하고 있을 때까지도 이런 것은 있어야 하며, 기꺼이 사람들을 만나려고 해야 한다는 말이다. "커뮤니케이션은 설교자와 교인들이 서로에게 의존하고 있다는 - 의식적으로, 협력적으로, 끊임없이 - 사실을 깨달을 때 가능하다."13)

대화체의 설교를 작성하는 것보다 대화적 태도를 기르는 것이 더 어렵다. 대화는 원고보다는 관계에 더 의존하기 때문이다.

대화 설교의 가치

많은 사람들이 대화의 가치를 인정하고 있는 반면, 어떤 사람들은 아직도 교회 안에 대화가 있어야 한다는 데 회의적이고 비판적이다. 대화 설교에 대한 반대 의견도 많이 있다. 어떤 사람에게는 그것이 신성한 전통에서의 이탈로 보인다. 그들은 대중을 상대로 하나님의 말씀을 선포하던 구약의 선지자들과 오순절에 수천 명의 사람들을 상대로 설교하던 베드로와, 산 위에서 군중을 가르치시고 적어도 한 번 이상의 기회에 수천 명의 대중을 상대로 말씀하시던 예수님의 이야기를 예로 든다. 다른 어떤 사람들은 솔직하게 자기는 어떤 새로운 것을 시도해 볼 만한 용기가 없다고 고백한다. 그들은 항상 한 가지 방법으로만 설교해 왔고, 이제 와서 이 확립된 행동 양식을 바꾼다는 것이 쉽지 않을 것이다. 어떤 사람들은 교인들로부터 나올 부정적 비판을 염려하고 있다. 또 어떤 사람들은 그것이 더 많은 준비를 요한다는 것을 알고 있다. 그런데 그들의 시간 계획은 이미 너무나 꼭 짜여 있어서 그런 준비를 더 한다는 것이 불가능해 보인다. 어떤 사람들은 그것이 어떤 기술을 필요로 한다고 느낀다. 그런데 그들은 그 기술을 가지고 있지도 않고, 또 가지고 싶어하지도 않는다고 생각한다. 대화 설교는 설교에 실패한 몇몇 사람이 '만들어낸 것' 이라고 반대하는 사람들도 소수 있다. 그들은 좋은 설교란 아직도 전통적인 방법으로 해야 가능하다고 주장한다. 또 어떤 사람들은 역할 문제에 관심을 가진다. 그들은 설교란 성직자에게만 속하는 영역이라고 생각한다. 목사들은 이 일을 하라고 부르심을 받았으며 평신도들은 다른 형태의 일을 감당하라고 부르심을 받았다는 것이다.

대화 설교를 해 온 사람들은 그 가치를 다음과 같이 증언한다.

(1) **그것은 교인들에게 높은 흥미를 불러일으킨다.** 설교의 신선함과 변화를 위해서는 먼저 사람들의 주의를 끌고 또 잡아야 하기 때문에 이것은 바람직한 것이다. 대화 설교는 사람들을 구경꾼이 되어 뒷자리에 수동적으로 앉아 있게 하지 않고 전해지는 그 사상에 직접 관련을 갖게 한다. 때때로 설교자와 그가 표현하는 관점이 일치를 이루기도 한다.

(2) **명확한 설명. 때때로 문제들이 모호해지기도 한다.** 그러나 대화가 있는 곳에서는 문제가 분명해지고 더 잘 이해되게끔 하는 경향이 있다. 개인들간의 상호 작용은 모호하던 것이 분명하고 맑게 드러나도록 해 준다.

(3) **그것은 사람들로 하여금 그렇지 않으면 생각하지 못했을지도 모르는 문제들에 직면하게끔 한다.**

예를 들어 어떤 목사가 공정한 주택법을 주장하고 있다고 하자. 그것을 듣고 있는 어떤 교인이 만일 거기에 전혀 동정을 느끼지 못한다고 하면 정신적으로는 다른 채널을 돌려 다른 생각을 하고 있을 수도 있다. 그러나 그 다음 줄에 앉아 있던 친구가 그런 주장을 하고 있을 때 그는 적어도 귀를 기울일 것이다. 거기에 조금이라도 새로운 것이 있기만 하면 된다.[14]

대부분의 사람들은 자기의 견해나 신념의 구조와 상반되는 생각에는 아예 귀를 열려고 하지 않기 때문에 이것은 매우 중요하다. 그것은 이미 우리가 '인식의 불일치'로 논의해 온 것이다.

(4) **그것은 신앙을 깊게 해 준다.** 많은 교인들에게 교회의 설교에 참여할 책임을 안겨 준다면, 그것은 교육의 수단으로서, 그리고 그들의 신앙을 깊게 해 주는 수단으로서 없어서는 안 되는 중요한 것이 된다.[15] 그들은 그리스도의 몸인 교회의 쓸모없고 열매도 맺지 못하는 지체가 되지 않고 그리스도 안에서 사는 법을 배우게 된다. 그들은 무엇인가를 받았기 때문에 전해 줄 수 있는 무엇인가를 소유하고 있다. 모든 선생들은 일찍이 이러한 진리를 발견해 왔다. 대화 설교의 최대의 가치는 대화에 참여하는 사람들의 생활에서 일어나는 변화이다. 만일 복음이 사람들은 변화시키기 위해서 주어지는 것이고 대화가 그 변화의 과정에서 돕는 것이라면 대화 설교를 해야 하는 더 큰 이유를 찾을 필요가 없다.

대화 설교의 형식

대화 설교에 관심이 있는 사람들에게는 특히 다음 세 권의 책을 추천하고 싶다. 루엘 하우의 「설교의 파트너」(역자 주 : 본서는 본 역자에

의하여 번역 출판됨), 클라이드 리드의 「설교의 위기」(역자 주 : 본서는 본 역자에 의하여 번역 출판됨)과 윌리엄 톰슨과 고든 베네트의 「대화 설교 : 공동의 설교」가 그것이다.[16] 톰슨과 베네트의 글은 특히 도움이 된다. 대화 설교 가운데 대표적인 명설교들을 싣고 있기 때문이다. 거기에 실려 있는 여덟 편의 설교는 대화 설교라는 이름으로 이용될 수 있는 여러 가지 형식을 암시해 준다.

대화 설교는 두 가지 기본 형식을 내포하고 있다. 강단 대화와 회중 대화가 그것이다.

I. 강단 대화

강단 대화는 공식 예배 도중에 둘 이상의 사람들이 서로 대화를 하는 형식이기는 하지만 회중이 아무나 그 대화에 참여하는 것은 아니다. 강단 대화에 참여하는 사람들은 비록 모습은 반드시 보일 필요가 없지만 소리만은 분명하게 들려야 한다. 때에 따라서는 목소리만 들리고 사람의 모습은 보이지 않을 것이다. 그는 교회의 다른 방에 있을 수도 있고, 회중 가운데서 일어서서 할 수도 있다. 또 성가대석에 자리 잡을 수도 있고, 발코니나 예배실 밖 로비에서 말할 수도 있을 것이다. 아니면 어떤 목사가 한 것처럼 모습은 완전히 숨긴 채 마이크를 이용하여 말소리만 들리게 할 수도 있다. 가능성은 무한하다. 강단 대화는 혼자서 할 수도 있다. 워싱턴 특별구에 있는 웨스트모어랜드 회중 교회의 로링 체이스는 그런 설교를 하였다. 그는 목소리를 변화시켜 두 가지 역할을 해냈다. 처음에는 우스꽝스러운 질문자가 되고, 두 번째는 변덕스러운 질문자 역할을 해냈다.[17]

강단 대화의 목적은 회중에게 어떤 식으로든 응답을 하게 하려는 것이다. 이렇게 할 때에 교인들은 심리적으로 대변자가 말하는 제안이나 갈등을 자기의 것으로 삼는다.

여기에 네 가지 다른 형태가 있을 수 있다.

(1) **지지하는 대화.** 이 방법은 목사들 간에, 목사와 평신도 간에, 목사와 청년들 간에, 여러 가지 신앙을 대표하는 사람들 간에 행해져 왔다. 목적은 본질적으로 참여한 사람들이 공통의 이해에 도달하였음을 서로에게 알려 주는 것이다. 어떤 사람들은 이것을 '팀 교육' 또는 '빌려준 책임'이라고 불렀다. 특별한 어려움이나 대조점들은 제시되지 않는다. 단순히 메시지가 한 사람의 목사에 의해서 전달되기보다는 두 사람이 함께 전달하는 것이다. 이런 식으로 한 사람이 아닌 여러 사람이 등장하여 주는 변화는 사람들로 하여금 귀를 기울이게 한다. 처음부터 끝까지 한 사람이 하는 것보다 이것이 좀 더 흥미로울 것이다. 그러나 이것은 내 생각으로는 가장 좋은 형식의 대화 설교는 아니다. 대답되지 않은 어떤 문제나 갈등이 포함되어 있는 대화가 보다 나은 형식으로 생각된다.

(2) **질문형의 대화.** 한 사람은 질문자가 되고 다른 한 사람은 대답하는 사람이 된다. 톰슨과 베네트가 지적한 바와 같이 이것은 쉽게 인위성이나 거짓 친절로 타락할 수 있다. 그리고 '연극조'로 되거나 일부러 꾸민 듯한 형식이 될 수도 있다. 이상적인 질문 형식이라면, 누구나가 좋은 질문을 할 수 있는 책임 있는 참여자가 되고, 때에 따라서는 그 주제에 관한 사려 깊은 대답도 할 수 있어야 한다.18)

(3) **갈등의 대화.** 가장 열광적으로 받아들여지는 대화 설교의 형식은 갈등이나 의견의 불일치, 또는 아주 다른 의견의 차이 등이 있는 대화 설교이다. 반대하는 세력이 있을 때 갈등이 생기며, 사람들은 그 표현들 가운데 어느 하나에 동조하게 된다. 갈등은 '착한

사람'과 '나쁜 사람' 사이에서 생길 수도 있고, 어느 한 사람은 강경파에 속하고 다른 한 사람은 평화론자일 때 전쟁 문제와 같은 두 가지 가능한 의견 사이에서 일어날 수도 있다. 갈등은 긴장을 유발하고, 긴장은 듣는 사람들에게 영향을 미친다. 갈등이 있는 대화에 참여하는 사람들은 단순히 자신을 위해서만 말하는 두 사람이어서는 안 된다. 그들은 회중을 대표하는 두 가지 견해를 대변하여야 한다. 그렇다고 이 형식의 대화가 꼭 서로 적대감을 가지고 있는 두 사람을 포함할 필요는 없다. 친밀한 상호 작용을 통해서 어떤 문제에 대한 훌륭한 토론을 벌일 수도 있다. 대학가에 있어서 훌륭한 교육을 받은 사람들로 구성된 회중은 다른 형태의 회중보다 더 쉽게 이런 갈등형의 대화를 받아들일 것이다. 이러한 비정통적 방식으로 진리를 전하려면 회중이 올바른 판단을 내리게 하기 위하여 조심스러운 서론을 준비할 필요가 있을지도 모른다.

미네소타 주의 세인트폴에 있는 어느 장로 교회에서는 이런 설교가 행해진 적이 있다. 설교자는 처음에 약간 전통적인 주제를 논하면서 아주 전통적인 언어로 설교를 시작하였다. 그러자 회중 가운데서 한 젊은이가 일어서서 설교자에게 도전하고 나섰다. 다행히 안내 위원들이 미리 그러한 상황에 대비하고 있었다. 청년의 주위에 앉아 있던 부인들 중의 몇 사람이 "앉으세요, 앉아!"라고 말하는 작은 소리가 들리기도 하였다. 그 주일 아침에 있었던 상호 작용은 조금도 혼란을 일으키지 않았다. 그리고 사람들은 아직도 그 이야기를 하고 있다. 그날의 주제는 부활절과 부활 신앙이었다. 그리고 그 청년은 기술 과학의 시대요, 회의의 시대인 지금 그런 신앙이 정말 의미가 있는 것이냐고 질문을 제기하였던 것이다. 성경에 나오는 인물들이 대화에 이용될 수도 있다. 그것은 다윗과 사울 사이의 대화일 수도 있고, 예수님과 나사로 사이, 누가와 실라 사이의 대화일 수도 있다. 때로는 세 사람의 대화가 이용되기도 하였다. 그런 경우에는 세 가지 견해가 제시되면 된다. 예를 들면 한 사람은 '사람'을, 다른 한 사람은 '양심'을, 세 번째 사람은 '시험하는 자'를 대표할 수 있다. 그 설교는 '양심'과 '시험하는 자'가 제시하는 가능한 삶의 두 가지 양식을 저울질해 보는 '사람'을 중심으로 전개될 수 있다. 「중심에 서 있는 인간」이라는 제목의 명설교 선집에 이런 종류의 설교가 여러 편 실려 있다.[19]

(4) **대화 설교의 혼합 형태.** 톰슨과 베네트는 펜실베이니아 주 필라델피아에 있는 게르만 타운 제일 감리 교회의 목사이신 로버트 레인즈와 데오도르 로더가 성탄절에 행한 "의식의 시냇물"이라는 제목의 설교를 자기들의 책에 실었다. 거기에는 설교가 마치 입체 음향 처리된 음악 레코드판같이 전개된다.[20] 독자들은 이런 형식의 설교에 대한 주의 깊은 연구서인 톰슨과 베네트의 책 제 3장 "강단에서의 대화"를 자세히 읽으면 큰 도움이 될 것이다.[21]

2. 회중 대화

회중 대화는 예배 중이나 전, 또는 후에 일어나는 반응이나 피드백 형식의 대화를 말한다. 이런 대화는 교회 안에 속한 사람과 교회 밖에 있는 사람 모두를 위해서 취해지는 대화이다. 다시 말해서 신앙을 갖고 싶어하기는 하나 전통적인 신앙을 받아들이지 못하거나 자극이 전혀 안 된다고 생각하는 사람들을 위한 것이다. 그것은 예배하는 사람들에게는 매우 유익하다. 그들은 기독교가 교회의 자리나 차지하고 앉아서, 반작용이나 상호 작용이나 반응을 보일 수 있는 기회는 얻지 못하고 수동적으로 강단으로부터 쏟아져 내리는 반쯤이나 소화된 신앙적 정보를 받아들이는 것 이상이라는 사실을 발견하고 감사하기 시작한다. 이런 설교 구조에서 사람들은 자신이 이미 그 과정에 사로잡혀 있음을 발견하게 된다. 그들은 의견을 서로 나누고 반응을 보이며 자기 신앙을 분명히 표현할 수 있는 특권을 누린다. 그리고 또 이렇게 하는 동안 자기 신앙에도 여러 가지 영향을 미치게 된다. 회중 대화는 설교 전이나 설교 도중이나 설교 후에 일어난다.

(1) **설교 전에.** 회중 대화는 목사와 회중 간의 그 주간에 이루어진 일들에 대한 비공식적인 대화에 불과할 수도 있다. 어떤 설교자도 자기의 설교 본문을 가능한 한 많은 사람들과 함께 논하는 것을 두려워해서는 안 된다. 설교는 단순히 사람들에게 듣는 훈련을 시키기 위해서가 아니라 더 중요하게는 주일 공식적인 형식으로 전해지는 복음에 대한 그들의 태도를 발견하도록 도와 주기 위해서 행해지기 때문이다. 다시 말하면 설교자는 주간 동안에 혼자서 자기의 설교 원고와 자기의 생각만 가지고 살아서는 안 되고, "자기 교회의 교인들과 형제관계를 맺으며" 살아야 한다.[22]

어떤 목사들은 다음 주일 설교 본문과 관련시켜서 교인들이 주간에 경건생활을 위해서 읽을 구절들을 주보에 끼워 주는 지혜를 갖게 되었다. 주간에 매일매일 읽을 구절들이 따로따로 주어지고, 그날 읽을 성경 본문에 관해서 어른들을 위한 질문과 아이들을 위한 질문이 따로 주어진다. 어떤 의미에서 설교는 주간 내내 온 교구에 걸쳐서 행해지고 있는 것이다.

설교 세미나도 약간 인기를 얻어가고 있다. 그 주간 초에 목사와 더불어 설교에 나오는 생각들을 두고 토의하고 싶은 사람은 누구나 이 세미나에 참석할 수 있도록 개방되는 것이 일반적이다. 캘리포니아 주의 버클리 제일 회중 교회는 목사인 브라운 바(Brown

Barr)와 더불어 매 주간 이러한 모임을 갖는다. 이 모임은 다음 주일에 설교하게 되어 있는 목사가 인도하였다. 평신도들은 주석을 읽음으로써 본문을 연구하고 준비를 하게 되어 있었다. 그리고 그들은 여러 가지 번역 성경들과 질문과 자기 나름대로의 생각과 개인적인 필요 등을 가지고 오게 되어 있었다. 그리고 약 35분 동안 여덟에서 열 사람 정도가 한 그룹이 되어 테이블에 둘러앉아 성경 본문에 대한 응답을 서로 나누게 되어 있었다. 그 다음에는 전체가 한 그룹이 되어 피드백을 하는 시간이 있었다. 그리고 그 모임은 15분 정도의 개인 기도 순서로 끝을 맺었다. 그러면 설교자는 그 설교 세미나에서 일어났던 관심에 대한 통찰력과 표현들을 한 아름 안고 자기 서재로 돌아가는 것이었다.[23]

메어리 이킨에 따르면 사람들은 여기에서 많은 유익을 얻을 수 있었다. 이제 그들은 성경을 생활과 관련시켜 보게 되었다. 사람들은 그들이 하나님과 자기와의 관계를 추구할 때 다른 사람과의 사이에도 서로 긴밀한 우정이 생기는 것을 깨달을 수 있었다. 또 목사는 목사대로 자기의 설교에 개인적인 통찰력을 불어넣어 준 이 관찰에 대하여 감사하고 있었다. 거기에 덧붙여서 사람들은 다음 주일 설교를 간절하게 기다리게 되었다.[24]

교회의 '행정 절차를 통해서' 교회 일에 불평을 토론하는 모든 사람들에게 약간 주저하는 마음이 들기는 하지만 다음과 같은 제안을 해 본다. 교회 조직 안에 있는 모든 위원회 이외에 설교를 위한 위원회도 신중하게 고려되어야만 한다. 설교를 위한 이 위원회는 매 주 초에, 아마 늦어도 화요일 밤 이전에 목사와 함께 모여서 다음 주일에 있을 설교를 위하여 토의를 할 수 있을 것이다. 이 위원회의 구성원은 일곱이나 여덟 사람을 넘지 않게 하고, 그 가운데 주부, 학생, 전문 직업인, 교사, 노동자, 연세가

지긋한 이들 등이 포함되도록 해야 한다. 이 대표자들은 회중 자체를 대변할 수 있을 만큼 폭넓게 구성될 필요가 있다. 이 그룹에 속한 사람들은 미리 알려 준 설교 제목과 성경책을 가지고 올 것이다. 그리고 주일에 행해질 설교를 위해서 모이는 이 모임에 질문할 것들을 가지고 오기 위해서는 이미 그 본문을 읽었고 또 생각도 해 보았을 것이다. 그들은 그 주제가 그들의 경험 세계에서 지금까지 어떤 결과를 가져왔는지 이야기해 주기 위해서 목사에게 반응을 보일 것이다. 교사들은 이런 문제점을, 학생은 저런 문제들을 제기할 수도 있다. 노인층은 젊은이가 제기하지 않는 문제를 제기할 것이고, 그 반대도 성립할 것이다. 각자가 그 설교에 자기 자신의 견해와 경험과 통찰력을 줄 것이며, 그렇게 해서 그 설교를 인간화시킨다. 설교를 사람들로부터가 아니라 주석들로부터 준비할 때는 흔히 놓치게 되는 실제적인 요소를 목사는 이 과정을 통해 얻을 수 있을 것이다.

이 위원회 구성원을 매 3개월마다 바꿈으로써 4~5백 명 교인이 되는 교회에서는 4~5년이 지나는 동안에 어느 가정에서나 모두 이 위원회에 한 번씩은 참여할 수 있었을 것이다.

(2) **설교 도중에**. 회중이 메시지 자체가 전해지는 동안에 거기에 관여할 수 있는 방법이다. 두 가지 가능성을 고려해 볼 만하다. 첫째 방법은 "질문이 있으면 언제라도 하시오." 하는 방법이다. 설교를 시작할 때 목사는 회중에게 설교 도중에 제기되는 어떤 질문이라도 단순히 손을 들어 표해 주기만 한다면 기꺼이 받아서 답해 주겠다고 말해 둔다. 질문이 제기되면 목사는 그 문제를 인정하고 답을 한 뒤에 계속하여 메시지를 전한다. 이것은 분명히 때에 따라서 해 볼 수 있는 변형이다. 정기적인 예배에서 이 방법을 발전시켜서는 안 된다. 모든 회중이 그런 기회를 독점해 버릴지도

모르는 사람이 될 가능성을 지니고 있기 때문이다. 만일 이런 가능성이 있다면 이 방법은 버리지 않으면 안 된다.

제 2의 가능성은 "내가 설교하는 데 도와 주십시오."라고 불리는 방법이다. 목사는 회중이 모두 볼 수 있도록 칠판이나 오버헤드 프로젝터를 사용한다. 설교에 적절한 성경 본문을 읽고 난 후에 목사는 회중을 향해서 이렇게 묻는다. "이 본문의 주제가 무엇이라고 생각합니까?" 회중이 대답하는 대로 그것을 칠판 위에 적는다. 그리고는 모두가 동의하는 한 가지를 찾아본다. 일단 주제가 결정되면, 본문이 그 주제에 관하여 무엇을 말해 주고 있는지를 물어본다. 물음에 대한 결론적인 답들은 칠판에 기록된다. 사람들이 이렇게 논의하는 동안 메시지의 윤곽이 이미 설정되어 버린다. 그 다음에는 이렇게 묻는다. "당신은 이 개념을 바로 표현하기 위해서 어떤 예증을 들겠습니까?" 사람들은 또 개인적인 통찰력이나 그들이 들은 이야기와 경험들을 서로 나눈다. 그들은 이미 구체적인 실례로써 설교의 구조를 채워 나가는 데 익숙해져 있다. 마지막으로 목사는 말한다. "오늘 우리의 삶을 위하여 이 주제나 본문으로부터 우리는 어떤 진리들을 취해야 하겠습니까?" 여기서도 여러 가지 적용이 제시되고 모두가 동의하는 합의점을 찾아보고, 그 다음에 모두가 읽을 수 있도록 간단히 적용의 내용을 적어 내려간다. 이런 방법을 이용하려면 목사는 교인들에게 이런 형식의 자유를 허락할 수 있을 만큼 확신이 있어야 한다. 그 방법은 목사에게 주의 깊은 준비를 요구한다. 그래서 그는 혹 그들이 성경을 잘못 해석하거나 본문의 의도를 오해할 때 그들을 지도할 수 있어야 한다. 그런 과정을 통하여 그는 그들에게 성경을 연구하고 그들 자신의 생활에 적용하는 등 그들이 스스로에게 하지 않으면 안 되는 일들이 무엇인지 가르치고 있는 셈이다. 동시에 그는 그들을 그 교회의 설교 과정에 관련시키고 있다. 그러나 이 방법도 매 주일 사용하기보다는 때에 따라서 해 볼 수 있는 것에 지나지 않는다.

(3) **설교 후에.** 많은 목사들이 설교 후에 회중과 더불어 토의를 벌인다. 보통 마이크를 여기저기 옮겨 다닐 수 있게 하여 교인들이 어디서나 질문도 하고, 설명을 덧붙이기도 하며, 결론에 대하여 이의를 제기하기도 하고, 제시된 진리들에 대한 예증을 더 베풀 수도 있다. 라인홀드 니버는 오래 전 그가 디트로이트에서 목회할 때 이 방법을 사용하였다. 그는 다소 논쟁이 될 만한 도덕적 문제나 혼란을 잘 일으키는 신앙적 질문에 관한 짤막한 설교를 하는 것이 보통이었다. 그는 예배를 끝내고 나서 30~45분 정도의 토의 시간을 가지곤 하였다. 그 그룹은 크지는 않았지만 그의 회상에 따르면, "그것은 지극히 사려 깊은 사람들의 모임이었다. 그리고 그들이 근본적인 주제들과 삶의 문제들을 탐구해 나가는 방법은 많은 설교보다도 더 가치 있는 것이었다."[25]

어떤 교회들은 보다 짧은 설교들을 좋아한다. 그래서 통상 예배 시간의 일부를 할애하여 토의 시간으로 삼을 수 있게 한다. 이 방법도 유익한 방법이다. 나는 여러 번 이 방법을 시도해 보았다. 특히 주일 밤 예배를 이렇게 해 보았다. 그리고 교인들이 때로는 한 가지 주제, 특히 그것이 사회 문제이거나 청소년 문제, 또는 논쟁이 될 만한 교회의 교리에 관한 문제일 경우에는 한 가지 주제를 놓고 한 시간이나 아니면 그 이상의 토의를 원한다는 사실을 발견하였다. 이런 토의 형식을 취할 경우에는 목사가 그 설교의 결론을 반드시 내릴 필요는 없다. 그 토의가 바로 설교이다. 그러나 지금까지 도달된 결론들을 요약해 주는 것은 현명한 일이다. 톰슨과 베네트는 이러한 형태의 상황에서 일어나는 위험성에 주목하고 있다. "① 특히 많은 회중이 있는 곳에서 토의를 시작하는 것은 매우 어려운 일이다. ② 몇몇 사람이 그 토의를 지배하는 경향이 있을 수 있고 결국 그들은 교회 본당에서 드리는 예배까지도 지배하려 할 것이다. ③ 목사는 해답이 들어 있는 상자처럼 생각될 수 있고, 잘못하면 사람들과의 정직한 대화를 그것이 방해할 수도 있다."26)

토론이 이러한 본질적인 위험성을 내포하고 있음에도 불구하고 모든 설교자는 적당한 숫자의 토의 그룹을 만들어 그들과 더불어 신중한 토의를 벌여 보아야 한다. 버즈 그룹(Buzz Group)은 설교 후에 대화를 나누는 또 하나의 다른 형태이다. 캘리포니아 주의 코비나에 있는 어떤 복음주의 자유 교회에서는 집사가 인도하는 조그만 그룹들이 모여서(커피 한 잔씩을 마시면서) 그날 있었던 설교와 그것이 그들의 생활과 가지는 관련성을 두고 토의를 벌였다. 이런 성질의 그룹에는 사람들이 가면을 벗고 솔직해지도록 하며 이야기를 빙빙 돌리지 않고 직접적으로 할 수 있게 해주는 디오게네스(역자 주 : 412?-323 B.C. 고대 희랍 철학자) 같은 사람을 필요로 한다. 버즈 그룹을 주도해 나갈 사람은 그 임무를 감당하고 또 토의될 그 주제를 다루어 가는 데 적임자가 되도록 정선되어 선발되며 준비되어야 한다. 어떤 버즈 그룹은 부분적으로만 완성되었던 메시지를 그 소그룹에서 완전하게 할 것이다. 일리노이 주 애디슨에 있는 평화의 황태자 루터 교회는 오전 8시 예배에서 이것을 실시해 보았다.

담임 목사나 교구 목사가 본문에 대한 짤막한 서론과 주석을 행한다. 이것은 보통 약간의 본문과 역사 비평을 포함하며, 주석에 관하여 몇 사람의 주석가들의 견해를 소개하기도 한다. 그러나 본문에서 어떤 교훈이나 도덕론을 유도해 내지는 않는다. 이 짧막한(2-3분을 초과하지 않는) 서론에 이어서 교인들이 그 본문을 설명해 보고 그것을 자기들의 생활에 적용해 보며 그 다음 거기에 적용되는 경험들을 서로 나눈다. 때때로 그들은 본문의 의미에 관해서 질문을 하기도 한다. 결과는 지도자들로부터 어떤 구조를 전해 받지 않고 행해지는 살아 있고 능동적인 대화로 나타난다. 거기에서 회중은 문자적으로 그 자신의 설교를 '쓰고 있는' 것이다.[27]

아침 예배 후에 모이는 주일학교 클래스에서 이런 토의를 해 볼 수도 있다. 그때의 주제는 설교에 대한 토의와 그 결과를 거기에 모인 사람들의 실생활에 적용하는 일이 될 것이다. 이와 같이 설교 후에 회중에게 설교에 대하여 토의할 수 있는 기회를 주려고 하면 목사가 질문을 두려워하지 않는 사람이어야 하며, 자유롭게 주고받는 형식을 무서워하지 않는 사람이어야 한다. 그런 목사는 자기 신앙의 확신을 가지고 있는 사람이며, 복음과 그 복음의 요구에 관한 한 하나님의 백성들의 공격을 기꺼이 받아들이는 것이다.

제언

I. 대화 설교는 모두를 위한 것이 아니다

대화 설교를 공식 예배에서 그대로 실천하는 것은 항상 옳은 것은 아니라는 말이다. 그러나 대화의 정신만은 항상 적용되어야 한다. 어떤 사람들은 하나의 방법으로서의 대화 설교를 실제로 행할 만한 이유가 거의 없다고 생각한다. 왜냐하면 회중의 관심도는 그렇지 않아도 높고, 사람들은 그들의 생활에서 변화를 경험하고 있으며, 다른 수단들을 통하여 교회의 전체적인 계획 안에서 그런 대화의 목표들이 성취되고 있기 때문이라는 것이다. 그런 교회에 속하는 어떤 목사가 나에게 이렇게 이야기해 주었다. "이런 대화 설교는 제게는 맞지 않습니다. …… 그것은 다른 사람들에게나 맞는 형식이라고 생각합니다." 그것은 일리 있는 대답이다. 방법 면에서 모든 설교자에게 대화 설교자가 되라고 하는 것은 무모한 요구일 것이다. 오늘 우리에게 반드시 요구되는 한 가지 일은 복음을 전한다고 고백하는 모든 사람은 그 태도에 있어서 대화적이 아니면 안 된다는 것이다.

2. 대화 설교는 시도되어야 한다

끊임없이 새로워지지 않는 교회는 의식적으로든 무의식적으로든 간에 쇠퇴를 경험하고 있다. 예수님께서 "새 포도주는 새 부대에 넣어야 한다."고 하셨을 때, 복음은 반드시 현실적 필요에 대처해 나갈 수 있는 최선의 방법으로 표현되어야 한다는 것을 인식하신 것이다. 전형적인 독백 형식의 설교 이외의 어떤 다른 방법으로도 편안한 마음으로 설교하지 못하는 전통주의자는 대화의 위협을 받고 있다고 할 수 있을지도 모른다. 그러나 그가 만일 우리가 제안하는 이것들을 때때로 실행해 보기만 한다면 그는 아마 자신의 목회생활에 하나의 새로운 자극을 얻는 것은 물론 듣는 사람들에게 복음을 적용시켜 나가는 새로운 방법도 발견할 수 있을 것이다. 그것은 가치 있는 모험이라 하겠다.

3. 대화 설교는 만병통치약이 아니다

대화 설교는 오늘날 교회가 직면하고 있는 모든 질문에 대한 궁극적 해답이 아니다. 그러나 그것은 하나의 가능한 해답일 수는 있다. 하나님께서는 그것을 교회에게 하나의 선물로 주셨다. 그러나 그것이 유일한 방법은 아니다. 아직도 훌륭한 독백 형식의 설교는 그대로 필요하다. 톰슨과 베네트도 이렇게 말하면서 그것을 인정한다. 즉, 그들은

"그것이 나쁘다고 험담하는 사람들이 무엇이라고 하든지 그것은 지금까지 그동안의 시련을 견디어 왔으며, 지금도 그것은 교회의 신앙을 전하는 기본적인 도구의 하나로 이용되고 있다."[28]고 한다.

대화 설교의 이점 가운데 몇 가지는 사람들이 좋은 전통적인 설교를 들을 수만 있다면 소용이 없게 될 것들이다. 제럴드 클리터는 대화 설교에게 진리를 내주었던 '낮은 점수의 설교'에 대한 반응을 이야기할 때 이것을 인정하고 있다.[29] 브라운 바는 토의 시간이 도입되면서 시작된 미국 프로테스탄티즘의 쇠퇴를 논급하고 있다. 그는 설교가 만일 단순히 교육을 위해서나 충고를 주기 위해서 또는 이해를 증진시키기 위해서 행해지는 것이라면 이런 시간이 훌륭해 보일 것이라고 생각한다.

> 그러나 프로테스탄트 예배에서 설교는 사람들을 교육시키기 위해서 행해지는 것이 아니라 그들을 감동시키기 위해서 행해진다. 그들에게 충고나 상담을 하려는 것이 아니라 그들의 존재의 근원에서 감화를 주려는 것이 설교이다. …… 설교는 영원자의 그 크신 손이 우리, 곧 교인들과 설교자를 꼭 같이 붙잡으실 때 이용되는 하나의 도구이다. 그 손은 우리를 인도하거나 우리를 삶의 주변으로 몰아가시는 손이요, 우리를 자기 만족에서 깨어나게 하셔서 우리의 안일한 삶에 앉은 먼지를 떨쳐 버리게 하시는 손이며, 어떤 두 날 가진 검보다도 더 예리한 하나님의 말씀으로 우리를 일깨우시는 손이다.[30]

그러나 대화 설교는 그 나름대로의 가치가 있다. 대화 설교는 처음부터 하나님께서 교회 안에서 사용해 오신 전통적 설교 형식을 대치하는 것은 아니고 그것을 보완해 주는 것이기 때문이다.

4. 대화 설교는 시간을 필요로 한다

전통적인 설교도 시간을 필요로 한다. 그러나 대화 설교는 훨씬 더 많은 시간을 필요로 한다. 원고나 본문을 택하여 발전시키고, 다른 사람들과 더불어 설교를 준비하며, 그것을 세련되게 하며, 시간을 맞추고 자료를 제공하는 등의 이 모든 일은 결국 대화 설교를 많은 시간을 필요로 하는 것으로 만든다. 누구라도 이러한 요구를 잘 생각해 보지 않고 이 방법을 이용하려고 해서는 안 된다.

5. 대화 설교는 성전 구조의 효과적 활용을 필요로 한다

어떤 사람들에게는 강대상이 커뮤니케이션을 방해하는 장애물이 되어 왔다. 물리적으로 좀 더 가까운 자리를 잡는 것이 설교자와 회중 간의 상호 작용을 도와 준다. 어떤 사람들은 스펄전이 이용하던 방법으로 돌아가기도 하였다. 즉, 단순히 원고나 성경책을 놓을 수 있도록 성경대를 이용하는 것이다. 설교자의 전체 몸을 볼 수 있고, 아무것도 사이에서 가로막는 것이 없다. 좌석을 원형이나 반원형으로 배치하는 곳도 있다. 이렇게 함으로써 청중은 서로를 볼 수 있고 또 영향을 미칠 수도 있다. 깊이 있는 커뮤니케이션이 이루어지는 곳에는 어느 정도의 다른 약점도 있기 마련이다.

이때에 메시지는 원고나 메모에 크게 의존하지 않는 설교자에 의해서 전해지는 것이 보통이다. 그러나 기술적으로 원고를 읽을 수 있다면 그것도 좋다. 외우는 것은 시간이 많이 걸리고 때로는 위험하기도 하다. 설교의 개요를 가지고 나가는 것이 가장 좋은 대화 설교법이라 하겠다. 어떤 방법을 이용하든 간에 그것이 그 설교자에게 자연스러운 방법이어야 하고, 타당성 있고 인간적이며 회화체여야 한다.

6. 사람들에게 설교가 무엇인지 가르쳐 주라

평신도로서 설교가 무엇인지에 대한 논의를 들어 본 사람은 거의 없다. 그들은 몇 년씩이나 설교를 들어 오기는 하였으나 설교자의 책임이 무엇이고 듣는 사람들의 책임은 무엇인가를 토의해 볼 기회는 한 번도 없었을 것이다. 목사는 때때로 정규적인 설교 계획에서 시간을 내어 회중의 관점에서 설교가 무엇을 하는 것인지 이야기해 주어야 한다. 훈련되지 않은 사람들이 그런 교육을 받은 사람만큼 설교에서 많은 것을 얻으리라고 기대해서는 안 된다. 설교는 통례에 따라 행해지고 있는데, 이런 특권과 기회 또 책임에 관하여 교육할 필요가 어디 있는가? 윌리엄 톰슨의 「설교의 경청 안내」라는 책은 읽을 만한 것이고, 도움이 되며, 연구를 위한 현대적인 안내서이기도 하다. 교인들의 손에 그 책을 들려 주어라. 그리고 그것을 주의하여 읽으라고 권면하라. 설교가 무엇을 하는 것인지 알고 있는 교인들이 설교에 대하여 더 큰 관심을 가지는 법이다.

　대화 설교는 한때 다음과 같은 것이라고 생각되어 왔을지도 모른다. 즉, 하나님은 방법론에 제한을 받는 분이 아니시다. 그의 메시지는 완전하다. 그러나 그것이 전달될 때에는 설교자들에게서 도움을 받기도 하고, 방해를 받기도 한다. 대화 설교는 재미없는 신학 논문 같은 설교를 살아 있는 경험으로 바꾸어 줄 수도 있다. 그것은 기독교 신앙에 새로운 통찰력을 주기도 한다. 그것은 사람들이 귀를 기울이게끔 하기도 한다. 그것은 희미한 개념들을 명확하게 해 주기도 한다. 그것은 사람들을 구경꾼에서 예수 그리스도의 복음에 참여하는 자로 변화시켜 주는 하나님의 특별하신 수단이 될 수도 있다. 만일 삶을 변화시키는 가치 있는 무슨 일이 일어난다고 하면, 그것은 언제나 가치 있는 일이며, 이러한 실험적 형태로 계속 발전시켜 나갈 만한 가치가 있다. 그러므로 대화 설교는 한 번 시도해 볼 만하다.

주 〉

1) Wayne N. Thompson, Quantitative Research in Public Address and Communication(New York : Random House, Inc., 1967), p. 99.
2) H. J. Leavitt and R. A. H. Mueller, "Some Effects of Feedback on Communication", Human Relation, 4(1951), pp. 401-10.
3) Albert M. Windham, "Preaching Is Not a One-Man Show", unpublished M. A. thesis, Wheaton College Graudate School, 1969, p. 42.
4) Wayne E. Oates, Protestant Pastoral Counseling(Philadelphia : Westminster Press, 1962), p. 167.
5) Reuel L. Howe, The Miracle of Dialogue(New York : Seabury Press, 1963), p. 37.
6) Paul Tillich, "Communicating the Christian Message : A Question to Christian Ministers and Teachers", Theology of Culture, ed. Robert C. Kimball(New York : Oxford University Press, 1959), p. 204.
7) William D. Thompson and Gordon C. Bennett, Dialogue Preaching(Valley Forge : The Judson Press, 1969), p. 9.
8) Windham, op. cit., p. 97.
9) Frank Dance, "Communication Theory and Contemporary Preaching", Preaching, III(September-October 1968), p. 29.
10) Harry Emerson Fosdick, "What Is the Matter with Preaching", Harper's Magazine, 157(July 1928), p. 137.
11) Ibid.
12) John Thompson, "When Preaching Is Dialogue", Preaching, II(July-August 1967), pp. 4-13.
13) James T. Cleland, Preaching to Be Understood(New York : Abingdon Press, 1965), p. 126.
14) Thompson and Bennett, op. cit., pp. 68-69.
15) Michel Bouttier as quoted by Michel Philibert, Christ's Preaching and Ours, trans. David Lewis (Richmond, Va. : John Knox Press, 1964), p. 55.
16) Reuel L. Howe, Partners in Preaching(New York : The Seabury Press, 1967); Clyde Reid, The Empty Pulpit(New York : Harper & Row Publishers, 1967) ; William D. Thompson and Gordon G. Bennett, Dialogue Preaching : The Shared Sermon(Valley Forge : The Judson Press, 1969).
17) Thompson and Bennett, op. cit., p. 38.
18) Ibid., p. 50.
19) James A. Pike and Howard A. Johnson, Man in the Middle(Greenwich, Conn. : The Seadury Press, Inc., 1956).
20) Thompson and Bennett, op. cit., pp. 63-64.
21) Ibid., pp. 37-64.
22) Dietrich Ritschl, A Theology of Proclamation (Richmond : John Knox Press, 1960), p. 154.
23) Mary M. Eakin, "Sermon Seminar in a Parish Church", The Christian Century (January 19, 1966), pp. 75-77.
24) Ibid., p. 77.
25) Reinhold Niebuhr, Leaves from the Notebook of a Tamed Cynic(Chicago : Colby, 1929), p. 145.
26) Thompson and Bennett, op. cit., pp. 67-68.
27) Ibid., pp. 28-29.
28) Ibid., p. 10.
29) Gerald Cleator, O. P., "Experiments in Dialogue Homily", Preaching, III(November-December 1968), p. 28.
30) Browne Barr, "Pop Sermons", The Christian Century, LXXXVI(September 17, 1969), p. 1190.

17장
성령님의 역할

모든 설교학 교과서는 성령님 없는 설교는 죽은 것이라고 분명히 이야기하거나 암시한다. 성령님은 설교를 준비할 때 영감을 주시고, 실제로 설교할 때 열정을 주시며, 설교가 행해진 뒤에는 모든 의미 있는 열매들을 맺게 해 주신다. 존 낙스의 말을 빌리면 "참된 설교는 처음부터 끝까지 성령님의 역사이다."[1] 설교에 관한 글을 쓰는 사람은 아무도 이 주장에 이의를 제기할 생각도 하지 않는다. 이것은 누구라도 받아들이는 기본적인 것이기 때문이다.

헨드리커스 벌코프는 성령님에 대하여 이렇게 말한다.

> 그는 스스로의 세계, 곧 회개와 경험과 성화가 일어나는 세계를 창조해 가신다. 그는 방언과 예언과 기적이 일어나게 하시며, 선교를 행하시며 교회를 세우시고 인도하신다. 그는 목사들을 세우시고 조직하시며, 조명하시고 영감을 주며, 또한 보존하신다. 그는 성도들을 위하여 간구하시며 그들이 연약할 때에 도와 주신다. 그는 모든 것을 살피시되 하나님의 저 깊은 곳까지 살피신다. 그는 진리로 인도하

시며 각양 은사를 주신다. 그는 하나님의 그 세계를 확실히 믿게 하시며, 앞으로 일어날 모든 일을 선포하신다.[2]

이 말이 의미하는 것은 성령님이 계시지 않는다면 교회도 없다는 것이다. 어떤 책의 저자는 신약에 나오는 사실 가운데서 성령님과 그의 역사에 속하는 백여 가지의 사실을 구분하였다.[3] 그렇다면 성령님은 설교에 어느 정도로 중요한가? 윌리엄 바클레이에 따르면, "설교자는 학자일 수도, 목사일 수도, 교회 행정가일 수도, 교회 대변인일 수도, 재치가 번뜩이는 연설가일 수도, 사회 개혁가일 수도 있다. 그러나 그가 성령님의 사람이 아니라면 아무것도 아니다."[4] 설교단이 일반 연단의 수준으로 떨어질 때, 그것은 설교 뒤에 숨어 있는 권능으로서의 성령님께서 역사하시지 않기 때문이라고 일반적으로 생각된다. 인간을 자족할 수 있는 존재로 보는 인문주의 철학으로는 설교의 역할을 바로 이해할 수 없다는 주장을 기독교는 끊임없이 하고 있다. 복음이 전해지는 것은 성령님의 영감을 통하여 그 메시지가 전해지는 것이다.

설교자에 관해 행해진 두 가지 연구의 결과가 설교는 성령님에 의존하는 것이라는 주장을 지지해 주고 있다. 레이몬드 맥래플린의 미국과 캐나다에서 선정한 복음주의 설교자에 관한 연구는 성령님이 충만한 설교가 가능할 뿐 아니라, 반드시 그래야 한다고 결론을 맺었다. 그 연구 결과에 접한 응답자들은 오늘날의 설교자들도 옛날의 선지자들과 사도들만큼 성령님의 능력을 받을 수 있다고 느꼈다. 비록 어떤 사람들은 불확실한 표현을 하기도 하였지만, 대부분의 사람들은 성령님의 능력으로 설교하고 있을 때, 자신이 그것을 안다고 하였다. 그들 중의 대부분은 성령님의 능력 안에서 하는 설교와 철저한 준비와 인격적인 매력과 훌륭한 심리학과 수사적인 설득의 결과로 빚어지는 설교를 구별하였다. 그러나 다른 어떤 사람들은 성령님께서 이 모든 수단들을

이용하신다고 느끼기도 하였다.[5]

보다 최근에 어느 작은 보수적인 교단에서 행한 연구는 비교적인 태도를 보여 주었다. 이 연구의 대상이 된 214명의 목사들은 한결같이 설교에서 성령님이 으뜸임을 주장하였다. 그리고 대표적인 응답들은 다음과 같은 것들이었다. "성령님은 바로 설교의 생명이시다." "성령님 없이는 모든 것이 헛되다." "그의 역사하심이 없다면 나는 설교를 중도에서 그만두고 말 것이다." "그는 최상의 능력이시다." 성령님의 사역은 특히 설교 준비(응답자의 45%)와 실제로 설교할 때(49%)와 설교의 결과로 맺어지는 열매(51%)에서 인정되었다. 그런데도 설교에서의 성령님의 위치에 관해서 말할 때 그들이 바라는 이상적인 정도에 도달하여 살았다고 느끼는 목사의 수는 지극히 적었다.[6]

성령님에 관한 연구는 어려운 점이 매우 많다. 주제가 실험실에서 다룰 수 있는 성질의 것이 아니기 때문이다. 아무도 소위 과학적인 방법으로 이 주제를 연구할 수는 없다. 경험적인 조사 연구는 있을 것 같지도 않고 가능하지도 않다. 성령님은 과학적 분석의 대상이 된 적도 없고, 될 수도 없다. '컨트롤 그룹'이나 심지어 실현성 있는 가설 같은 것을 세우는 것부터가 불가능하다. 성령님께서 설득하시고 조명하신다는 것은 누구나 인정하고 있다. 그러나 어떻게 성령님이 인간의 영에게 영향을 주느냐 하는 문제는 전혀 우리가 손댈 수 있는 성질의 것이 아니다. 우리는 그런 활동에 관하여 구체적으로 아는 것이 아무것도 없기 때문이다. 우리는 그 사실을 인정한다. 시험관이나 가설이나 그것을 과학적인 정신이 받아들일 수 있는 것으로 만들어 주는 과학적인 도구 같은 것으로는 아무것도 할 수 없다. 불행하게도 이 주제에 관한 특별한 문헌도 지극히 부족한 형편이다. 신학적으로 다룬 성령론은 흔히 있다. 그러나 성령님과 설교의 관계를 논한 논문이나 에세이나 책은 흔하지 않다.

존 브로더스와 그래디 데이비스가 쓴 잘 알려진 설교학 책들도 이 주제는 무시하고 있다. 우리는 이 문제를 다룰 때 기껏 여기에 한 논문, 저기에 한두 페이지 정도의 자료밖에 얻지 못한다. 더군다나 전체적으로 다루었거나 끝까지 다룬 자료는 아예 있지도 않다. 우리가 문헌을 가지고 있어도 그것이 신중하게 진리를 탐구하는 사람을 만족시켜 주지 못하는 경우가 흔히 있다. 그런데 여기에는 그런 문헌도 흔치 않고, 또 대부분의 보고는 경험과 개인적인 의견과 자기의 인식에 기초를 둔 극히 주관적인 것들이다.

앞에서 인용한 두 가지 연구는 편집과 설명과 결론으로 특징지을 수 있는 박사 학위 논문들이었다. 그들은 설교의 태도를 제시하고 그것을 평가하고 거기에서 결론을 끌어냈다. 그들은 객관적으로 중요한 것은 아무것도 말하지 않았다. 논문 자료 가운데 일부는 감상적인 생각이나 수동성, 또는 성경의 왜곡 등으로 인하여 약점을 지니게 되었다. 감상적인 생각은 성령님이 자기에게는 모든 것이라고 설교자가 느낄 때 나타난다. 수동성은 성령님께서 모든 것을 하셨고 자기는 아무것도 하지 않았다고 설교자가 말했을 때를 말한다. 그리고 성경의 왜곡은 이 주제에 관한 글을 쓴 많은 저술가들이 자기의 주장을 뒷받침하기 위하여 잘못된 프루프 텍스트(역자 주 : 특수한 교리를 증명하기 위하여 인용하는 성구)로 오용하는 실수를 범하는 곳에서 명백히 나타난다.

걱정에 사로잡힌 어느 평신도 부인이 이렇게 물었다. "그것이 사람이 만든 설교가 아니라 성령님의 인도하심으로 이루어진 설교라는 것을 우리는 어떻게 알 수 있습니까?" 결과적으로 우리는 두 가지 사실만은 분명히 말할 수 있다. 첫째로, 설교가 성령님 안에서 행해질 때 그것은 교회를 분열시키지 않고 세워나갈 것이다. 둘째로, 그것은 인간이나 방법이나 심지어 성령님 자신을 세우는 것이 아니라 그리스도를 존귀케 할 것이다.

성령님과 설교자

성령님은 사람과 더불어 시작한다. 성령님은 설교자를 만든다. 교단이 하는 것도, 신학교가 하는 것도 아니고 그가 하신다. 찰스 제퍼슨은 이렇게 말한다. "설교자는 성령님을 받아야 한다고 말하는 것이 보통이다. 그러나 모든 설교자는 깊이 생각하여야 하리라는 것도 흔히 하는 이야기이다."[7]

초대 교회에 대한 누가의 묘사는 세계 선교 분야에서 인도하시고 도우시는 성령님의 역할을 분명히 보여 주고 있다. 전도자 빌립은 성령님의 영감을 통하여 에티오피아 내시와 만나고 그에게 그리스도를 전하였다(행 8:29). 이 일을 끝낸 뒤에 빌립은 성령님의 인도하심을 받아 다른 어느 곳으로 가게 되었다(행 8:39). 베드로는 성령님의 직접 인도하심을 통하여 가이사랴에 있는 고넬료를 만나게 되었고 그의 집안 사람들에게 복음을 전하였다(행 10:19, 11:22). 성령님께서는 안디옥 교회에 지시하여 바나바와 사울을 따로 세워 소아시아 지방의 선교사로 파송하도록 하였다(행 13:2). 그리고 이 두 선교사는 성령님의 인도하심을 의식하고 떠났다(행 13:4). 예루살렘 총회는 그 결정이 성령님의 직접 인도하심에 힘입은 것임을 확신하고 이방의 형제들에게 훈계를 적어 보냈다(행 15:28). 제 2차 선교 여행에서 바울과 실라는 비두니아로 가고자 하였으나 성령님은 그들을 드로아로 가게 하셨고, 거기서 마게도냐로 복음을 전하러 가라는 소명을 받게 되었다(행 16:6-7). 제 3차 선교 여행에서 아시아를 떠나 희랍 세계를 다시 방문해야겠다는 바울의 결심은 성령님의 강한 역사로 인하여 그와 비슷하게 성취되었다(행 19:21).

예루살렘으로 향한 바울의 마지막 여행길에서 성령님은 그를 기다리고 있는 위험과 고난을 예고해 주었다(행 20:22-23). 교회사가들은 어거스틴, 사보나롤라, 루터, 웨슬리, 휫필드, 피니, 무디, 브룩스, 그래함 같은 이들의 삶이 바로 성령님께서 능력을 부어 주시고 또 사람을 사용하신다는 명백한 증거임을 상기시켜 준다. 그러면 설교자의 생활에서 특별히 성령으로서의 하나님이 하시는 일은 무엇인가?

I. 성령님은 설교자를 변화시키신다

신학적으로 말하면 중생 교리나 구원론이 성령님께서 사람의 생활에서 역사를 시작하는 자리이다. 디도서 3:5은 이렇게 말한다. "우리를 구원하시되 우리의 행한 바 의로운 행위로 말미암지 아니하고 오직 그의 긍휼하심을 좇아 중생의 씻음과 성령의 새롭게 하심으로 하셨나니." 변화의 과정, 곧 성화는 사람의 일생을 통하여 계속된다. 이것은 "성령 안에"(롬 8:9) 있는 상태이다. 이것은 예언자들이 빠졌던 황홀경을 의미하지는 않는다. "그것은 기독교인의 전 생활 내용, 곧 은혜로 가능해진 그리스도와의 깊은 인격적 연합을 의미한다. 그것은 곧 하나님의 영이 신자들 안에 머물러 계시는 상태를 말한다."[8]

한 사람의 기독교인으로서 설교자는 장차 얻을 기업인 전체 구원에 대한 하나의 보증으로서, 그리고 약속의 첫 열매로서 성령님을 소유하고 있어야 한다. 그것은 그의 기독교인으로서의 소망의 근거가 된다. 그는 하나님의 소유로서, 특히 하나님 자신이 스스로 택하여 소유로 삼으신 자로 구분되어 있다. 그리고 성령님의 인치심은 궁극적 구원의 확실한 보증이 된다(고후 1:22, 엡 1:13, 4:30). 설교자는 성령님이 그를 '그리스도의 형상'으로 만드시고 지으시는 데 따라 변화된다. 성령의 열매는 사랑과 희락과 화평과 오래 참음과 자비와 양선과 충성과 온유와 절제(갈 5:22-23)와 같은 것으로 나타난다. 세속 수사학자들까지도 훌륭한 연사는 선량한 사람이어야 한다고 주장했다. 퀸틸리언은 이렇게 말했다.

그런 사람(완전한 연설가)이 되기 위해서 맨 먼저 필요한 것은 그가 선량한 사람이어야 한다는 것이다. 그러므로 우리는 그것에 단순히 탁월한 연설의 재능만 가지면 된다고 하는 것이 아니라 모든 훌륭한 성품도 갖추어야 한다는 것이다.[9]

설교자는 육체의 공덕을 따라서가 아니라 성령의 열매를 통해서 알려져야 한다(갈 5:19-23). 물론 그러한 덕들은 거짓 없는 진실한 덕이어야지 목사 역할을 하기 위해서 가장하는 덕이어서는 안 된다. 교인들은 설교자에게서 신실하지 못한 점이 있을 때 이를 쉽게 간파한다. 목사는 직업적으로 가지는 덕목 이상의 덕을 쌓아야 할 필요가 있는 사람이다. 그의 전생애는 성실한 삶이어야 하며, 성령님께서 그의 전 인격을 변화시켜 주시는 데 따라서 거룩함을 발전시켜 나가야 한다.

레이몬드 맥래플린은 다음과 같이 지적하고 있다.

> 현대 커뮤니케이션에 종사하고 있는 사람들은 설교자의 말과 행동의 총체가 메시지를 구성한다는 의견을 지지하고 있다. 말과 행동 사이에 내적 모순이 있을 경우 말보다는 행동이 훨씬 더 효과적인 의사전달을 하게 된다. 그러므로 커뮤니케이션 문제에 대한 대답은 그의 전생애를 통하여 깊이 심어진 경건과 진실을 쌓아가는 것이다. 모든 목사는 하나님 안에서, 그리고 그의 앞에서 갈등을 느끼지 않고 살 수 있어야만 한다.[10]

2. 성령님은 설교자를 봉사하라고 부르신다

예수님께서는 베드로와 안드레에게 "나를 따라오너라. 내가 너희로 사람을 낚는 어부가 되게 하리라."(막 1:17)고 하셨다. 이와 같이 주님께서는 모든 세대에서 사람들을 부르시어 그의 사자로서 봉사하라고 하신다. 어떤 사람에게는 이 부르심이 겉으로 드러나지 않을 수도 있다. 그러나 모든 사람은 그 부르심을 현실화시킬 필요가 있다. 부르심이 없다면 그를 섬겨야 할 의무도 없다. 사람들을 불러 섬기게 하시려고 성령님은 오셨다. 사도행전은 성령님께서 바로 이런 일을 하고 계신다는 사실을 우리에게 상기시켜 준다.

3. 성령님은 성경을 조명해 주신다

성령님은 교사로서 그리스도의 종들을 인도하시며 그들에게 모든 것을 가르치시고(요 14:26), 그들을 진리로 인도하시며(요 6:13), 또한 그렇게 함으로써 그리스도의 영광을 드러내신다(요 16:14).

4. 성령님은 그의 증인들에게 능력을 주신다

승천하실 때 예수님께서는 이렇게 약속하셨다. "오직 성령이 너희에게 임하시면 너희가 권능을 받고 예루살렘과 온 유대와 사마리아와 땅 끝까지 이르러 내 증인 되리라"(행 1:8).

5. 성령님은 설교자를 통하여 사람들을 변화시키신다

오순절을 기점으로 하여 사도행전과 서신에서 두루두루 우리는 성령님께서 설교라는 매체를 통하여 사람들을 변화시켜 오셨다는 사실을 증거해 왔다. 성령님은 설교자의 삶 속에서 모든 일을 다해 오셨다. 설교자가 변화를 받고 부르심을 입을 때, 성경 말씀이 조명될 때, 그의 증인들이 능력을 받을 때, 사람들이 그의 사역을 통하여 변화될 때, 바로 성령님께서 역사해 주신 것이다. 이런 일은 베드로에게도 그대로 이루어졌다. 베드로는 하나님의 능력에 의해 변화를 입었고, 그 다음에 "나를 따르라."는 부르심을 받았다(마 4:18-20). 성경을 조명해 주셨을 때 그는 오순절에 이 사건이 바로 요엘서 2:28~32에 예언되었던 사실이라고 선포하였다. 성령님의 감동과 조명이 없었다고 하면 이것이 바로 그것이다라는 선포는 결코 있을 수 없었을 것이다. 사도행전

2:41에 따르면 믿고 세례를 받은 3,000명은 모두 하나님께서 설교에 권능을 부어 주신다는 사실에 깊은 감동을 받았다.

바울의 생애에서도 우리는 꼭 같은 성령님의 역사하심을 볼 수 있다. 사도행전 9:1~20에 따르면, 그의 생애는 그리스도와의 특별한 만남을 통하여 변화되었다. 그 다음에 그는 섬기라고 부르심을 입었다(행 9:15). 그의 설교는 능력이 있었다. 그가 능변이어서가 아니라 "성령의 나타남과 능력을 통한"(고전 2:4) 것이었다. 그리고 에베소 교회와 갈라디아 교회와 고린도 교회와 소아시아 전역에 흩어져 있던 신자들의 집단들을 생각하면 바울의 사역을 통하여 사람들이 변화를 입었다는 것은 바로 분명해진다. 하나님의 일이 1세기에서 20세기에 이르기까지 변화되어 왔으리라고 생각할 만한 하등의 이유가 없다. 그는 지금도 숨겨져 있는 설교자들을 변화시키어 섬기라고 부르신다. 그는 성경을 조명해 주시며 그의 증인들에게 권능을 주신다. 그리고 마지막으로 그는 성령님에게 인도함을 받는 사람, 곧 설교자라는 도구를 통하여 사람들을 변화시키신다.

성령님과 설교

설교와 공중 연설의 다른 점은 무엇인가? 여기에서 세 가지 진리가 분명히 드러난다. 설교는 그 정의에 의하면 "성경의 진리를 전하는 것"이다. 바울은 디모데에게 "말씀을 전하라."(딤후 4:2)고 가르쳤다. 설교자는 그의 권위 있는 지침서인 성경에 충실해야만 한다. 그가 다루는 주제들과 그가 하는 해석은 모두 성경 자체의 증거를 충실히 따라야 한다. 성경은 설교를 판단한다. 그러나 설교는 성경을 판단하지 못한다. 주제는 성경적으로 추론되어야 하고 그리스도 중심적이어야 한다. 사도들의 설교에 통찰력을 준 것은 요한복음 20:31, 사도행전 1:8과 8:35, 그리고 26:22~23이다. 거기에는 그리스도이신 예수님에게로 초점이 모아지고 있다. 기독교의 설교는 언제라도 이러한 본성을 지녀야 한다. 그것은 그리스도를 증거한다. 오직 그리스도만을 증거해야 한다. 그리고 사람들은 그리스도의 인격에 자신을 맡기라고 부름 받고 있다.

설교의 두 번째 두드러지는 특징은 화신적인(incarnational) 기대가 있다는 점이다. 바울은 디모데에게 예수 그리스도의 사역을 기대하라고 편지하였다. 그는 디모데에게 경건에 이르기를 연습하라(딤전 4:7)고 하고, 말과 행실과 사랑과 믿음과 정절로 모범이 되라(4:12)고 하며, 자신과 가르침을 삼가 이 일을 계속하라(4:16)고 한다. 헬무트 틸리케는 유추를 이용하여 이렇게 묻는다. "순한 음료를 선전하는 광고인은 실제로 자기가 광고하는 그 음료를 마시는가?", "설교자는 설교단에서 자기가 베풀어 준 그것을 스스로 마시고 있는가?"[11] 이러한 실천으로의 기대는 정치가나 법조계 인사나 항변적 연사들에게도 점차 높아져 가고 있다. 단지 광고인이나 오락이나 다른 몇 가지에서는 아직도 말과 행동의 일치를 그리 기대하지 않는다. 여하튼 설교자는 진리를 말로만 전하는 것이 아니라 진리대로 살아야 한다. 말과 실천 사이의 상관관계는 묵시적 규칙이다. 설교자가 정당성과 진실성으로 존경을 받으려면 이렇게 말하고도 행동은 저렇게 할 수 있는 광고인들의 사치를 누릴 생각은 말아야 한다. 이 양자의 상관관계가 결여되면 커뮤니케이션도 이루어질 수 없다.

설교를 다른 공중 연설과 구별지어 주는 세 번째 특징은 성령님의 역할이다. 바울의 증언은 이러하다. "형제들아, 내가 너희에게 나아가 하나님의 증거를 전할 때에 말과 지혜의 아름다운 것으로 아니하였나니 …… 내가 너희 가운데 거할 때에 약하며 두려워하며 심히 떨었노

라. 내 말과 내 전도함이 지혜의 권하는 말로 하지 아니하고 다만 성령의 나타남과 능력으로 하여, 너희 믿음이 사람의 지혜에 있지 아니하고 다만 하나님의 능력에 있게 하려 하였노라"(고전 2:1, 3-5). 예루살렘 교회는 기도하였을 때 "무리가 다 성령이 충만하여 담대히 하나님의 말씀을 전하니라. …… (또) 사도들이 큰 권능으로 주 예수의 부활을 증거하니 무리가 큰 은혜를 얻었다."(행 4:31, 33)고 하였다. 성령님은 다른 공중 연설과는 전혀 관계가 없다고 하기는 어려울지 모른다. 그러나 다른 어느 곳에서도 그분은 꾸준하고 충실한 지지와 인도와 감화를 약속하지 않으셨다. 그분은 오직 성경의 진리를 전하는 설교자의 친구일 뿐이다. 사도들의 메시지는 베드로의 다음과 같은 단순한 몇 마디 말로 요약될 수 있다. "이것은 하늘로부터 보내신 성령을 힘입어 복음을 전하는 자들로 이제 너희에게 고한 것이요"(벧전 1:12). 이것은 문자적으로 참된 설교자가 성령님을 이용하는 것이 아니라 성령님께서 그를 이용하신다는 뜻이다. 하나님의 능력이 그를 지배하는 것이다.

그러면 성령님께서는 어떤 면에서 스스로 설교와 관계를 맺으시는가? 이 문제를 가장 포괄적으로 다룬 사람은 패리스 휫셀이다. 그는 이렇게 말했다.

> 성령님께서는 때에 맞추어 우리가 올바른 성경 말씀을 선택하도록 인도해 주신다. 그는 우리가 성경을 연구하기 위하여 사서 읽어야 할 책을 선별하도록 인도해 주시며, 그 본문을 연구할 때에 조명해 주시고 통찰력을 주신다. 그는 우리의 기억을 도우시어 관련되는 성구들이 기억나게 하시고, 알맞은 예화들이 떠오르게 하신다. 그는 우리가 본문에 집중할 때에 기쁨을 주시며 설교 원고를 쓰거나 말로 표현해 볼 때에 힘을 주신다. 그는 우리가 실제로 설교할 때에 용기와 확신을 주시고, 설교하는 도중에 새로운 생각들이 떠오르게 하시며, 전해야 할 것들을 덜 빠뜨리게 하신다. 그는 회중을 하나로 만드시며, 주의를 기울이게 하시고,

마음을 열게 하시며, 기대하였던 방법은 물론 기대하지 못했던 방법으로도 말씀을 적용하게 하신다. 성령님께서는 확신을 주시며, 회개시키시며, 위로를 베푸시고, 영감을 주신다. 그는 의로 책망하시고 바르게 하시며 가르치신다. 그는 듣는 사람들의 마음과 기억 속에 말씀을 심으셔서 그것이 옥토에 뿌려진 씨처럼 열매를 많이 맺게 하신다. 그렇다면 성령님의 권능과 관계없이 설교를 준비하고 말씀을 전하려고 하는 것이 얼마나 어리석은 일이겠는가![12]

비슷한 내용의 이야기를 로이드 페리가 쓴 「설교 안내서」에서도 볼 수 있다.[13] 이보다 더 포괄적인 이야기를 상상하기는 어려울 것이다. 아마 그런 기회는 거의 오지 않을 것이다. 이제 우리가 목적으로 하는 일을 위해서 성령님의 역할을 세 가지로 나누어서 고찰하기로 하자. 설교의 준비와 설교의 실제와 설교의 결과를 따로 살펴보자는 말이다.

I. 설교 준비

모든 성경적인 설교자는 설교를 준비할 때에 성령님의 사역을 증거할 수 있다. 이것은 인간이 노력할 책임이 없다는 뜻이 아니라, 성경 본문을 두고 인간이 노력할 때에 거기에 성령님께서 함께 역사해 주신다는 사실을 설교자들은 발견하게 된다는 뜻이다. 낙스는 이렇게 말한다. "설교자는 성령님께서 전하시고자 하시는 말씀을 듣기 위하여 그 주간 전체를 꼬박 바쳐야 한다. 설교는 주시는 말씀에 대한 그의 응답이다……."[14] 성령님은 주제를 잡을 때에 능동적으로 역사해 주신다. 설교자는 성령님께서 제시하는 주제와 선택할 수 있는 것들에 대하여 개방적이 되도록 노력해야 한다. 성령님께서는 그리스도를 증거하신다. 그리스도 중심이 아닌 주제는 성령님이 도와 주실지 확신할 수 없다. 고든은 이렇게 말했다. "그러므로 설교자가 가져야 하는 최대의 질문은 어떤 주제가 사람들의 주의를 끌게 될까가 아니라 어떤 주제를 택해야 성령님의 증거를 확실히 얻을 수 있을까여야 하지 않겠는가?"15)
고든의 관심은 설교의 기본이 되는 주제의 선택에 있다고 할 수 있다. 다른 한 편 그의 관심은 설교에 들어 있는 비성경적 요소들과 그리스도 중심이 아닌 자료들을 구별해 내는 데도 기울여지고 있다. 우리가 성경적 진리를 전하고 있기만 하면 자동적으로 회중의 흥미를 끌 수 있을까? 비성경적 자료의 역할은 그것이 주의를 끌거나 성경적인 범주들을 밝혀 주기만 하면 합리화될 수 있을까? 우리는 이러한 질문들에 대하여 긍정적인 대답을 하도록 강요되고 있다. 때에 따라서 흥미를 유발한다거나 끄는 것이 필요할지도 모르고 비성경적 자료의 뒷받침을 받을 필요가 있을지도 모른다. 우리는 '세속적'인 예화나 비성경적 자료, 또는 어느 정도 분명히 그리스도 중심이 아니거나 성경적이 아닌 내용들을 이용한다고 해서 죄책감을 느낄 필요는 없다. 단지 그것은 성령님께서 역사해 주시는 보증을 얻을 수 있도록 흥미를 끌기도 하고 뒷받침을 하기도 해야 할 것이다.

성령님은 성육하신 말씀, 곧 그리스도를 나타내기 위하여 기록된 말씀과 더불어 역사한다. 조명은 들을 수 있는 목소리도 아니고 그렇다고 기적도 아니다. 그것은 오히려

> …… 죄로 인하여 어쩔 수 없게 되어 버린 영혼의 본질적이고 고유한 능력을 성령님께서 일깨우시는 것이다. …… 그것은 가려진 베일을 벗기는 것이다. 그것은 어두움을 몰아내는 빛이다. 그것은 영적 인식 능력을 주는 조명이다. 이제 전체적인 속사람은 계시를 계시로 보며, 진리를 진리로 직관하며, 성경 말씀을 하나님의 진리로 듣게 된다.16)

설교자가 성경의 메시지를 정확하게 이해하고 해석하여 적용하려고 하면 이러한 성령님의 역사는 반드시 필요하다. 때때로 성령님의 역사

는 단지 설교자에게만 영향을 미치는 것이 아니다. 모든 하나님의 백성들은 성령님께서 조명해 주신다는 약속을 받아왔다. 그리고 가끔 이러한 하나님의 자기 계시는 여러 사람에게 집단적으로 이해된다. 그러나 대부분의 경우 설교자는 개인적으로 이 조명하심을 경험하게 된다. 성령님께서 역사해 주신다고 해서 사람이 열심으로 꾸준히 일하지 않아도 된다는 말은 아니다. 스타키는 자기는 한번도 설교 준비를 하지 않았노라고 동료들 앞에서 자신을 나타내었던 어떤 젊은 목사에 관하여 이야기해 준다. 그는 단순히 성령님께 맡기고 자기 입에 바른 말씀을 넣어 주기를 기다렸던 것이다. 그러나 나이 많은 목사 한 분이 이 젊은 목사에게 맞섰다. 그 목사는 자기 평생에 설교단에서 꼭 한 번 성령님이 말씀하시는 것을 들었을 뿐이라는 것이었다. 그것도 형편없는 설교를 하고 난 뒤에 "하인리히, 너는 참 게으르구나."라는 말씀을 들었을 뿐이라는 것이었다.[17] 성령님은 우리가 해야 할 일을 대신해 주시지는 않는다. 제임스 스튜어트는 다음과 같은 사실을 깊이 생각하고 있을 때에만 성령님께서 우리에게 말씀을 주시리라고 기대할 수 있다고 했다. 즉, "약속은 평상시에 성실하였다는 조건 위에 세워진다. 그리고 성령님은 우리의 일을 얼마나 진지하고 충성스럽게, 그리고 진심으로 행하였느냐에 따라서 우리에게 임할 것이다."[18]라는 사실을 깊이 인식할 때에만 말씀이 주어진다는 것이다.

사람의 준비와 성령님의 역사하심 사이에는 아무런 갈등도 생기지 않는다. 설교자는 성실하며, 성령님 또한 성실하시다. 양자의 협력이 이루어지는 것이지 둘 중의 어느 하나만 일하는 것이 아니다. 자기의 정신을 다 쏟아 일하는 사람은 성령님께서 일하실 수 있는 자료를 그만큼 더 드리는 셈이다. 성령님은 스스로 열심히, 꾸준히, 그리고 주석적이고 학문적인 일을 하고 있는 사람에게 성경 말씀을 조명해 주신다. 사람의 마음이 게을러질 때 성령님은 이것을 보상해 주지 않으실 것이다. 설교는 설교자의 헌신적인 노력과 성령님의 신실하신 역사가 함께 작용하였음을 나타내야 한다. 바보만이 자기의 태만을 변명하기 위하여 성령님의 역사에 온전히 의존한다고 할 것이다. 제럴드 케네디는 설교자의 사역 가운데 성령님께서 역사해 주시는 특징의 하나는 훌륭한 설교를 하려는 열망이라고 주장한다.[19] 성령님께서 역사할 수 있도록 마음 문을 열고 있을 때, 사람은 복음을 선포하는 데 도움이 될 수 있는 주제와 내용과 예화와 성경 본문을 발견하게 될 것이다. 성령님의 목적과 그 목적에 대한 우리의 이해 사이의 간격이 가장 좁아지도록 하기 위해서 우리는 부지런히 연구하고, 성령님께서 일하실 자료를 제공해 드리며, 말씀을 받아들이는 자세로 연구를 계속해야 한다. 우리는 언제라도 교정과 지도를 필요로 한다. 성령님 없이 설교를 준비한다는 것은 하나님께서 이 일을 위하여 약속해 주신 동역자 없이 준비하는 것이다.

2. 설교하는 현장에서

설교단에서의 능력은 전통적으로 성령님의 임하심으로 이해되어 왔다. 사도들의 설교는 다이내믹하였고 설득력이 있었다. 이 다이내믹한 영향은 인간적인 능변이나 기술적인 수사에서 오는 것이 아니었다. 그것은 사람들에게 "말로만 …… 이른 것이 아니라 오직 능력과 성령과 큰 확신으로 된 것"(살전 1:5)으로 왔다. 하나님께서는 우리 시대에도 그렇게 하시기로 하셨다. 그러므로 우리는 지금도 사람의 소리를 듣고 있지만, 그것은 그리스도의 사자의 음성이요, 따라서 그것은 그리스도 자신의 음성이기도 하다. 성령님께서는 설교자의 인간적인 말을 통하여 일하신다. 인간의 말을 그 자신의 말씀으로 만드시는 것이다. "성령님의 활동은 하나님의 비밀에 속한다. 그리고 우리가 복음을 전하고 그것이 설교될 때에는 듣고, 우리에게 말씀해 주시기로 한 하나님의 은혜로운 약속을 믿기만 한다면 그것은 우리에게 충분할 것이다."[20]

설교의 중요함에다 설교자의 훈련을 더한다면 그것이 설교가 행해지는 그 역동적 순간에 이용할 자료를 성령님께 제공하게 된다. 그때에 설교자는 다른 어떤 사람을 닮으려고 할 것이 아니라 있는 그대로여야 한다. 그는 설교단에서 진지하게 복음을 전해야 하며, 순수해지지 않으면 안 된다. 아직도 많은 사람들이 이 점에서 혼동을 일으키고 있다. 고든 존슨은 다음과 같은 사람에 관하여 이야기해 준다.

> (그들은) 중요하지도 않은 생각들이 마치 심원한 사상이나 되는 것처럼 거짓 분위기를 조성하려고 오르간 같은 소리를 내거나 위엄에 찬 태도를 보인다. 아무 것도 아닌 것을 마치 무슨 위대한 개념이나 되는 것처럼 들리게 하려는 사람의 이야기를 듣는다는 것은 거의 우스꽝스러운 일이다. 반대로 많은 사람들이 중요한 것들을 이야기하면서도 마치 그것들이 아무것도 아닌 것처럼 얕은 확신밖에 가지고 있지 못한다. …… 우리는 인간 경험 가운데 가장 중요한 문제를 다루고 있으면서도 때때로 그것이 무슨 조그만 집안의 결정이나 되는 것처럼 이야기하고 있다.[21]

설교자는 자기가 아닌 다른 사람이 되려고 해서는 안 된다. 반면에 그는 자기의 최선을 다하지 않으면 안 된다. 새뮤얼 슈메이커는 우리가 때때로 성령님 안에서 '포근해지도록' 기도해야 한다고 했다. 그래서 "성령님이 우리를 통하여 새롭고 생기에 넘치며 자극적이고 감동적이며 확신을 심어 주는 것들을 말씀하시도록 해야 한다. 그리고 또 그로부터 우리에게, 우리로부터 그것들에게로 번져가는 불씨가 그 안에 있게끔 해야 한다."[22] 바로 이러한 때 설교자는 최선의 자기가 된다. 그의 모든 기능이 성령님의 지도 아래 움직이고 있다. 사람들이 감동을 받을 수 있고, 의식할 수 있으며, 전에는 경험해 본 적이 없는 그런 변화를 경험할 수 있는 것도 바로 그러한 때에 가능하다. 어떤 설교의 기술로도 이런 일을 해낼 수는 없다. 우리가 최선을 다하고 거기에 성령님께서 역사하실 때 성령님은 자기의 최고 목표를 따라서 일하시는 것이다.

설교의 구조와 내용은 원래 적절한 것이 아니다. 성령님의 자극과 지도와 능력이 없이 희미하고 어색한 모습으로 전해지는 설교는 아무리 갈고 닦아도 쓸모없는 죽은 예술품이다. 설교를 하는 목표는 하나님의 현존하심을 전하는 것이다. 설교자가 자신과 듣는 사람 사이에 세우고자 하는 만남이 이루어져야 한다는 것이다. 나아가서 이것은 사람과 하나님 사이의 만남이어야 한다. 설교자는 하나님의 현존이 사람들에게 인식될 수 있도록 주목을 받는 자리에서 내려서야 한다. 성령님의 지도를 받은 설교자라야 이렇게 할 수 있다. 자기 중심적이고 극기로 살아가는 사람은 여전히 사람들의 주목을 받고 있는 셈이다.

성령님의 지도하심을 받아 일할 때에 그는 성령님께서 지시하시는 대로 말할 자유를 얻는다. 그는 성령님이 그렇게 지시하기만 한다면 설교의 내용도 바꿀 수 있다. 비록 일반적으로는 성령님께서 사람의 연구를 통하여 성실하게 준비된 그것을 이용하신다고 하더라도 그는 자기의 원고나 준비에 한정되지 않는다. 메시지를 전할 때 성령님께서 그 대변자에게 조명해 주실 것이다. 그러할 때에 설교자는 성령님이 지시하시는 대로 움직이는 자유를 누리게 된다. 그렇게 함으로써 단순히 원고가 전해지는 것이 아니라 하나님의 목적이 성취되는 것이다.

신앙적 감동이라는 말은 흔히 설교 안에 신비한 요소가 더해질 때를 묘사하는 데 사용된다. 이 개념은 정의하기가 어렵고 또 때로는 잘못하여 목소리나 개인적인 은사와 혼동되기도 했다. 우리가 아는 것은 사람들이 그것을 가지고 있거나 가지고 있지 않거나라는 것이다.

그것은 훌륭한 설교의 윤곽이나 도움이 될 만한 영적 통찰력이나 지혜로운 이해력이나 웅변적인 말솜씨와는 별개의 것이다. 그것은 이 모든 방법들을 이용할 수 있다.―그리고 없어도 문제는 생기지 않는다.―그것은 희귀하고 정의할 수 없으며 말할 수 없이 귀중한 것이다. 설교를 다른 공중 연설과 구별지어 주는 것 가운데 하나는 설교가 신앙적 감동을 가질 수 있다는 것이다. 설교에 그것이 너무 드물게 나타난다고 하면, 그것은 설교자로서의 우리에게는 수치스러운 일이요, 우리의 기도가 부족함을 여실히 드러내는 것이다.[23]

종교적 정열은 성령님이 주시는 은사인 것처럼 보인다. 성령님이 없이는 아무것도 없다.

3. 설교의 결과에서

기독교는 언제라도 인간 본성이 근본적으로, 그리고 영구히 변화될 수 있다고 증언해 왔다. 술주정뱅이도 술을 마시지 않고 온전한 정신으로 살 수 있다. 순수하지 못한 자도 순수해질 수 있다. 사랑스럽지 않던 자도 사랑스러워질 수 있다. 성격이 불 같은 사람도 자제의 비밀을 배울 수 있다. 도둑질하던 사람, 간음하던 사람, 살인하던 사람, 이와 비슷한 이교도적 취향을 가진 사람(우리 대부분을 포함하여)들이 성령님을 통하여 개개인의 삶이 변화되는 것처럼 복음을 통하여 변화될 수 있다.

윌리엄 톰슨은 "설교자가 응답을 조정하는 것이 아니라 성령님께서 하신다."[24]고 한 점에서 옳다. 그러면 우리는 성령님께서 무엇을 해 주시기를 기대할 수 있는가? 그는 확신을 주신다. 데살로니가 전서 1:5에 따르면 말씀이 **능력과 성령님으로** 전파될 때에 '큰 확신'을 준다고 한다. 데일 무디는 이렇게 말했다. "능력은 성령님으로부터 온다. '성령님으로' 하는 설교와 인간적인 힘만으로 하는 설교 사이에는 엄청난 차이가 있다. 그것은 '성령님 안에서' 사는 것과 '육체 안에' 사는 것 사이의 차이만큼이나 큰 것이다."[25] 예수님께서는 성령을 보내 준다고 약속하시면서 그가 오면 "죄에 대하여, 의에 대하여, 심판에 대하여 세상을 책망하시리라."(요 16:8)고 말씀하셨다.

어떤 사람이 자기의 죄 됨을 깨닫고 하나님으로부터 소외되어 있음을 알고 있으며 개인적인 죄책감을 안고 있다고 하면 성령님께서 그의 삶 속에서 역사해 오셨다고 할 수 있다. 또한 요한복음 3:5~8과 고린도 전서 12:13, 디도서 3:5에 따르면 성령님은 거듭나게 하시는 분이시다. 회개는 인간의 눈으로 볼 수 있고, 인간 안에서 일어나는 하나의 행위이다. 동시에 그것은 사람이 그리스도이신 예수님을 구주로 받아들이는 신앙을 가질 때 성령님께서 거기에 응답해 주시는 결과이기도 하다. 중생의 행위는 인간 자신이 아무것도 할 수 없다는 것을 깨닫는 변화를 일으키시는 성령님에 의해서 이루어진다.

사도행전 4장에서 우리는 신자들의 몸을 일으키시며 새롭게 하시는 성령님의 조명을 발견한다. 당시의 신자들은 오순절의 그 강력한 성령님의 역사를 경험하였으나 잇따른 박해와 사도들 중의 지도자들이 감옥에 갇히게 되자 실의에 빠지게 되었다. 그러나 성령님이 그들에게 임했을 때에 그들은 생생한 목적 의식을 가질 수 있었고 그들의 영이 소생되었음을 깨닫게 되었다. 레온 모리스는 부흥 운동을 이렇게 정의했다.

> (부흥 운동은) 성령님께서 새로운 일을 하시고 인간의 자기 만족을 흩으시며 전에는 온통 죽음만 있던 곳에 생명을 불어넣어 주실 때 일어난다. 남녀 할 것 없이 모두 크게 감동을 받는다. 죄인들이 회개한다. 명목상의 기독교인들이 그들이 빠져 있던 형식주의에서 깨어나서 성령님의 능력을 생생하게 체험한다. …… 이것이 성령님의 역사이다. 그리고 그만이 교회를 새롭게 하실 수 있다.[26]

바울은 갈라디아 교회에 보내는 편지에서 두 가지 삶의 양식을 대조하고 있다. 육체의 열매로 특징지어지는 하나와 성령의 열매로 알려지고 있는 다른 하나가 그것이다. 흥미로운 것은 기독교인의 특성이 개별적인 덕 하나하나를 따로 가지는 데 있지 않고 여러 덕목 모두를 한꺼번에 가져야 한다고 생각되는 데 있다. 성령의 열매 – 사랑과 희락과 화평 등등 – 는 하나님이 만들어 주신 것이지 인간이 자기 힘으로 해낸 신학이나 단순히 어떤 특성 있는 성품을 덧붙임으로써 만들어내는 것이 아니다. 인간 편에서 성령님께 길을 비켜 드릴 때 그의 인격의 변화가 일어날 것이며, 인간이 자기 힘으로는 결코 창출할 수 없는 그런 덕을 가지게 될 것이다. 성령님은 인도하시며(행 16:6-7), 힘을 더해 주시며(엡 3:16), 때로는 방해하기도 한다(살후 2장). 또 사람들 가운데서 하나님의 목적을 이루시기 위하여 다른 일들도 하신다. 그리고 이 일을 이루실 때의 도구로서 설교를 이용하신다.

성령님으로 지배되는 설교는 두 가지 극단을 피한다. 성령님의 지혜나 능력에 맡기지 못함을 의미하는 설교자의 위압성과, 성령님께서 그의 목적을 성취하실 때에 사용하시는 합법적인 수단을 오해하여 무시해 버리는 대담무쌍한 선포를 피해야 한다는 말이다. 사람들을 감동시키기 위하여 과도한 감정적 호소를 할 때 인위적인 조작이 있을 수 있다. 그런 설교는 설교자를 신뢰하게는 하겠지만, 성령님을 신뢰하게는 하지 못한다.

반대로 계시가 없는 선포나 결단의 촉구가 없는 원고의 낭송은 비성경적인 성사중시주의(聖事重視主義; Sacramentalism)이다. 성령님은 사람을 변화시키신다. 그 변화를 일으키기 위해서 그는 여러 가지 수단을 이용하신다. 우리는 진리가 듣는 사람들에게 현실적으로 들리도록 하고 성령님의 뜻에 따른 변화가 일어나도록 하기 위해서 성령님께 모든 것을 맡기지 않으면 안 된다.

요약

지금까지의 분석에서 우리는 불가피한 역설이 여기에 있음을 보았다. 열성으로 옹호해야 할 두 가지 진리가 있는 것이다. 하나는 설교자가 신실하여야 한다는 것이요, 다른 하나는 성령님이 지배하여야 한다는 것이다. 설득의 역할과 성령님의 역할이 하나로 합해져서 인식되지 않으면 안 되는 어려움이 생긴다. 우리는 이 중 어느 하나를 무시하고 다른 하나를 생각할 수 없다. 이 둘은 있어야 하고 긴장 상태로 남아 있어야 한다. 그 이상의 해결책은 결코 나오지 않을 것이다.

기독교 신앙은 언제라도 두 가지 진리 – 인간의 신실함과 성령님의 주권을 증언해 왔다. 마태복음 25장에서 예수님께서는 각기 은사를 받은 세 종의 비유를 말씀해 주신다. 하나는 약 5천 불(다섯 달란트)을 받았고, 다른 하나는 약 2천 불(두 달란트)을 받았으며, 세 번째 종은 약 1천 불(한 달란트)을 받았다. 얼마 동안의 세월이 지난 뒤에 주인은 그들이 받은 은사를 어떻게 사용하였나 보려고 돌아왔다. 첫째 종은 받아간 5천 불과 벌어들인 5천 불을 가지고 왔고, 둘째 종은 받아간 2천 불과 벌어들인 2천 불을 가지고 왔다. 그러나 1천 불을 받아간 종은 그것을 땅에 묻어 두었다가 손도 대지 않은 채 그대로 가지고 왔다. 주인은 그에게 대답하였다. "악하고 게으른 종아! 나는 심지 않은 데서 거두고 헤치지 않은 데서 모으는 줄로 네가 알았느냐? 그러면 네가 마땅히 내 돈을 취리하는 자들에게나 두었다가 나로 돌아와서 내 본전과 변리를 받게 할 것이니라"(마 25:26-27).

이 비유의 의미는 당신이 얼마나 받았느냐 하는 것이 중요하지 않다는 말이다. 본질적인 것은 당신이 신실한 청지기로서 어떻게 응답하였느냐 하는 것이다. 책임은 타고난 능력에 비례하여 맡겨졌다. 이 맡겨진 것이 오용될 수 있고, 남용될 수도 있으며, 올바로 사용될 수도 있다. 하나님께서는 그의 모든 종들에게 맡겨진 것을 최선으로 활용하라고 요구하신다. 그러므로 충성된 종은 설교라는 일에도 최선을 다하지 않으면 안 된다. 하나님께서 자신의 목적을 이루시기 위하여 인간이라는 도구를 쓰시려고 선택하셨기 때문에 이러한 요구는 자연스러운 요구이다. 앤드루 보나르는 "어떤 영혼도 인간의 손자국이 찍히지 않고는 하늘나라에 가지 못할 것이다."[27)]라고 하였다.

두 번째 진리는 성령님이 지배하신다는 것이다. 예수님은 우리가 회개할 때에 성령님이 하시는 일을 묘사하시며 니고데모에게 이렇게 말씀하셨다. "바람이 임의로 불매 네가 그 소리를 들어도 어디서 오며 어디로 가는지 알지 못하나니 성령으로 난 사람은 다 이러하니라"(요 3:8).

스튜어트는 이렇게 말한다.

> 바람이 부는 것을 불지 못하게 한다거나 그 방향을 조정하는 것이 불가능한 것처럼 어떤 사람이나 어떤 교회도 성령님을 자기 마음대로 하거나 그의 역사하시는 영역 …… 곧 하나님의 길을 제한할 수는 없다. "바람은 임의로 분다." — 우리가 주제넘게 제시하거나 불어야 한다고 독단적인 요구를 하는 곳으로 불지 않는다. 초현대식 컴퓨터가 지시하는 곳으로 불지도 않는다. — 단지 "불고 싶은 대로 부는 것이다."[28)]

어떤 현대어 성경의 번역처럼 "바람은 그것이 원하는 대로 분다."[29)] 만일 성령님께서 주권을 가지고 계신다고 하면 그의 역사는 역동적이고 창조적일 것이며, 하나님의 종들에게는 우직함을 요구할 것이다. 우리는 이것이 하나님의 목적이라거나 하나님의 도구일 것이라는 보장이 없기 때문에 어떤 방법을 고착시킬 수는 없다. 때에 따라서 성령님은 우리의 구상을 깨뜨리시고 우리의 계획을 무시해 버리기도 하신다. 성령님은 미리 세워 놓은 계획을 무시하신다. 그런 성령님의 의도는 당신의 종의 편에게 모험과 믿음과 융통성을 요구한다.

어떤 목사는 그의 교인들에게 이렇게 말했다.

> 극단적인 전통주의자의 눈에는 그렇지 않겠지만, 미래는 언제나 불확실합니다. 그러나 하나님은 전통주의자가 아닙니다. 그리고 나는 성령님께서 영원토록 우리 인간의 고정된 형식과 전통에 묶이어 계시리라고 믿을 수가 없습니다. 발전은 언제나 시험해 보지 않은 길을 여행하는 모험을 요구합니다. …… 우리는 성령님을 불변하는 틀에 박힌 인간이 만든 형식 안에 가두어 두려고 해서는 안 됩니다. 성령님의 역사하시는 범위는 우리의 모든 형식보다도 더 넓습니다. …… 그렇다면 성령님이 어떻게 우리의 전통적인 형식 속에 갇혀 있겠습니까? 예배는 실제로 하나님의 백성들 사이에 있는 영적 생활의 교류입니다. 삶은 변화합니다. 그리고 삶은 여러 가지 형식과 표현으로 변하면서 흘러갑니다. 삶은 새로움과 무수한 형식과 표현으로 특징지어집니다. 그러므로 사람들의 영적 생활도 그러해야 합니다.[30]

웨인 오츠의 말과 같이 성령님은 "새롭게 하는 영이요, 창조의 영"[31] 이기 때문에 교회생활에서 설교에 대한 어떤 고정된 접근 방법은 있을 수 없다. 그것은 역동적이고 발전적이며 생기에 넘치는 것이다. "성령님의 지도와 보호를 받는 믿음은 필연적으로 각 세대에서 다시 고찰되고 다시 표현되며 다시 만들어진 믿음이어야 한다."[32]

우리의 모든 선입관과 편견과 좋아하던 가설 등을 버리지 않으면 안 된다. 그래서 성령님이 하고자 하시는 일을 할 수 있도록 해야 하고, 우리가 그것을 방해해서는 안 된다.

그러면 우리는 무엇을 해야 하는가? 우리는 어떤 사람들처럼 제 2의 오순절을 추구해야 하는가? 대답은 "아니오."이다.

어떤 사람들은 가끔 '제 2의 오순절'을 사모하거나 위해서 기도한다. 그들은 마땅히 '제 2의 십자가'를 위해서도 기도해야 한다. 모든 사건은 다시 반복될 수 없는 하나님의 활동을 나타낸다. 오순절에 하나님께서는 교회에 성령 충만을 주셨다. 그리고 이 은사는 지금까지 결코 거두어가시지 않았다.[33]

우리는 '성령의 전'(고전 6:19)이기 때문에 자신을 더럽히지 말아야 할 의무가 있다. 우리는 하나님의 뜻에 관하여 우리가 알고 있는 바를 순종하도록 노력하여야 하며, 그가 명하신 바를 이루기 위하여 하나님의 능력과 섭리를 추구하여야만 한다. 동시에 그의 인도하심에 민감하여야 하며, 약속해 주신 성령님과 합력하여 일해 나가는 방법을 발견해 내야 한다.

우리가 신실하다면 그것은 하나의 확실한 보증이다. 하나님의 말씀과 그리스도의 증거에 기초를 둔 설교는 성령님의 협력을 약속받고 있는 셈이다. 왜냐하면 하나님께서는 성경과 그리스도를 영광스럽게 하시기로 약속하셨기 때문이다. 성령을 보내신 것은 바로 이러한 목적을 위해서였으며, 우리가 확신을 가지는 것은 바로 이 진리에 관해서 확신을 가지는 것이다.

주〉

1) John Knox, The Integrity of Preaching(Nashville : Abingdon Press, 1957), p. 89.
2) Hendrikus Berkhof, The Doctrine of the Holy Spirit(Richmond : John Knox Press, 1964), p. 23.
3) Arno C. Gaebelein, The Holy Spirit in the New Testament(New York : Publication Office "Our Hope", n. d.), pp. 109-13.
4) William Barclay, The Promise of the Spirit(Philadelphia : The Westminster Press, 1960), p. 106.
5) Raymond W. McLaughlin, Communication for the Church(Grand Rapids : Zondervan Publishing House, 1968), p. 199.

6) J. Daniel Baumann, "Preaching Within the Evangelical Free Church of America", unpublished doctoral thesis, Boston University School of Theology(1967), pp. 160-65.
7) Charles E. Jefferson, The Minister as Prophet(New York : Thomas Y. Crowell Co., Publisher, 1905), p. 62.
8) G. W. H. Lampe, The Interpreter's Dictionary of the Bible, 2(Nashville : Abingdon Press, 1962), p. 636.
9) The Institutio Oratoria of Quintilian, trans. H. E. Butler(Cambridge, Mass. : Harvard University Press, 1953), I pr. 9.
10) Raymond W. McLaughlin, "Piety and Preaching"(Denver : Conservative Baptist Theological Seminary, 1970), p. 12.
11) Helmut Thielicke, The Trouble with the Church, ed. and trans. John W. Doberstein(New York : Harper & Row Publishers, 1925), pp. 2-3.
12) Faris D. Whitesell, Power in Expository Preaching(Westwood, N. J. : Fleming H. Revell Co., 1963), pp. 144-45.
13) Lloyd M. Perry, A Manual for Preaching(Grand Rapids : Baker Book House, 1965), p. 1.
14) Gordon G. Johnson, "The Holy Spirit in Preaching", Bethel Seminary Quarterly, X(February 1962), p. 31.
15) A. J. Gordon, The Ministry of the Spirit(Philadelphia : American Baptist Pub. Society, 1896), pp. 144-145.
16) Bernard Ramm, The Witness of the Spirit(Grand Rapids : Wm. B. Eerdmans Publishing Company, 1959), pp. 84-85.
17) Lycurgus M. Starkey, Jr., The Holy Spirit at Work in the Church(New York : Abingdon Press, 1965), p. 83.
18) James S. Stewart, Preaching(London : The English Universities Press, Ltd., 1955), p. 102.
19) Gerald Kennedy, For Preachers and Other Sinners(New York : Harper & Row Publishers, 1964), p. 108.
20) T. H. L. Paker, The Oracles of God(London : Lutterworth Press, 1947), p. 140.
21) Johnson, op. cit., p. 32.
22) Samuel W. Shoemaker, Beginning Your Ministry(New York : Harper & Row Publishers, 1963), p. 120.
23) W. E. Sangster, Power in Preaching(London : The Epworth Press, 1958), pp. 109-10.
24) William D. Thompson, A Listener's Guide to Preaching(Nashville : Abingdon Press, 1966), p. 96.
25) Dale Moody, Spirit of the Living God(Philadelphia : The Westminster Press, 1968), p. 83.
26) Leon Morris, Spirit of the Living God(Chicago : Inter-Varsity Press, 1960), pp. 68-69.
27) James Stewart, Evangelism Without Apology(Grand Rapids : Kregel Publications, 1960), p. 72.
28) James S. Stewart, The Wind of the Spirit(New York : Abingdon Press, 1968), pp. 12-13
29) John 3:8a, Good News for Modern Man(New York : American Bible Society, 1966).
30) Dwight Small, Excerpts from a Sermon, No. II, 1, 2, 3.
31) Wayne E. Oates, The Holy Spirit in Five Worlds(New York : Association Press, 1968), p. 69.
32) William Barclay, The Promise of the Spirit(Philadelphia : The Westminster Press, 1960), p. 97
33) Morris, op. cit., p. 55.

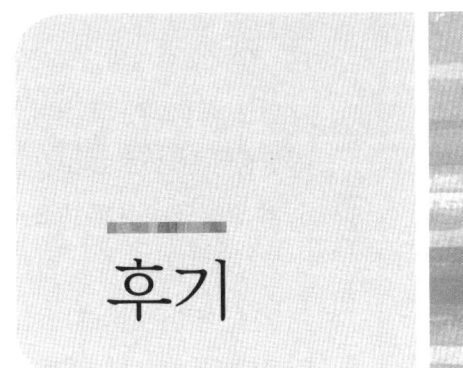

후기

마샬 맥루한에 따르면 역사는 세 시대로 구분할 수 있다.

(1) 원시 시대 : 사람들이 얼굴과 얼굴을 맞대고 서로 친밀하게 지내던 시대. (2) 구텐베르크 시대 : 인쇄물이 사회를 지배하던 시대(대체로 주후 1500-1900). (3) 현대의 전자 시대 : 매스 커뮤니케이션으로 특징지어지는 시대. 인간 역사의 다음 시대가 어떤 시대가 될는지 누가 알겠는가? 이제 변화의 속도는 거의 예측할 수 없게 되었다. 어떤 사람들은 앞으로 30~40년의 짧은 기간 안에 우리가 말 그대로 수천 년의 변화가 일어나는 것을 보게 될 것이라고 예언한다. 그때에는 새로운 문명이 마치 폭발을 통해서 생겨나는 것처럼 일어나리라는 것이다. 그러므로 내일에 불가피하게 일어날 근본적 변화에 대처해 나갈 수 있는 어떤 길을 모색해 보라고도 한다.[1]

교회의 앞날은 어떠할까? 여기에 대해서도 사방에서 예언자들이 일어나고 있어서 어떤 정견을 찾는다는 것이 어렵게 되었다. 다만 현재 구조의 교회가 계속될 수는 없으리라는 말을 흔히 듣는다. 현재 구조의 교회가 '내일의 구조'로 대치되지 않을 수 없게 되리라는 것이다. 스티븐 로즈, 고든 코스비, 클라이드 리드, 조지 웨버, 그 밖에도 여러 사람들이 수년 동안 이런 말을 해 왔다. 그리고 많은 사람들이 이제 그들의 말에 신중하게 귀를 기울이기 시작했다. 캘리포니아에 있는 한 고등학교 교사는 수업 시간에 이런 이야기를 하였다. "우리는 새로워지느냐, 혁명을 겪느냐, 아니면 큰 기쁨을 얻느냐 하는 세 가지 목적 가운데 어느 하나를 위해서 존재합니다." 새로워지는 것은 즐거운 전망이 될 것이고, 혁명은 이미 일어나고 있으며, 이 시대의 종말은 임박한 듯하다. 하나님께서는 인간 역사의 어느 순간에라도 막을 내리실 수 있으시다.

기독 교회의 보수 진영에 속하는 어느 원로 정치인은, 국가의 움직임을 잘 알고 있고 감지할 수 있는 사람으로서 어느 퇴임식에서 "복음적인 교회는 다음 십 년 후에는 지하로 들어가게 될 것이다."라고 예언하였다. 부분적으로라도 초대 교회의 생명력을 회복하려면 그런 움직임이 건전할지도 모르겠다는 생각을 누구나 할 수 있을 것이다. 초대 교회 당시는 기독교인이 된다는 것이 쉬운 일이 아니었다. 그러나 결과적으로 교회는 적대적인 사회 안에서 고결함을 발전시켰으며, 하나의 주요한 세력으로 등장하였다.

나는 교회의 내일을 생각하면 수많은 생각들이 교차한다. 아마도 교회가 시련의 시기를 겪어야 하리라는 것은 피할 수 없는 일처럼 보인다. 교인 명부는 점차 줄어들고 있다. 교인 수에 대한 통계 수치는 1950년대와 1960년대만큼 인상적이지 않을 것이다. 진짜 기독교인을 서게 해서 세지 않을 수 없을 것이다. 지금도 그리스도의 외침을 진심으로 받아들이는 사람들과, 사회적인 목적을 가지고 교회 안에 들어온 사람들 사이에는 분명한 선이 그어지고 있는 형편이다.

요한 계시록의 에베소 교회에 보낸 편지는 처음 사랑을 잃어버린 사람들에 관하여 이야기하고 있다. 이들 가운데 일부는 교회 명부에서 이름이 삭제될 것이다. 요한 계시록은 이름이 제해질 또 하나의 부류인 미지근한 기독교인들에 대해서도 이야기한다. 사람들은 그리스도를 '주님'이라고 부르거나 아니면 교회를 떠나거나 할 것이다. 나는 이 혁명적인 시대에 평범한 신자나 명목상의 기독교인이 되는 것만으로는 족하다고 생각하지 않는다. 과거에는 기독교인들이 그들의 언어와 금기사항들에 의해 서구 문화 속에 알려지는 것이 보통이었다고 하면, 이제는 기독교인들이 그리스도의 주 되심에 대하여 대대적으로 헌신하는 것이 필요할 것이다. 이런 형태의 혁명적 신앙은 믿는 자를 해방시켜, 그가 하나님과 사람들을 사랑하는 가운데 실제로 그리스도를 위하여 살게 하시는 은혜를 받게 한다.

또한 대단히 많은 실험들이 행해지고 있다. 우리는 이미 대화 설교의 가치를 발견하였고, 설교를 준비할 때와 평가할 때, 그리고 보완하려 할 때 평신도들과 함께하는 것의 가치도 발견하였다. 연극과 심지어는 침묵까지도 점차 교회에서 받아들여지고 있다. 그리고 선교 지향적인 일을 담당하는 작은 단체별로 예배를 드리게 될 가능성도 있다. 물론 때때로 특별한 목적을 위해서는 대중 집회를 통하여 이것을 보완해 나간다. 그리고 이용 가능한 모든 종류나 형태의 대중 전달(mass communication) 수단과 시청각 자료는 더욱 일반적으로 이용될 것이다.

그들이 '서로 사랑하고'만 있다면 초대 교회 시대에 이루어졌던 것과 같은 공동생활로 들어가는 것이 바람직하다고 생각하는 사람들도 있다. 비록 이러한 충동은 히피 운동의 충동과 비슷할는지 모르지만, 그 적용은 전혀 달라질 것이다. 질문이 있다면 사람들이 현실로서 쉽게 받아들일 수 있는 생활 양식이 어느 것이냐 하는 것이다. 그런 생활 양식에 있어 역할극(役割劇, role play)은 금기사항이며, 하나님의 백성들 사이의 사랑은 꾸밈없이 자연스럽게 이루어진다. 그 안에서 사람들은 우는 사람과 더불어 우는 것을 배우며, 더욱이 울어 주는 일보다 훨씬 어려운 즐거워하는 자와 더불어 즐거워하는 법도 배울 수 있다. 그런 환경에서는 자부심을 키워 주고, 사람들을 분열시키는 요소들에 대해서는 일시적 중지가 선포될 것이다.

'사랑의 모임' 이 히피족 등과 같이 주로 그리스도를 알지 못하는 사람들 – 그들의 성찬은 마약 문화로부터 얻어지는 것이며, 불경스러운 언어를 자주 사용하고, 종종 도덕성이 의심스러운 그런 사람들 – 에게 지지를 받아 왔다는 것이 무척 기묘한 일처럼 보인다. 초대 교회에는 오늘날과 같은 어떤 과도 현상으로 더럽혀지지 않은 사랑의 모임이 있었다. 복음을 진지하게 받아들인 기독 교회라면, 상호 진실한 관계를 맺는 방법을 배우고, 그리스도의 몸이 경험해 온 모든 경험을 따라 코이노니아를 회복하는 것이 합당한 일이다.

주일 저녁 예배는 상당한 변화를 거칠 것이다. 이미 주일 저녁 예배를 드리지 않는 교회들도 있다. 어떤 교회들은 주일 밤을 교육의 기회로 삼아 평신도 세미나를 열 것이다. 또 어떤 교회는 공동체 전체에 걸쳐 이웃 성경 연구 모임에 참여할 것이다. 목사는 수요 예배를 통하여 평신도들을 훈련시켜서 교사와 성경 공부반의 주축 멤버들로 삼을 것이다. 우리는 아마 설교의 횟수는 줄어들겠지만 더 좋은 설교를 기대할 수 있을 것이다. 우리는 과잉 커뮤니케이션에 대한 혐의를 받아 왔다. 말은 자주 하면서도 적용은 하지 않았다는 말이다. 충분한 토의와 보완을 거친 훌륭한 설교는, 말이나 행동의 피드백을 거의 받지 않은 채 설교만 많이 하는 것보다 훨씬 낫다.

우리는 또한 본질적인 요소에까지 교파주의를 정리해 볼 필요가 있다. 교단의 특징 가운데는 건전한 부분들이 있기도 하다. 나는 하나된 세계 교회를 적극적으로 지지하지는 않는다. 이것은 건전하지 못하다. 그것은 개개의 다양한 필요를 허락하지 않는다. 그 증거로 최근 우리가 보는 교파주의는 가장 효율적인 시대를 지나서 일종의 조직 존중주의와 무비판적인 자기 영구화에 빠지고 말았다. 다음 십 년 동안은 교파에 매인 저술이나 선교나 계획들이 줄어들 것이고, 필연적으로 내적 성장의 필요보다는 오히려 하나님의 목적을 위해서 그것들은 봉사하게 될 것이다. 교단 소속이 분명한 교회라도 단순히 스스로를 위해서만 존재하는 교회일 때 그것은 건전하지 못하다. 교회는 하나의 수단이다. 교파 또한 자신의 형상이나 이기적 목표를 위해서가 아니라 복음의 목적들을 성취하기 위해서 존재해야 한다.

내일을 내다보면서 오늘 우리는 미래의 충격을 줄여 줄 수 있는 장치들을 구축해 두어야 할 필요가 있다. 그것은 사방에서 일어날 근본적 변화에 우리가 창조적으로 대처해 나갈 수 있게 한다. 이러한 빛에 비추어서 나는 두 가지를 주장한다. 그것은 바로 하나님께 대한 확신과 미래에 대한 개방성이다. 신앙의 모험을 시작할 때, 여호수아에게 주셨던 하나님의 교훈은 우리가 불확실한 내일을 생각하며 다시 들을 필요가 있는 바로 그 말씀일지도 모른다. "마음을 강하게 하고 담대히 하라. 두려워 말며 놀라지 말라. 네가 어디로 가든지 네 하나님 여호와가 너와 함께하느니라 하시니라"(수 1:9). 미지의 것은 종종 불안, 주저함, 두려움을 동반한다. 소화가 안 되고 정신이 괴로우며 구름같이 덮쳐오는 신경성 불안은, 주님이 "앞서 가신다……"(요 10:4)는 진리를 긍정하는 사람에게는 불필요하다. 하나님의 사람은 그 초점을 신앙의 행위나 주체에 맞추지 않고 신앙의 대상에 맞춘다.

하나님의 사람은 자신의 신앙이 자신의 재능이나 신분, 역할, 또는 교파나 교육, 명성, 경험에서 나오지 않는다는 것을 안다. 그의 신앙은 바로 그리스도께서 심어 주신 것이다. 그는 자신의 신앙을 지키거나 스스로 가지고 다니려 하는 것이 어리석다는 사실을 발견하고 있는 사람이다. 도리어 그의 신앙이 그를 사로잡고 있고 그를 움직이게 한다.

비록 사람들을 변화시키는 기독교 신앙이 우리 시대에 아주 깊은 인상을 주고 있다 하더라도 이제는 기독교를 합리적으로 변호하는 일만으로는 아무 감동을 주지 못한다. 하나님의 사람은 예수 그리스도에 대한 믿음과 하나님께 대한 절대 의존으로 생명력을 얻고 자유와 기쁨을 맛보는 경험을 한다. 그는 신앙으로 살아간다. 그는 그 신앙을 짐으로 생각하며 부담스럽게 살아가지 않는다. 그는 그것을 변호해야 한다는 어떤 압박감도 느끼지 않는다. 그의 삶과 복음이 자연스럽게 그의 신앙을 대변해 주는 것이다. 하나님의 사람은 사람들이 자주 노래로 부르기는 하지만 그대로 살기는 어려워하는 다음과 같은 구절이 말해 주는 정신을 필요로 한다. "나는 미래가 어떠할지 알지 못합니다. 그러나 그 미래를 누가 주장하고 있는지는 알고 있죠. 그것은 바로 하나님께만 알려져 있는 비밀입니다." 하나님의 사람은 이러한 정신을 가지고 살아야 하는 사람이다. 하나님께 초점을 두고 그분의 백성들을 사랑하며, 그럼으로써 정말 말씀의 종이 된다는 것이 무엇을 의미하는지를 깨닫고 있는 사람 앞에는 새로운 유용성을 발휘할 수 있는 시대가 오고 있다.

하나님께 대한 확신과 더불어 둘째로 이 미래에 닥쳐올 충격을 막아 주는 것은 미래에 대한 개방성이다. 쇠렌 키에르케고르(Søren Kierkegaard)는 이렇게 이야기한다.

> 미래와 싸우는 사람은 위험한 적을 가진 사람이다. 미래는 본래 원수가 아니다. 그것은 사람 자신으로부터 힘을 빌어간다. 그러나 사람이 여기에 잘못 속아 넘어가면 이제 미래는 그가 맞서 싸우지 않으면 안 되는 원수로 그에게 나타난다.[2]

변화나 진보나 혁명을 막아 보려는 것은 어리석은 일이다. 당신은 그것을 부인할 수 없다. 그것을 방해할 수도 없다. 오직 그리스도의 혁명적인 종이 되어 그 혁명의 도전을 받아들일 수밖에 없다. 변화는 다가오고 있다. 어떤 사람들은 불안을 느낄 것이며, 또 어떤 사람들은 환경의 변화가 주는 너무나 심한 충격 때문에 신경쇠약에 걸리기도 할 것이다. 무거운 결단을 해야 하기 때문에 좌절감에 빠지는 사람도 있을 것이다. 그러나 다행히도 이런 것은 불가피한 것은 아니다. 하나님과 그분께서 보내신 성령님에 대한 확신을 가지고 있는 사람은 미래의 변화에 대하여 개방된 태도를 가질 수 있다. 성령님은 주권을 행사하시며, 사람의 생각으로는 그것을 예측할 수 없고, 편안한 행동 양식에 따라 자유를 누리신다. 성령님은 사람을 통하여 역사하신다. 그 사람은 이러한 가능성 때문에 어려움을 겪지 않는다. 나는 개인적으로 두 그룹의 사람들에게서 애석함을 느낀다. (1) 과거에 집착하고 있어서 어떠한 변화를 일으키려는 시도도 거부하는 확고부동한 전통주의자들이다. 그런 사람들은 잘 알려져 있는 양식들, 친숙해져 있는 구조들, 그리고 '언제나처럼 똑같이 하는 일들'이 주는 위안을 통하여 미래의 변화(심지어 현재의 변화까지도)가 안겨 주는 불안을 떨쳐버릴 것이다. 만일 교회가 그런 사람들에게 의존하고 있다면, 그들의 성실함과 헌신에도 불구하고 교회는 몰락의 길을 피할 수 없다. 그들은 안간힘을 다하여 위험한 절벽에 달라붙어 있다. 우리는 과거에 집착할 때 교회사가 주는 교훈을 잊어버린다. 새로운 부흥에는 격동함도 따르게 마련이다. 삶은 똑같은 반복일 수 없다. (2) 고상한 새로움을 끊임없이 추구하는 사람들에게도 애석함을 느낀다. 그들의 생활은 그 자체를 위한 변화를 추구하는 모험의 연속이다. 그들은 권태를 별로 느끼지 않는다. 그들은 전통에 대해서는 참을 수 없어 하고, 새로운 것에 대해서는 끊임없이 갈망한다. 미래에 대하여 개방적이 되라고 할 때, 우리는 일상에서 그의 실존을 중단시켜 버리는 그러한 새로운 경험과 변화의 연속으로 이루어지는 삶을 생각하지는 않는다. 반대로 변화가 반드시 필요한 곳과 변화가 일어나야 한다고 성령님께서 명하시는 곳에서 개방적이어야 한다는 뜻이다.

하나님의 사람은 변덕쟁이가 아니다. 그러나 그는 성령님께서 계획을 달리 하실지도 모르며, 봉사해야 할 때를 바꾸실지도 모르고, 방법을 바꾸거나 보편적으로 생각할 수 없는 어떤 것으로 바꾸실지도 모른다는 가능성에 개방되어 있어야 한다. 내일을 위한 하나님의 사람은, 이미 절대적으로 확립되어 있는 것과 변할 수 있는 상대적인 것 사이의 차이점을 배우고 있는 사람이다.

무엇이 변하지 않고 그대로 남아 있을 것인가? 미래와 상관없이 인간이 처해 있는 상황은 하나님으로부터의 소외다. 이것은 변하지 않을 것이다. 인간의 존재적 불안 - 즉 시간과 공간과 인과관계, 그리고 본질에 참여해야 한다는 불안 - 은 소외의 증후 가운데 일부이다. 혁명은 죄에 빠지는 데 대한 새로운 표현과 차원을 열어 줄지도 모른다. 그러나 죄를 없애 주지는 못할 것이다. 인간의 문제는 지금까지 항상 있어 왔고, 죄는 하나님으로부터의 피할 수 없는 소외와 더불어 계속되어질 것이다. 여기서 하나님의 해결 방법은 문화와 관계없이 변화시키는 것은 아닐 것이다. 그리스도께서는 창조주와 피조물 사이의 건널 수 없는 사이에 다리를 놓으시기 위하여 죽으셨다. 구원에 이르는 새로운 방법은 있을 수 없다. 이런 점에서 기독교는 아직도 '옛날의 종교'라고 할 수 있다. 하나님의 은혜와, 그리스도의 구원을 위한 예비하심과, 회개와 믿음을 통한 인간의 구원은 언제까지라도 진리가 될 것이다.

나는 단순하게 사람이란 올바른 자리에서 개방되어 있어야 한다고 제안한다. 어떤 것은 변화되지 않을 것이고, 변화될 필요도 없고, 변화되어서도 안 된다. 그런가 하면 또한 많은 것이 변화될 수 있고 변하리라는 것도 확실하다. 따라서 우리는 변하지 않고 또 변화되지 말아야 하는 것과, 변화되어야 하고 변화될 수 있는 것 사이의 차이점을 식별할 수 있는 능력을 가져야 한다. 영원 불변은 구주 되시는 주님께 속한 것이지 구조가 불변한다는 말은 아니다. 우리는 하나님을 예배하는 것이지 교회가 세운 어떤 체계를 예배하는 것이 아니다. 호켄다이크는 그것에 대해 조금은 퉁명스럽게 다음과 같이 말한다.

> 그렇다면 우리는 무엇을 할 것인가? 내 생각으로는 우리가 모든 전통적인 형식들과 절차들에 대하여 건전한 회의를 품지 않으면 안 될 것 같다. 우리는 익숙해져 있는 것에 최면이 걸려서는 안 된다. 그러므로 우리는 근본적인 질문들을 제기해 보아야 한다. 그러나 "애굽에서 해 오던 일을 우리는 어떻게 미래에도 계속 할 것인가?"라는 질문으로 시작하지는 말자.3)

변화를 위한 변화가 개인적인 필요를 충족시켜 줄 수 있을지는 아무도 모른다. 그러나 변화는 하나님과 복음과 그 복음이 대상으로 삼고 있는 사람들을 위해서 일어나야 한다. 변화는 성령님에 의해 지배되어야 한다. 그분은 새롭게 하시는 분이시며, 오직 그분만이 건전한 변화를 일으킬 수 있는 분이시다.

우리는 교회의 창문을 활짝 열어 두어야 한다. 그래서 성령님의 바람이 불어 들어올 수 있게 하고, 우리가 그것을 통해 감동을 받을 수 있어야 한다. 창문을 닫아 둔다는 것은 죽음을 의미하며, 열어 두는 것은 생명을 받아들임을 의미한다. 성령님께서 우리 가운데서 일하실 때에 우리는 기꺼이 그분이 인도하시는 대로 응답하게 된다.

나는 하나님의 교회 안에 있는 그리스도의 종들에게 미래가 무엇을 안겨 줄지 모른다. 그러나 나는 전통을 믿지 않고 하나님을 믿으며, 성령님에 대한 불굴의 신앙을 가지고, 미래에 대하여 개방되어 있는 그리스도인은 부당하게 위협을 받을 필요가 없다는 것을 안다. 이제 허버트 버터필드의 말로써 결론을 맺기로 하자.

우리가 마음속에 충분한 순응성을 가지고 미래를 맞을 수 없을 때도 있다. 특히 우리가 현대적인 사상 체제에 매여 있을 때 그러하다. 그때에 우리는 고정된 원칙을 지키기보다 오히려 실수를 범할지 모른다. 오직 우리는 우리의 심성이 그 원칙을 따르도록 하는 최대의 순응성을 갖도록 하나의 원리를 기억하는 것이 좋다. 그 원리는 바로 "그리스도에게 붙잡히라. 그리고 그 나머지를 위해서는 어느 쪽도 되지 말라."는 것이다.[4]

주〉
1) Alvin Toffler, Future Shock(New York : Random House, 1970).
2) Søren Kierkegaard as quoted by Don Fabun, The Dynamics of Change(Englewood Clifts, N J. : Prentice-Hall Inc., 1967), p. 30.
3) J. C. Hoekendijk, The Church Inside Out, trans. Isaac C. Rottenberg(Philadelphia : The Westminster Press, 1966), p. 178
4) Herbert Butterfield, Christianity and History(London : Bell Publishing Company, 1949), p. 146.

부록

찾아보기

찾아보기

〈ㄱ〉

간접 경험 228
간접 적용 371
감정 이입 39, 74, 390
강경론자 322
강단 대화 393
강해 108, 111, 113, 115, 146, 147, 150, 151, 152, 156, 267, 273, 348, 362
강해 설교 108, 111, 113, 146, 147, 150, 151, 152
개인적 경험 204, 265
게르브너 31
게스탈트 51
결론 18, 20, 62, 64, 74, 82, 110, 111, 113, 114, 115, 116, 117, 118, 119, 123, 125, 153, 154, 171, 174, 186, 195, 198, 201, 202, 208, 209, 210, 211, 212, 214, 215, 217, 225, 226, 231, 233, 243, 253, 271, 287, 315, 333, 335, 364, 369, 372, 375, 376, 377, 378, 379, 380, 381, 385, 400, 401, 410, 412, 443
결론의 기능 212
겸손 46, 58, 61, 201, 316, 324, 339
계시 46, 49, 90, 132, 135, 143, 154, 238, 243, 311, 361, 369, 386, 414, 420, 421, 422, 428, 431, 436
고백 18, 88, 90, 91, 92, 94, 100, 102, 117, 142, 164, 212, 243, 300, 305, 321, 324, 360, 369, 374, 390, 404
고전 이론 28, 29
공동의 가치에 대한 호소 363
공재성의 기호 334, 335
공중 연설 28, 343, 417, 418, 419, 426
교구 목회 304
교단적 원리 168
교리적 설교 302, 309, 310, 311, 312, 313, 314

교육 11, 15, 39, 72, 74, 91, 99, 122, 132, 149, 199, 240, 246, 254, 261, 311, 322, 331, 342, 349, 383, 392, 393, 405, 428
교회 건축 95, 96
구속 행위 143, 243
구원론 310, 414
구텐베르크 33, 73, 383, 435
귀납법 113, 116, 231
귀납적 범주 113, 115
균형 이론 329
그레그 31
그로브 31
그룹 역동 29
기능 심리학 51, 229, 300
기도 22, 50, 51, 52, 83, 91, 93, 94, 97, 100, 102, 148, 171, 178, 206, 208, 212, 213, 227, 234, 246, 251, 253, 264, 268, 304, 325, 340, 367, 378, 396, 417, 425, 426, 432
기독교 과학자 301

〈ㄴ〉

노드커트 187, 191, 264
노엘 조던 74
논리와 감정의 이분법 229
논리와 정서 217, 228, 229
논리적 방법 230
논리적 설교 231
논리적 체제 231
니고데모 49, 202, 213, 308, 352, 430
니콜라스 존슨 72

〈ㄷ〉

대중 매체 68, 73, 95, 317, 347, 348
데이비드 뎀제이 71
데이비드 리드 222, 263, 314
데이비드 모베르그 318, 320

데이비드 벨검　　　　　　　321
데일　　　　124, 246, 299, 304, 426
도나티스트　　　　　　　　301
도날드 맥클라우드　　　　93, 170
도날드 밀러　　112, 143, 147, 172, 221
도날드 베일리　　　　　　　313
도드　　　　　　　　　　18, 311
도식적 설교　　　　　　　　211
독서　　160, 161, 162, 163, 166, 260, 262
독백 39, 121, 122, 281, 359, 384, 386, 387, 389, 390, 404
동일성　　　　84, 101, 120, 334, 373
드라마　　　　　　122, 233, 327
디코딩　　　　　　　　　　　30
드와이트 스티븐슨　49, 118, 153, 342
딘 월터 뮤엘더　　　　　　　245
딜레마　78, 79, 141, 144, 145, 209, 290

〈ㄹ〉

랠프 소크맨　　　　169, 247, 263
레메르트　　　　　　　　　　64
레온 모리스　　　　　　　64, 427
레온 페스틴저　　　　　　　329
레이몬드 맥래플린　　25, 410, 415
레저 혁명　　　　　　　　69, 70
로고스　　　　　　　28, 228, 229
로날드 낙스　　　　　　　　301
로날드 워드　　　　　　　　　88
로버트 고이어　　　　　　　　26
로버트 레인즈　　　　　　55, 396
로버트 리　　　　　　　　　291
로버트 올리버　　　　　　212, 336
페리 로이드　　　　　　　11, 420
로저 브라운　　　　　　　　330
롤랜드 베인톤　　　　　　　258
루돌프 플레쉬　　　　160, 240, 242
루엘 하우　27, 60, 259, 290, 387, 392
리먼 애봇　　　　　　　　　149
리처드 박스터　　　　　　　　48

〈ㅁ〉

마사지
마샬 맥루한　　　32, 237, 347, 383
마이클 벨　　　　　　　　　106
마이클 알렌　　　　　　　　　33
마틴 루터　　　226, 258, 261, 344
마틴 쉬어러　　　　　　　　229
말씀의 선포　　　　　　7, 102, 131
매체　32, 33, 34, 35, 36, 37, 42, 68, 73, 74, 95, 101, 106, 123, 124, 160, 179, 273, 317, 347, 348, 383, 384, 416
매체 이론　　　　　　　　　　34
맥린　　　　　　　　　　　　31
맥크로스키　　　　　　　　　64
명제　28, 106, 108, 109, 110, 112, 113, 131
명제의 종류　　　　　　　　185
모호성　　　　　　　　192, 334
목양적 설교　　　　　　　　314
무신론자　　　　　　　　　205
무재퍼 셰리프　　　　　　　347
미디어　　　　　　　33, 36, 106

〈ㅂ〉

바렛　　　　　　　　　　　140
바튼 배비지　　　　　　　　　88
발사대　　　　　　　　　　153
밥 해링톤　　　　　　　　　　87
벌로　　　　　　　　　　31, 64
베렐슨과 스타이너　　　　　348
벤자민 래시　　　　　　　　299
변화의 이론　　　　　　　　328
변화의 역학　　　　　　　　327
보든　　　　　　　　　　　　31
보수주의자　　　　　　319, 324
복음적 설교 302, 303, 304, 305, 307, 312
복장　　　　　　　　　　　276
본문 설교　　146, 147, 148, 149, 150, 151
불트만　　　　　　　　　　311
봅 뉴하트　　　　　　　　　247
분석 18, 20, 28, 29, 31, 33, 51, 68, 72, 73, 75, 76, 77, 79, 80, 82, 83, 84,

113, 147, 171, 178, 181, 189, 223, 229, 231, 232, 244, 291, 310, 322, 341, 342, 365, 366, 375, 411, 429
브라운 187, 191, 262, 264, 330, 397, 405
브렘벡 343
브로더스 195, 287, 310, 412
브루너 312
브루스 라슨 55, 263
브루스 틸리먼 246
비성경적 설교 130, 134, 147, 148
비유 88, 115, 155, 208, 224, 252, 257, 262, 351, 429
빌리 그래함 83, 171, 254, 277, 303, 346, 369
빌립보 교회 381

〈ㅅ〉
사도 시대 19
사려 깊은 설교 112, 162, 226, 231
사회 구원 318
사회 문제 182, 317, 318, 320, 325, 401
사회 변동 317
사회적 설교 324, 325
산상 설교 360, 370, 378
삶의 변화 21
삼단논법 115
상상력 69, 118, 124, 160, 174, 186, 190, 214, 228, 245, 246, 265, 380
상황 설교 160, 314, 315, 316
샤논 31
샤르댕 27
생스터 115, 169, 182, 198, 214, 234, 310
석의 138, 142, 359
선포된 복음 271
설교 자료 150, 165, 166, 263, 265
설교 계획 166, 167, 187, 245, 407
설교단 17, 18, 20, 41, 42, 46, 48, 55, 59, 65, 84, 93, 98, 102, 125, 136, 137, 144, 145, 164, 170, 175, 180, 197, 243, 247, 272, 276, 278, 280, 282, 284, 285, 287, 289,

293, 294, 321, 389, 410, 418, 422, 423, 424
설교술 30
설교 원고 236, 271, 287, 288, 362, 397, 419
설교의 결론 113, 208, 214, 375, 401
설교의 길이 291
설교의 단계 363
설교의 서론 195, 199, 208
설교의 위기 10, 11, 156, 393
설교의 파트너 392
설교자의 임무 31, 302, 366
설교조 381
설교집 119, 146, 162, 263, 312
설교학 교과서 29, 30, 279, 409
설득 63, 113, 116, 197, 198, 228, 229, 230, 300, 301, 308, 326, 328, 332, 333, 334, 335, 339, 340, 341, 342, 346, 351, 352, 353, 354, 355, 364, 366, 371, 410, 411, 429
설득의 윤리 308, 354
성경적 서론 202, 203
성경적 설교 133, 134, 135, 136, 138, 140, 144, 146, 147, 148, 155, 236
성경적 설교의 권위 133
성경적 설교의 정의 134
성경적 설교의 형태 146
세 개의 대지 218, 220, 222
소명 47, 49, 50, 51, 300, 303, 316, 412
수 니콜스 174, 197, 240
수사학 28, 29, 32, 62, 335
수사학자 19, 21, 28, 32, 63, 67, 327, 334, 369, 414
쉬람 31, 346
스모거스보드 168
티모시 스미스 319
스타이너 348
스패호크 존즈 198
스펄전 19, 254, 268, 281, 283, 359, 406
신앙고백 102, 360, 374
신앙적 감동 425, 426

찾아보기 **449**

신테제 115

⟨ㅇ⟩
아더 크루거 233
아른트 할버슨 234
아브라함 매슬로우 55, 74
아서 블레시트 87
아서 존 가십 114
아시시의 프란시스 19
아울렌바흐 211
안토니 쉴라키 123
안티테제 114, 115
알랜 몬로 116
알렉산더 맥라렌 111, 125, 160
에드워드 존 카널 241
에토스 28, 63, 64, 65, 228, 229
엘톤 트루블러드 41, 207, 262
연속 설교 119
연역법 108, 111, 112, 116, 231
영감 61, 133, 134, 172, 175, 262, 409, 410, 413, 420
예배의 목적 88
예배 인도자 94
예배와 설교의 관계 101
예수의 부활 419
예언자적 목회자 302
예언자적 사명 317
예언자적 설교 302, 317, 319, 321
예전 88, 103
예화 자료 256, 259, 262, 263, 266, 267
예화 자료의 선택 266
예화 자료의 수집 259
예화 자료의 이용 256
오도된 영웅주의 302
오순절 101, 231, 244, 303, 360, 362, 370, 379, 386, 387, 390, 416, 427, 431, 432
옥스퍼드 292
요점의 반복 211, 214, 252, 377
우리의 목표 248
우화 257, 262

워털루의 전술 258
워텔리언 28
원고 12, 79, 82, 171, 174, 175, 183, 208, 218, 236, 271, 278, 279, 280, 281, 286, 287, 288, 289, 290, 291, 299, 362, 390, 397, 406, 419, 425, 428
원시 시대 73, 435
원자료 139, 217, 225
월터 러셀 보위 80
웨슬리 31, 220, 413
웨인 톰슨 28, 106, 384
웹 개리슨 83
위로의 형식 212
위스콘신 266
위버 31
윌리엄 말콤슨 56, 173
윌리엄 톰슨 38, 393, 407, 426
윌버 쉬람 346
유머 207, 227, 253, 339
유신론자 204, 205
유추의 방법 224
유추적 구조 115
유화 법칙 198
융통성 20, 29, 62, 97, 100, 166, 266, 431
음량 284
음성 90, 210, 255, 273, 283, 423
음향 효과 98, 283
의미 있는 커뮤니케이션 79, 238
이단 146, 301, 302
이솝우화 257
이야기체 설교 168, 202
인상적인 서론 201
인용구의 이용 206
인용법 226
인코딩 30

⟨ㅈ⟩
자유 교회 275, 402
자유주의 318
적용 9, 25, 26, 30, 38, 41, 84, 106, 112, 134, 138, 142, 144, 146, 154, 211,

	222, 224, 231, 310, 313, 322, 325, 340, 349, 359, 360, 361, 362, 363, 364, 365, 366, 367, 368, 370, 371, 372, 373, 374, 375, 376, 377, 378, 379, 380, 381, 386, 400, 403, 404, 420, 421, 437, 438	존 브로더스	287, 412
		존 스토트	308
		존 슬로안	35
		존 오웬	200
		존 웨슬리	220
		존 크리소스톰	212
적용의 형태	367	존 헨리 조웻	183, 257
전기적 설교 형식	118	좋은 개관의 특성	219
전달자의 임무	241	좋은 결론의 특징	209
전환문	110, 111	좋은 서론의 필수 요건	199
점강법	116	주석	108, 122, 138, 139, 140, 141, 143, 144, 149, 150, 154, 155, 161, 163, 164, 173, 174, 267, 306, 311, 313, 360, 362, 365, 367, 377, 398, 399, 402, 422
점층법	116		
제니스	27, 230, 335, 375		
제랄드 밀러	29		
제스처	82, 279, 280, 281		
제임스 스튜어트	51, 137, 148, 156, 160, 175, 203, 209, 213, 244, 258, 260, 286, 314, 352, 422	주제 설교	134, 146, 147, 148, 150, 151, 153
		줄르 로랑스 모로	243
		줄리어스 시저	258
		즉석 설교	170, 287
제임스 위넌스	197	질문 형식	115, 179, 394
제임스 케네디	304	질문형의 대화	394
제임스 클리랜드	40, 136, 140, 144, 146, 164		
		〈ㅊ〉	
제임스 힐먼	232	찰스 슐츠	59, 262
조나단 에드워즈	289	찰스 켐프	350
조니 카슨	71	찰스 콜러	105, 108, 150, 268, 287
조명	98, 101, 122, 133, 134, 171, 282, 409, 410, 416, 417, 419, 421, 422, 425, 427	천로역정	115, 257
		청중 분석	68, 75, 77, 79, 81, 82, 83, 84, 181, 342, 365, 366
조셉 파커	160, 209, 247, 257	청중의 반응	39, 80, 281
조지 뮬러	269		
조지 버트릭	247, 263, 307	〈ㅋ〉	
조지 엘리옷	260	카리스마적	120
조지 휫필드	47, 264	칼 바르트	45, 89, 132, 196, 203, 242
존 낙스	65, 92, 134, 135, 147, 291, 311, 409	칼빈	19, 85, 360
		커뮤니케이션 과정	25, 27, 30, 37, 42, 43, 67, 274
존 듀이	341, 346		
존 로빈슨	115	커뮤니케이션 이론	27, 28, 30, 68
존 번연	115, 257	커뮤니케이션 이론가	13, 29, 30, 106, 233, 384
존 베어드	107, 178, 268, 289, 293		
존 베이츠	291		

커뮤니케이션 청중	67
커뮤니케이션 행위	31
커뮤니케이션 혁명	71
커뮤니케이션 환경	87
케네트 보울딩	331, 335
케네트 세레노	347
케리그마	301, 303
케리그마적 설교	302
케이트 밀러	55, 253, 259, 263
켈리	27, 230, 375
크롱카이트	64, 235, 353, 372
크리나드	264
크리소스톰	19, 212
클라이드 리드	259, 393, 436
클라이맥스	210, 253
클래런스 로디	170
클로비스 채플	260
클리나드	187, 191
키츠	205
키케로	288

〈ㅌ〉

테제	114, 115
텔레비전	33, 34, 35, 68, 72, 122, 233, 235, 246, 283
텔레비전 시대	72
토마스 샤이델	274

〈ㅍ〉

파울러	240
파토스	28, 228, 229
패리스 다니엘 휫셀	111
페스팅거	202
포사이스	150, 212
폴 엘릭	71
프랜시스 해버걸	52
프랭크 댄스	26, 27, 371, 388
프랭크 보어햄	263
프레잉 하이드	269
프렌티스 메도르	74
플래너리 오코너	246
피드백	31, 39, 76, 100, 274, 275, 285, 396, 398, 438
피상적인 설교	170, 230
피터 마샬	160, 213, 247
필립스 브룩스	21, 77, 165, 209, 218, 254, 257, 261, 271, 312

〈ㅎ〉

하야가와	38, 71, 238, 239, 332
하워드 클라인벨	316
하워드 핸드릭스	291
해리 골든	263
해리 에머슨 포스딕	148, 160, 169, 205, 209, 261, 300, 315, 316, 389
행동주의	29, 30
허드슨 테일러	269
허버트 버터필드	443
현대 설교가들	247
현대적 진술	222
현명한 설교자	83, 124, 234, 252
헤겔	114
헨드리커스 벌코프	409
헨리 그래디 데이비스	107, 197, 199, 236
헨리 슬로안 코핀	289
헨리 워드 비처	159, 209
헬무트 틸리케	120, 160, 164, 305, 314, 418
호블랜드	27, 230, 335, 347, 375
호웰	343
혼합 매체	123, 124
화자	35, 38, 63, 64, 67, 68, 79, 82, 98, 106, 196, 202, 226, 235
효과적인 제목	187, 190
훈련	36, 42, 43, 55, 57, 58, 69, 76, 82, 84, 169, 170, 172, 175, 245, 246, 272, 288, 289, 304, 315, 317, 324, 397, 407, 424, 438
휫셀	111, 199, 368, 419